JOURNAL DES JOURNAUX
DE
LA COMMUNE

TABLEAU RÉSUMÉ DE LA PRESSE QUOTIDIENNE

du 19 mars au 24 mai 1871

LOIS, DÉCRETS, PROCLAMATIONS, RAPPORTS
ET INFORMATIONS MILITAIRES, SÉANCES DE LA COMMUNE, ETC.

REPRODUITS

D'APRÈS LE JOURNAL OFFICIEL DE PARIS

EXTRAITS DES AUTRES JOURNAUX
ORGANES OU DÉFENSEURS DE LA COMMUNE

Le tout contrôlé par les dépêches
circulaires et avis du Gouvernement et par des extraits du Journal officiel
publié à Versailles.

TOME SECOND

PARIS
GARNIER FRÈRES, LIBRAIRES-ÉDITEURS
6, RUE DES SAINTS-PÈRES, ET PALAIS-ROYAL, 215

JOURNAL DES JOURNAUX

DE

LA COMMUNE

JOURNAL DES JOURNAUX

DE

LA COMMUNE

TABLEAU RÉSUMÉ DE LA PRESSE QUOTIDIENNE

du 19 mars au 24 mai 1871

LOIS, DÉCRETS, PROCLAMATIONS, RAPPORTS
ET INFORMATIONS MILITAIRES, SÉANCES DE LA COMMUNE, ETC.

REPRODUITS

D'APRÈS LE JOURNAL OFFICIEL DE PARIS

EXTRAITS DES AUTRES JOURNAUX
ORGANES OU DÉFENSEURS DE LA COMMUNE

Le tout contrôlé par les dépêches
circulaires et avis du Gouvernement et par des extraits du Journal officiel
publié à Versailles.

TOME SECOND

PARIS

GARNIER FRÈRES, LIBRAIRES-ÉDITEURS

6, RUE DES SAINTS-PÈRES, ET PALAIS-ROYAL, 215

—

1872

JOURNAL DES JOURNAUX

DE

LA COMMUNE

LE 20 AVRIL 1871.

Le *Journal officiel* de Paris contient, dans sa partie officielle, les pièces suivantes :

DÉCLARATION AU PEUPLE FRANÇAIS.

Dans le conflit douloureux et terrible qui impose une fois encore à Paris les horreurs du siége et du bombardement, qui fait couler le sang français, qui fait périr nos frères, nos femmes, nos enfants écrasés sous les obus et la mitraille, il est nécessaire que l'opinion publique ne soit pas divisée, que la conscience nationale ne soit point troublée.

Il faut que Paris et le pays tout entier sachent quelle est la nature, la raison, le but de la révolution qui s'accomplit. Il faut enfin que la responsabilité des deuils, des souffrances et des malheurs dont nous sommes les victimes retombe sur ceux qui, après avoir trahi la France et livré Paris à l'étranger, poursuivent avec une aveugle et cruelle obstination la ruine de la capitale, afin d'enterrer, dans le désastre de la république et de la liberté, le double témoignage de leur trahison et de leur crime.

La Commune a le devoir d'affirmer et de déterminer les aspirations et les vœux de la population de Paris ; de préciser le caractère du mouvement du 18 mars, incompris, inconnu et calomnié par les hommes politiques qui siégent à Versailles.

Cette fois encore, Paris travaille et souffre pour la France entière, dont il prépare, par ses combats et ses sacrifices, la régénération intellectuelle, morale, administrative et économique, la gloire et la prospérité.

Que demande-t-il ?

La reconnaissance et la consolidation de la république, seule forme de gouvernement compatible avec les droits du peuple et le développement régulier et libre de la société.

L'autonomie absolue de la Commune étendue à toutes les localités de la France, et assurant à chacune l'intégralité de ses droits, et à tout Français le plein exercice de ses facultés et de ses aptitudes, comme homme, citoyen et travailleur.

L'autonomie de la Commune n'aura pour limites que le droit d'autonomie égal pour toutes les autres communes adhérentes au contrat, dont l'association doit assurer l'unité française.

Les droits inhérents à la Commune sont :

Le vote du budget communal, recettes et dépenses; la fixation et la répartition de l'impôt; la direction des services locaux ; l'organisation de sa magistrature, de la police intérieure et de l'enseignement ; l'administration des biens appartenant à la Commune ;

Le choix par l'élection ou le concours, avec la responsabilité, et le droit permanent de contrôle et de révocation des magistrats ou fonctionnaires communaux de tous ordres;

La garantie absolue de la liberté individuelle, de la liberté de conscience et de la liberté du travail;

L'intervention permanente des citoyens dans les affaires communales par la libre manifestation de leurs idées, la libre défense de leurs intérêts : garanties données à ces manifestations par la Commune, seule chargée de surveiller et d'assurer le libre et juste exercice du droit de réunion et de publicité ;

L'organisation de la défense urbaine et de la garde nationale, qui élit ses chefs et veille seule au maintien de l'ordre dans la cité.

Paris ne veut rien de plus à titre de garanties locales, à condition, bien entendu, de retrouver dans la grande administration centrale, délégation des communes fédérées, la réalisation et la pratique des mêmes principes.

Mais, à la faveur de son autonomie et profitant de

sa liberté d'action, Paris se réserve d'opérer comme il l'entendra, chez lui, les réformes administratives et économiques que réclame sa population ; de créer des institutions propres à développer et propager l'instruction, la production, l'échange et le crédit ; à universaliser le pouvoir et la propriété, suivant les nécessités du moment, le vœu des intéressés et les données fournies par l'expérience.

Nos ennemis se trompent ou trompent le pays quand ils accusent Paris de vouloir imposer sa volonté ou sa suprématie au reste de la nation, et de prétendre à une dictature qui serait un véritable attentat contre l'indépendance et la souveraineté des autres communes.

Ils se trompent ou trompent le pays quand ils accusent Paris de poursuivre la destruction de l'unité française, constituée par la révolution, aux acclamations de nos pères, accourus à la fête de la Fédération de tous les points de la vieille France.

L'unité, telle qu'elle nous a été imposée jusqu'à ce jour par l'empire, la monarchie et le parlementarisme, n'est que la centralisation despotique, inintelligente, arbitraire ou onéreuse.

L'unité politique, telle que la veut Paris, c'est l'association volontaire de toutes les initiatives locales, le concours spontané et libre de toutes les énergies individuelles en vue d'un but commun, le bien-être, la liberté et la sécurité de tous.

La révolution communale, commencée par l'initiative populaire du 18 mars, inaugure une ère nouvelle de politique expérimentale, positive, scientifique.

C'est la fin du vieux monde gouvernemental et clérical, du militarisme, du fonctionnarisme, de l'exploitation, de l'agiotage, des monopoles, des priviléges, auxquels le prolétariat doit son servage, la patrie ses malheurs et ses désastres.

Que cette chère et grande patrie, trompée par les mensonges et les calomnies, se rassure donc!

La lutte engagée entre Paris et Versailles est de celles qui ne peuvent se terminer par des compromis illusoires : l'issue n'en saurait être douteuse. La victoire, poursuivie avec une indomptable énergie par la garde nationale, restera à l'idée et au droit.

Nous en appelons à la France!

Avertie que Paris en armes possède autant de calme que de bravoure; qu'il soutient l'ordre avec autant d'énergie que d'enthousiasme; qu'il se sacrifie avec autant de raison que d'héroïsme; qu'il ne s'est armé que par dévouement pour la liberté et la gloire de tous, que la France fasse cesser ce sanglant conflit!

C'est à la France à désarmer Versailles par la manifestation solennelle de son irrésistible volonté.

Appelée à bénéficier de nos conquêtes, qu'elle se déclare solidaire de nos efforts; qu'elle soit notre alliée dans ce combat qui ne peut finir que par le triomphe de l'idée communale ou par la ruine de Paris!

Quant à nous, citoyens de Paris, nous avons la

mission d'accomplir la révolution moderne, la plus large et la plus féconde de toutes celles qui ont illuminé l'histoire.

Nous avons le devoir de lutter et de vaincre !

Paris, le 19 avril 1871.

La Commune de Paris.

COMMUNE DE PARIS.

ÉLECTIONS DU 16 AVRIL 1871.

La commission nommée pour la validation des élections du 16 avril avait déposé le rapport suivant :

Considérant que dans certains arrondissements un grand nombre d'électeurs se sont soustraits par la fuite à leur devoir de citoyens et de soldats, et que, dans les graves circonstances que nous traversons, nous ne saurions tenir compte pour la validité des élections du nombre des électeurs inscrits, nous déclarons qu'il est du devoir de la Commune de valider toutes élections ayant obtenu la majorité absolue sur le nombre des votants.

En conséquence, ont obtenu la majorité absolue sur le nombre des votants :

Premier arrondissement.

4 conseillers à élire; votants, 3,271, dont la moitié plus 1 est 1,636.

Sont élus, les citoyens :

Vésinier 2,626
Cluseret 1,968
Pillot..................... 1,748
Andrieu 1,736

Deuxième arrondissement.

4 conseillers à élire; votants, 3,601, dont la moitié plus 1 est 1,801.

Sont élus :

Pothier 3,352
Serrailler 3,141
Durand 2,874
Johannard 2,804

Troisième arrondissement.

Pas d'élus.

Sixième arrondissement.

3 conseillers à élire; votants, 3,469, dont la moitié plus 1 est 1,735.

Courbet 2,418
Rogeard 2,292

Septième arrondissement.

1 conseiller à élire; votants, 1,939 dont, la moitié plus 1 est 970.

Sicard 1,699

Huitième arrondissement.

Pas d'élus.

Neuvième arrondissement.

5 conseillers à élire; votants, 3,177; moitié plus 1, 1,589.

Briosne 2,456

Douzième arrondissement.

2 conseillers à élire; votants, 5,423; moitié plus 1, 2,762.

Philippe 3,483
Lonclas................... 2,810

Treizième arrondissement.

Pas d'élus.

Seizième arrondissement.

2 conseillers à élire; votants, 1,590; moitié plus 1, 796.

Longuet 1,058

Dix-septième arrondissement.

2 conseillers à élire; votants, 4,848; moitié plus 1. 2,425.

Dupont 3,450

Dix-huitième arrondissement.

2 conseillers à élire ; votants, 10,068 ; moitié plus 1, 5,035.

Cluseret 8,480
Arnold 5,402

Dix-neuvième arrondissement.

1 conseiller à élire ; votants, 7,090 ; moitié plus 1, 3,546.

Menotti Garibaldi........... 6,076

Vingtième arrondissement.

2 conseillers à élire ; votants, 9,204 ; moitié plus 1, 4,603.

Viard 6,368
Trinquet 6,771

Les conclusions du rapport sont adoptées par la Commune à la majorité des voix : 26 pour, 13 contre.

Ont voté pour :

Les citoyens J. Allix, Amouroux, Ant. Arnaud, Babick, Billioray, Blanchet, Champy, E. Clément, Delescluze, Demay, Dereure, Franckel, Gambon, Paschal Grousset, Jourde, Ledroit, Martelet, Malon, Melliet, Protot, Ranvier, Régère, Raoul Rigault, Urbain, Vaillant, Varlin.

Ont voté contre :

Les citoyens Arthur Arnould, Avrial, Beslay, Clémence, V. Clément, Géresme, Langevin, Lefrançais, Miot, Rastoul, Vallès, Verdure, Vermorel.

Les secrétaires de la séance,

ANT. ARNAUD, AMOUROUX.

COUR MARTIALE.

La cour martiale, dans sa séance du 18 courant, a condamné à la peine de mort le nommé Girot (Jean-Nicolas), chef du 74ᵉ bataillon, coupable d'avoir refusé de marcher contre l'ennemi.

La commission exécutive, prenant en considération les antécédents démocratiques du citoyen Girot, chef du 74ᵉ bataillon, condamné à mort par la cour martiale pour avoir refusé de marcher contre l'ennemi, a commué sa peine.

Le condamné Girot subira la dégradation civique et militaire, et restera emprisonné pendant la durée de la guerre.

La commission exécutive.

Les matériaux qui composent la colonne de la place Vendôme sont mis en vente.

Ils sont divisés en quatre lots :

Deux lots, matériaux de construction ;

Deux lots, métaux.

Ils seront adjugés par lots séparés, par voie de soumissions cachetées adressées à la direction du génie, 84, rue Saint-Dominique-Saint-Germain.

ORDRE.

Tous les jours, un échantillon de deux décilitres du vin consommé dans un des casernements ou campements de la garde nationale sera fourni au ministère de la guerre (cabinet du délégué à la guerre).

Le sous-chef d'état-major le fera prendre tantôt dans un poste, tantôt dans un autre.

Fait à Paris, le 19 avril 1871.

Le délégué à la guerre,

CLUSERET.

Il se fait depuis quelque temps une consommation excessive de projectiles dans les forts ; celui de Vanves en a consommé à lui seul 16,000. Outre l'inconvénient de brûler inutilement de la poudre, de dépenser en pure perte l'argent du peuple et de faire naître l'inquiétude dans les esprits, cette pratique prouve plus d'entraînement que de sang-froid.

Le délégué à la guerre prévient les gardes nationaux et le commandant du fort qu'à l'avenir il ne sera plus fait droit aux demandes de munitions, au delà du nombre de coups alloués à chaque fort pour la défense.

Paris, le 19 avril 1871.

Le délégué à la guerre,

CLUSERET.

Le *Journal officiel* de Paris contient ce qui suit dans sa partie non officielle :

DÉPÊCHES TÉLÉGRAPHIQUES.

19 avril 1871, 5 h. 27 soir.

GUERRE A EXÉCUTIVE.

Bonnes nouvelles d'Asnières et de Montrouge. Ennemi repoussé.

---

19 avril 1871, 4 h. 15 soir.

DOMBROWSKI A EXÉCUTIVE ET A GUERRE.

Après un sanglant combat, nous avons repris nos positions. Nos troupes, portées en avant sur notre aile gauche, se sont emparées d'un magasin d'approvisionnement de l'ennemi, dans lequel nous avons trouvé soixante-neuf tonneaux, contenant du jambon, du fromage et du lard.

Le combat continue avec acharnement. L'artillerie ennemie, placée sur la hauteur de Courbevoie, nous couvre de projectiles et de mitraille ; mais, malgré la vivacité de ces feux, notre aile droite exécute en ce moment un mouvement dans le but d'envelopper les troupes de ligne qui se sont engagées trop en avant. Il me faut cinq bataillons de troupes fraîches, 2,000 hommes au moins, parce que les forces ennemies sont considérables.

DOMBROWSKI.

19 avril, 9 h. matin.

PLACE A GUERRE ET A EXÉCUTIVE.

Aujourd'hui, à l'aube, nous étions attaqués par de fortes colonnes de ligne, et nos postes avancés, trompés par les signaux amicaux des lignards, ont été surpris ; mais j'ai pu promptement rétablir le combat.

DOMBROWSKI.

18 avril, 11 h. soir.

GUERRE A COMMUNE.

Rapports du colonel Okolowitz déclarant journée satisfaisante sous tous les rapports ; s'est maintenu dans Asnières à la tête du pont et n'a pas coupé le pont de bateaux.

Le sous-chef d'état-major.

RAPPORT DU 18 AU 19 AVRIL.

AUX CITOYENS MEMBRES DE LA COMMISSION EXÉCUTIVE.

Citoyens,

La nuit a été très-tranquille : nos forts ont échangé de rares coups de canon avec l'ennemi ; nos avant-postes ont tiré à peine quelques coups de fusil.

Une reconnaissance, sortie dans la soirée d'hier du fort de Vanves, a rencontré une patrouille versaillaise ; elle l'a attaquée et mise en fuite, mais deux francs-tireurs ont été tués. Une autre reconnaissance, partie du Moulin-Saquet, a constaté la présence de quelques éclaireurs ennemis à la Croix-Blanche, à Thiais et à Villejuif.

Aux environs de l'Hay, un détachement du 98e bataillon a mis en déroute un peloton de cavalerie et lui a tué deux hommes et un cheval.

Le commandant de la redoute des Hautes-Bruyères me signale la présence d'un grand nombre de gendarmes, de fantassins et de chasseurs aux alentours de cette position.

Par ordre :

Le colonel, chef d'état-major des forts du sud,

LA CECILIA.

On lit dans les journaux de Paris la lettre de M. Thiers à Mgr l'archevêque de Paris :

Versailles, 14 avril 1871.

Monseigneur,

J'ai reçu la lettre que M. le curé de Montmartre m'a remise de votre part, et je me hâte de vous répondre avec la sincérité de laquelle je ne m'écarterai jamais.

Les faits sur lesquels vous appelez mon attention *sont absolument faux*, et je suis véritablement surpris qu'un prélat aussi éclairé que vous, monseigneur, ait admis un instant qu'ils pussent avoir quelque degré de vérité. Jamais l'armée n'a commis ni ne commettra les crimes odieux que lui imputent des hommes, ou volontairement calomniateurs, ou égarés par le mensonge au sein duquel on les fait vivre.

Jamais nos soldats n'ont fusillé les prisonniers ni cherché à achever les blessés. Que dans la chaleur du combat ils aient usé de leurs armes contre des hommes qui assassinent leurs généraux et ne craignent pas de faire succéder les horreurs de la guerre civile aux horreurs de la guerre étrangère, c'est possible, mais, le combat terminé, ils rentrent dans la générosité du caractère national, et nous en avons ici la preuve matérielle exposée à tous les regards.

Les hôpitaux de Versailles contiennent quantité de blessés appartenant à l'insurrection, et qui sont soignés comme les défenseurs de l'ordre eux-mêmes. Ce n'est pas tout : nous avons eu dans nos mains 1,600 prisonniers, qui ont été transportés à Belle-Isle, et dans quelques postes maritimes, où ils sont traités comme des prisonniers ordinaires, et même beaucoup mieux que ne seraient les nôtres, si nous avions eu le malheur d'en laisser dans les mains de l'insurrection.

Je repousse donc, monseigneur, les calomnies qu'on vous a fait entendre, j'affirme que jamais nos soldats n'ont fusillé les prisonniers, que toutes les victimes de cette affreuse guerre civile ont succombé dans la chaleur du combat, que nos soldats n'ont pas cessé de s'inspirer des principes d'humanité qui nous animent tous, et qui seuls conviennent aux convictions et aux sentiments du gouvernement librement élu que j'ai l'honneur de représenter.

J'ai déclaré, et je déclare encore, que tous les hommes égarés qui, revenus de leurs erreurs, déposeraient les armes, auraient la vie sauve, à moins qu'ils ne fussent *judiciairement* convaincus de participation aux abominables assassinats que tous les honnêtes gens déplorent; que les ouvriers nécessiteux recevraient pour quelque temps encore le subside qui les avait fait vivre pendant le siége, et que tout serait oublié une fois l'ordre rétabli;

Voilà les déclarations que j'ai faites, que je renouvelle, et auxquelles je resterai fidèle quoi qu'il arrive, et je nie absolument les faits qui seraient contraires à ces déclarations.

Recevez, monseigneur, l'expression de mon respect et de la douleur que j'éprouve en vous voyant victime de cet affreux système des otages, emprunté au régime de la Terreur, et qui semblait ne devoir jamais reparaître chez nous.

Le président du conseil,

A. THIERS.

On lit dans le *Journal officiel* de Versailles, partie non officielle :

La circulaire suivante a été adressée aujourd'hui par le gouvernement à toutes les autorités civiles et militaires :

Versailles, 19 avril 1871, 6 h. 30 soir.

Asnières a été emporté ce matin. Nos soldats, sous la conduite du général Montaudon, qui se multiplie dans ces circonstances, se sont jetés sur la position, malgré le feu de l'enceinte, et l'ont emportée avec une vigueur extraordinaire. L'ennemi a fait des pertes énormes et ne peut plus incommoder notre établissement de Courbevoie. Ainsi nous avançons vers le terme de cette criminelle résistance à la loi du pays; et la Commune, déjà désertée par les électeurs, le sera bientôt par ses défenseurs égarés, qui commencent à comprendre qu'on les trompe et qu'on sacrifie inutilement leur sang à une cause à la fois impie et perdue.

LE 21 AVRIL 1871.

Le *Journal officiel* de Paris contient, dans sa partie officielle, les pièces suivantes :

La Commune de Paris,
Considérant :

Que des dépenses importantes ont été faites par l'ex-gouvernement dit de la défense nationale pour les services aérostatiques postaux ;

Que, par suite de la désertion de l'ex-gouvernement dit de la défense nationale, sur ce point des services publics, comme sur tous les autres, une quantité de ballons construits, représentant une dépense de plusieurs centaines de mille francs, payés des deniers de la nation, se trouvent actuellement disséminés en plusieurs endroits et exposés aux détournements ;

Qu'il importe d'urgence de réunir sous le contrôle de la Commune, en des mains sûres, d'inventorier et de préserver ce matériel, auquel sont venus s'adjoindre les ballons expédiés en province pendant le siége de Paris ;

Considérant que l'ex-gouvernement dit de la défense nationale, qui, en fait, gouverne toujours à Versailles, a supprimé, dans une intention facile à comprendre, tout échange de nouvelles, journaux, correspondances privées, toutes communications intellectuelle entre Paris et les départements, comptant ainsi se réserver impunément la trop facile distribution des calomnies destinées à égarer l'opinion publique en province et à l'étranger ;

Que la Commune de Paris a, tout au contraire, le plus grand intérêt à ce que la vérité soit, et à faire connaître à tous et ses actes et ses intentions ;

Considérant que l'aérostation est naturellement et légitimement appelée en ces circonstances à rendre des services en répandant partout la lumière salutaire ;

Considérant enfin que, dans l'état de guerre offensive déclarée et poursuivie par le gouvernement de Versailles, il est important à la défensive d'utiliser les observations aérostatiques militaires, systématiquement et intentionnellement repoussées pendant la durée du siége de Paris, et alors, en effet, inutiles à ceux qui devaient livrer Paris,

ARRÊTE :

1° Une compagnie d'aérostiers civils et militaires de la Commune de Paris est créée,

2° Cette compagnie se compose provisoirement d'un capitaine, d'un lieutenant, d'un sous-lieutenant, d'un sergent, de deux chefs d'équipe et douze aérostiers.

3° La solde du capitaine est de 300 fr., du lieutenant 250 fr., des équipiers 150 fr. par mois.

4° La compagnie des aérostiers civils et militaires de la Commune de Paris relève directement du commandement de la commission exécutive.

5° Le citoyen Claude-Jules Duruof est nommé capitaine des aérostiers civils et militaires de la Commune de Paris.

Le citoyen Jean-Pierre-Alfred Nadal est nommé lieutenant-magasinier général.

Paris, le 20 avril 1871.

La commission exécutive,

AVRIAL, F. COURNET, CH. DELESCLUZE, FÉLIX PYAT,
G. TRIDON, A. VERMOREL, E. VAILLANT.

Les aérostiers qui se présenteront pour faire partie de la compagnie devront s'adresser, pour leur inscription immédiate, au capitaine Duruof seul.

Sur les justes demandes de toute la corporation des ouvriers boulangers,
La commission exécutive

ARRÊTE :

Art. 1er. Le travail de nuit est supprimé.

Art. 2. Les placeurs institués par l'ex-police impériale sont supprimés. Cette fonction est remplacée par un registre placé dans chaque mairie pour l'inscription des ouvriers boulangers. Un registre central sera établi au ministère du commerce.

Paris, le 20 avril 1871.

La commission exécutive,

COURNET, A. VERMOREL, G. TRIDON, DELESCLUZE,
FÉLIX PYAT, AVRIAL, E. VAILLANT.

Le *Journal officiel* de Paris, dans sa partie non officielle, contient ce qui suit :

RAPPORT MILITAIRE.

20 avril.

Vanves, Issy et Clamart, rien de nouveau. Silence complet.

Le colonel Olokowicz a été blessé à la tête et aux bras

et a reçu une forte contusion aux reins. Le capitaine de Gournay renversé sous le colonel, sans blessures.

On dit qu'il y a eu trois maisons d'écroulées, quelques hommes auraient été pris sous les décombres. Les magasins de munitions qui se trouvaient dans les caves d'une de ces maisons sont intacts.

On a construit de solides barricades en terre.

Ce matin, le brave capitaine Culot a eu la tête emportée par un obus en face l'ambulance de l'imprimerie Paul Dupont. Les Versaillais continuent à tirer sur cette ambulance.

A quatre heures du soir, malgré ses blessures, le colonel Olokowicz a fait l'inspection des batteries et donné des ordres.

Le feu continue sur toute la ligne.

Le moral des troupes est excellent, l'ennemi tire peu.

Hier soir, deux barricades ont été abandonnées à la nuit et occupées par l'ennemi. Ce matin, elles ont été reprises par les fédérés.

Les Versaillais se sont retranchés sur la rive gauche de la Seine. La canonnade continue.

DÉPÊCHE TÉLÉGRAPHIQUE.

20 avril, 12 h. 35 m.

GÉNÉRAL DOMBROWSKI A GUERRE ET COMMISSION EXÉCUTIVE.

Pendant la nuit, l'ennemi n'a fait aucune entreprise contre nous. Nous avons été uniquement canonnés par ses batteries de Courbevoie et du mont Valérien. Nos troupes se fortifient dans les positions occupées et se reposent de leurs grandes fatigues de la journée.

DOMBROWSKI.

MINISTÈRE DE LA GUERRE.

Le général Eudes est nommé inspecteur général des forts de la rive gauche de la Seine.

En conséquence, il aura droit d'inspecter le matériel ainsi que le personnel, de se faire rendre compte de tout ce qui a trait au service, et représentera le délégué à la guerre auprès des commandants des forts.

MINISTÈRE DE L'AGRICULTURE ET DU COMMERCE.

Il nous est arrivé hier par une des gares un convoi de 600 bœufs.

Il en arrive tous les jours une quantité suffisante pour l'alimentation de Paris.

PARISEL.

COMMUNE DE PARIS.

SÉANCE DU 19 AVRIL 1871.

Présidence du citoyen LEFRANÇAIS.

Le citoyen Demay, nommé assesseur, prend place au bureau.

Le procès-verbal est lu et adopté.

L'assemblée décide que, les discussions ou les incidents qui pourraient se produire au cours de la séance devant rester secrets, ces discussions ou incidents ne seront pas reproduits dans le compte rendu officiel.

Le citoyen Président a reçu un document concernant les élections nouvelles. Il demande au citoyen Parisel s'il est chargé de statuer sur ces élections. Il n'y a pas eu de commission de nommée; maintient-on la dernière?

Le citoyen Parisel. — Je demande à n'en plus faire partie.

Le citoyen Président. — Les citoyens F. Henri, Ranvier et Martelet sont nommés membres de la commission chargée de statuer sur les dernières élections. Ces citoyens sont priés de nous faire un rapport.

A cinq heures, le citoyen Martelet lit le rapport de la commission des élections (que nous avons publié hier).

Le Président. — Le rapport conclut à ne pas tenir compte du huitième, et à se contenter d'admettre comme valable la majorité absolue des suffrages exprimés.

Le citoyen Beslay veut que la loi soit observée; il cède la parole au citoyen A. Arnould.

Le citoyen A. Arnould. — Je me prononce pour l'observation stricte de la loi, qui impose le huitième. En validant les élections faites en dehors de la loi, nous invalidons forcément les autres.

Il n'est pas admissible qu'un membre de la Commune se prétende élu avec 500 électeurs seulement.

Quel est notre pouvoir? Qu'est-ce qui fait sa force? C'est que nous sommes des élus. Nous porterions la plus grave des atteintes au suffrage universel si nous procédions autrement. Dans ce cas, il aurait mieux valu laisser l'autorité au comité central.

Si vous admettez les conclusions du rapport, il n'y a

pas de raison pour qu'un candidat ne soit pas élu par 50 électeurs.

Il faut un terme, c'est le huitième : observons-le. Il y a onze élections faites dans les conditions de la loi, validons-les; mais n'acceptons pas les autres, ce serait diminuer la valeur de notre propre mandat, car on pourrait alors nous objecter que tel citoyen ayant obtenu deux voix, la sienne et celle de son fils, aurait le droit de se prétendre représentant.

Il faut se maintenir dans les termes de la loi. Dans les circonstances graves où nous nous trouvons, on ne doit pas valider les élections en dehors du huitième. Ce serait le plus grand croc-en-jambe que jamais gouvernement ait donné au suffrage universel ; d'ailleurs nous ne serions pas les élus de la population de Paris.

Le citoyen P. Grousset. — Je ne demande pas l'effet que produira sur le gouvernement de Versailles le résultat des élections de Paris, mais je me demande seulement quel effet produira l'élection de membres qui n'ont pas eu le huitième. Il n'y a pas, en réalité, de loi électorale, par le fait de l'admission de membres n'ayant pas eu le huitième. Nous avons déclaré ne pas accepter les bases formulées par le comité central, en sorte que nous n'avons pas de loi électorale.

La commission ne propose pas d'accepter les citoyens qui ont eu la majorité relative, elle vous propose d'admettre simplement les citoyens qui ont eu la majorité absolue des votants.

Vous n'avez pas la base d'évaluation de la population ; vous n'avez pas de loi électorale. La seule chose juste et sérieuse serait de s'en rapporter à la sagesse populaire, qui a voté comme elle a voulu, et d'admettre tout membre qui a eu la majorité absolue des suffrages exprimés.

Le citoyen Varlin. — Je repousse les observations présentées par le citoyen Arnould. Il est impossible que nous admettions cette loi, que nous ne pouvons reconnaître. Quant à moi, je suis pour les conclusions du rapport.

Dans toute société qui obéit à des règles fixes, on s'en rapporte toujours à la majorité absolue. Aux dernières élections, nous avons admis des candidats qui n'avaient pas réuni le huitième, ne nous déjugeons pas.

Je n'ajouterai que quelques mots...

Le citoyen Billioray. En supposant que tout un arrondissement s'abstienne, et qu'il n'y ait que cinq votants, ces votants sont les seuls partisans de la Commune, les autres ne veulent pas voter pour une commune quelconque...

Le citoyen Urbain. — Pour moi, l'abstention ne peut jamais être une raison. Il y a un moyen de manifester son opinion : c'est le bulletin blanc. Le nombre de bulletins blancs eût pu invalider l'élection : or, puisque ceux qui ne veulent pas de nous ne l'ont pas fait, nous devons passer outre.

Le citoyen Arnault craint que nous ne tombions dans le ridicule et l'odieux. Or je dis que ce sont ceux qui n'ont pas voté qui sont tombés les premiers dans l'odieux et le ridicule. Ceux qui n'ont pas voulu défendre leur liberté par le vote ne sont à mes yeux ni Français, ni Allemands, ni Chinois.

Le citoyen Langevin. — Je me trouve dans une situation assez difficile, car je suis précisément de ceux qui ont été admis au premier tour de scrutin. Malgré cette situation, je me prononce pour la validation des élections.

Pour ma part, je regrette la décision prise par l'assemblée ; j'aurais protesté si je n'avais envisagé la situation qui nous était faite, et je pense qu'en adoptant les conclusions du rapport, nous porterions une grave atteinte à l'autorité morale de la Commune.

Il faut être logique. Or il y a un arrêté qui va à l'encontre des arguments que l'on vient d'exposer : dans le 17ᵉ arrondissement, vous avez ajouté une élection, en raison du nombre des votants ; eh bien, vous admettez sans doute que vous avez une base quand il s'agit de faire voter, et n'en avoir pas de certaine pour la validation. C'est vous qui l'avouez.

Le citoyen RANVIER. — Je n'ajouterai que quelques mots. Dans le 17ᵉ arrondissement, le citoyen Gombault n'est pas élu ; dans le 20ᵉ, ils sont tous élus à une faible majorité ; nous ne connaissons pas de loi électorale...

Le citoyen RÉGÈRE. — Mais nous n'en avons pas fait ! Nous appelons tout le monde au vote, tant pis pour ceux qui ne se présentent pas. Je trouve le huitième ridicule.

Le citoyen CLÉMENCE. — Je veux respecter le huitième. Dans les professions de foi, même dans celles des membres qui se prononcent aujourd'hui contre le huitième, nous avons tous accepté la loi de 1849.

Les candidats qui n'auraient pas obtenu ce minimum subiront un second tour de scrutin à la majorité relative. Pour moi, je déclare que je ne veux pas être l'élu d'une réunion publique, mais bien l'élu du peuple.

La clôture est demandée. Le citoyen ALLIX parle contre la clôture.

Le citoyen PRÉSIDENT met la clôture aux voix ; le résultat donne 18 pour et 17 contre.

La clôture est prononcée.

Le PRÉSIDENT met aux voix les conclusions du rapport.

L'appel nominal est demandé par les citoyens Arnault, Vallès, Vermorel, Avrial et Clémence.

Le citoyen Blanchet. — Je vote pour le rapport, la majorité absolue des votants, puisqu'aux premières élections on n'a pas tenu compte du huitième pour nous admettre, nous.

Un membre. — Et moi aussi, je vote pour les conclusions du rapport. Les électeurs qui n'ont pas rempli leur devoir ont d'eux-mêmes renoncé au droit d'être représentés, et je ne me reconnais pas le droit d'avoir plus qu'eux souci de leurs intérêts.

Le citoyen P. Grousset. — J'adopte les conclusions du rapport, tout en regrettant qu'elles ne soient pas plus larges et n'admettent pas immédiatement les candidats qui ont obtenu une majorité quelconque.

L'abstention est une désertion quand le scrutin est libre.

Le citoyen Régère. — En raison de l'état de guerre, je vote l'adoption du rapport.

Le citoyen Adolphe Clémence. — Afin de maintenir haut et ferme l'autorité de la Commune, je vote contre les conclusions du rapport.

Le citoyen J. Miot. — Je vote contre la validation des candidats qui n'ont pas obtenu le huitième des électeurs inscrits, parce que les élections ont eu lieu sous cette condition.

Vu les circonstances exceptionnelles dans lesquelles les réélections doivent avoir lieu, j'aurais désiré que l'assemblée, par modification à la condition du huitième, décidât que ces élections se feraient à la majorité relative des suffrages exprimés.

Le citoyen Rastoul. — Je vote contre le rapport, parce que, la Commune ayant déclaré s'en rapporter à la loi qui demandait le huitième plus un des électeurs inscrits, le rapport passe outre, ne tenant aucun compte des décisions prises par convocation et affiches sur le premier décret de la Commune. Le rapport porte ainsi atteinte au suffrage universel, détruit la force morale de l'assemblée, et frappe d'avance ses décisions d'impuissance relative.

Les conclusions du rapport sont adoptées à la majorité de 26 voix contre 13.

La séance est levée à sept heures et renvoyée à demain, deux heures.

SÉANCE DU 20 AVRIL 1871.

Présidence du citoyen VIARD.

Le citoyen POTHIER, assesseur.

La séance est ouverte à trois heures dix minutes.

Des questions de stratégie et de mouvements de troupes devant être discutées, l'assemblée se déclare en comité secret.

La séance est reprise, sur la proposition faite par le citoyen Delescluze, à cinq heures.

Le citoyen PRÉSIDENT. — Le citoyen Delescluze a la parole pour sa proposition au sujet des délégués de commissions :

La Commune arrête :

1º Le pouvoir exécutif est et demeure confié, à titre provisoire, aux délégués réunis de neuf commissions, entre lesquelles la Commune a réparti les travaux et les attributions administratives ;

2º Les délégués seront nommés par la Commune, à la majorité des voix ;

3º Les délégués se réuniront chaque jour, et prendront, à la majorité des voix, les décisions relatives à chacun de leurs départements ;

4° Chaque jour, ils rendront compte à la Commune, en comité secret, des mesures arrêtées ou exécutées par eux, et la Commune statuera.

Le Président donne lecture de la proposition Delescluze.

Sur quelques observations du citoyen Delescluze et du citoyen Avrial, l'ensemble de la proposition est mis aux voix et adopté.

Le citoyen Jourde demande qu'on nomme ces services importants.

Le Président en donne lecture :
Guerre,
Finances,
Subsistances,
Justice,
Instruction publique,
Services publics,
Sûreté générale,
Travail et échange,
Relations extérieures.

La séance est suspendue cinq minutes.

La séance est reprise à six heures et demie.

Le citoyen Andrieu. — Je demande la parole sur le vote qui va avoir lieu.

Le citoyen Président. — Le citoyen Andrieu a la parole.

Le citoyen Andrieu. — La proposition que je fais réunit déjà l'adhésion de plusieurs membres. Je propose qu'avant de voter nom par nom, on vote par scrutin de liste, afin de pouvoir connaître les noms les plus sympathiques à l'assemblée ; ce sera ainsi un premier degré dans le vote qui permettra d'éclairer sur le second vote.

Le citoyen Clémence. — Je demande qu'avant de passer au vote des divers candidats pour une même fonction, les noms soient annoncés à haute voix.

Le citoyen Président. — Tout cela n'indique pas le mode de vote à employer.

Le citoyen Raoul Rigault. — Nous avons décidé tout à l'heure que le vote serait sur chaque fonction par main levée.

Un membre. — Je demande le vote secret.

Le citoyen Président. — Le citoyen Delescluze fait demander si l'on veut signer son bulletin de vote.

Un membre. — Oui, il faut le signer; c'est une bonne pratique à adopter.

Le citoyen Amouroux. — Il est on ne peut plus nécessaire que chacun signe son bulletin, parce qu'en signant il est responsable de celui qu'il nomme.

Je demande, moi, qu'on ne discute pas brièvement les noms des candidats, parce que ce serait affaiblir plus tard l'autorité des élus.

Je demande encore qu'on vote séparément, parce qu'aujourd'hui nous devons tous nous connaître. (Oui.)

Le citoyen Président. — Le vote est ouvert.

Plusieurs membres. — Comment vote-t-on ?

Le citoyen Président. — Que ceux qui sont d'avis de voter avec indication du département veuillent bien lever la main.

Le vote au scrutin de liste est adopté.

Le citoyen Lefrançais. — Le scrutin sera-t-il secret, ou signé ?

(On décide que le bulletin sera signé. — Bruit. — Appel nominal.)

Le citoyen Amouroux. — Le dépouillement se fera par le secrétaire, auquel vous voudrez bien adjoindre un membre.

Le citoyen Arnold. — Je ne pourrais pas me prononcer, car je ne connais pas les candidats.

Voix. — Eh bien, vous ne vous prononcerez pas.

Le citoyen Arnold. — Voulez-vous me laisser parler ? En deux mots, je demande l'appel nominal, et chaque membre pourra ainsi s'éclairer.

Le citoyen Amouroux, *secrétaire.* — Voici le résultat du dépouillement du scrutin :

Ont été nommés pour composer la commission exécutive, les citoyens :

Guerre................	Cluseret.
Finances..............	Jourde.
Subsistances..........	Viard.
Relations extérieures....	Paschal Grousset.
Travail et échange.......	Franckel.
Justice................	Protot.
Services publics.........	Andrieu.
Enseignement..........	Vaillant.
Sûreté générale........	R. Rigault.

Il reste à nommer les délégués aux services publics et au travail et échange, la majorité absolue n'ayant pas été atteinte par les candidats.

Il va y être procédé par un vote à main levée.

Il est procédé au vote et sont nommés :

Le citoyen Andrieu aux services publics,

Et le citoyen Franckel au travail et à l'échange.

Le citoyen Avrial. — Il faut absolument reconstituer les commissions et qu'on mette cette reconstitution à l'ordre du jour de demain.

Le citoyen Président. — Demain, à l'ordre du jour la reconstitution des nouvelles commissions.

Le citoyen Avrial. — Depuis que nous sommes ici, on a pu juger les aptitudes des divers membres et il y a des remaniements à faire.

La séance est levée à huit heures moins dix minutes.

Les journaux réactionnaires de Paris ont tous reproduit un entrefilet du *Paris-Journal,* annonçant que M. Thiers avait versé entre les mains du gouvernement prussien les 500 millions exigés pour la rançon des forts de la rive droite.

Nous donnons un démenti formel à cette fausse nouvelle. Le gouvernement prussien n'entend point évacuer les forts avant la signature définitive de la paix, et M. Thiers, malgré son désir de bombarder notre héroïque Paris sur toute la ligne des faubourgs de la rive droite, en sera encore cette fois pour ses avances.

LE 22 AVRIL 1871.

Le *Journal officiel* de Paris contient, dans sa partie officielle, les pièces suivantes :

DIRECTION GÉNÉRALE DE L'OCTROI.

ORDRE DE SERVICE.

Vu la loi du 27 vendémiaire an VII (18 octobre 1798);

Considérant que le service de l'octroi de Paris est essentiellement communal;

Considérant que tous les employés de cette administration doivent, dans tous les services et sans distinction de grade, tenir le serment, non politique, mais purement professionnel qu'ils ont prêté, d'obéir et d'être fidèles à l'exécution des lois présentes et futures concernant ledit service et les intérêts de la ville de Paris ;

Considérant qu'en vertu de la susdite loi et de la prestation de serment, les employés de l'octroi municipal doivent (comme ils l'ont toujours fait) rester fidèlement à leur poste, quelle que soit la forme de gouvernement que se donnent Paris et la France,

Le directeur de l'octroi communal décide :

Tout employé, quels que soient son service et son grade, qui a abandonné son poste à partir du jour de l'établissement du gouvernement communal, est révoqué de ses fonctions.

Tout employé, sans exception, qui, sans permission régulière, quittera son service ou s'abstiendra d'y paraître, sera passible, pour la première fois, d'une retenue fixée par le directeur, et, en cas de récidive, rayé des contrôles et immédiatement remplacé.

Tout employé, sans distinction, qui, dans l'exercice de ses fonctions, cherchera, par des menées sourdes ou des cabales occultes, à entraver et à désorganiser 'e service, sera mis en état d'arrestation et ensuite à la disposition de la délégation judiciaire de la Commune.

Tout employé révoqué, soit pour l'abandon de son poste, soit pour ses mauvais services, soit pour tout autre motif, et qui, après sa révocation, chercherait à pénétrer dans les bureaux de l'administration centrale ou du service actif, sera immédiatement arrêté.

Le directeur tient à assurer l'exactitude du service par une discipline sévère ; autant il sera inflexible pour ceux qui manqueront à leur devoir, autant il sera paternel et reconnaissant envers ceux qui le rempliront avec honneur et fidélité.

Le présent sera lu, affiché et transcrit sur le registre des ordres généraux de service de chaque division.

Paris, le 15 avril 1871.

Le directeur de l'octroi communal,

VOLPESNIL.

ORDRE.

Il est absolument interdit de prendre quoi que ce soit, par voie de réquisition ou autre, dans les magasins du génie, sans un ordre émané de la direction du génie.

Paris, le 21 avril 1871.

Le délégué à la guerre,

CLUSERET.

BIBLIOTHÈQUE NATIONALE.

L'administration de la Bibliothèque nationale a décidé que les départements des imprimés, cartes et collections géographiques, des manuscrits et des estampes, seront ouverts à partir du lundi 24 avril 1871.

Les communications se feront comme par le passé. Il n'y aura d'exceptions que pour les collections ou parties de collections qui avaient été mises à part en vue des éventualités du siége, et qui n'ont encore pu être réintégrées dans chacun des départements de la bibliothèque.

Paris, le 21 avril 1871.

L'administrateur,
JULES VINCENT.

L'exemption du service de la garde nationale qui, pendant la durée du siége, avait été accordée aux employés de la bibliothèque, leur est continuée en raison du service actif dont ils sont chargés dans l'intérieur de l'établissement.

Les fonctionnaires et employés qui ne seraient pas rendus à leur poste à partir du 1er mai prochain seront, en raison de ce fait, considérés comme démissionnaires.

Le *Journal officiel* de Paris, dans sa partie non officielle, contient les pièces suivantes :

RAPPORT MILITAIRE.

21 avril, 5 heures soir.

La position de Neuilly a été, ce matin, fortement

canonnée par le mont Valérien et les batteries du rond-point de Courbevoie.

Celle d'Asnières, fortement attaquée par des colonnes précédées de nombreux tirailleurs, résiste avec succès.

Nos batteries, élevées sur le viaduc d'Asnières et les points adjacents, ripostent et obligent l'ennemi à se replier en désordre.

En ce moment, l'ennemi continue sa retraite sur tous les points.

Le délégué à la guerre,
CLUSERET.

DÉPÊCHE TÉLÉGRAPHIQUE.

21 avril, 11 h. 15 m. soir.

GUERRE A EXÉCUTIVE.

Une attaque sur Montrouge. L'ennemi repoussé sur Bagneux. Avons eu sept blessés.

La Commune rappelle à tous ses membres qu'ils sont tenus d'assister exactement aux séances. Les membres de la Commune empêchés ont le devoir d'envoyer leur excuse au président, ou de justifier de leur absence à la séance suivante. La séance est fixée à deux heures précises, jusqu'à ce qu'il en soit décidé autrement.

COMMUNE DE PARIS.

SÉANCE DU 20 AVRIL 1871.

Présidence du citoyen VIARD.

La séance est ouverte à trois heures.

Une demande du citoyen BLANCHET, relative à la rue

portant le nom de « Bonaparte », est renvoyée à la municipalité du 6ᵉ arrondissement.

Le citoyen Parisel rend compte de la mission dont lui et le citoyen Paschal Grousset avaient été chargés auprès du médecin en chef des ambulances.

Le Président donne lecture de la proposition suivante, déposée sur le bureau par le citoyen Andrieu :

Considérant la nécessité d'établir :

1° Une délimitation des attributions de fonctions de diverses commissions ;

2° De décharger la commission exécutive de mille affaires qui ne sont pas questions de salut public ;

3° De mettre aux mains de la Commune l'administration ;

Le soussigné propose la nomination d'une commission administrative chargée de répondre à ces divers besoins.

Le citoyen Paschal Grousset, ayant fait observer que la Commune avait déjà décidé la formation d'un secrétariat chargé de répondre à toutes les demandes, dépose à son tour la proposition suivante, acceptée par les citoyens Vaillant et Delescluze :

La Commune,

Considérant d'une part qu'il faut en finir avec les conflits d'attributions qui se produisent tous les jours devant elle, et qu'on ne peut en finir que par une réorganisation radicale ; qu'il y a convenance à faire participer les nouveaux membres de la Commune à son organisation,

Décide :

1° Toutes les commissions de la Commune seront immédiatement refondues et leurs attributions définies ;

2° Chaque commission désignera un de ses membres pour prendre la direction du service qui le concerne, sous son contrôle direct ; en être responsable devant la Commune ;

3° La commission exécutive sera composée de la réunion des délégués de commissions.

Le citoyen CLUSERET, se basant sur la probabilité d'une attaque générale, et afin de centraliser tous les pouvoirs en vue de cette attaque, demande à son tour la prise en considération de la proposition suivante :

« Les commissions sont licenciées ; il leur sera substitué des délégués aux différents départements. Ces délégués se réuniront entre eux une fois par jour, et une autre fois au sein de la Commune, afin de rendre compte de leurs départements. »

Après une discussion engagée entre les citoyens Avrial, Parisel, Lefrançais, Rastoul et Clémence, appuyant la proposition Cluseret, les citoyens Babick, Vaillant, Fortuné (Henri), qui acceptent au contraire la proposition Grousset, et le citoyen A. Arnould, appuyant à la fois les propositions Grousset et Cluseret, demandent en outre qu'il soit voté d'abord sur les questions de principe :

« Y aura-t-il ou non des délégués responsables ? »

Le citoyen VERMOREL formule une troisième proposition ainsi conçue :

« Il y aura un délégué à chaque grand service. »

Sur la demande du citoyen Rigault, la Commune décide que les auteurs de ces propositions s'entendront entre eux pour formuler un projet unique.

Le citoyen ARNOLD communique à la Commune des documents tous relatifs au chemin de fer du Nord, constatant une tendance de la part des principaux chefs à désorganiser le matériel et le personnel.

Le citoyen R. RIGAULT ayant fait remarquer que le

citoyen Paul Pia était spécialement délégué aux chemins de fer, la Commune, après avoir entendu les citoyens Régère, Ostyn, Tridon, Fortuné (Henri), Champy, Mortier et Ferré, invite le citoyen Arnold à communiquer immédiatement ces documents au citoyen Pia.

Les auteurs des propositions étant rentrés en séance, la Commune passe à la discussion du projet présenté par eux :

« § 1er. La Commune nomme à chacun des services publics un délégué unique et responsable, sous le contrôle de la commission et de la Commune. »

Le principe de ce paragraphe, mis aux voix, est adopté à l'unanimité moins une voix.

Consultée sur le nombre des délégués, la Commune adopte la proposition du citoyen Grousset, fixant un délégué à chacun des grands services.

« § 2. Le délégué a tous les pouvoirs nécessaires pour prendre seul et sous sa responsabilité les mesures exigées par la situation. »

Ce paragraphe, mis aux voix, est accepté sans discussion à l'unanimité moins quatre voix.

« § 3. Les commissions ne peuvent entraver en rien l'action du délégué; elles contrôlent ses actes et en réfèrent à la Commune. » Sur le paragraphe, le citoyen GÉRESME demande qu'il soit ajouté : «... la Commune ayant à juger comme tribunal suprême. » Le citoyen AVRIAL propose l'amendement suivant : « Chaque délégué responsable vis-à-vis de la commission peut être révoqué par elle. »

Enfin, un second amendement du citoyen Amouroux, ainsi conçu, est accepté : « Le délégué responsable pourra être révoqué par la Commune, sur la demande de la commission, qui devra fournir les pièces à l'appui. »

Le paragraphe ainsi amendé est combattu par les citoyens Beslay et Régère, mis aux voix et adopté. Sur le quatrième paragraphe, le citoyen Andrieu propose l'amendement suivant, appuyé par les citoyens Lefrançais et Arnold :

« En remplacement de la commission exécutive, il sera créé une commission de direction générale, composée de membres de la Commune, à l'exclusion absolue des délégués. »

Discussion du paragraphe combattu ou accepté par les citoyens R. Rigault, Jourde, Vermorel, A. Arnould, Viard, J. Vallès.

Le citoyen Delescluze propose le projet suivant :

La Commune arrête :

1° Le pouvoir exécutif est et demeure confié, à titre provisoire, aux délégués réunis des neuf commissions, entre lesquelles la Commune a réparti les travaux et les attributions administratives ;

2° Les délégués seront nommés par la Commune, à la majorité des voix ;

3° Les délégués se réuniront chaque soir, et prendront, à la majorité des voix, les décisions relatives à chacun de leurs départements ;

4° Chaque jour ils rendront compte à la Commune, en comité secret, des mesures arrêtées ou discutées par eux, et la Commune statuera.

La clôture de la discussion ayant été prononcée, le projet Delescluze, mis aux voix, est adopté par 47 voix contre 4.

Il est procédé à la nomination des neuf délégués.

La Commune décide que le vote sera fait au scrutin de liste, et qu'en outre les bulletins non signés seront considérés comme nuls.

Le dépouillement du vote donne les résultats suivants :

Sur 53 votants, sont nommés :

	LES CITOYENS :	VOIX.
Guerre.	Cluseret.	42
Finances.	Jourde.	33
Subsistances.	Viard.	30
Relations extérieures.	Paschal Grousset.	27
Enseignement.	Vaillant.	27
Justice.	Protot.	47
Sûreté générale	R. Rigault.	29

Les candidats aux travail et échange et services publics n'ayant pas obtenu la majorité absolue, il est procédé à un second tour de scrutin.

Le citoyen Franckel est nommé délégué à la commission du travail et échange, et le citoyen Andrieu aux services publics.

La séance est levée à huit heures.

Les secrétaires de la séance,

ANT. ARNAUD, AMOUROUX.

Voici la liste des commissions nouvelles nommées dans la séance du 21 avril :

Guerre. — Delescluze, Tridon, Avrial, Ranvier, Arnold.

Finances. — Beslay, Billioray, Victor Clément, Lefrançais, Félix Pyat.

Sûreté générale. — Cournet, Vermorel, Ferré, Trinquet, Dupont.

Enseignement. — Courbet, Verdure, Jules Miot, Vallès, J.-B. Clément.

Subsistances. — Varlin, Parisel, V. Clément, Arthur Arnould, Champy.

Justice. — Gambon, Dereure, Clémence, Langevin, Durand.

Travail et échange. — Theisz, Malon, Serrailler, Ch. Longuet, Chalain.

Relations extérieures. — Meillet, Charles Gérardin, Amouroux, Johannard, Vallès.

Services publics. — Ostyn, Vésinier, Rastoul, Ant. Arnaud, Pothier.

On a parlé d'un nouvel investissement de Paris, et on a fait ressortir les conséquences pour les habitants de la cité d'une pareille opération. Ces allégations sont inexactes. Ce que nous voyons jusqu'ici, c'est un blocus d'observation qui n'empêchera pas le ravitaillement de la capitale, et qui, par conséquent, ne pourrait y amener la famine.

Du reste, le pain est très-loin de manquer; outre que les quantités de grains et de farines qui ont été accumulées dès le début du ravitaillement sont immenses, Paris, moins peuplé, ne consomme plus que cinq mille quintaux de farine par jour au lieu de huit mille. Nous avons donc du « pain sur la planche » pour de longs mois encore.

On lit dans le journal *l'Affranchi* :

Tous les journaux, sans distinction de couleur politique, soutiennent aujourd'hui la même thèse, celle favorable à leurs boutiques multicolores.

Sous prétexte de liberté de la presse, les organes de la publicité se posent en inviolables, en irresponsables, en omnipotents et en souverains.

Il ne faut pas toucher à l'arche sacro-sainte des aboyeurs publics, qui, chaque matin, ont la mission irresponsable de tromper, de pervertir et de corrompre l'opinion publique.

Le *Journal officiel* de Versailles, dans sa partie non officielle, contient ce qui suit :

Paris veut gouverner la France ; qui gouverne Paris ? L'Américain Cluseret, le Prussien Franckel, le Russe Dombrowski, le Lithuanien Brunschwick, l'Italien Romanelli, Okolowicz, que l'on suppose Polonais, la plupart reniés ou désavoués par leurs nationaux.

LE 23 AVRIL 1871.

Le *Journal officiel* de Paris, dans sa partie officielle, contient les pièces suivantes :

La Commune de Paris,

Vu le décret communal du 10 avril 1871, portant création de pensions pour les veuves et orphelins des gardes nationaux morts ou blessés pour la Commune de Paris,

Arrête :

Toutes pièces justificatives à produire pour les ayants droit seront délivrées gratuitement par qui il appartiendra, et exemptes des frais de timbre.

Paris, le 22 avril 1871.

La Commune de Paris.

La Commune autorise le citoyen Rastoul, inspecteur général des ambulances, à organiser un service spécial pour faire procéder à l'inhumation, aux frais de la Commune et après un délai de quarante-huit heures, des gardes nationaux décédés dans les ambulances.

Ceux dont l'identité ne sera pas reconnue seront photographiés.

Les citoyens qui connaîtraient des dépôts de produits chimiques, machines, aérostats, appareils divers appartenant à l'État ou à la ville, sont priés d'en faire la déclaration à la délégation scientifique, hôtel des travaux publics, rue Saint-Dominique.

Les détenteurs de pétrole sont tenus de faire la

déclaration par écrit de leur stock, à la même adresse et dans les trois jours.

Les inventeurs d'engins de guerre offensive ou défensive peuvent adresser leurs plans, modèles ou descriptions à la même adresse. Dans les trois jours ces objets leur seront rendus si leur projet n'est pas accepté. On ne reçoit pas les personnes.

Les chimistes, constructeurs-mécaniciens, ouvriers en instruments de précision, fabricants de revolvers ou de fusils, qui veulent du travail, peuvent se présenter tous les jours, à dix heures, à l'hôtel des travaux publics, à la délégation scientifique.

Paris, le 22 avril 1871.

Le délégué,

PARISEL.

ORDRE.

Après en avoir conféré avec la commission exécutive, et dans un but strict d'humanité, j'autorise une suspension d'armes à Neuilly, à l'effet de faire rentrer dans Paris les femmes, enfants, vieillards, en un mot les non-combattants qui, enfermés dans Neuilly, sont victimes innocentes de la lutte.

Le général Dombrowski prendra, d'accord avec les citoyens Bonvallet et Stupuy, de l'Union républicaine des droits de Paris, les dispositions militaires nécessaires pour que la suspension d'armes maintienne strictement le *statu quo*. Cette suspension aura lieu de jour.

Aussitôt la réponse de Versailles, j'en fixerai le jour et la durée.

Le délégué à la guerre,

CLUSERET.

Le *Journal officiel* de Paris contient, dans sa partie non officielle, ce qui suit :

RAPPORTS MILITAIRES.

Fort de Montrouge, le 22 avril 1871.

Les avant-postes du fort de Montrouge, occupés par le 128ᵉ bataillon, ont été attaqués hier soir, vers cinq heures, par des bandes de l'armée de Versailles. Un détachement du 138ᵉ, sous les ordres du commandant Moreau, protégé par la justesse du tir des artilleurs du 14ᵉ arrondissement, les force à abandonner leur mouvement d'attaque.

Nous avons à déplorer un homme tué et six blessés, dont un grièvement, le commandant Mathieu, qui, à la tête de son bataillon, a fait preuve du plus grand courage.

Nous avons dans les mains la preuve irrécusable que l'armée de Versailles fait usage de balles explosibles.

Le commandant du fort,

BÉZAT.

---

22 avril 1871.

Les deux batteries de 24, installées par les soins du colonel Okolowicz, ont fait taire le feu terrible des batteries ennemies placées entre la tour et la maison carrée.

La batterie basse du château de Bécon a été complétement éteinte par le feu de la place Béranger.

Le commandant du 159ᵉ.

FORTS DE VANVES ET ISSY.

22 avril, 1 h. 30 m.

Des troupes versaillaises en nombre attaquent nos tranchées ; dix coups de mitrailleuses les mettent en déroute. De notre côté, ni morts ni blessés.

22 avril, 2 h. 20 m.

Nouvelle attaque de la part des Versaillais, et même insuccès.

DIRECTION DES AMBULANCES.

Chargé par le citoyen Cluseret de la direction générale des ambulances, je crois devoir expliquer certains actes de mon administration que la malveillance pourrait dénaturer.

Considérant que la Commune a décrété la séparation de l'Église et de l'État, et que, d'une autre part, il importe de laisser toute liberté à chaque citoyen de vivre et de mourir selon sa croyance, s'il en a une, j'ai fait enlever des salles d'ambulances tout insigne religieux, de n'importe quel culte ; j'en ai interdit l'entrée aux membres de toutes les sectes ou corporations religieuses, tout en procurant immédiatement au blessé, qui en ferait la demande, la visite du ministre de sa religion, curé, pasteur, pope ou rabbin.

J'ai surtout eu soin d'écarter des blessés ces visites fatigantes de gens qui, sous prétexte de religion, viennent démoraliser les blessés, et ajouter aux souffrances physiques des tortures morales, abusant de la dépression de toutes leurs facultés pour leur arracher une faiblesse, leur faisant un crime du grand combat soutenu au nom du droit de la république universelle, au point de les faire presque rougir de leurs glorieuses blessures.

Paris, le 22 avril 1871.

Dr ROUSSELLE.

Réunie hier, vendredi, la franc-maçonnerie parisienne a défini exactement le mandat à donner à ses délégués, qui ont dû partir aujourd'hui pour Versailles.

Ce mandat se divise en deux parties :

1° Obtenir un armistice pour l'évacuation des villages bombardés ;

2° Demander énergiquement la paix à Versailles, basée sur le programme de la Commune, le seul qui puisse amener la paix définitive.

Ce mandat a été voté à l'unanimité. Il a été décidé ensuite qu'un appel serait fait à tous les francs-maçons de Paris, pour entendre le résultat de cette délégation, lundi, à deux heures, salle des Arts-et-Métiers, et prendre telle décision qu'il conviendra, suivant le résultat.

COMMUNE DE PARIS.

SÉANCE DU 21 AVRIL 1871.

Présidence du citoyen VARLIN. — Assesseur, le citoyen LANGEVIN.

La séance est ouverte à trois heures.

Le citoyen Vaillant se plaint que les arguments sur la proposition Andrieu ne soient pas joints au procès-verbal.

Le citoyen Vermorel se plaint de l'*Officiel*. Si l'on ne veut pas publier en entier la séance, il ne faut pas en publier une partie seulement ; donner de la publicité à une partie de la séance seulement, c'est dérisoire. Il conclut en demandant la publicité de la séance entière.

Le citoyen Paschal Grousset se plaint du compte rendu de la séance du 19, et dit que sa pensée a été mal rendue. On lui a fait dire : « Je ne demande pas l'effet que produira sur le gouvernement de Versailles le résultat des élections de Paris, mais je me demande seulement quel effet produira l'élection de membres qui n'ont pas eu le huitième. »

Il a dit ceci et il le répète : « Mais je me demande quel droit pourraient avoir à invalider l'élection de candidats qui n'ont pas obtenu le huitième des membres de la Commune dont quelques-uns siègent ici, sans avoir eux-mêmes obtenu le huitième. »

Le citoyen Amouroux. — Quand plusieurs membres sont venus, à la fin de la séance, ils ne savaient pas que l'on avait voté pour le comité secret. J'ai tenu, à la fin de la séance, à bien faire préciser en quel endroit de la séance nous devions commencer la publication du compte rendu analytique. Et il a été convenu de le commencer lors de la proposition Delescluze. Voici le compte rendu analytique, et je déclare qu'il est impossible de le publier tout entier. Il y a des faits de stratégie que l'on ne doit pas divulguer.

On me fait remarquer que les journaux de ce matin les publient. A mon avis, il ne devrait y avoir qu'un seul journal. Les supprimer tous. En temps de guerre, il ne doit y avoir que l'*Officiel*.

Le citoyen Vermorel. — Il y a là une question qui ne peut manquer d'intéresser l'assemblée. Il m'est indifférent qu'on publie des comptes rendus analytiques, — que l'on publie toujours le procès-verbal, — quand je crois que personne ne peut s'opposer à la publication du procès-verbal qui vient d'être lu.

Le citoyen Amouroux. — Que l'Assemblée prenne toutes les décisions qu'elle jugera convenables pour ce soir ou demain ; mais on ne peut pas revenir, par un vote, sur une décision prise.

Le citoyen Arthur Arnould. — Le procès-verbal dit que j'ai appuyé le projet Grousset. J'ai appuyé à la fois le projet Grousset et le projet Cluseret, me basant sur ce point qu'ils étaient semblables quant au but. Je demande une rectification dans ce sens au procès-verbal. (Adopté.)

Le Président demande s'il faut publier intégralement le procès-verbal, tel qu'il vient d'être lu.

Le citoyen Parisel. — Je ne crois pas qu'il faille publier intégralement tout ce qui se dit dans l'assemblée. Le citoyen Cluseret nous a fait hier des révélations qui dans sa bouche acquièrent une importance réelle. Nous ne devons pas imiter les Versaillais dans la confidence de ces communications.

Un membre. — Je m'étonne de l'importance que l'on attache à la proposition Vermorel. L'assemblée a décidé qu'on ne publierait rien avant la proposition Delescluze, nous nous sommes donc renfermés dans ces conditions.

Le Président met aux voix la proposition Vermorel, tendant à publier le procès-verbal tel qu'il vient d'être lu, au lieu du compte rendu tronqué qui figure à l'*Officiel*.

Cette proposition est adoptée.

Le citoyen RASTOUL. — Je demande la parole, c'est à propos de l'*Officiel*. Il m'arrive chaque jour des plaintes nombreuses, et je crois qu'il en est de même pour mes collègues, sur le prix de l'*Officiel*. Il y a beaucoup d'autres journaux qu'on vend *cinq centimes,* et la plupart se vendent dix centimes ; je demande que l'on réduise le prix de l'*Officiel*.

Le citoyen VIARD. — En présence des fautes nombreuses que nous avons commises, je demande que le prix soit mis à cinq centimes ; tout le monde ne peut acheter un journal trois sous. L'*Avant-Garde* se vend un sou. Vous vous ferez lire en vous réduisant au prix auquel se débitent toutes les futilités qui se vendent dans les rues.

Le citoyen AMOUROUX. — Le compte rendu est prêt à neuf heures et demie du soir ; je m'étonne donc que le journal soit imprimé si tard. On m'objecte que le *Journal officiel* est une propriété particulière ; eh bien, je dis que ce doit être une propriété nationale ; s'il ne l'était pas il y a quinze jours, il doit l'être aujourd'hui.

J'appelle votre attention sur la vente. Je ne demande pas mieux que d'en réduire le prix.

Le citoyen FÉLIX PYAT demande que l'*Officiel* soit gratuit et public. Tous les démocrates demandent l'instruction gratuite : si vous voulez être logiques et habiles, vous devez demander comme moi la gratuité de l'*Officiel*. Votre journal n'est pas une propriété privée ; c'est une entreprise de l'État, payée par l'impôt ; vous ne pouvez pas faire payer le pauvre. Je demande la gratuité.

Le citoyen RASTOUL demande qu'il soit envoyé gratuit à tous ceux qui ont voté.

Plusieurs membres. — Oui, oui, gratuit.

Le citoyen Ostyn, tout en approuvant la largesse de la proposition Pyat, n'en voit pas les moyens pratiques.

Le citoyen Paschal Grousset. — Je comprends que Pyat propose l'affichage d'un grand nombre de numéros, mais non la gratuité.

Le citoyen Viard. — Voulez-vous intéresser la population avec l'*Officiel*? Donnez-lui une rédaction vraiment républicaine, socialiste, révolutionnaire.

Le citoyen F. Pyat. — Vous n'êtes pas dans la question!

Le citoyen Viard. — Pardon, j'y suis; écoutez-moi. Je suis jeune, mais je suis pratique. (Aux voix! la clôture!)

Le citoyen Oudet. — Je demande la parole contre la clôture, parce qu'il me semble que la question n'a pas été suffisamment élucidée.

En Belgique, il y a des journaux à deux centimes qui se répandent à des millions d'exemplaires.

Eh bien, que le *Journal officiel* traite des intérêts du peuple, et le peuple sera heureux de le lire. Vous verrez ensuite comment vous le distribuerez, et, si vous ne devez pas l'envoyer gratuitement à ceux qui ne peuvent l'acheter... (La clôture!)

Le Président. — La clôture est demandée, je mets la clôture aux voix. (Elle est adoptée.)

Nous nous trouvons maintenant en présence de trois propositions :

La première du citoyen Félix Pyat, qui demande que l'*Officiel* soit distribué tous les jours gratuitement à chaque électeur qui a pris part aux dernières élections ;

La deuxième, qui demande l'affichage en grand nombre et la vente à cinq centimes par exemplaire;

La troisième qui demande simplement la vente à cinq centimes.

Le Président met aux voix la proposition la plus large, c'est-à-dire la première.

Le vote commencé, quelques réclamations se font entendre. On prétend qu'on n'a pas compris la position de la question.

Le citoyen Rastoul insiste sur ce point.

Quelques membres ne savent comment on s'y prendra pour distribuer les exemplaires aux électeurs ayant voté.

D'autres demandent que l'on consulte les listes électorales.

Le Président, cédant aux observations d'une partie de l'assemblée, veut mettre la deuxième proposition aux voix.

Le citoyen Félix Pyat insiste pour que l'on vote sur la distribution gratuite, faisant l'objet de la première proposition.

Le Président. — Je demande le vote.

Que ceux qui sont d'avis de distribuer gratuitement l'*Officiel* à tous les électeurs qui ont voté aux dernières élections veuillent bien lever la main.

Pour........ 25 voix.
Contre...... 32

Seconde proposition. Que ceux qui sont d'avis d'afficher un grand nombre d'exemplaires de l'*Officiel* et de le vendre à raison de cinq centimes lèvent la main. (Adopté.)

Le Président. — Citoyens, nous avons un grand nombre de communications à vous faire.

Le citoyen Léo Meillet. — Je demande la parole pour donner ma démission de questeur; je ne puis être questeur et administrateur de mon arrondissement.

Le Président lit les communications suivantes, signées Rogeard, Briosne et Félix Pyat.

AU CITOYEN PRÉSIDENT DE LA COMMUNE DE PARIS.

« Citoyen président,

« La mesure qui modifie la loi de 1849, pour valider les élections du 16 avril, ayant à mes yeux au moins le double tort d'être tardive et rétroactive,

« J'ai l'honneur de vous informer que je n'accepte pas, en ce qui me concerne, la validation extralégale résolue par la Commune, et considère comme nulle et non avenue ma prétendue élection dans le 6ᵉ arrondissement.

« Salut et fraternité,

« A. ROGEARD. »

AU CITOYEN PRÉSIDENT DE LA COMMUNE DE PARIS.

« Citoyen président,

« La Commune vient de valider mon élection, sans tenir compte de l'insuffisance des votes acquis, qui sont au-dessous du huitième des électeurs inscrits.

« Le motif invoqué est la situation créée à l'arrondissement par le départ d'une partie de sa population.

« Ce motif est juste; invoqué avant l'élection, il eût justifié une modification des conditions de la validité.

« Invoqué après, il peut bien permettre à la Commune de m'accepter, mais cette décision ne peut pas faire que je sois élu, alors que véritablement je ne le suis pas.

« Malgré mon vif désir de siéger sur les bancs de la

Commune, pour être l'égal de mes collègues, je suis obligé de n'y siéger qu'aux conditions qui les y ont fait admettre, c'est-à-dire d'être réellement élu par mes électeurs, conformément aux conditions imposées préalablement pour la validité de l'élection.

« Avant donc de me rendre à l'hôtel de ville, je me soumettrai, comme les candidats qui n'ont pas été validés, à une réélection aux conditions nouvelles qui auront été arrêtées.

« Salut et égalité.

« BRIOSNE. »

Paris, 20 avril 1871.

« Citoyen président,

« Si je n'avais été retenu au ministère de la guerre le jour où la question des élections a été tranchée, j'aurais voté avec la minorité de la Commune.

« Je crois que la majorité cette fois s'est trompée.

« Je doute qu'elle veuille revenir sur son vote, mais je crois que les élus n'ont pas le droit de remplacer les électeurs. Je crois que les mandataires ne doivent pas se substituer au souverain. Je crois que la Commune ne peut créer aucun de ses membres, ni les faire, ni les parfaire; qu'ainsi elle ne peut de son chef fournir l'appoint qui leur manque pour leur nomination légale.

« Je crois enfin, puisque la guerre a changé la population, qu'il était juste de changer la loi plutôt que de la violer.

« Née du vote, la Commune en se complétant sans lui se suicide; je ne veux pas être complice de la faute.

« Je suis convaincu de ces vérités au point que, si la Commune persiste dans ce qui me semble une usurpation du pouvoir électif, je ne pourrai concilier le respect dû au vote de la majorité et celui dû à ma conscience. Et alors je serai forcé, à mon grand regret, de donner avant la victoire ma démission de membre de la Commune.

« Salut et fraternité.

« FÉLIX PYAT. »

Le citoyen Oudet. — Je demanderai à être relevé de mon poste; je demanderai que des citoyens dévoués aillent là-bas; je demanderai à ce que Longuet, qui vient d'être élu dans le 14ᵉ, se rendît à ce poste. Accordez-moi au moins un peu de repos. Veuillez choisir parmi vous des citoyens qui veuillent se rendre à Passy.

Le Président. — Le citoyen Oudet était délégué de la Commune.

Le citoyen Lefrançais. — Quel est le travail à faire?

Le citoyen Oudet. — Vous vous rendez au secteur, vous donnez les ordres depuis le Point-du-Jour jusqu'à la porte Maillot.

Faites que l'on voie continuellement des membres de la Commune au 6ᵉ secteur et tout ira bien.

Le citoyen Lefrançais. — Le citoyen Oudet peut-il encore donner le temps nécessaire pour installer l'un de nous à sa place?

Le citoyen Oudet. — Mais certainement, je donnerai quarante-huit heures s'il le faut.

Le citoyen Lefrançais. — Eh bien, je demande à remplacer le citoyen Oudet.

Le citoyen Gambon. — Et moi aussi.

Le Président. — Les citoyens Lefrançais et Gambon se proposent pour être délégués au 6ᵉ secteur. Je vais consulter l'assemblée sur l'acceptation de la proposition du citoyen Oudet.

L'assemblée, consultée, décide à l'unanimité que les citoyens Lefrançais et Gambon seront délégués par la Commune au 6ᵉ secteur.

Après une demande du citoyen Clémence qui réclame la parole, le président l'accorde au citoyen Régère.

Le citoyen Régère. — Je demande quelle attitude nous devons prendre devant la démission de Félix Pyat. Il n'est pas possible que nous nous déjugions, il y a un vote acquis.

Véritablement, ces démissions que l'on nous propose à chaque instant ressemblent à un relâchement moral et presque à une désertion.

Je demanderai que l'on refuse les démissions.

Un membre appuie fortement cette proposition.

Le citoyen Amouroux. — Nous ne devons pas nous préoccuper davantage des démissions qui nous sont offertes; nous ne devons y répondre que par le silence. Nous n'avons ni à accepter ni à refuser. Il y a un vote acquis.

Le citoyen Félix Pyat croit devoir donner sa démission ; eh bien, s'il nous fallait nous occuper de tous les incidents de cette nature et y donner suite, il arriverait un moment où l'Assemblée n'aurait plus personne pour délibérer.

Je demande donc formellement que l'on passe à l'ordre du jour.

Le citoyen Régère. — Je demande qu'on vote sur ma proposition : refus de toute démission.

Voix. — C'est voté !

Le citoyen Beslay. — J'ai voulu faire revenir le citoyen Pyat sur sa démission, mais je crois que ce sera très-difficile. Vous devez publier sa lettre, car il veut constater qu'il n'a pas voté avec la majorité; qu'on l'engage, si l'on veut, à en faire une autre, mais je crois qu'avec la ténacité qu'il y a mise, il sera difficile de le faire revenir sur sa décision.

Le citoyen Avrial. — Je crois qu'il serait très-difficile de lui faire retirer sa lettre, car elle est peut-être en ce moment à l'impression.

Le citoyen Champy. — Je suis d'avis qu'il ne faut pas accepter la démission du citoyen Pyat.

Je demande qu'on retranche le paragraphe dans lequel il donne sa démission, et qu'on publie le reste de sa lettre.

Le citoyen Président. — L'ordre du jour est demandé. Ayez une demande d'ordre du jour pur et simple et une demande d'ordre du jour motivé. (L'ordre du jour pur et simple est adopté.)

Le citoyen Arnold. — Citoyens, je demande que la cour d'honneur ne soit pas transformée en caserne. C'est ce qui cause le bruit que nous entendons depuis longtemps.

Voix. — C'est fait!

Le citoyen Arnold. — Mais non! le questeur est revenu et le bruit continue.

Le citoyen Ostyn. — Je constate que j'ai demandé la même chose depuis quinze jours.

Le citoyen Président. — Qu'un citoyen quelconque descende pour donner l'ordre d'évacuation.

Le citoyen Ranvier s'excuse par lettre :

AUX CITOYENS MEMBRES DE LA COMMUNE.

« N'étant pas encore remplacé dans mon bataillon, je suis forcé de rester aujourd'hui à Belleville, dans cet espoir de faire procéder aux élections d'un chef en mon remplacement.

« Je vous prie donc d'excuser mon absence à la Commune, d'autant qu'en sortant de cette réunion, je me rendrai à un enterrement de plusieurs victimes des différents bataillons de Belleville.

« Salut et égalité.

« G. RANVIER. »

Lecture du projet de décret suivant :
La Commune,
Vu le décret communal du 10 avril 1871, portant créations et pensions pour les veuves et orphelins des gardes nationaux morts ou blessés pour la Commune de Paris,

Arrête :

Toutes pièces justificatives à produire pour les ayants droit seront délivrées gratuitement par qui il appartiendra et exemptes des frais de timbre.

21 avril 1871.

LEFRANÇAIS.

Il est donné lecture d'une proposition pour des remercîments aux républicains anglais.

La Commune de Paris a reçu avec sympathie l'adresse des républicains anglais, et leur envoie de Paris, combattant pour les franchises communales et l'affranchissement du prolétariat, ses sincères remercîments.

Le citoyen Président. — Je demande qu'on adresse séparément des remercîments aux ouvriers anglais.

Le citoyen Dereure. — Je ferai remarquer au citoyen Theisz qu'il avait déjà été nommé, sous l'administration Ferry, une commission de cinq membres chargée de porter les remercîments de la population de Paris au peuple anglais. Je ne sais pas si cette commission s'est rendue à Londres, mais qu'en tout cas l'adresse des remercîments a paru à l'*Officiel*.

Le citoyen THEISZ. — Nous croyons, nous, mieux représenter en ce moment la population de Paris que les citoyens qui avaient reçu mission d'aller à Londres, et c'est pour cela que je demande l'envoi d'une adresse au peuple anglais par la Commune de Paris. (Appuyé.)

Le citoyen FERRÉ. — J'appuie, pour ma part, la proposition du citoyen Theisz.

Le citoyen PRÉSIDENT. — Que cette proposition soit formulée par écrit.

Le citoyen ALLIX. — Je demande à lire une proposition qui est importante.

Un membre. — Après les mesures qui ont été adoptées hier, je demande que le citoyen Dupont, chef de la police municipale à l'ex-préfecture de police, soit adjoint provisoirement à la commission de sûreté générale.

Le citoyen DUPONT. — En même temps que chef de la police municipale, j'étais commissaire de police, et il me semble qu'il y a là une incompatibilité, c'est pourquoi je demande à faire partie provisoirement de la commission de sûreté générale.

Le citoyen PRÉSIDENT. — On pourrait réserver cette question jusqu'à l'organisation des commissions, qui est à l'ordre du jour de la séance. (Oui!)

Le PRÉSIDENT lit une proposition du citoyen Allix :

La Commune,

Considérant que des vieillards, hommes et femmes, en grand nombre, sont assistés dans les arrondissements, et notamment dans le huitième, sous une forme qui pourrait être utilement remplacée par la réception des assistés dans les asiles de la vieillesse qu'ils réclament,

Décrète :

Les vieillards, hommes et femmes, qui ont besoin de recourir à l'assistance publique, seront reçus au plus tôt dans les asiles établis dans ce but.

JULES ALLIX.

N.-B. — Ne peut-on pas utiliser les casernes?

Le citoyen OSTYN. — C'est impossible, il n'y a pas de place dans les hospices; Bicêtre est presque évacué. Pour un décès il y a vingt remplaçants.

Le citoyen ALLIX appuie sa proposition, sans cependant s'opposer aux modifications qu'on pourrait expliquer.

L'assemblée décide, sur la demande du président, que cette proposition sera renvoyée aux services publics.

Le PRÉSIDENT lit une autre proposition du citoyen Andrieu :

Considérant l'impossibilité matérielle où se trouveront les neuf délégués d'être à la fois à leur poste, et en même temps de tenir une permanence nécessaire à l'hôtel de ville,

Le soussigné propose que chaque délégué soit tenu de se faire représenter à la commission exécutive par un secrétaire responsable, chargé de répondre aux réclamations et de tenir les délégués présents au courant de toutes les mesures prises dans les délibérations. Les mesures de direction générale ne pourront être prises que par la réunion des délégués, à la majorité des voix.

JULES ANDRIEU.

Le citoyen Delescluze combat la proposition, dont il ne comprend pas l'importance. Le pouvoir exécutera tous les services sous le contrôle de la Commune, et il demande formellement l'ordre du jour.

Le citoyen Babick s'élève contre la proposition Andrieu.

Il appuie l'ordre du jour proposé par le citoyen Delescluze.

Le citoyen Ostyn. — J'ai remarqué une lacune dans le service de la commission exécutive : il y avait autrefois un ou deux membres à la permanence ; ce matin, je n'a vu personne.

Dans un moment pareil, je me demande comment vont faire ces neuf citoyens. Je ne fais pas d'accusation, je constate un fait.

Le citoyen Blanchet. — Que ces neuf citoyens viennent tous les jours à l'hôtel de ville, qu'ils se concertent entre eux pour s'entendre sur les mesures à prendre, et à l'issue des séances de la Commune qu'ils s'entendent de nouveau entre eux.

Le citoyen Régère. — La solution n'est pas difficile à trouver. Dans les neuf services, il y en a quatre de grande utilité ; mais les autres cinq peuvent établir une sorte de permanence de deux en deux. Quand nous avons nommé neuf membres, il a été compris dans notre pensée que les cinq membres restants pourraient constituer une permanence.

Le secrétaire Ant. Arnaud. — Je crois qu'il faut absolument qu'il y ait un conseil continuellement en permanence pour prendre des mesures, alors que les délégués ne seraient pas suffisants pour les prendre.

Les chefs de service, en effet, doivent toujours être en permanence, et c'est pour cela que j'avais demandé qu'il y eût une commission spéciale chargée de prendre les mesures générales et faisant fonction de gouvernement.

Le citoyen Delescluze. — Si les membres délégués peuvent être remplacés, pourquoi n'y aurait-il pas des délégués adjoints qui dirigeraient les services pendant l'absence du délégué ?

PROPOSITION.

Les délégués aux divers services publics, qui forment aujourd'hui le pouvoir exécutif, sont autorisés à faire nommer, par les commissions dont ils font partie, des vice-délégués pouvant pourvoir, en leur absence et sous leur surveillance, à l'expédition des affaires ressortissant à leurs attributions.

DELESCLUZE.

Le citoyen Parisel. — Vous avez nommé des chefs de service responsables ; c'est à eux de prendre les mesures qu'ils croiront nécessaires. Nous ne pouvons pas nommer une nouvelle commission dans la Commune, qui entraverait les services. C'est à ces délégués à trancher la question comme ils le voudront, attendu qu'ils sont responsables.

Le citoyen Arnold. — Citoyens, ce qui se présente en ce moment nous montre ce qu'il y a de fâcheux dans la proposition que nous avons établie hier.

Je serais partisan de la proposition Delescluze ; que ce soit un délégué adjoint ou une commission que vous nommerez pour aider vos délégués, peu importe.

Le citoyen Avrial. — Je m'oppose à cette nomination de sous-délégués. Vous avez nommé Cluseret à la guerre, Viard aux subsistances ; ils sont responsables dans leurs administrations.

Si vous nommez des sous-délégués, ces délégués rejetteront toute responsabilité des actes qu'ils n'auront pa faits.

Le citoyen Champy. — J'appuie la proposition Delescluze.

Ce citoyen Ostyn. — Ce qui vient d'être dit est peut-être la preuve qu'hier nous avons agi un peu prématurément.

Pour ma part, je n'accepterais pas d'être délégué sans être responsable complétement de mes actes et sans avoir en même temps tous pouvoirs pour agir ; mais en engageant ma responsabilité, je ne voudrais à aucun prix engager celle de mes collègues.

Il faut que les neuf délégués nommés hier soient absolument responsables et puissent pourvoir à tous les besoins de leurs services, ou il faut une commission que vous appellerez du nom que vous voudrez.

Il faut choisir ; mais pour l'unité du service, pour sa régularité, il faut se prononcer de suite. Il y a là une situation à examiner.

Le citoyen Rastoul. — En ce moment, il me semble que nous perdons notre temps.

Nous avons nommé hier neuf délégués ; ils ont un mandat bien défini à remplir, ils n'en ont pas d'autre. Ne les entravons pas.

Nous pouvons toujours les révoquer, s'ils font mal. Nous les contrôlerons, nous les surveillerons, mais n'allons pas gêner leur liberté d'action.

Le citoyen Arnold. — Loin d'avoir à les entraver, nous devons, au contraire, prêter à ces délégués tout notre concours au fur et à mesure de leurs actes. Nous avons sur eux un droit de surveillance, mais nous ne devons pas l'exercer après le fait accompli. Il faut bien le dire, ce qui nous manque en ce moment, ce sont des sujets.

Je maintiens donc mon avis, qui est conforme à celui de la proposition Delescluze.

Je ne demande qu'à ajouter deux mots :

Voici un exemple : on dit que, si le citoyen Cluseret est ici, il ne peut être en permanence à la guerre. Il est certain qu'il ne peut tout faire par lui-même.

Le citoyen THEISZ. — En ce moment, ce que nous avons à faire, c'est de constituer des commissions de contrôle choisies pour arriver à arrêter l'action de tel ou tel délégué qui voudrait entraver notre action. Je demande qu'on statue définitivement sur la constitution de ces commissions de contrôle.

Le citoyen PRÉSIDENT. — La commission exécutive a tenu une permanence. Doit-on la supprimer?

Plusieurs membres. — Non, non, elle reste. La commission exécutive n'est représentée que par un ou deux de ses membres, et il est difficile d'être ici et au ministère.

Le citoyen LANGEVIN fait la proposition suivante :

La Commune,

Considérant le besoin urgent d'expédier vivement les affaires et d'établir des relations constantes entre la nouvelle commission exécutive et la Commune d'une part, de la commission exécutive et les différents services d'autre part,

Met la commission exécutive en demeure d'établir un service de permanence à l'hôtel de ville.

Le citoyen JULES VALLÈS dit qu'il faut une permanence pour que le délégué à la guerre, par exemple, ne prenne pas de sa propre autorité une décision qui engagerait la

Commune et la population tout entière. Il conclut en disant qu'il faut une permanence qui ait autorité, et composée de trois ou cinq membres.

Le citoyen Amouroux. — Après le vote qui a eu lieu hier, il a été dit que des commissions seraient nommées dans chaque département et que le délégué pourrait être révoqué sur la demande de chacune de ces commissions.

Ce point a été décidé.

Quant à la permanence, il est un fait, c'est que tous les jours il doit y avoir un conseil de tous les délégués des départements, lequel conseil aura une permanence chargée d'expédier les affaires de chaque département.

Le citoyen Viard. — Vous avez émis hier un vote sur lequel vous semblez revenir. Je ne fais pas cette observation, croyez-le bien, parce que j'ai été nommé délégué; non, mais je suis surpris de votre retour sur le vote d'hier.

Il a été dit que les commissions se réuniraient tous les jours et qu'elles seraient prêtes à répondre à toutes les interpellations que vous leur adresseriez. Vous voyez donc bien que l'action de la Commune ne sera pas entravée.

Le citoyen Rastoul. — Cela détruirait la responsabilité. Vos délégués n'accepteront pas à cette condition. C'est à eux à choisir, ce n'est pas à nous à leur imposer des secrétaires, ils ne seront plus responsables.

Je parle contre la proposition, et vous ne m'empêcherez pas de parler. Nous avons chargé neuf membres de prendre en main l'organisation, car rien ne se faisait, tout était désorganisé; et c'est pour cela que nous avons nommé une espèce de comité dictatorial, sous sa responsabilité et sous notre surveillance. Quant à la manière dont ils organiseront leurs services, nous n'avons pas à nous en préoccuper.

Le citoyen Allix. — Mais c'est justement ce que dit la proposition.

Le citoyen Ostyn. — On a dit que nous n'avions rien fait. Pour nous, je n'accepte pas ces paroles. Nous avons fait ce que nous avons pu au jour le jour; mais enfin nous avons fait face à la situation. Mais cette situation a bien changé le jour où nous avons abandonné notre centre pour aller nous répartir dans les divers ministères aux quatre coins de Paris; tandis qu'ici, au centre, il y aurait eu une direction unique des moyens pour centraliser l'action. Que l'on y revienne.

Le citoyen Vermorel. — Je n'ai pas demandé la parole sur la proposition Ostyn, que j'appuie. Je dois avouer que la confusion était dans mon esprit comme elle l'est, je le crois, dans l'assemblée. Hier, je l'avoue, après avoir assisté à la séance, je croyais que l'on avait commencé par déterminer les pouvoirs des délégués. Mais, soit que je me sois trompé, soit que l'assemblée se soit déjugée, j'ai vu à l'*Officiel* qu'on avait annulé les propositions précédentes pour voter sur la proposition Delescluze; je crois donc que nous devrions déterminer les fonctions des délégués, autrement la discussion s'égarera, et, pour moi, j'avoue que je n'y saurais rien comprendre.

Une discussion s'engage sur les armements, à propos d'une dépêche du délégué à la guerre. Plusieurs orateurs prennent part à cette discussion, qui se prolonge pendant une demi-heure.

Le citoyen Arnold demande que l'on ne vote pas les incidents les uns par-dessus les autres. Cela contribue à égarer la discussion et occasionne un désordre préjudiciable aux délibérations de l'assemblée.

Il demande l'ordre du jour. (Adopté.)

Une permanence examinera toutes les affaires pour être envoyées à chaque service ; de cette façon elles ne souffriront aucun retard, puisqu'on s'en occuperait tous les jours.

Le citoyen Allix demande aussi la surveillance permanente de la Commune.

Le Président demande s'il faut passer à l'ordre du jour sur la proposition Langevin.

L'ordre du jour est prononcé.

Le citoyen Président lit les communications suivantes, signées Rastoul, Billioray.

« Chaque commission spéciale remplira vis-à-vis de son délégué responsable le rôle de comité de surveillance. Ce comité pourra à tout instant surveiller, inspecter, vérifier les actes du délégué, sans intervenir directement dans la direction et dans l'exécution. Elle fera un rapport tous les jours à la Commune, qui connaîtra ainsi tous les actes de la commission exécutive.

« RASTOUL. »

« Je propose qu'il soit institué une commission supérieure de contrôle, chargée d'examiner les actes de la commission exécutive et d'en rendre compte à la Commune.

« BILLIORAY. »

Le citoyen Avrial. — Il n'est pas besoin de donner un nom à la commission, elle s'appellera tout simplement de contrôle.

Je suis à la guerre, par exemple ; eh bien, si je vois des fautes ou des abus, je m'empresserai d'en donner connaissance à la Commune.

Le citoyen Amouroux. — C'est clair, on ne décrète pas le droit, on l'applique.

Le citoyen Président dit que la proposition se renferme en ceci : c'est une commission de délégués exerçant un contrôle et en référant à la Commune.

La proposition Rastoul est votée.

Le citoyen Paschal Grousset croit que l'esprit de la Commune est d'être agissante par chacun de ses membres, et l'on doit les répartir dans les diverses commissions.

Le citoyen Président dit que la proposition Paschal Grousset est très-juste, et que tous les membres doivent être répartis dans les commissions.

Le citoyen Jourde propose cinq membres par commission ; si chacun des membres est occupé d'une façon complète, il est clair que les municipalités sont abandonnées ; aux avant-postes, nous avons certains services ; il serait utile d'après moi de ne nommer que cinq membres par commission, les autres trouveront bien leur utilité et leur emploi.

Le citoyen Président. — Je rappelle qu'il vient d'être dit que la commission exécutive, composée des délégués, a établi une permanence chargée de répondre à toutes les demandes.

Mais on vient de décider qu'il y aurait une commission chargée de recevoir.

Le citoyen Amouroux. — Il y a toujours quelqu'un à l'hôtel de ville depuis quatre jours, je n'en ai pas quitté, j'y reste constamment, et toutes les fois qu'il vient quelqu'un, je le renvoie aux différents services.

(L'incident est clos.)

Le citoyen Dereure. — J'ai demandé la parole. Je fais partie de la commission des subsistances, et je n'ai pas pu prendre part à ses délibérations, car il faut au moins qu'il y ait un délégué par arrondissement. Eh bien, comment voulez-vous qu'on soit en même temps à une commission et à la tête de son arrondissement? Pour moi, je demande à ne faire partie d'aucune commission.

Le citoyen Président. — La question est celle-ci : les commissions seront-elles composées de cinq membres, ou partagera-t-on l'assemblée dans ces diverses commissions?

Le citoyen Billioray. — Je demande la création d'une dixième commission. Je prétends qu'il y a un service qui nous manque, celui de la publicité et de la presse.

Nous n'avons pas trois membres qui prennent quotidiennement connaissance de toutes les choses qui se publient et des choses bonnes à publier.

Il y a eu des choses très-bonnes qui ont été publiées, mais qui ne l'ont été que par l'initiative individuelle; sans cela elles seraient restées dans l'oubli.

Le citoyen Jourde a la parole pour une motion d'ordre.

Nous nous écartons certainement de l'ordre de nos travaux; c'est fâcheux; n'égarons pas le débat.

Je propose de nommer des commissions de cinq membres pour être auprès des délégués.

Divers orateurs prennent la parole sur cette question.

On demande la mise aux voix de la proposition Jourde.

Le Président précise la question, et dit qu'il s'agit de savoir si les commissions seront de cinq membres, ou si tous les membres de la Commune seront répartis dans les différentes commissions.

Le citoyen Rigault commence la lecture d'une autre proposition, qui n'est pas accueillie.

L'assemblée passe aux voix, et décide que les commissions seront composées de cinq membres, conformément à la proposition Jourde.

Le Président propose de passer à la composition de ces différentes commissions.

Plusieurs membres demandent la suspension de la séance, pour pouvoir se concerter entre eux sur le choix des membres.

Cette proposition étant appuyée, la suspension a lieu à cinq heures trente-cinq minutes.

La séance est reprise à cinq heures trois quarts.

Le citoyen Président. — De quelle façon procéderons-nous au vote ?

Le citoyen Allix. — En votant commission par commission ; ceux qui ne seraient pas élus à l'une pourraient l'être à une autre. (Admis.)

Signera-t-on ses bulletins?

Le citoyen Vallès. — Signera qui voudra.

Le citoyen Parisel. — La signature n'a pas d'importance, le scrutateur seul la voit.

Le citoyen Ledroit. — J'ai demandé, citoyens, que l'on tienne compte de la manière dont on a procédé une première fois, et que l'on demande aux membres de l'assemblée quels sont ceux qui veulent faire partie des commissions.

Le citoyen Allix. — Citoyens, je demande à ce qu'on fasse l'appel de tous les membres, et puis on votera à main levée.

Le citoyen Président. — Vote-t-on par bulletin, ou à main levée ?

L'assemblée décide qu'elle votera à main levée.

Le citoyen Régère. — Dans les assemblées de la nature de la nôtre, par exemple les conseils généraux, on consulte les aptitudes de chacun, et il doit être parfaitement convenu que ceux qui ont les aptitudes de la guerre aillent à la guerre, etc. Eh bien, je demande à ce qu'on laisse aux candidats la liberté de se présenter eux-mêmes.

Le citoyen AVRIAL. — Mais, de même que j'admets parfaitement que le citoyen Régère puisse se présenter lui-même, de même j'ai le droit, si je ne l'admets pas, d'en proposer un autre à sa place.

Le citoyen AMOUROUX, secrétaire, donne lecture des noms des membres proposés pour faire partie de la commission de la guerre.

Le citoyen ARNOLD. — Ne pourrait-on pas voter par bulletin, et le dépouillement du scrutin aurait lieu ensuite sans que l'assemblée ait besoin d'y assister ? (Non.)

Le citoyen PRÉSIDENT. — Vous avez décidé que la désignation des membres des commissions serait faite par main levée ; nous ne pouvons pas revenir sur ce vote. (C'est évident !)

Il est procédé à un nouvel appel des noms par le citoyen Amouroux.

On passe au vote de chaque commission.

Les résultats du vote ont été publiés hier.

(La séance est levée à huit heures.)

Les secrétaires de la séance,

ANT. ARNAUD, AMOUROUX.

SÉANCE DU 22 AVRIL 1871.

Présidence du citoyen VARLIN. — Assesseur, le citoyen MORTIER.

Lecture est faite du procès-verbal de la séance d'hier, 21. Il est adopté.

Le citoyen VERMOREL. — Citoyens, je crois que la publicité a, en elle-même, sa moralité. Nous avons reçu la démission de Félix Pyat, mais cela ne le dispense pas de la responsabilité des actes auxquels il a participé. Le *Vengeur* d'hier blâme avec force la suppression de plusieurs journaux : je tiens à constater que cette mesure a été approuvée ici par le citoyen Pyat et qu'il en a même, dans une certaine mesure, pris l'initiative. Il faut qu'on le sache, et je demande que mon observation, qui est une observation de moralité politique, soit insérée à l'*Officiel*.

Le citoyen RÉGÈRE. — L'initiative de cette mesure émane de Rigault seul, et je certifie que Félix Pyat y est étranger ; je le constate.

Le citoyen VERMOREL. — Indépendamment de ce qui a eu lieu dans cette assemblée, la commission exécutive, avant que Rigault fût ici, par l'organe de Félix Pyat, avait fait une motion semblable à celle de Rigault.

Le citoyen RÉGÈRE. — Je ne sais pas ce qui se passe dans les cénacles, moi !

Le citoyen DEREURE. — Je demande la parole.

Le citoyen PRÉSIDENT. — C'est le citoyen Mortier qui a la parole.

(Les citoyens Vermorel et Régère s'expliquent vivement.)

Le citoyen RÉGÈRE. — On calomnie des absents!

Plusieurs membres. — Il n'y a pas de calomniateurs ici ! (Assez ! — A l'ordre !)

Le citoyen PRÉSIDENT. — Citoyen Régère, je ne puis vous laisser parler ainsi. Nous n'avons pas à revenir sur un incident qui a été vidé par la Commune.

Le citoyen Mortier a la parole.

Le citoyen MORTIER. — Il a été décidé antérieuremen

qu'il serait bien convenu qu'aucune démission ne serait admise, et je ne vois pas pourquoi le citoyen Félix Pyat, qui était présent lorsque la mesure sur les journaux a été prise, donne aujourd'hui sa démission.

Le citoyen Babick. — On a dit ici que toutes les démissions seraient regardées comme des trahisons.

Plusieurs membres. — Oui, c'est vrai !

Le citoyen Mortier. — On ne doit pas quitter un poste, quand c'est un poste de péril et d'honneur.

Le citoyen Dereure. — Je crois que le citoyen Régère n'était pas là quand la discussion a eu lieu ; car il saurait, comme nous, que le citoyen Félix Pyat a appuyé la demande du citoyen Rigault. — et il l'a appuyée éuergiquement. Il n'a donc pas aujourd'hui le droit de se déjuger, et je trouve extraordinaire que le citoyen Régère prenne ainsi sa défense lorsque toute l'assemblée convient que le citoyen Félix Pyat appuyait énergiquement la motion de Rigault.

Le citoyen Amouroux. — Je vais chercher le compte rendu analytique.

Le citoyen J.-B. Clément. — Voilà mon opinion sur l'incident. Le citoyen Félix Pyat a toujours été, et je ne l'en blâme pas, pour les mesures énergiques ; eh bien, je trouve étrange qu'aujourd'hui il nous accuse, et non-seulement au sujet de la presse, mais il y a encore dans son journal un blâme au sujet des citoyens. Eh bien, je dis qu'il est indigne du citoyen Felix Pyat de déserter ainsi la cause. Vous avez arrêté des gens pour bien moins. Je demande formellement l'arrestation de Félix Pyat.

Le citoyen A. Arnould. — Je trouve prodigieux qu'on parle toujours d'arrêter pour l'expression d'une opinion.

Le citoyen Ledroit. — Je demande la parole sur le procès-verbal, avant que l'on passe à l'ordre du jour sur la démission de Félix Pyat. L'assemblée a déclaré, que toute démission serait refusée et que l'on ne pouvait recevoir celle de Félix Pyat.

Le Président. — Je demande à faire une observation. Le bureau me fait observer qu'on passe à l'ordre du jour pur et simple, attendu qu'un vote antérieur avait déjà décidé que l'on n'accepterait aucune démission.

Un membre. — La Commune a déclaré, dans un vote précédent, qu'elle refuserait toute démission. Elle ne peut donc aujourd'hui se déjuger.

Le citoyen Miot. — Je demande la parole.

Le Président. — Est-ce sur l'incident ?

Le citoyen Miot. — Non.

Le Président. — Alors, vous aurez la parole après la clôture de la discussion sur le procès-verbal.

Le citoyen Clémence. — Il est possible que l'on ait pris un vote refusant les démissions; je n'en sais rien, je n'assistais pas à la séance. Je déclare en mon nom que je ne me considère pas comme un déserteur, mais je me réserve expressément ma liberté d'action. Je veux pouvoir donner ma démission quand il me plaira, et toutes les décisions de la Commune n'y pourront rien.

Plusieurs membres. — Appuyé !

La clôture, demandée, est mise aux voix et adoptée.

Le citoyen Régère a déposé une proposition hier sur le bureau, dont on n'a pas parlé, soit qu'on l'ait égarée, soit qu'on l'ait oubliée. Il demande que le procès-verbal en fasse mention.

Le Président fait observer qu'on ne peut mentionner au procès-verbal que les pièces lues en séance. On lira aujourd'hui celle du citoyen Régère.

Le procès-verbal est adopté.

Le Président lit une communication qui est renvoyée à

la commission exécutive, qui décidera si elle doit être affichée.

Le citoyen Babick. — Je regrette que depuis que nous sommes en république, et dans cette assemblée, on n'ait pas compris que, lorsque nous avons à donner notre démission, c'est à ceux qui nous ont nommés que nous devons l'offrir, et non à ceux avec qui nous siégeons. Quand une notabilité démocratique vient ici donner sa démission, je me demande si la souveraineté démocratique n'est pas atteinte par ce fait. Le citoyen élu doit siéger jusqu'à ce qu'il ait été remplacé.

Le citoyen Durand. — Je demande que le quartier qui a nommé Félix Pyat veuille ouvrir une réunion publique et voir si Pyat a tort.

Le citoyen Beslay demande un congé de quatre à cinq jours. (Accordé.)

Le citoyen Rastoul demande la parole pour une communication urgente.

Dans le service des ambulances, il y a des négligences auxquelles il est indispensable de remédier.

Dans l'ambulance de la presse, il y a quelques cadavres qui n'ont pas été reconnus ; il pourrait s'y créer un foyer d'infection qu'il faut absolument faire disparaître.

A l'appui de ce fait, je propose le projet de décret suivant :

« La Commune charge le citoyen Rastoul d'inhumer les cadavres qui ne sont pas réclamés après quarante-huit heures dans les ambulances. »

Si vous me chargez de l'exécution de ce décret, je pourrai, dans mon service de surveillance, m'entendre avec les pompes funèbres pour que les cadavres soient enlevés dans les quarante-huit heures.

Le citoyen ALLIX. — Le citoyen Rastoul pouvait parfaitement, en vertu de la délégation qu'il avait déjà reçue, prendre toutes les mesures nécessaires.

Le citoyen RASTOUL. — Mais non! j'inspectais, je signalais, mais je ne pouvais pas prendre de décisions.

Le PRÉSIDENT. — Je mets aux voix la question de savoir si le citoyen Rastoul aura les pouvoirs nécessaires pour prendre toutes les mesures nécessaires.

(L'assemblée, consultée, adopte la proposition.)

Le citoyen ALLIX. — Dans notre 8e, à la mairie, nous avons déjà pris sur notre initiative personnelle toutes les mesures nécessaires à cet égard.

Plusieurs membres. — C'est fini, on a voté! assez!

Le citoyen PRÉSIDENT. — La question est épuisée, il y a eu un vote, nous passons à l'ordre du jour.

Le citoyen Ostyn a la parole.

Le citoyen OSTYN. — Je demande qu'on invite les diverses municipalités à fonctionner régulièrement pour être en mesure de donner les secours aux veuves et aux orphelins.

Tous les jours nous constatons que des municipalités ne fonctionnent pas.

Le citoyen PRÉSIDENT. — Je demanderai au citoyen Ostyn de vouloir bien me nommer les arrondissements qui ne font pas leur devoir.

Le citoyen OSTYN. — J'ai reçu des plaintes sur les 7e, 5e et 17e. Il y en a encore d'autres. Je me fie à vous pour savoir combien il y a d'arrondissements qui ont constitué leur commission d'enquête.

Le citoyen PARISEL. — En attendant qu'une commission d'enquête soit constituée, nous donnons les secours qu'on nous demande.

Le citoyen J.-B. CLÉMENT. — Le citoyen Ostyn a-t-il, oui

ou non, donné des secours? Et s'il n'en a pas distribué, comment se fait-il qu'il ait reçu des plaintes des arrondissements qui en ont reçu? Nous avons fait droit à toutes les demandes, et nous avons distribué l'argent qui était le produit des quêtes avant d'en demander au ministère.

Le citoyen OSTYN. — Il y a eu sans doute confusion de la part de ceux qui ont fait des plaintes, ils voulaient sans doute que l'on donnât une solution au nom du décret rendu par nous.

Le citoyen PRÉSIDENT. — Il fallait poser la question d'une façon plus claire à la commission d'enquête que nous avons nommée il y a quelques jours.

Le citoyen BLANCHET. — Je constate que, depuis quelques jours, la Commune se fait du tort en n'agissant pas assez, et si elle n'agit pas, la révolution est compromise. Nous n'employons pas les moyens révolutionnaires, et, pendant ce temps, les réunions réactionnaires s'organisent. Parlons moins, agissons plus. Moins de décrets, plus d'exécution. Où en est le décret sur le jury d'accusation? Et la loi sur les réfractaires, non appliquée? Et la colonne Vendôme qui n'est pas encore abattue?

On le dit: la Commune n'est pas révolutionnaire, et l'on a raison; les réactionnaires prennent de la force. Citoyens, nous faisons beaucoup de décrets qui ne sont pas exécutés; eh bien, nous devons compte de notre mandat à nos électeurs; vous l'avez vu quand vous avez convoqué les électeurs.

Le PRÉSIDENT. — Je suis d'avis que nous perdons peut-être beaucoup de temps ici, mais enfin, ceux qui crient le plus fort ne sont pas ceux qui font le plus.

Le citoyen DELESCLUZE. — On se plaint de l'inexécution de nos décrets; eh bien, citoyens, n'êtes-vous point un peu complices de cette faute? On se plaint que la loi contre les réfractaires et les complices de Versailles ne soit pas exécutée. Eh bien, quand la commission exécutive est venue vous demander cette loi, les uns l'ont trouvée trop douce, les autres trop sévère. La minorité a fait décider que l'on ferait l'appel nominal, et que chacun motiverait son vote. Quand un décret qui paraîtrait au *Journal officie* avec treize votes négatifs et dix-huit votes affirmatifs seulement n'aurait pas rencontré dans le public ce respect que mérite une assemblée, de quoi pourriez-vous vous étonner? Il y a eu une minorité qui s'est élevée contre la commission exécutive. C'était bien simple, citoyens. Il fallait nous remplacer plus tôt. Pour une rancune personnelle, ou parce que l'idéal qu'on poursuit n'est pas complétement d'accord avec le projet, on ne doit pas se retirer.

Croyez-vous donc que tout le monde approuve ce qui se fait ici? Eh bien, il y a des membres qui sont restés et qui resteront jusqu'à la fin, malgré les insultes qu'on nous prodigue, et si nous ne triomphons pas, ils ne seront pas les derniers à se faire tuer, soit aux remparts, soit ailleurs. Il y a eu une conspiration latente contre cette malheureuse commission, qui se fera peut-être regretter, parce que nous cherchons à allier la modération à l'énergie. Nous sommes pour les moyens révolutionnaires, mais nous voulons observer la forme, respecter la loi et l'opinion publique.

S'il y a quelques discordes, n'est-ce point pour des querelles de galons qui divisent certains chefs? Voilà un arrondissement, le 11e, auquel j'ai l'honneur d'appartenir, et qui pèse beaucoup dans la balance. Cet arrondissement a quarante-cinq mille gardes nationaux. Eh bien, il y a des tiraillements. Et pourquoi? A cause des jalousies et des compétitions ! C'est l'élément militaire qui domine, et c'est l'élément civil qui devrait dominer toujours. (Bravos.)

Je vous dirai que, pour moi, je suis décidé à rester à mon poste, et si nous ne voyons pas la victoire, nous ne serons pas les derniers à être frappés sur les remparts ou sur les marches de l'hôtel de ville. (Bravos prolongés.)

Le citoyen FORTUNÉ HENRI. — Je suis attaqué, j'ai bien le droit de me défendre. (Bruit.) Nos électeurs trouvent que nous ne faisons rien. (Bruit, tumulte; les interpellations se croisent de tous côtés.)

Le PRÉSIDENT. — Il ne faut pas laisser la discussion continuer davantage ; elle n'a pas de base. Je demande donc qu'on passe à l'ordre du jour sur l'incident. Chacun de nous, dans son arrondissement, fait exécuter les décrets de la Commune.

Le citoyen RASTOUL demande à lire deux actes. (Non ! non !)

Le citoyen PROTOT, délégué à la justice, lit le projet de loi suivant :

La Commune de Paris,

Considérant que, si les nécessités de salut public commandent l'institution de juridictions spéciales, elles permettent aux partisans du droit d'affirmer les principes d'intérêt social et d'équité qui sont supérieurs à tous les événements :

Le jugement par les pairs ;
L'élection des magistrats ;
La liberté de la défense,

DÉCRÈTE :

Art. 1er. Les jurés seront pris parmi les délégués de

la garde nationale élus à la date de la promulgation du décret de la Commune de Paris qui institue le jury d'accusation.

Art. 2. Le jury d'accusation se composera de quatre sections, comprenant chacune douze jurés tirés au sort, en séance publique de la Commune de Paris, convoquée à cet effet. Les douze premiers noms sortis de l'urne composeront la première section du jury. Il sera tiré, en outre, pour cette section, huit noms de jurés supplémentaires, et ainsi de suite pour les autres sections. L'accusé et la partie civile pourront seuls exercer le droit de récusation.

Art. 3. Les fonctions d'accusateur public seront remplies par un procureur de la Commune et par quatre substituts, nommés directement par la Commune de Paris.

Art. 4. Il y aura auprès de chaque section un rapporteur et un greffier nommés par la commission de justice.

Art. 5. L'accusé sera cité à la requête du procureur de la Commune; il y aura au moins un délai de vingt-quatre heures entre la citation et les débats.

L'accusé pourra faire citer, même aux frais du trésor de la Commune, tous témoins à décharge. Les débats seront publiés. L'accusé choisira librement son défenseur même en dehors de la corporation des avocats. Il pourra proposer toute exception qu'il jugera utile à sa défense.

Art. 6. Dans chaque section, les jurés désigneront eux-mêmes leur président pour chaque audience. A défaut de cette élection, la présidence sera dévolue par la voie du sort.

Art. 7. Après la nomination du président, les témoins à charge et à décharge seront entendus. Le procureur de la Commune ou ses substituts soutiendront l'accusation. L'accusé et son conseil proposeront la défense. Le président du jury ne résumera pas les débats.

Art. 8. L'examen terminé, le jury se retirera dans la chambre de ses délibérations. Les jurés recevront deux bulletins de vote portant, le premier, ces mots : L'accusé est coupable ; le second, ces mots : L'accusé n'est pas coupable.

Art. 9. Après sa délibération, le jury rentrera dans la salle d'audience. Chacun des jurés déposera son bulletin dans l'urne ; le scrutin sera dépouillé par le président ; le greffier comptera les votes et proclamera le résultat du scrutin. L'accusé ne sera déclaré coupable qu'à la majorité de huit voix sur douze.

Art. 10. Si l'accusé est déclaré non coupable, il sera immédiatement relaxé.

Art. 11. Toutes citations devant le jury et toutes notifications quelconques pourront être faites par les greffiers des sections du jury d'accusation. Elles seront libellées sur papier libre et sans frais.

Le citoyen Rigault ajoute : Et sera relaxé s'il n'est détenu pour autre cause.

Le citoyen Protot. — L'addition est naturelle.

Le citoyen Delescluze. Quand un individu est sous le coup de plusieurs chefs d'accusation non connexes, il y a des motifs différents, l'accusation la motive.

Le citoyen Protot. — Nous n'avons pas eu l'intention d'éliminer les dispositions libérales du code d'instruction criminelle de 1810, le droit de récusation est de droit à l'accusé.

Le citoyen Delescluze demande que le droit de récusation ne soit pas exercé par le ministère public.

Le citoyen Protot dit que ce droit est mentionné pour la défense.

Le citoyen Rigault. — La partie civile aussi a le droit de récuser.

Le citoyen Protot. — Voici le nouveau texte :

« L'accusé et la partie civile pourront seuls exercer la récusation. »

Le citoyen Avrial. — Je demande si, dans l'intention du citoyen Protot, l'institution du jury d'accusation est simplement un jury exceptionnel.

Le citoyen Protot. — Non.

Le citoyen Avrial. — Eh bien, au lieu de dire que le jury sera nommé par la garde nationale, il faudrait dire : « sera choisi parmi les électeurs. »

Le citoyen Protot. — Sans doute, le principe de l'élection des magistrats par le suffrage universel doit être la loi de l'avenir ; mais, dans l'espèce, nous avons pensé qu'ayant à élire des juges de paix, des magistrats au tribunal de commerce, des juges civils et criminels, enfin une foule d'élections, nous ne pouvions pas recourir à toute la population civile.

En ce moment, nous nous adresserons à la garde nationale, se trouvant être les citoyens les plus intelligents et les plus dévoués à notre cause, et nous avons cru qu'il y avait là deux éléments de succès pour votre jury d'accusation.

Nous proposerons même bientôt d'étendre ces dispositions aux délits du droit commun.

Le citoyen Arnold. — On va voter sur un projet très-important, il me paraît difficile de se prononcer sur une simple lecture.

Le Président fait observer que ce projet a été lu trois ou quatre fois déjà en séance. (Aux voix ! — La clôture !)

Le citoyen A%%THUR A%%NOULD demande la parole contre la clôture. Il croit que la discussion n'est pas épuisée. Ainsi il demande au citoyen Protot si c'est à dessein ou involontairement que l'on a négligé de parler des circonstances atténuantes.

Le citoyen P%%OTOT répond qu'il faut réformer les dispositions draconiennes du Code pénal. Le projet veut maintenir toutes les dispositions libérales du Code pénal qui ne seront pas incompatibles avec les articles du décret que l'on va voter.

Le citoyen A. A%%NOULD insiste, et fait remarquer que le projet dispose que deux bulletins seront remis aux jurés : l'un, l'accusé est coupable ; l'autre, l'accusé n'est pas coupable. Ce qui implique l'idée d'éliminer les circonstances atténuantes.

Le citoyen P%%OTOT. — Ce décret que nous vous proposons n'est applicable qu'aux otages, le jury n'ayant qu'à délibérer au sujet de l'accusation de complicité avec le gouvernement de Versailles. Eh bien, de deux choses l'une : ou l'accusé est coupable, ou il n'est pas coupable. Si le jury décide qu'il n'y a pas lieu de retenir l'accusé comme otage, il sera relâché ; il n'y a pas de milieu.

Je me résume en un mot, la seule question soumise au juré est celle-ci : ou l'accusé est coupable, ou l'accusé n'est pas coupable.

Il est évident que dans le cas de circonstances atténuantes, l'accusé serait relâché.

Le P%%ÉSIDENT. — Il serait bon d'indiquer que ce projet est pour le cas de complicité avec Versailles.

Le citoyen P%%OTOT. — Il n'y a qu'à mettre que le décret voté le sera en exécution du décret du 4 avril.

Le citoyen R%%GÈRE. — Je demande la parole pour signaler un vice radical. Vous dites que le jury sera pris parmi les délégués de la garde nationale. Il n'y a pas cela

Plusieurs voix. — Mais si, c'est fait!

(La clôture est prononcée. — Le projet est mis aux voix et adopté.)

Le citoyen Arnould. — On vote alors article par article. Je n'admets pas ce vote, et je tiens à ce que mon abstention et ma protestation soient signalées à l'*Officiel.*

Le citoyen Clémence. — Je m'associe à la protestation.

Le citoyen Jourde. — Il faut que l'on charge un délégué, et que ce délégué soit responsable devant la Commune de l'exécution des décrets.

Le citoyen Varlin. — Il faut, chaque fois que nous ferons un décret, indiquer quel sera le délégué chargé de l'exécution pour ce décret. C'est évidemment le délégué à la justice.

Le Président. — La parole est au citoyen Avrial pour interpellation.

Le citoyen Avrial. — Je demande que la commission chargée de l'enquête sur l'arrestation du général Bergeret nous apporte son rapport; il n'est pas possible que nous laissions sous les verrous un homme qui, dans l'opinion actuelle de cette assemblée, n'était pas coupable.

Le citoyen Protot. — La commission doit vous présenter son rapport. Elle attendait des renseignements, ils ont été très-peu nombreux, et je crois que vous adopterez les conclusions de la commission, qui sont la mise en liberté de Bergeret.

Voix diverses. — Au vote! au vote!

Le citoyen Protot. — Eh bien, que l'on mette aux voix les conclusions de la commission d'enquête, que le citoyen Langevin, secrétaire de la commission, ne désavouera pas.

On demande la mise aux voix des conclusions de la commission d'enquête sur l'affaire Bergeret.

Plusieurs membres demandent qu'on vote sur la mise en liberté immédiate.

Cette proposition est adoptée, et la mise en liberté immédiate est votée à l'unanimité. (Bravos.)

Le citoyen Raoul Rigault. — Je demande que le citoyen Pindy soit chargé d'aller lui-même chercher le citoyen Bergeret.

(Cette motion est adoptée.)

Le citoyen Président. — Maintenant nous avons à discuter le rapport présenté par le citoyen Miot. La parole est au citoyen Avrial.

Le citoyen Avrial. — Je cède mon tour de parole à Bergeret.

Le citoyen Bergeret. — La Commune avait jugé à propos de me mettre en état d'arrestation, et elle vient de me faire mettre en liberté. Je tiens à déclarer que je n'apporte ici aucun sentiment d'amertume, mais, au contraire, mon dévouement tout entier. (Approbation.)

Le citoyen Léo Meillet. — Je désire faire connaître à la Commune elle-même des faits très-importants. Est-elle disposée à m'entendre de suite? (Oui!)

Le citoyen Président. — Voulez-vous régler ainsi l'ordre du jour de demain :

Rapport de la commission de la guerre ;

Proposition Longuet, relative au *Journal officiel* ;

Examen du rapport Miot? (Oui! oui!)

L'ordre du jour est ainsi réglé.

La séance est levée à sept heures dix minutes.

Les secrétaires de la séance,
ANT. ARNAUD, AMOUROUX.

Le *Journal officiel* de Versailles contient ce qui suit dans sa partie non officielle :

Le désarmement des bataillons suspects à la Commune se continue à Paris, notamment dans le 1er et dans le 6e arrondissement.

———

Vendredi 21 avril, la place et le palais de la Bourse ont été militairement occupés par ordre de la Commune. On annonçait une manifestation des bataillons du 2e arrondissement pour protester contre les arrestations incessantes, et principalement contre celle du commandant et de quatre capitaines du 6e bataillon.

———

Le rapport officiel militaire, signé des délégués à la guerre et daté du 21 avril, 5 heures du soir, porte ces mots :
« Nos batteries, élevées sur le viaduc d'Asnières et les points adjacents, obligent l'ennemi à se replier en désordre.
« En ce moment, l'ennemi continue sa retraite sur tous les points. »
Ces victoires imaginaires ne sont plus acceptées même des partisans les plus intéressés de la Commune. Annoncer que « l'ennemi » se replie en désordre au moment même où « l'ennemi » vient de s'emparer des positions et de remporter un avantage considérable, c'est compter un peu trop sur la sottise de ses lecteurs. Le journal *la Commune* s'est fâché cette fois, et quoiqu'il ait jusqu'ici complaisamment appuyé les mensonges de ses patrons, il s'effraye de celui-ci, et adresse

aux faiseurs de bulletins la verte semonce qu'on va lire :

« Nous regrettons profondément l'obscurité des rapports militaires. C'est un amalgame de mots complétement inintelligibles. Les rédacteurs de ces notes n'ont-ils pas une idée nette des opérations militaires? Alors qu'on en prenne d'autres, ou, si c'est un parti pris, qu'on fasse la nuit sur toute la ligne. Mais qu'on ne nous berne pas avec des récits qui n'ont ni queue ni tête et qui font penser qu'on ignore à la délégation de la guerre ce qui se passe aux avant-postes. A bon entendeur, salut. »

A en croire l'*Affranchi, journal des hommes libres*, la Commune « est dans une situation financière des plus satisfaisantes, grâce à l'habileté de son comité des finances et aux ressources immenses de la ville de Paris. »

L'*Affranchi* ajoute :

« Croirait-on qu'en dépit des dépenses nécessitées par la guerre et de la diminution des recettes, les deux tableaux des recettes et des dépenses sont presque en équilibre! Il ne s'en faut que de 7 à 8 millions par mois, une vétille dans le budget de Paris. »

Huit millions par mois, quatre-vingt-seize millions de déficit par an, une vétille, en effet! Ces financiers de fraîche date sont capables de confondre le budget de Paris avec celui de la France.

LE 24 AVRIL 1871.

Le *Journal officiel* de Paris contient, dans sa partie officielle, les pièces suivantes :

La Commune de Paris

DÉCRÈTE :

Art. 1er. Les huissiers, notaires, commissaires-priseurs et greffiers de tribunaux quelconques, qui seront nommés à Paris à partir de ce jour, recevront un traitement fixe. Ils pourront être dipensés de fournir un cautionnement.

Art. 2. Ils verseront tous les mois, entre les mains du délégué aux finances, les sommes par eux perçues pour les actes de leur compétence.

Art. 3. Le délégué à la justice est chargé de l'exécution du présent décret.

Paris, le 23 avril 1871.

La Commune de Paris.

DÉLÉGATION DE LA JUSTICE.

Les candidats aux fonctions d'huissier, notaire, commissaire-priseur et greffier de la justice de paix et du jury d'accusation devront se présenter aujourd'hui, 24 courant, à la délégation de la justice, 13, place Vendôme, à sept heures précises du soir, pour fournir les renseignements qui leur seront demandés.

Le délégué à la justice,

EUGÈNE PROTOT.

Le public s'est ému de certaines irrégularités qui auraient accompagné l'arrestation du sieur Polo.

Ce citoyen, arrêté en vertu d'un mandat régulier, sur présomptions graves de relations avec Versailles, a été mis en liberté, après instruction, pour insuffisance de preuves.

La mise en disponibilité du citoyen Pilotell a été motivée par des négligences de formes qui n'entachent en rien l'honorabilité de ce citoyen.

Le délégué à la commission de sûreté générale,

RAOUL RIGAULT.

MINISTÈRE DES TRAVAUX PUBLICS.

Le délégué à la commission du travail et de l'échange,

Vu l'arrêté de la commission exécutive supprimant le travail de nuit des ouvriers boulangers, et instituant dans les vingt mairies un bureau de renseignements à l'usage des patrons et des ouvriers,

ARRÊTE :

1° L'arrêté précité aura cours d'exécution à partir du jeudi 27 avril prochain;

2° Deux livres, portant les offres et demandes, seront ouverts dans chaque municipalité au bureau de renseignements déjà existant.

Paris, le 22 avril 1871.

Le délégué à la commission du travail et de l'échange,

LÉO FRANCKEL.

Les Alsaciens et Lorrains actuellement dans Paris ne pourront être contraints au service de la garde nationale. Ils auront à produire la preuve de leur origine.

Le délégué à la guerre espère que le bon sens populaire le dispensera d'entrer dans de plus amples détails sur les motifs de cette mesure.

Paris, le 23 avril 1871.

Le délégué à la guerre,

CLUSERET.

Le citoyen membre de la Commune délégué au ministère de l'agriculture et du commerce prévient le commerce que, seul, il est chargé des achats qui ont rapport aux approvisionnements des denrées de toute sorte et de toute nature.

Le délégué au commerce et à l'agriculture,

VIARD.

ADMINISTRATION DES POSTES.

Un grand nombre de citoyens se plaignent que les marchands de tabac refusent la vente de timbres-poste, sous le prétexte qu'ils n'en ont pas.

Nous rappellerons que les marchands de tabac ne peuvent refuser des timbres-poste, et nous invitons le public à porter plainte à l'administration, qui tient à la disposition des débitants-boîtiers la quantité de timbres réglementaire. (Art. 274 de l'instruction générale.)

Le membre de la Commune délégué à la direction générale des postes,

A. THEISZ.

Six membres de la Commune, les citoyens J. Vallès, Ch. Longuet, Pillot, Bergeret, Lonclas et Urbain, sont délégués pour visiter les gardes nationaux dans les forts, casemates, et tous lieux de réunions.

Trois membres de la Commune, les citoyens Miot, Gambon et Victor Clément, sont délégués pour visiter les prisons, faire une enquête sur l'état des détenus, et s'informer de la cause de leur détention.

Tout membre de la Commune a le droit, s'il est

muni de sa carte, de pénétrer à toute heure dans tout bâtiment public, civil ou militaire.

Le *Journal officiel* de Paris contient ce qui suit dans dans sa partie non officielle :

RAPPORTS MILITAIRES.

Paris, le 23 avril 1871.

GUERRE A EXÉCUTIVE.

Suspension d'armes pour demain à Neuilly, à midi. Un bataillon de ligne a mis bas les armes à Asnières pour venir à nous; mais avant que nous ne pussions arriver à eux, six cents gendarmes se sont interposés.

Aux forts du sud, un escadron de chasseurs à cheval s'est présenté pour se rendre; malheureusement les gardes nationaux, qui n'avaient pas d'abord compris leur intention, ayant tiré, la majeure partie s'est enfuie. Ceux qui sont définitivement venus à nous ont des vêtements dans un état pitoyable.

A Asnières, la situation est excellente.

Neuilly, 23 avril 1871.

Le 147ᵉ bataillon a repoussé une forte attaque des Versaillais. Grandes pertes pour ces derniers. Le citoyen Runjette, garde, s'est distingué par sa belle conduite.

La canonnade continue.

Plusieurs journaux rapportent inexactement, et quelques-uns commentent avec une malveillance évidente, les faits qui se sont passés à la *Compagnie parisienne du gaz*. Il n'y a eu là, pas plus qu'ailleurs, ni atteinte à une propriété privée, ni arbitraire de la part des agents de la Commune, mais seulement excès de zèle de la part des gardes nationaux envoyés pour faire rentrer au ministère de la guerre les fusils qui avaient servi à l'armement d'un bataillon spécial aujourd'hui dissous. Dès que le délégué aux finances a été averti qu'une somme de 183,210 fr. 32 c. avait été saisie, il s'est empressé, de concert avec son collègue de la sûreté générale, de la faire remettre au directeur de la Compagnie.

S'il y avait eu acte d'arbitraire de la part d'un agent de la Commune, cet acte eût été frappé, comme le seront tous ceux du même genre s'il s'en produit, d'une destitution et d'une poursuite immédiates.

COMMUNE DE PARIS.

SÉANCE DU 23 AVRIL 1871.

Présidence du citoyen Protot. — Assesseurs : les citoyens Malon et Ranvier.

Lecture est faite du procès-verbal.

La parole est au citoyen Clémence.

Le citoyen Clémence. — Je demande que la commssion de justice soit appelée à faire une enquête sur les faits reprochés à la cour martiale et qu'elle ait à présenter son rapport dans le plus bref délai.

Sur la proposition du citoyen Protot,

La Commune de Paris,

DÉCRÈTE :

Art. 1ᵉʳ. Les huissiers, notaires, commissaires-priseurs et greffiers de tribunaux quelconques, qui seront nommés à Paris à partir de ce jour, recevront un traitement fixe. Ils pourront être dispensés de fournir un cautionnement.

Art. 2. Ils verseront tous les mois, entre les mains du délégué aux finances, les sommes par eux perçues pour les actes de leur compétence.

Art. 3. Le délégué à la justice est chargé de l'exécution du présent décret.

J'ai déjà vingt candidats pour les fonctions d'huissier, et ils n'attendent, pour être admis à fonctionner, que la ratification du décret.

Voix. — Appuyé !

Le citoyen LONGUET. — Je crains que le public ne comprenne pas bien que c'est là toute une réforme des offices ministériels. Je demande à ce qu'on fasse bien comprendre que les fonctionnaires nouveaux ne cumuleront pas leur traitement avec les bénéfices d'une charge.

Le citoyen PROTOT. — L'article 2 le dit. (Nouvelle lecture.)

Le citoyen CLÉMENCE. — Je demande la parole pour une motion d'ordre. Le décret qui vous est soumis est très-important ; il faut qu'il soit précédé de considérants, afin d'en faire ressortir le caractère à la fois libéral et égalitaire.

Le citoyen VERMOREL. — Il ne faut pas qu'il passe inaperçu.

Le citoyen Protot. — J'avais fait des considérants, mais comprenant l'inutilité d'un long rapport, qui ne ferait pas mieux ressortir l'importance du décret, je les ai retirés.

Le citoyen Ledriot. — Je ne dirai qu'un seul mot : je demande qu'on se rappelle le décret qui demandait que l'on rende la justice gratuitement.

Le citoyen Protot. — La justice gratuite est impossible. J'ajouterai au décret cet article additionnel : « Ils pourront être dispensés de verser un cautionnement. »

Le citoyen Vermorel. — Je crois qu'il est bon d'ajouter des considérants à ce décret. Le public croira toujours que nous publions des décrets exceptionnels, et il ne se rendra pas compte des réformes politiques et sociales que nous proclamons.

Je désirerais que ce décret, le premier qui soit véritablement révolutionnaire, se présentât avec la publicité qu'il mérite. Ceux qui sont atteints par ce décret jetteront assez les hauts cris, tandis que pour les intéressés il passera pour ainsi dire inaperçu.

Le citoyen Vésinier présente un amendement qui n'est pas adopté.

Le citoyen Vermorel formule sa proposition demandant qu'on ajoute au décret des considérants.

La proposition Vermorel est votée.

Le citoyen Arthur Arnould prie le citoyen Protot de présenter cet exposé de motifs le plus tôt possible.

Le citoyen Protot. — Il sera à l'*Officiel* aussitôt que ce travail sera achevé. Je ferai voter le tarif par la Commune.

Un membre demande qu'une commission de six membres de la Commune soit déléguée pour visiter les soldats casernés.

Le citoyen Arthur Arnould croit que cette mesure est inutile. Il appartient à chaque municipalité de faire une tournée dans les casernes. Dans notre arrondissement, nous le faisons. Il me paraît inutile, dans une assemblée surchargée de travail, de nommer une nouvelle délégation.

Le citoyen Ranvier. — Il y a beaucoup d'arrondissements qui n'ont pas de casernes, et, dans le mien notamment, dans le 11e aussi, les soldats ne voient pas de délégués.

Le citoyen Viard. — C'est moi-même qui représente le 11e arrondissement. De nombreuses demandes ont été faites avec juste raison. Je crois qu'un vote de la Commune, nommant des délégués, aurait un plus grand effet que d'y aller individuellement. Je garantis qu'un vote de la sorte aurait, aux yeux des gardes nationaux casernés, un bon résultat.

Le citoyen Arthur Arnould retire son objection devant les explications du citoyen Viard.

Les citoyens Dupont, Viard et Régère entrent dans diverses explications au sujet de la proposition Viard.

La proposition Viard, dont voici le texte, est mise aux voix et adoptée.

Je demande l'urgence pour la motion suivante :

Six membres de la Commune seront désignés pour visiter les gardes nationaux dans les casernes.

VIARD.

Le citoyen Arthur Arnould. — On se plaint de l'absence de rapports militaires. On dit qu'il en est de même qu'au temps de la défense nationale. Je trouverais bien que la Commune fît paraître au moins deux rapports par jour.

Le citoyen Vaillant. — Ceci n'avait pas lieu quand il y avait une commission exécutive. Il faut renvoyer cette proposition à la commission militaire.

Le citoyen Langevin. — Je demande à ce que l'on fixe l'ordre du jour.

Le citoyen Président.—Voici les conclusions du rapport du citoyen Miot (voir les conclusions du rapport du citoyen Miot et une proposition) qui propose l'ordre du jour et demande que Gambon et Beslay aillent visiter les prisons.

Le citoyen P. Grousset.— Je demande à interpeller le citoyen Beslay.

Voix. — Il n'est pas là.

Le citoyen Longuet. — Sur les conclusions du rapport, je demanderai si l'on a procédé à la destitution du citoyen Pilotell.

Le citoyen Vermorel. — Hier, cette destitution a dû avoir lieu. On s'est demandé seulement si on devait la livrer à la publicité.

Le citoyen Miot.—J'insiste pour qu'elle soit à l'*Officiel*.

Le citoyen Arthur Arnould. — J'insiste aussi, car il y a là une question d'honnêteté, et il ne faut pas qu'on nous accuse, même à tort, d'être des voleurs. Nous sommes avant tout d'honnêtes gens. Tout homme qui commettra un acte pouvant seulement prêter au soupçon d'indélicatesse sera immédiatement destitué ; nous sommes d'honnêtes gens, et nous voulons être servis par d'honnêtes gens. (Très-bien !)

Le citoyen Vaillant. — Je demande qu'on passe à l'ordre du jour.

Le citoyen G. Courbet. — Contrairement à l'esprit de la Commune, Pilotell a été nommé, je ne sais par qui, directeur des beaux-arts. Sous l'ancienne administration, je savais qu'il avait déjà commis des faits blâmables. Il faut établir la loyauté partout, et le fait Chaudey est scandaleux.

Je demande que la destitution de Pilotell soit insérée à l'*Officiel*.

Le citoyen Vermorel, après des explications relatives à l'administration de Raoul Rigault, propose de passer à l'ordre du jour sur le rapport Miot. Il blâme la nomination de Pilotell aux beaux-arts. Ce dernier n'a pas dérobé d'argent, mais il demande, comme Courbet, la destitution de Pilotell.

Le citoyen J. Vallès. — Il faudra déclarer, en destituant Pilotell, qu'il n'a pas dérobé d'argent. (Oui !)

Le citoyen Vermorel. — Nous ferons une note d'accord avec Rigault.

Le citoyen Longuet. — Voilà trois jours que la partie nombreuse de la population qui nous est sympathique et surtout la partie la plus intelligente attend la destitution du citoyen Pilotell, parce qu'on connaît sa légèreté. Quant à sa probité, elle n'est pas même en cause.

Le citoyen Ranvier. — L'ordre du jour est demandé sur les conclusions du citoyen Miot.

Le citoyen Vallès. — Je demande la parole.

Citoyens, je voudrais bien que les membres de la Commune puissent entrer partout, puissent même forcer les portes quand il s'agit de l'intérêt général et de l'honneur républicain.

Le citoyen Miot. — En ce qui concerne les prisons, il en est autrement. Ainsi, un individu pourrait se revêtir des insignes d'un membre de la Commune, pénétrer dans une prison avec de mauvaises intentions. Le citoyen Rigault a donné l'ordre de ne laisser entrer que sur un ordre émanant de lui. Faites une demande à Rigault.

Plusieurs membres. — Et les cartes ?

Le citoyen Vallès. — Je demande qu'on constate qu'un membre de la Commune pourra entrer dans une prison à toute heure.

Le citoyen Amouroux croit que pour entrer dans une prison il faut avoir des motifs sérieux ; mais (Bruit)... il faut que celui qui est au secret y reste ; nous sommes en guerre, il faut être sévère.

Le citoyen Arthur Arnould. — Non, non, il n'y a pas de secret ; c'est un reste de barbarie auquel nous devons mettre un terme. (Oui ! oui !)

Le citoyen Dupont. — Le gardien de la prison devra prendre le nom de celui qui est venu.

Le citoyen Theisz. — Quant à la question du secret, il y a beaucoup de membres ici qui savent à quoi s'en tenir, et il est facilement violé. Tout membre de la Commune qui entrera dans une prison assumera toute la responsabilité de son action ; mais il faut dire dans l'*Officiel* que nous sommes des magistrats municipaux et que nous avons quelques droits à être écoutés.

Le citoyen Ranvier. — Il y a là deux questions différentes et qu'il faut bien distinguer.

Le citoyen Durand. — Je demande à ce que l'on donne à tous les membres de la Commune la faculté de visiter toutes les maisons de détention.

Le citoyen Miot. — Je demande à ce que l'on vote l'ordre du jour pur et simple sur les conclusions du rapport.

Les conclusions sont adoptées. On passe à la nomination d'une commission de trois membres.)

Le citoyen Vallès. — Je tiens à vous signaler l'importance qu'il y a pour nous à visiter les prisons, car je puis signaler moi-même aux délégués tel cas particulier que j'aurai découvert.

Le citoyen Miot. — Le but de notre proposition avait trait à un cas spécial ; maintenant, si vous voulez étendre notre mandat, nous acceptons.

Le citoyen Varlin demande à ce que l'on nomme un autre membre que Beslay, qui est souffrant.

Le citoyen Miot. — Vous pourrez choisir tel membre que vous voudrez.

Le citoyen Amouroux. — Je ferai remarquer que nous n'avons pas de nouvelles, depuis trois jours, de Lefrançais ni de Gambon. Ils devraient nous avoir fait un rapport.

Le citoyen Vermorel. — Oudet avait été nommé par la commission exécutive pour aller à Passy ; maintenant que Longuet est nommé dans cet arrondissement, il remplacera les citoyens Lefrançais et Gambon.

Le citoyen Président. — Il y a un membre à nommer en remplacement du citoyen Beslay comme inspecteur des prisons.

(L'assemblée nomme le citoyen Victor Clément comme adjoint aux citoyens Gambon et J. Miot.)

Le citoyen Président. — Je mets aux voix la proposition de Vallès, ainsi conçue :

« Tout membre de la Commune pourra visiter les prisons et tous les établissements publics. » (Adoptée à l'unanimité.)

Le citoyen Vermorel. — Je demande que l'assemblée décide par un vote la note qui sera insérée dans l'*Officiel* pour la destitution Pilotell.

(L'assemblée, consultée, décide que la note paraîtra à l'*Officiel*.)

Le citoyen Président. — Le citoyen Dereure propose d'ajouter les mots « et militaires » à la proposition Vallès.

6.

(Cette modification est adoptée.)

Le citoyen Rastoul. — Dans l'inspection que je viens de faire à l'ambulance du Luxembourg, j'ai constaté que les baraquements laissent beaucoup à désirer; il pleut dans toutes les baraques sur les blessés.

Le directeur de cette ambulance a demandé qu'on lui envoie d'urgence un architecte pour essayer de remédier à cette situation déplorable.

Le citoyen Longuet.— Avant de lever la séance, je crois qu'il serait nécessaire non pas de discuter l'ordre du jour, mais au moins de prendre une décision. Je demanderai à ce que dès ce soir on nomme un caissier qui prenne possession de la caisse du *Journal officiel*, et se fasse rendre des comptes. Il faut absolument que le *Journal* devienne la propriété de la Commune et soit parfaitement entre nos mains.

Quant à la situation actuelle, c'est une situation irrégulière qui ne peut subsister. Demain je vous ferai une proposition tendant à nommer un ou deux délégués qui s'entendront et feront un rapport. Quant à votre décision de mettre l'*Officiel* à cinq centimes, il y a une difficulté à cause de l'édition du soir qui est déjà à cinq centimes; je proposerais qu'on fixât le prix à dix centimes, en doublant le format.

Le citoyen Régère. — Il faut que l'administration entière soit dans les mains de la Commune.

Le citoyen Longuet. — Le citoyen Régère me semble ne pas avoir très-bien compris. Il y a l'administration, et il est évident qu'elle doit être tout entière dans nos mains; mais il y a aussi la rédaction et la publication, et c'est pour l'organisation que je vous demanderai de nommer demain un ou deux délégués qui feront un rapport.

(La séance est levée à sept heures et demie.)

Les secrétaires de la séance,

ANT. ARNAUD, AMOUROUX.

LE 25 AVRIL 1871.

Le *Journal officiel* de Paris, dans sa partie officielle, contient les pièces suivantes :

Une suspension d'armes de quelques heures a été convenue pour permettre à la malheureuse population de Neuilly de venir chercher dans Paris un abri contre le bombardement sauvage qu'elle subit depuis vingt-deux jours.

Le feu cessera aujourd'hui mardi, 25 avril, *à neuf heures du matin.*

Il sera repris aujourd'hui, *à cinq heures de l'après-midi.*

Paris, 25 avril 1871.

La commission exécutive,

JULES ANDRIEU, CLUSERET, FRANCKEL, JOURDE, PASCHAL GROUSSET, PROTOT, RAOUL RIGAULT, VAILLANT, VIARD.

AU PEUPLE DE PARIS.

Citoyens,

Il y a sept mois à peine, nos frères de Neuilly venaient demander aux remparts de Paris un abri contre les obus prussiens.

A peine revenus dans leurs foyers, c'est par les obus français qu'ils en sont chassés pour la seconde fois.

Que nos bras et nos cœurs soient ouverts à tant d'infortune.

Cinq membres de la Commune ont reçu le mandat spécial d'accueillir à nos portes ces femmes, ces enfants, innocentes victimes de la scélératesse monarchique.

Les municipalités leur assureront un toit.

Le sentiment de la solidarité humaine, si profond chez tout citoyen de Paris, leur réserve une hospitalité fraternelle.

Paris, le 25 avril 1871.

La commission exécutive,

JULES ANDRIEU, CLUSERET, FRANCKEL, JOURDE, PASCHAL GROUSSET, PROTOT, RAOUL RIGAULT, VAILLANT, VIARD.

Une commission de cinq membres, formée des citoyens Oudet, Bergeret, Johannard, Fortuné (Henri) et Eudes, est nommée pour présider à la rentrée des habitants de Neuilly, et prendre les mesures nécessaires pour sauvegarder tous les intérêts de la défense de Paris.

La Commune de Paris,

Considérant qu'il est de son devoir de fournir le logement aux victimes du second bombardement de Paris, et considérant qu'il y a urgence,

DÉCRÈTE :

Art. 1er. Réquisition est faite de tous les appartements vacants.

Art. 2. Les logements seront mis à la disposition des habitants des quartiers bombardés, au fur et à mesure des demandes.

Art. 3. La prise en possession devra être précédée d'un état des lieux, dont copie sera délivrée aux représentants des possesseurs en fuite.

Il sera également apposé les scellés sur tous les meubles contenant des objets portatifs.

Art. 4. Les municipalités sont chargées de l'exécution immédiate du présent décret. Elles devront en outre, dans la mesure du possible, faciliter les moyens de déménagement aux citoyens qui en feront la demande.

Paris, le 25 avril 1871.

La Commune de Paris

DÉCRÈTE :

Une commission de révision, composée de cinq membres, est nommée pour statuer immédiatement sur les jugements prononcés par la cour martiale.

Les citoyens V. Clément, Dereure, Longuet, Léo Meillet et Jules Vallès sont désignés pour en faire partie.

———

Le citoyen Raoul Rigault, délégué à la sûreté générale, a donné sa démission ; il a été nommé membre de la commission de sûreté.

Le citoyen Cournet a été nommé délégué à la sûreté générale.

———

Le citoyen Chalain est, sur sa demande, adjoint à la commission de sûreté générale.

———

Sur la proposition du citoyen Protot, délégué à la justice,

La Commune de Paris,

Considérant que, si les nécessités de salut public commandent l'institution de juridictions spéciales, elles permettent aux partisans du droit d'affirmer les principes d'intérêt social et d'équité, qui sont supérieurs à tous les événements :

Le jugement par les pairs ;

L'élection des magistrats ;
La liberté de la défense,

DÉCRÈTE :

Art. 1er. Les jurés seront pris parmi les délégués de la garde nationale élus à la date de la promulgation du décret de la Commune de Paris, qui institue le jury d'accusation.

Art. 2. Le jury d'accusation se composera de quatre sections, comprenant chacune douze jurés tirés au sort, en séance publique de la Commune de Paris, convoquée à cet effet. Les douze premiers noms sortis de l'urne composeront la première section du jury. Il sera tiré en outre, pour cette section, huit noms de jurés supplémentaires, et ainsi de suite pour les autres sections. L'accusé et la partie civile pourront seuls exercer le droit de récusation.

Art. 3. Les fonctions d'accusateur public seront remplies par un procureur de la Commune et par quatre substituts, nommés directement par la Commune de Paris.

Art. 4. Il y aura auprès de chaque section un rapporteur et un greffier, nommés par la commission de justice.

Art. 5. L'accusé sera cité à la requête du procureur de la Commune ; il y aura au moins un délai de vingt-quatre heures entre la citation et les débats.

L'accusé pourra faire citer, même aux frais du trésor de la Commune, tous témoins à décharge. Les débats seront publiés. L'accusé choisira librement son défenseur, même en dehors de la corporation des avocats. Il pourra proposer toute exception qu'il jugera utile à sa défense.

Art. 6. Dans chaque section, les jurés désigneront eux-mêmes leur président pour chaque audience. A défaut de cette élection, la présidence sera dévolue par la voie du sort.

Art. 7. Après la nomination du président, les témoins à charge et à décharge seront entendus. Le procureur de la Commune ou ses substituts soutiendront l'accusation. L'accusé et son conseil proposeront la défense. Le président du jury ne résumera pas les débats.

Art. 8. L'examen terminé, le jury se retirera dans la chambre de ses délibérations. Les jurés recevront deux bulletins de vote portant, le premier, ces mots : L'accusé est coupable ; le second, ces mots : L'accusé n'est pas coupable.

Art. 9. Après sa délibération, le jury rentrera dans la salle d'audience. Chacun des jurés déposera son bulletin dans l'urne ; le scrutin sera dépouillé par le président ; le greffier comptera les votes et proclamera le résultat du scrutin. L'accusé ne sera déclaré coupable qu'à la majorité de huit voix sur douze.

Art. 10. Si l'accusé est déclaré non coupable, il sera immédiatement relaxé.

Art. 11. Toutes citations devant le jury et toutes notifications quelconques pourront être faites par les greffiers des sections du jury d'accusation. Elles seront libellées sur papier libre et sans frais.

Paris, le 22 avril 1871.

DÉLÉGATION DE LA JUSTICE.

Le membre de la Commune délégué à la justice

ARRÊTE :

Art. 1er. Les juges de paix, greffiers de justice de paix, les juges, greffiers et commis-greffiers du tribunal de commerce, les notaires, huissiers, commissaires-priseurs, les juges et greffiers des tribunaux civils qui n'auront pas fait dans les vingt-quatre heures du présent arrêté la déclaration qu'ils continuent leurs fonctions et appliquent les dispositions légales introduites dans la législation par la révolution du 18 mars, seront considérés comme démissionnaires, et il sera pourvu à leur remplacement dans le plus bref délai.

Art. 2. Les déclarations mentionnées en l'article 1er du présent arrêté devront être faites à la délégation de la justice, place Vendôme, 13.

Paris, le 24 avril 1871.

Le membre de la Commune délégué
à la justice,

EUGÈNE PROTOT.

Le *Journal officiel* de Paris contient ce qui suit dans sa partie non officielle :

RAPPORTS MILITAIRES.

23 avril 1871.

L'armistice, pour Neuilly, commencera demain, à neuf heures du matin.

Nuit calme Issy, état-major.

Nos obusiers inquiètent toujours les travailleurs ennemis. Attaque des Versaillais : 50 mètres, une décharge des mitrailleuses les a mis en déroute.

Neuilly, 4 h. matin.

Attaque des Versaillais, repoussés avec pertes par le 2ᵉ bataillon.

Nous avons 2 tués, 7 blessés.

Après-midi, 2 heures.

L'action continue.

3 heures.

Versaillais en retraite.

Asnières, 24 avril.

Wagons blindés canonnent Asnières; vive fusillade. Versaillais fléchissent. Pas de pertes de notre côté. Montrouge tire toujours sur Châtillon.

Le bruit s'étant répandu depuis quelques jours de l'évacuation imminente des forts du nord et de l'est par l'armée allemande, et de leur cession possible aux troupes de Versailles, le commandant du château de Vincennes avait cru devoir faire armer d'un certain nombre de canons les remparts de cette forteresse.

Cette mesure de précaution a donné lieu à l'incident suivant :

Un parlementaire, envoyé par le commandant en chef du premier corps d'armée allemand, s'est présenté hier à la porte de Charenton pour demander à la Commune la stricte observation de la convention du 28 janvier.

Le délégué à la guerre a fait immédiatement droit à cette réclamation, en faisant désarmer les bastions de Vincennes.

COMMUNE DE PARIS.

SÉANCE DU 24 AVRIL 1871.

Présidence du citoyen BERGERET. — Assesseurs : les citoyens MALON et AVRIAL.

La parole est au secrétaire pour donner lecture du procès-verbal.

Le citoyen RÉGÈRE. — A la fin de la séance d'hier, j'ai demandé que l'on usât d'indulgence à l'égard du citoyen Pilotell, coupable seulement de négligence ; je voudrais que cette demande fût insérée à l'*Officiel*. Selon moi, le compte rendu de nos séances ne devrait être publié qu'après avoir passé sous nos yeux. Il nous éhappe souvent, dans la chaleur de la discussion, des expressions vives que nous retirerions nous-mêmes si elles passaient sous nos yeux avant la publication du compte rendu. Il serait bon que nous pussions voir les épreuves de l'*Officiel*.

Le citoyen Vaillant. — J'appuie absolument la proposition du citoyen Régère. On ne devrait publier le compte rendu qu'après son adoption. Si on veut qu'il paraisse le lendemain de la séance, il faudrait au moins le faire reviser par une commission de rédacteurs nommée à cet effet.

Le citoyen Lefrançais. — Hier, j'ai lu dans l'*Officiel* que le citoyen Amouroux s'était étonné que les citoyens Gambon et Lefrançais n'eussent pas donné de leurs nouvelles depuis trois jours. Il y a là une inexactitude de fait. Le citoyen Amouroux, mieux renseigné, se fût dispensé de demander des explications. Les renseignements avaient été donnés à la guerre.

Le citoyen Amouroux. — Comme on nommait le citoyen Gambon membre d'une commission, j'ai simplement fait observer que ce citoyen était, ainsi que vous, chargé d'une mission, mission dont on ne nous avait pas rendu compte. S'il y avait eu ici les délégués de la commission exécutive, ils auraient répondu à ma demande, puisque les renseignements avaient été donnés.

La séance commençant à trois heures et demie au lieu de commencer à deux heures précises, il en résulte que nous sommes encore en séance à huit heures du soir, et que, devant envoyer à minuit le compte rendu à l'*Officiel,* on n'a pas le temps de le reviser.

Le citoyen Arthur Arnould. — Tout à l'heure, le citoyen Lefrançais trouvait le compte rendu trop prolixe; je ne suis pas de son avis. Je voudrais la publicité aussi complète que possible; seulement, le compte rendu est mal fait; il laisse de côté des parties importantes de nos discussions, et en laisse subsister que l'on pourrait parfaitement négliger.

Le citoyen Président. — Je mets aux voix le procès-verbal de la séance d'hier.

Le procès-verbal est mis aux voix et adopté.

Le citoyen Sicard. — Je demande le dépôt du rapport relatif à la cour martiale.

Le citoyen Chalain. Je demande à vous faire une communication que vous entendrez, je crois, avec plaisir, communication dont j'atteste la véracité.

La Commune a été proclamée dans la ville du Mans. Le fait est certain, je vous le répète. (Très-bien!)

Pendant le peu de temps que j'ai passé à la commission de sûreté générale, je me suis surtout occupé des relations extérieures.

J'ai vu un citoyen dévoué qui m'a donné les renseignements les plus précis sur la situation qui se dessine en province.

Aussi je vous demanderai de me permettre de demeurer pendant huit jours encore à la sûreté générale pour continuer l'œuvre entreprise.

Voici comment la Commune a été proclamée au Mans :

En prenant connaissance de la proclamation de la Commune de Paris, la ville du Mans s'est mise en révolution. La troupe en garnison dans la ville a fait cause commune avec les habitants. On a envoyé de Rennes deux régiments de ligne qui se sont joints aussi à la population. On a alors appelé des cuirassiers qui, menacés d'être massacrés s'ils voulaient aller contre le mouvement, ont mis bas les armes.

Voilà quinze jours que la Commune existe, et vous remarquerez que ce fait a d'autant plus de signification que la ville du Mans n'est pas une ville révolutionnaire.

Je vous dirai aussi que dans le Loiret on se soulève. Dans toutes les villes importantes on se prononce pour la Commune.

Le mouvement est assuré.

Je demande que l'assemblée, par un vote, remercie la province de ce qu'elle fait.

J'insiste, en outre, pour être délégué à la sûreté durant quelques jours.

Le citoyen Amouroux. — Il vaudrait mieux que le citoyen Chalain fût adjoint à la commission des relations extérieures pour ne pas faire double emploi.

La proposition Chalain est mise aux voix et adoptée.

Le citoyen Urbain demande la lecture du rapport de la commission de justice.

Le citoyen Antoine Arnaud. — Je n'ai que deux mots à dire.

J'ai des nouvelles de la province. 1,500 programmes de la Commune ont été distribués à Lyon, j'ai des nouvelles de ce matin. L'agitation règne dans cette ville, des groupes nombreux se forment, les élections communales vont avoir lieu dans deux ou trois jours. Le mouvement paraît bien accentué, il est de bon augure. Les nouvelles sont sûres, je le répète.

Le citoyen Régère donne les mêmes nouvelles au sujet de Bordeaux.

Le citoyen Arnaud. — J'ajouterai que l'artillerie de la garde nationale était allée au fort de la Vitriolerie pour faire la manœuvre, elle n'a pu rentrer : on a tourné contre elle deux mitrailleuses. Les faits nous montrent dans quelles dispositions d'esprit se trouve la garde nationale.

Le citoyen Vermorel. — Nous avons nommé il y a huit jours une commission chargée de publier les papiers des hommes du 4 septembre. Or on n'a rien fait. Je demande que la Commune adjoigne trois de ses membres à cette commission. Le citoyen Fortuné, qui connaît des documents sur les marchés scandaleux faits par M. Ferry et autres, devrait faire partie de cette commission.

Le citoyen Rigault. — Je demande aussi à en faire partie.

La proposition Vermorel est adoptée.

Les citoyens Vermorel, Rigault, Henri Fortuné font partie de la commission.

Le citoyen Malon. — Citoyens, nous avons tous les jours, aux différentes mairies, une foule de gens qui viennent nous demander des logements. Nous ne pouvons satisfaire à toutes ces demandes.

Je crois qu'il faudrait un décret d'urgence autorisant les maires à réquisitionner les logements inhabités, pour les mettre à la disposition des nécessiteux.

Les municipalités se trouvent très-embarrassées, elles ne peuvent faire ce qu'elles désireraient pour le bien de tous; il faut donc leur laisser formellement l'autorisation indispensable pour qu'elles puissent procéder comme je l'indique. Je demande donc un décret d'urgence.

Le citoyen Trinquet. — J'ai déposé il y a trois jours une proposition relative aux maisons abandonnées; j'en demande la lecture.

Le citoyen Président. — Voici le texte du projet de décret présenté par le citoyen Malon :

« La Commune de Paris,

« Considérant qu'il est indispensable de fournir le logement aux victimes du second bombardement de Paris et considérant qu'il y a urgence,

« DÉCRÈTE :

« Art. 1ᵉʳ. Réquisition est faite des appartements abandonnés depuis le 18 mars.

« Art. 2. Ces logements seront mis à la disposition des habitants des quartiers bombardés, au fur et à mesure des demandes.

« Art. 3. La prise en possession devra être précédée d'un état des biens, dont copie sera délivrée aux représentants des possesseurs en fuite.

« Art. 4. Les municipalités sont chargées de l'exécution immédiate du présent décret. Elles devront en outre, dans la mesure du possible, fournir les moyens de déménagement des citoyens qui en feront la demande. »

Le citoyen ARTHUR ARNOULD. — Il y a une lacune dans la proposition Malon : le citoyen Malon demande la réquisition des logements de tous ceux qui ont quitté Paris depuis le 18 mars, il faut réquisitionner tous les logements vacants, quels qu'ils soient.

Le citoyen TRIDON. — Il faut ajouter au projet que l'on mettra les scellés sur les armoires.

Le citoyen CLÉMENCE. — J'ai déposé un projet analytique dans lequel je demandais d'abord qu'on disposât des logements de ceux qui ont été décrétés d'accusation.

Le citoyen MALON. — C'est l'affaire des municipalités.

Le décret proposé par le citoyen Malon, amendé dans le sens indiqué par les citoyens Arthur Arnould et Tridon, est adopté.

Le citoyen PRÉSIDENT. — L'ordre du jour appelle la délibération sur une proposition du citoyen Andrieu, relative à la formation d'une commission de cinq membres qui serait adjointe à la commission militaire pour présider à la rentrée des habitants de Neuilly.

Le citoyen ANDRIEU. — Je demande à expliquer pourquoi je demande une commission de cinq membres.

La commission peut nous rendre, et nous rend, en effet, de grands services ; mais, malgré son bon vouloir, pourra-t-elle se multiplier?

Il s'agit de faire rentrer une quantité de malheureux qui pourraient devenir un embarras.

Il me paraît donc nécessaire que la commission soit composée de cinq membres au moins.

Après quelques observations des citoyens Vaillant, Blanchet, Tridon, Rigault, Régère, Johannard, Henri Fortuné, Oudet et Chalain, le citoyen PRÉSIDENT met aux voix la proposition, qui est adoptée.

On passe ensuite à la nomination des cinq membres qui doivent la composer ; on nomme les citoyens Oudet, Bergeret, Johannard, Henri Fortuné et Eudes.

Le citoyen RIGAULT. — Hier, en mon absence, vous avez déclaré que tous les membres de la Commune auraient le droit de visiter tous les détenus. D'accord en cela avec le comité de contrôle que vous m'avez adjoint, je demande à ce que vous reveniez sur le vote d'hier, au moins en ce qui concerne les individus au secret. Si vous maintenez votre vote, je serai donc forcé de donner ma démission, et je ne pense pas qu'un autre puisse, dans une pareille situation, accepter une pareille responsabilité.

Le citoyen ARTHUR ARNOULD. — Des paroles du citoyen Rigault, il ressort que le secret a été maintenu. Je proteste énergiquement. Le secret est quelque chose d'immoral. C'est la torture morale substituée à la torture physique. Eh bien, au nom de notre honneur, il faut décider immédiatement qu'en aucun cas le secret ne sera maintenu. Même au point de vue de la sûreté, le secret est inutile. On trouve toujours moyen de communiquer. Nous avons tous été mis au secret sous l'empire, et pourtant nous sommes parvenus non-seulement à communiquer avec le dehors, mais nous avons fait insérer des articles dans les journaux même.

Il y a là une question de moralité : je le répète, nous ne pouvons ni ne devons maintenir le secret ; non-seulement le secret, mais l'instruction doit être publique. J'insiste à ce sujet et j'en fais l'objet d'une proposition formelle.

Je ne comprends pas des hommes qui ont passé toute leur vie à combattre les errements du despotisme, je ne comprends pas, dis-je, ces mêmes hommes, quand ils sont au pouvoir, s'empressant de tomber dans les mêmes fautes. De deux choses l'une : ou le secret est une chose indispensable et bonne, ou elle est odieuse. Si elle est bonne, il ne fallait pas la combattre, et si elle est odieuse et immorale, nous ne devons pas la maintenir.

Le citoyen Rigault.—Je répondrai au citoyen Arnould que la guerre aussi est immorale, et cependant nous nous battons.

Le citoyen A. Arnould.—Ce n'est pas la même chose, nous la subissons.

Le citoyen Rigault déclare que, si quelqu'un croit qu'une instruction puisse se faire sans le secret, il est tout disposé à lui céder la place, car pour lui il reconnaît l'impossibilité de procéder pour l'instant autrement qu'on ne fait.

Le citoyen Jourde.— Nous sommes en état de guerre, il nous faut user de procédés exceptionnels. Il ne faut pas faire de la théorie platonique. Je voudrais toutes les libertés : la liberté de la presse, liberté de réunion, liberté de transaction, liberté d'être au grand jour légitimiste, bonapartiste même. Mais cependant les circonstances imposent souvent des nécessités, et nous devons y obéir. Je demande donc que le secret continue d'être maintenu.

Le citoyen DELESCLUZE. — Il me semble que, dans cette affaire, le secret n'est pas en question.

Il s'agit de savoir si, partant du décret d'hier, les membres de la Commune ont le droit d'entrer dans les cellules où les prisonniers sont au secret.

Je ne crois pas que le citoyen Rigault pense que les membres de la Commune, en visitant les prisonniers, viennent là pour leur servir de truchements, et au besoin de commissionnaires.

Je ne trouverais pas mauvais qu'un membre de la Commune pût pénétrer dans la cellule d'un prisonnier au secret, et lui demander depuis combien de temps il est arrêté, et s'il a été interrogé dans le délai légal.

Je ne comprends pas comment l'intervention d'un membre de la Commune, qui remplit les fonctions de magistrat municipal, pourrait compromettre la sûreté publique et l'instruction d'une affaire.

J'ai fait sous l'empire quatre mois et demi de secret à Mazas ; eh bien, croyez-vous que, en définitive, un magistrat municipal, même sous l'empire, qui aurait appris cette détention, eût osé la maintenir? non! Eh bien, que de lenteurs évitées! Prenons toutes les précautions pour notre sécurité, mais tant qu'un individu n'est pas condamné, il est supposé innocent. Évitons surtout les défiances dans le sein de la Commune.

Je déclare ne pas voir dans la mesure résolue hier les inconvénients que signale le citoyen R. Rigault.

Le citoyen AMOUROUX. — Nous sommes en révolution,

nous devons agir révolutionnairement et prendre nos précautions.

Le citoyen Theisz. — Depuis bien des années on nous répète ces paroles : *Plus tard!* Quand les événements seront accomplis, alors vous aurez la liberté, l'égalité, etc...

Nous protestons contre de pareils mots. Ce sont toujours les mêmes moyens. Non, nous avons protesté contre le secret et nous devons l'abolir. Nous qui avons la responsabilité, nous devons surveiller les actes de la police, c'est un droit pour nous, un devoir. Je ne veux pas qu'on admette qu'un membre de l'Assemblée puisse servir jamais de porte-lettre à un prisonnier.

Eh! croyez-vous que celui que vous aurez mis au secret, quand il le voudra, ne pourra pas communiquer au dehors?... Croyez-vous que ceux qui lui apporteront des fruits, qui lui apporteront du pain, ne pourront pas lui faire passer tel papier qu'ils voudront? En maintenant le secret, nous aurions tout l'odieux de la mesure sans en avoir le profit.

Le citoyen Billioray. — Je suis en principe pour la suppression, non-seulement du secret, mais de toute prison préventive. Tous ici nous avons pu goûter du secret sous l'empire. Nous n'avons donc pas à faire ici profession de libéralisme; mais il serait étrange que nous n'ayons rien de plus pressé que de briser les armes que nous avons. Nous sommes à un poste de combat. Eh bien, de deux choses l'une : ou vous serez vainqueurs et vous pourrez alors abolir le secret et toutes les mesures arbitraires, ou vous serez vaincus par manque de précautions, et on se servira contre vous de ce secret que vous aurez aboli.

Le citoyen Raoul Rigault. — Quand on n'a pas vu le

dossier d'un homme emprisonné, on peut se laisser attendrir par ses paroles, par des questions de famille, d'humanité, et l'aider à communiquer au dehors.

Le citoyen Parisel. — Je crois qu'un membre de la Commune pourra toujours entrer dans une cellule, mais à condition qu'il soit accompagné d'un membre de la sûreté. Si la Commune accepte cette restriction...

Le citoyen Clément. — Je donne ma démission; c'est nous mettre en suspicion!

Le citoyen Parisel. — Ce membre de la sûreté donnera des explications et fera connaître à son collègue toutes les charges établies contre le prévenu. Aujourd'hui nous sommes en état de guerre, il nous faut prendre des précautions. Plus tard...

Le citoyen Arthur Arnould. — Oui, le couronnement de l'édifice comme sous Napoléon III! C'est le raisonnement de tous les despotes!

Le citoyen Vermorel. — Citoyens, je crois qu'au point de vue de la question de principe le secret ne peut être maintenu; mais, d'un autre côté, si vous arrêtez quelqu'un au point de vue politique, il est évident que c'est un ennemi que vous arrêtez; or, si vous supprimez le secret, comment voulez-vous retrouver ses complices?

Quand j'ai protesté contre le secret, sous l'empire, c'est que j'étais détenu arbitrairement; mais je ne crois pas que quelqu'un ait jamais demandé la suppression absolue du secret; car, alors, l'instruction devient impossible. D'un autre côté, je crois que vous devez à l'accusé mis au secret une instruction immédiate, un contrôle. On ne doit pas laisser cette mesure à la discrétion arbitraire du délégué à la sûreté générale. Je soutiens donc, le secret étant maintenu, que les membres de la Commune doivent aller visiter les prisons ; ce sera un moyen de contrôle.

Le citoyen Miot. — Citoyens, nous nous égarons dans la discussion. Il ne s'agit pas, en effet, de l'abolition du secret, mais de savoir si vous maintenez votre droit. Je crois qu'il n'est pas besoin qu'un membre de la sûreté générale accompagne les membres de la Commune. Un directeur ne vous laissera pas visiter un prisonnier sans vous faire accompagner d'un gardien, ce sera pour le délégué à la sûreté une garantie suffisante.

Le citoyen V. Clément. — Je voudrais qu'on revînt à la question, et que l'assemblée décidât si ses membres pourront, oui ou non, visiter les prisons.

Le citoyen Lefrançais. — Comment, un membre de la Commune sera soumis à la surveillance d'un gardien! C'est une insulte.

Le citoyen Arthur Arnould.—Je voudrais répondre au citoyen Vermorel. Je dirai que ses arguments sont absolument les mêmes que ceux qu'on présentait en faveur de la torture. Mais sans la torture nous ne pouvons, disaient les juges, jamais obtenir l'aveu du coupable! On a aboli la torture et on a obtenu l'aveu des accusés. Le citoyen Vermorel vous dit qu'il faut des garanties : mais vous serez obligés de vous en rapporter au juge qui sera chargé de l'instruction, c'est toujours l'arbitraire. Il n'y a qu'une façon juste de résoudre les questions : c'est d'en revenir aux principes. Il y a quelque chose de bien fâcheux : c'est, quand on a tenu un drapeau pendant toute sa vie, de changer la couleur de ce drapeau en arrivant au pouvoir. Il en est toujours de même, dit-on, dans le public. Eh bien, nous républicains démocrates socialistes, nous ne devons pas nous servir de moyens dont se servaient les despotes.

Le citoyen VALLÈS. — Comme la question du secret est très-importante, je demande qu'on la mette à un prochain ordre du jour.

Le citoyen ARTHUR ARNOULD. — J'accepte l'ajournement, à condition qu'on fixe un jour rapproché.

Le citoyen BILLIORAY demande que la commission d'enquête ait seule le droit de visiter les prisons.

Le citoyen LÉO MEILLET. — Soyons logiques, nos décrets ne peuvent être violés. Il ne faut pas le permettre ni laisser de place à l'arbitraire.

Plusieurs membres. — L'ordre du jour!

Le citoyen RAOUL RIGAULT. — Je demande qu'on mette aux voix la proposition Billioray.

Le citoyen BILLIORAY. — La question est mal posée. Il y a un vote acquis, mais il est dangereux : nous ne pouvons donner à tous les membres de la Commune le droit de visiter les prisonniers.

Le citoyen LONGUET. — On peut se mettre d'accord en prenant les garanties suffisantes lorsque les membres de la Commune visiteront les prisonniers au secret.

(L'ordre du jour est mis aux voix et adopté par 24 voix contre 17.)

Le citoyen RAOUL RIGAULT donne sa démission de délégué à la sûreté générale.

Le citoyen FERRÉ, celle de membre de cette commission.

Le citoyen LONGUET. — Avant de passer au vote pour un nouveau délégué, je demanderai à poser une question au citoyen Rigault. Entend-il qu'il est impossible de concilier les vœux de ceux qui ont voté l'ordre du jour et les nécessités de son service?

Si c'est là ce qui le décide, je conviens qu'il faut accepter sa démission.

Autrement, il ne saurait être question ici de personnalités.

Le citoyen Rigault. — Je déclare que c'est par suite de l'impossibilité que je trouve à concilier la position qui nous est faite avec les nécessités du service que je maintiens ma démission. Je demande que l'on vote de suite sur mon remplacement.

Le citoyen Babick. — Je demande à faire une proposition. Je demande que le citoyen Arthur Arnould, qui a si vivement défendu l'opinion contraire à celle du citoyen Rigault, soit nommé à sa place à la sûreté générale.

Le citoyen Andrieu. — Citoyens, je demande la parole pour répondre à la proposition du citoyen Babick, qui nous entraînerait sur une pente dangereuse ou impossible. Si chacun était obligé d'accepter les fonctions dont il aurait chez un autre critiqué l'exercice... Je vois que tout le monde est de mon avis, je n'insiste pas.

Le citoyen Léo Meillet. — Toutes les fois qu'il s'agit d'un vote aussi sérieux que celui-là, je demande qu'on emploie le vote par bulletin plutôt que de voter à main levée.

(On décide que la majorité absolue sera nécessaire pour le remplacement du citoyen Rigault. On passe au vote.)

Sur 55 votants, le citoyen Cournet, ayant réuni 35 voix, est nommé en remplacement du citoyen Rigault.

Le citoyen Président dit qu'il reste deux membres à nommer à la sûreté générale, en remplacement des citoyens Cournet et Ferré.

Le citoyen Vallès désirerait voir le citoyen Bergeret à la sûreté, et lui demande s'il accepterait.

Plusieurs membres proposent les citoyens Ferré et Rigault.

D'autres membres font observer que ces membres, ayant donné leur démission, ne peuvent être renommés.

Le citoyen Delescluze. — Quel que soit le zèle du citoyen Cournet, il est indispensable de lui adjoindre des hommes d'aptitude spéciale.

Je ne vois pas dans ce qui a été dit de motifs suffisants pour que le citoyen Rigault donne sa démission. Il la maintient, soit ; mais qu'il reste au moins de la commission. Je demande donc que Rigault et Ferré soient renommés membres de la sûreté générale.

(Les citoyens Rigault et Ferré sont nommés membres de la commission de sûreté.)

Le citoyen Président. — La parole est au rapporteur de la commission de justice.

Le citoyen Clémence donne lecture du rapport sur la cour martiale. Après une discussion à laquelle prennent part les citoyens Urbain, Chardon, Parisel, V. Clément, Vallès, Géresme, Babick, Billioray, Avrial, Brunel, Langevin, Rastoul, Sicard, Dereure et Johannard, la Commune décide qu'une commission composée de cinq membres sera chargée de statuer immédiatement sur les jugements prononcés par la cour martiale.

Le citoyen Vésinier, qui ne reconnaît pas à la Commune le pouvoir judiciaire, ne prend pas part au vote.

Les citoyens V. Clément, Dereure, Longuet, Léo Meillet et Jules Vallès sont désignés pour en faire partie.

La séance est levée à huit heures.

Les secrétaires de la séance,

ANT. ARNAUD, AMOUROUX.

Le *Journal officiel* de Versailles contient, dans sa partie non officielle, les pièces suivantes :

Versailles, 24 avril 1871.

Le gouvernement vient d'adresser à toutes les autorités civiles et militaires la circulaire suivante, qui doit être affichée dans toutes les communes de France :

Versailles, 24 avril.

Les jours écoulés viennent de se passer en travaux du génie et en concentration de troupes. Les corps formés à Cherbourg, Cambrai, Auxerre, avec les prisonniers revenus d'Allemagne, sont venus prendre position à Versailles, et y ont été remarqués par leur tenue sévère et ferme. On reconnaît parmi eux les vaillants soldats de Gravelotte qui, en combattant un contre deux, ont livré, sans fléchir, l'une des plus grandes batailles du siècle. Ils forment deux corps séparés sous les généraux Douai et Clinchant.

C'est autour de Bagneux que se sont passés les combats de ces deux derniers jours. Avant-hier, les insurgés, avertis qu'on avait barricadé Bagneux, ont attaqué ce village, d'abord avec 200 hommes qui ont été mis en déroute, puis avec une seconde colonne d'un millier d'hommes et d'une pièce de canon. La petite garnison, composée de deux compagnies du 46e, a attendu les insurgés à cent mètres et les a mis en fuite par un feu meurtrier. La route est restée jonchée de leurs morts. Aujourd'hui ils ont voulu recommencer et se sont avancés précédés par une avant-garde aux ordres d'un sergent. Les tirailleurs du 70e, habilement embusqués, ont reçu cette avant-garde à bout portant et l'ont détruite.

Le sergent et ses hommes ont été tués. Le hideux drapeau rouge et celui qui le portait sont entre nos mains. Ces petits combats, qui avaient pour but de troubler nos travaux, n'ont point atteint leur but, car ces travaux sont achevés et les opérations actives vont bientôt commencer.

La Commune est jugée. Mais où trouver une condamnation plus accablante que le tableau que fait de ses actes et de ses principes le journal même qui a pris son nom et représente sa cause ?

On lit dans le numéro du 25 avril du journal *la Commune* :

« A peine échappé aux griffes des avocats, Paris tombe aux mains des idéalistes, comme qui dirait de fièvre en chaud mal. Les membres de la Commune représentent une foule de sectes à dénominations plus ou moins barbares : le communisme, le babouvisme, le collectivisme, l'individualisme, le jacobinisme, l'hébertisme, l'unitarisme, le fédéralisme. Ainsi se classaient-ils eux-mêmes dans les clubs, dans les réunions publiques, aux assemblées de l'Internationale, dans les manifestes des comités et les discussions de la presse.

« Ils sont arrivés au pouvoir tout d'une pièce, sans songer que le rôle des gouvernants est non pas de rédiger la charte de l'an 2,000 ou le symbole des apôtres, mais de grouper les mesures, les résolutions exigées par la situation, au jour le jour. Aussi leurs actes sont-ils en discordance croissante et entre eux et avec leurs principes.

« L'arrêté de convocation des électeurs au 26 mars et

au 16 avril se réfère à la loi de 1849, qui exige au premier tour de scrutin un minimum de voix du huitième des inscrits. Les décisions du 31 mars et du 21 avril déclarent après coup cette condition inutile.

« 29 mars, abolition de la conscription par toute la France; 8 avril, enrégimentation forcée à Paris de tous les citoyens valides, depuis dix-neuf jusqu'à quarante ans.

« Au 1er arrondissement, le général Cluseret licencie les bataillons dissidents et désarme les réfractaires; au 6e, M. Lacord entend tout incorporer par voie de réquisition.

« Ce dernier est désavoué à l'*Officiel* dès le lendemain pour son escapade; le 16 avril, la commission exécutive prescrit « des perquisitions méthodiques par rues et « maisons, et déclare les concierges passibles d'arresta- « tion s'ils font des déclarations mensongères. »

« Le 29 mars, un arrêté fait remise aux locataires dans Paris de trois termes; le 12 avril, les poursuites pour échéances commerciales sont suspendues; le 19, un décret augmente le nombre des huissiers, pour cause d'insuffisance.

« La commission donne d'une main et retient de l'autre; elle réclame « l'intervention permanente des « citoyens dans les affaires communales par la libre « manifestation de leurs idées, la libre défense de leurs intérêts »; puis, par une restriction empruntée aux vieux régimes, elle proclame la Commune « seule chargée de « *surveiller* et d'assurer LE JUSTE et libre *exercice* du droit « de réunion et de publicité », justifiant ainsi à sa manière la saisie du *Constitutionnel,* le communiqué au *Paris-Journal* et ses deux catégories de suppressions de journaux.

« Le conseil se défend « de poursuivre la destruction « de l'unité française », et il proclame l'absolutisme de la Commune quant à la fixation et à la répartition de l'impôt, quant à l'organisation de la magistrature, quant à l'organisation, non-seulement de la défense urbaine, ce qui est de droit, mais de la garde nationale....

« La confusion est partout : un décret du 6 avril supprime le *grade* de général et les généraux en gardent la *qualification*. Les tracasseries au sujet des laissez-passer vont jusqu'à compromettre l'approvisionnement ; il faut qu'un décret du 16 avril enjoigne d'accorder un laissez-sortir aux bouviers, bergers et autres convoyeurs de marchandises.

« 11 avril, institution des conseils de guerre; 14, projet de Protot sur le jury d'accusation ; 16, constitution de la cour martiale.

« Destruction de la guillotine par le peuple ; maintien de la peine de mort par le conseil.

« Mercuriales réitérées du citoyen Cluseret sur l'abus du rappel, la prodigalité des munitions, les irrégularités des ordonnancements de dépenses, des constructions de barricade et des promesses de haute paye.

« 10 avril, décret sur les pensions : les frères, les sœurs sont classés parmi les ascendants ; il n'est rien dit des enfants légitimes; la rente, limitée à 600 francs pour les veuves, pourra s'élever jusqu'à 800 francs pour les collatéraux.

« La déclaration proclame et reconnaît aux citoyens le « droit permanent de *contrôle* et de *révocation* des ma- « gistrats ou fonctionnaires communaux de tous ordres. » Le conseil a longtemps délibéré dans l'ombre ; il signe la plupart de ses affiches de cette entité impersonnelle :

La Commune; l'*Officiel* nous donne des procès-verbaux dépourvus de précision, et sur les mesures les plus graves, nous n'avons pas la liste nominative des votant *non*, des votant *oui*. Dès lors, comment *contrôler?* à plus forte raison *révoquer?*

« Le manifeste parle encore de la liberté du travail; cependant la Commune fait fermer les ateliers où de trop rares labeurs retiennent le garde national loin de son devoir civique; puis elle met l'embargo et le séquestre sur les ateliers déserts.

« Jamais pouvoir n'a entassé en aussi peu de temps un pareil fatras de contradictions. Sous le règne des avocats, on trouvait l'explication du phénomène en disant : Ces gens-là n'ont pas de principes. Aujourd'hui, c'est l'opposé : on peut dire des hommes de la Commune qu'ils en ont trop : à l'exemple de M. Jules Favre, les dictateurs de l'hôtel de ville ne relèvent que de leur conscience. Et c'est justement cette multiplicité de consciences : jacobines, hébertistes, communistes, collectivistes, individualistes, fédéralistes, unitaires, qui engendre la confusion et le désarroi.

« Le malheur pour la république et la révolution, c'est que ce gâchis se produit aux yeux des simples et des ignorants comme le fruit imprévu, mais naturel, de l'idée de commune et d'émancipation municipale. C'est à compromettre le principe pour plus d'un siècle... »

LE 26 AVRIL 1871.

Le *Journal officiel* de Paris contient, dans sa partie officielle, les pièces suivantes :

La commission exécutive

ARRÊTE :

Art. 1ᵉʳ. La sortie des marchandises de transit de toute nature est autorisée à dater de ce jour.

Art. 2. Sont exceptées de cette disposition les farines, les armes et les munitions de guerre.

Paris, le 25 avril 1871.

La commission exécutive,

JULES ANDRIEU, CLUSERET, FRANCKEL, JOURDE, PASCHAL GROUSSET, PROTOT, COURNET, VAILLANT, VIARD.

La Commune de Paris,

Considérant que, dans un intérêt de morale publique, il y a urgence de rétablir la sincérité des poids et mesures, compromise par l'ancien système;

Considérant qu'il est utile de réorganiser les services publics et de n'en confier les emplois qu'aux citoyens qui, par leurs capacités, sont aptes à les remplir;

Attendu que les appointements des chefs de service et des employés sont loin d'être en rapport avec les services rendus par chacun d'eux ;

Considérant qu'une juste réduction d'une partie de ces traitements permettra à la Commune de réaliser des économies, tout en rétribuant mieux les employés ;

Considérant, en outre, qu'il est temps de substituer le concours au favoritisme,

DÉCRÈTE :

Art. 1er. Le service de la vérification des poids et mesures sera réorganisé.

Art. 2. Un concours à tous les emplois de ce service sera ouvert le 30 avril, aux bureaux, rue des Lions-Saint-Paul, 7.

Art. 3. Le jury d'examen sera composé de toois délégués des fabricants de poids et mesures, trois délégués de la chambre syndicale des ouvriers balanciers et trois délégués nommés par la commission des services publics.

Art. 4. Le nombre des employés de ce service sera de vingt-neuf, savoir :

	FRANCS D'APPOINTEMENTS.	
1 vérificateur en chef........	4,500, ci.	4,500
14 vérificateurs (14 bureaux)...	2,500	35,000
14 vérificateurs adjoints........	2,000	28,000

Art. 5. Sont admis à concourir les citoyens jouissant de leurs droits électoraux.

Art. 6. Les candidats devront se faire inscrire, du

26 au 30 courant, rue des Lions-Saint-Paul, 7, où il leur sera donné tous les renseignements utiles pour ce concours.

Art. 7. La commission des services publics est chargée de l'exécution du présent décret.

Art. 8. Les bureaux de vérification existant en ce moment seront transférés dans les diverses mairies des arrondissements où ils sont établis.

Paris, le 25 avril 1871.

La commission exécutive,

JULES ANDRIEU, CLUSERET, COURNET, LÉO FRANCKEL, PASCHAL GROUSSET, JOURDE, VAILLANT, VIARD.

Considérant qu'il est du devoir de l'administration de fournir à tous les citoyens de Paris les moyens de correspondre avec les départements et l'étranger;

Que, dans les circonstances présentes, les obstacles que le gouvernement de Versailles oppose au service des postes (arrestation de courriers, saisies de dépêches, etc.), obligent la Commune à donner un libre cours à l'initiative individuelle;

Considérant, d'autre part, que les agences particulières peuvent profiter des timbres d'affranchissement du gouvernement de Versailles pour obtenir le transport de leurs dépêches dans Paris à titre gratuit;

Que la commune est seule propriétaire du service des dépêches dans Paris, et qu'elle est en mesure de garantir ce service;

Sur la proposition du citoyen Theisz, membre de la Commune, délégué à la direction générale des postes,

Le membre de la Commune délégué au ministère des finances

ARRÊTE :

Art. 1er. Provisoirement, le transport des lettres pour les départements et l'étranger est autorisé sans prélèvement de la part de l'administration.

Art. 2. Toutes les lettres *affranchies*, expédiées des départements et de l'étranger à destination de Paris, doivent être soumises à l'affranchissement de Paris pour Paris, quel qu'en soit le mode de transport et de distribution.

Les lettres *non affranchies* seront soumises aux taxes ordinaires de Paris pour Paris.

Art. 3. Les contrevenants aux présentes dispositions seront poursuivis selon les prescriptions des arrêtés du 27 prairial an IX, art. 5, et du 19 germinal an X, art. 1er, et de la loi du 22 juin 1854, art. 21.

Art. 4. Le délégué à la direction des postes est chargé de l'exécution du présent arrêté.

Le membre de la Commune délégué aux finances,

JOURDE.

Le *Journal officiel* de Paris contient ce qui suit dans sa partie non officielle :

Paris, le 25 avril 1871.

RAPPORTS MILITAIRES.

Issy, 25 avril 1871.

Grand mouvement de troupes versaillaises.
Moulin-de-Pierre nous envoie quelques obus sans grands dégâts.

Asnières.

Rien de nouveau.

Neuilly.

L'évacuation par les habitants s'opère sans incidents. Grande affluence de curieux.

Montrouge-Bicêtre, midi.

Forte canonnade sur Châtillon.

1 h. 30 m.

Cessation du feu.

DIRECTION GÉNÉRALE DES POSTES.

L'administration des postes, accusée d'avoir trompé les citoyens de Paris en annonçant qu'elle reprenait le service pour la province, considère comme un devoir de se justifier contre des insinuations perfides, qui semblent inspirées par le gouvernement de Versailles ou par les compagnies qui, depuis notre nouveau blocus, se sont formées pour exploiter chèrement et sans aucun contrôle le public parisien.

Toutes les lettres confiées à l'administration ont été expédiées; le gouvernement de Versailles est seul responsable de celles qui ne sont pas parvenues à destination; c'est lui qui a fait saisir des dépêches et enlever des lettres qui s'amoncellent actuellement dans ses bureaux, sans que les destinataires en soient informés; c'est lui qui a fait emprisonner et mettre au secret plusieurs de nos courriers, aussitôt remplacés par de courageux citoyens. Malgré cette lutte déloyale, l'administration des postes maintient ses engagements.

Dans l'intérêt des citoyens, elle a laissé à l'initiative individuelle le droit de contribuer au prompt rétablissement des communications; mais elle peut affirmer que, depuis le 15 avril, ses envois sont arrivés à destination, et elle est convaincue que, sans recourir à aucune augmentation dans l'affranchissement des correspondances, elle parviendra bientôt à assurer au service postal toute la régularité et la sécurité qui seules peuvent justifier son privilége.

Paris, le 25 avril 1871.

Le membre de la Commune délégué à la direction générale des postes,

A. THEISZ.

COMMUNE DE PARIS.

SÉANCE DU 25 AVRIL 1871.

Présidence du citoyen RANVIER. — Assesseurs : Les citoyens Arthur ARNOULD et VERMOREL.

La séance est ouverte à quatre heures.

Lecture est donnée du procès-verbal, qui est adopté.

Le citoyen LANGEVIN. — Je demande qu'il soit fait mention à l'*Officiel* qu'hier, de même que le citoyen Vésinier, et pour les mêmes motifs, je me suis abstenu de prendre part au vote au sujet de la commission chargée de reviser les actes de la cour martiale.

Le citoyen BLANCHET fait la même observation.

Le citoyen VERMOREL. — L'*Officiel* me fait dire que je suis partisan de l'abolition du secret, en principe, mais que j'en demande le maintien pour les affaires politiques. C'est là une erreur. J'ai dit, au contraire, que je ne croyais pas que le secret pût être aboli. Mais, d'ailleurs, je tiens à déclarer que je n'entends faire aucune distinction entre les délits politiques et les délits de droit commun.

Le citoyen ARTHUR ARNOULD. — Je me suis déjà plaint il y a plusieurs jours qu'il n'y avait pas de rapport militaire affiché sur les murs de Paris. Depuis, la position n'a pas changé. Cependant la population a le droit d'exiger qu'on la mette au courant des événements militaires.

On devrait publier au moins deux rapports par jour. Si rien de grave n'a eu lieu, on le déclare ; mais au moins la population est renseignée.

Voilà la troisième fois que je fais cette réclamation, et jusqu'ici on n'en a tenu aucun compte.

Le citoyen TRIDON fait observer que c'est une affaire à régler avec la commission de la guerre et la commission exécutive.

Le citoyen JOHANNARD. — Ce matin, nous nous sommes rendus à Neuilly à huit heures et demie, quelques coups de canon à peine se faisaient entendre. Nous avons vu le général Dombrowski, et ici je dois à la vérité de dire l'admiration qu'éprouve la garde nationale pour ce général. Il est vraiment aimé de ses soldats, qui sont heureux de l'avoir pour chef. Nous nous sommes mis de suite à l'œuvre : nous avons pris une mesure pour laquelle nous demandons l'assentiment de la Commune : c'est de ne laisser sortir personne de Paris. Grâce à cette mesure, le déménagement a lieu en ce moment avec beaucoup d'ordre.

Le citoyen ALLIX fait la communication suivante :

Le citoyen Viard, délégué à la commission des subsistances, a écrit ce matin aux municipalités de Paris pour les prévenir qu'il a des denrées alimentaires à leur disposition.

Il demande qu'il soit ouvert des bureaux de vente de ces denrées, lesquels bureaux auront pour effet de maintenir les prix de vente du commerce dans de justes limites.

Le citoyen Viard, que je viens de voir à cet égard, m'a chargé de vous dire, en son absence, que les denrées alimentaires dont il peut disposer sont considérables, et que leur vente, même à prix réduit, vaut mieux que l'attente actuelle, qui permet à la spéculation commerciale de s'exercer sur une échelle déjà trop élevée.

Le citoyen Viard demande de plus que toutes les municipalités de Paris se mettent dès demain, dix heures, en rapport avec son service pour l'établissement des bureaux de vente dont il s'agit.

Le citoyen MALON. — La mesure proposée par le citoyen Viard est extrêmement sage, et il est désirable que les municipalités la connaissent promptement.

Le citoyen LÉO MEILLET. — Vous avez nommé une commission composée des citoyens Vallès, Dereure, V. Clément, Ch. Longuet et moi, pour trancher l'affaire relative au 105e bataillon. Nous nous sommes transportés au Cherche-Midi, nous avons examiné les dossiers de cette affaire, interrogé les accusés, et voici quel a été le résultat de notre délibération :

« La commission de révision,

« Considérant que, par arrêt de la cour martiale en date du 22 avril 1871, les nommés Streff, capitaine à la 6e compagnie du 105e bataillon, Durand, capitaine, et Desjardin, lieutenant à la 5e compagnie, Bernard fils, garde au 105e bataillon, ont été condamnés, savoir :

« Streff et Durand aux travaux forcés à perpétuité;

« Desjardins, à cinq ans de reclusion;

« Bernard, à trois ans de la même peine;

« Considérant que, si l'accusé a toujours droit à réclamer de ses juges les plus grandes garanties d'indépendance et d'impartialité, c'est surtout à une époque révolutionnaire que ces mêmes garanties doivent le moins lui faire défaut;

« Considérant que la composition de la cour martiale qui a rendu l'arrêt précité ne présentait pas ces garanties à un degré suffisant;

« Que, en effet, la cour ne se composait que de trois membres nommés régulièrement, auxquels étaient adjoints deux membres arbitrairement désignés;

« Que le président de ladite cour était chef d'état-major du délégué à la guerre, partie plaignante;

« Que, de plus, comme fils de l'ancien commandant du 105e bataillon, la délicatesse, autant que la justice, imposaient au président Roussel le devoir de se récuser;

« Par ces motifs,

« Sans s'arrêter ni avoir égard aux considérations de fait qui ressortent tant de l'interrogatoire des prévenus que des dépositions des témoins,

« Casse l'arrêt rendu par la cour martiale le 22 avril 1871 ;

« Ordonne qu'il sera statué à nouveau et renvoie les inculpés devant le conseil de guerre de la 15ᵉ légion pour être statué ce qu'il appartiendra. »

Le citoyen Parisel. — En raison des conclusions du rapport qui vient de nous être lu, je demande que les accusés soient mis provisoirement en liberté.

Le citoyen Léo Meillet. — Ce n'est pas à nous à remettre les personnes en liberté.

Le citoyen Parisel. — Cependant la délibération de la commission a déjà reçu un commencement d'exécution, car je viens de voir le bataillon défiler devant moi pour aller prendre son service aux fortifications.

Le citoyen Léo Meillet. — Je le répète, la Commune ne peut mettre les accusés en liberté, parce que la commission ne s'est nullement occupée du fait qui lui est imputé, elle s'est occupée d'une simple question de droit.

Le citoyen Parisel. — Du moment où le bataillon est parti, les hommes ont besoin de leurs officiers.

Le citoyen Léo Meillet. — D'après le rapport, l'arrêt doit être envoyé immédiatement au capitaine-instructeur du conseil de guerre de la 15ᵉ légion, qui aura à juger si on devra retenir les accusés ou les mettre en liberté.

Le citoyen Ostyn. — Je dirai ceci : ce matin, le 105ᵉ est venu fraterniser avec le 19ᵉ, et, voyant un membre de la commune, ils sont venus à moi. Ces citoyens sont remplis d'ardeur et veulent la Commune et la république ; ils ont été méconnus.

L'ordre du jour appelle la discussion d'une proposition du citoyen Avrial.

« La Commune de Paris

« Décrète :

« Art. 1ᵉʳ. Les instruments de travail, meubles, objets de literie, lingerie, habillement, engagés dans les monts-de-piété, quelle que soit la date de l'engagement, au-dessous de 50 fr., peuvent être retirés gratuitement, à partir du présent jour.

« Art. 2. Les objets susdits ne seront délivrés qu'aux propriétaires primitifs des objets.

« Le délégué aux finances sera chargé de l'exécution du présent décret. »

Le citoyen AVRIAL. — J'ai présenté ce projet de décret, parce qu'il faut montrer que nous nous occupons du peuple, qui a fait la révolution du 18 mars.

Le peuple, qui a mangé du pain noir, a le droit qu'on lui tienne compte de ses souffrances, et, pour le satisfaire par des mesures légitimes, il ne faut pas qu'on s'arrête à quelques millions.

L'institution du mont-de-piété doit disparaître; en attendant, il faut donner une première satisfaction aux braves qui vont se battre.

Le citoyen V. CLÉMENT. — Je suis pour l'adoption du projet; qu'il me soit permis seulement de signaler un fait très-grave : je sais pertinemment que deux logeurs ont fait engager leur linge par des personnes étrangères, dans la perspective de bénéficier de ce décret.

Un membre. — Ce sont des questions de détail.

Le citoyen LÉO MEILLET. — J'ai beaucoup réfléchi à la question soulevée par le citoyen Avrial. J'entends toujours dire qu'on ne peut pas s'occuper de questions de détail; ce n'est pas mon avis.

Dans la plupart des arrondissements malheureux, des spéculateurs ont déjà pris leurs mesures en prévision des décrets de la Commune.

Eh bien, je le déclare, il serait immoral de leur restituer l'argent déposé au mont-de-piété. Ce qu'il faut déclarer, c'est qu'aucun objet déposé au mont-de-piété ne pourra être restitué à son vrai possesseur sans une attestation légale du maire de l'arrondissement.

Voici le projet que je propose :

« La Commune de Paris

« Décrète :

« Art. 1er. Les objets mobiliers, effets d'habillement, lingerie, instruments de travail et meubles de toute nature déposés au mont-de-piété pourront en être retirés gratuitement jusqu'à concurrence de 50 francs.

« Art. 2. Ce retrait ne pourra avoir lieu que sur un certificat délivré par le maire.

« Art. 3. A dater de la promulgation du présent décret, le mont-de-piété ne recevra plus d'engagements.

« Art. 4. Le délégué aux finances est chargé de l'exécution du présent décret. »

Le citoyen A. Arnould. — Il y a des citoyens qui ont engagé depuis dix-huit mois les objets les plus indispensables, tels que du linge, par exemple. Le décret du gouvernement de la défense nationale en faisait remonter l'effet à une date antérieure ; il n'y a plus que les personnes qui ont engagé depuis le mois de juillet jusqu'aujourd'hui qui pourront profiter de votre décret si vous ne le modifiez.

Je demande que, quelle que soit la date de l'engagement, on puisse retirer les objets déposés.

J'appuie, au surplus, la proposition du citoyen Avrial d'abolir le mont-de-piété et de décréter la gratuité des dégagements.

Le citoyen A. Arnould. — J'appuie le principe de la proposition Avrial et l'amendement du citoyen Léo Meillet.

Jusqu'ici nous ne nous sommes pas assez occupés des travailleurs, au point de vue social. Nous nous en sommes occupés surtout au point de vue militaire, et cela ne suffit pas.

Dans nos discussions, nous nous laissons entraîner souvent par la beauté du principe, et nous ne prenons pas toujours les précautions nécessaires pour l'application.

En fait, pour entrer dans la discussion, je vous signalerai le second paragraphe du projet, où il est question de la suppression du mont-de-piété.

Sans doute, il faudra en venir là.

Cet article n'est pas assez net; pour la masse de la population, qui ne saura pas comment on remplacera les monts-de-piété, il lui faut un peu plus d'explication.

Généralement, dans nos décrets, l'intention est excellente, mais ils ne sont pas assez digérés, et pour deux ou trois phrases qui sont de trop ou qui manquent, ils peuvent quelquefois manquer le but ou le dépasser.

C'est pour cela que je demande une discussion approfondie.

Le citoyen Lefrançais. — Je suis absolument opposé à l'amendement Léo Meillet. Je trouve étrange que la Commune, après avoir voté haut la main l'abolition du droit locatif pendant trois termes en faveur de tous les locataires de Paris, éprouve, pour une question moindre, bien plus d'hésitation. Quelques-uns ont pu faire de gros bénéfices pendant le siége, sans payer ensuite leur propriétaire; je trouve étrange, dis-je, que, quand on a accepté une pareille mesure, on s'oppose à ce que les objets soient retirés des monts-de-piété jusqu'à la concurrence de 50 francs. Qu'il y ait des abus possibles, c'est incontestable; mais en considération de la somme fixée dans le décret, je ne crois pas que de gros exploiteurs puissent en profiter.

J'approuve donc complétement le projet Avrial sous ce rapport.

Pour ce qui est de l'article relatif à la liquidation du mont-de-piété, je ne suis ni avec Avrial, ni avec Meillet, et je demande purement et simplement la suppression de cet article.

Si la commune triomphe, comme c'est certain, tout ce qui s'appelle assistance publique, hôpital, maison de secours, mont-de-piété, disparaîtra sûrement. Mais ceci correspond à une série d'institutions économiques nouvelles, que vous ne pouvez formuler dans un article de décret.

Vous jetteriez, pour le moment, la confusion dans les esprits, en déclarant purement et simplement la suppression des monts-de-piété et des hôpitaux.

Avant de les supprimer, il faut les rendre inutiles, et ce n'est qu'en présentant tout un programme de réformes que nous arriverons à créer un système qui permettra de supprimer l'assistance publique sous toutes ses formes, hospices, hôpitaux, monts-de-piété. Mais, je le répète, il faut des institutions nouvelles, et vous ne pouvez en faire l'objet d'un décret, qui serait incomplet et par conséquent incompris. Ceci admis, je reviens à la première partie du projet d'Avrial, et je dis qu'il est impossible de faire passer par la filière d'une enquête le retrait de ces objets jusqu'à concurrence de 50 francs.

Le citoyen J.-B. Clément. — Il n'y a que les considérants d'Avrial que je n'admets pas. Je ne vois pas trop quelle peut être l'utilité d'une restriction.

Sachez bien que ceux à qui nous allons être si utiles, ce sont les véritables pauvres, que les spéculateurs ne pourront profiter de ce décret. Songez donc que la plupart du temps ces engagements se montent à 8 et 10 francs, et qu'un fripier ne payerait la reconnaissance pas plus de 50 centimes.

Croyez-vous qu'un spéculateur puisse profiter d'engagements si modiques?

Le citoyen Urbain. — Citoyens, je trouve qu'il y a dans les deux projets une grande lacune. On dit objets de travail, meubles, linge; mais on exclut ainsi les objets que vous prétendez être de luxe. Il y a certains objets qui sont dans chaque maison des objets précieux que l'on n'engage qu'à la dernière nécessité, quand la faim a déjà fait sentir sa dure atteinte : il y a l'anneau de mariage, par exemple. (Interruptions en sens divers.)

Je respecte toutes les opinions. Je voudrais bien que l'on respectât la mienne, et je trouve étrange que l'on se permette de rire à propos d'un pareil sujet.

Je crois que tous ces objets devraient être rendus; et ce n'est pas un million de plus à dépenser qui devra en arrêter l'adoption.

En outre, je pense qu'il n'y a qu'un contrôle possible ; il faut que chaque propriétaire de reconnaissance vienne faire viser celle-ci à la mairie de son arrondissement ; mais il ne faut exiger aucune autre formalité, pour éviter toute d'espèce d'humiliation au propriétaire de la reconnaissance.

Le citoyen Trinquet. — J'appuie le projet pour que jusqu'à concurrence de 50 francs tous les outils et objets utiles soient rendus, par le mont-de-piété, à nos frères les ouvriers ; mais il faut que l'on prenne des mesures pour que ce soit le véritable propriétaire de ces objets qui puisse, seul, les retirer.

Le citoyen Dereure. — Je demande que les amendements déposés soient lus de suite : ils abrégeraient peut-être la discussion.

Les citoyens Arthur Arnould et Urbain. — Nous appuyons la demande du citoyen Dereure.

Le citoyen Président. — Voici l'amendement proposé par le citoyen Dereure :

« *Article additionnel.*

« Le retrait ne pourra s'opérer que dans le bureau où l'engagement s'est fait, sur pièce constatant l'identité du demandeur. »

Le citoyen Arthur Arnould. — Mon amendement est simple ; il consiste à ajouter, après la nomenclature lue par Urbain, les mots : *et les anneaux de mariage*.

Je développerai ma proposition.

Le citoyen Arnaud ne propose qu'une ligne d'amendement :

« Ou ont été empêchés de dégager les objets précédemment engagés. »

Le citoyen Langevin. — Ce que je veux dire, c'est que l'on prenne des précautions contre les spéculateurs pour qu'ils ne profitent pas de la loi. Il serait facile d'installer dans chaque mairie un bureau spécial où, sur la constatation de l'identité de l'individu, il n'y aurait qu'à viser les reconnaissances pour obtenir le dégagement des objets.

Le citoyen Malon. — Le moyen proposé ne pourrait avoir

de résultat; il y a à chaque mairie plus de vingt mille personnes qui se trouveront comprises dans le décret. Il y aurait donc impossibilité d'appliquer la mesure proposée, elle est tout à fait impraticable.

Le citoyen LANGEVIN. — Je ne crois pas qu'il faille décider que les bijoux, même les anneaux de mariage, pourront être dégagés.

Il ne faut pas mêler une affaire de sentiment dans les discussions. Ce qui me préoccupe, c'est de savoir quels sont les moyens financiers à employer pour appliquer le décret.

Le citoyen RIGAULT. — Je m'oppose fortement à la proposition Langevin.

Les mairies seraient complétement impuissantes pour délivrer les visa que l'on demanderait.

Il n'y aurait pas moins de mille personnes par jour devant chaque mairie.

Il faudrait des témoins, on n'aurait pas le temps de les contrôler, il en résulterait un embarras et un encombrement considérables.

De plus, il y aurait là une dépense assez forte à faire et on n'arriverait à rien.

En théorie, le projet est fort beau, mais je le déclare inapplicable dans la pratique.

Le citoyen AVRIAL. — On soulève la question des finances. Il me semble que les détenteurs du mont-de-piété se sont assez enrichis, pour que nous puissions les inscrire sur le grand-livre de la perte publique ou pour les faire attendre un peu.

Le citoyen LONGUET. — Pour ma part, je ne crois pas que les actionnaires se soient autant enrichis que le pense le citoyen Avrial. S'il prenait connaissance des bilans du mont-de-piété, il verrait qu'ils ne peuvent guère s'enrichir au delà de l'intérêt légal ; les bénéfices, quand il y en a, vont aux hôpitaux qui ont donné les terrains, par exemple, celui où est bâti le mont-de-piété de la rue Paradis, au Marais. Nous ne pouvons pas, en ce moment, voter un projet de décret ; il est indispensable que les citoyens qui ont présenté des projets divers s'entendent avec le délégué aux finances ; alors seulement nous pourrons engager une discussion générale ; mais nous ne pouvons pas prendre en ce moment de résolutions.

Voix. — Non, non.

Le citoyen Jourde. — Je m'occuperai pour l'instant du projet de décret qui vous est soumis, uniquement au point de vue de son impraticabilité relativement à la question financière. Il n'est pas possible, en effet, que votre délégué aux finances puisse, sans avoir été prévenu, ne fût-ce que vingt-quatre heures d'avance, vous développer suffisamment la question. Néanmoins, je crois pouvoir dire que le mont-de-piété, tout en relevant de la ville de Paris, n'en a pas moins été obligé d'émettre des actions, d'employer des commissionnaires qui ont déposé des cautionnements souvent considérables. Détruire les monts-de-piété, ce serait porter une atteinte à la propriété, ce que nous n'avons encore jamais fait.

Je ne crois pas qu'il soit sage, utile, intelligent de procéder de la sorte.

Il faut savoir, en outre, que la somme de 50 francs, minime sans doute par elle-même, peut être répétée dans plusieurs endroits à la fois, et qu'ainsi elle peut se trouver atteindre un chiffre considérable.

Le gouvernement précédent, quand il prenait une mesure semblable à celle que nous voulons prendre, avait toujours le soin d'indemniser les intéressés.

A l'heure qu'il est, je puis faire face à l'exigence de la situation; mais je ne pourrais indemniser les monts-de-piété. Or prendre une mesure violente sur un pareil sujet, ce serait commettre une injustice contre une seule compagnie.

Je dis que, dans les circonstances actuelles, il vaudrait mieux remettre ce décret. Je m'entendrais avec les différents auteurs des projets et amendements, et nous pourrions peut-être vous présenter un projet meilleur.

Le citoyen Rigault. — Il faudrait, en ce cas, prendre un arrêté qui suspendrait les engagements pendant un ou deux jours.

Le citoyen Jourde. — C'est inutile si on déclare dans le décret que son effet s'arrêtera au 25 avril, et qu'il est nul pour les engagements faits après le 25 avril.

Je jette tous ces germes dans vos esprits, afin que nous n'ayons pas à revenir sur une mesure fâcheuse. N'enlevons pas ainsi les décrets.

Le citoyen Arthur Arnould. — J'avais demandé la parole pour des questions de détail, et, malgré ce que vient de dire Jourde, je crois nécessaire d'y revenir. Sur cette question de la délivrance gratuite des objets engagés, vous avez, je crois, à prendre des mesures de précaution. Il y a une foule d'industriels qui ne vivent que de l'achat des reconnaissances du mont-de-piété. Il y a des boutiques entières qui sont remplies d'objets provenant de l'achat des reconnaissances. Les boutiquiers achètent pour 8 et 10 sous des reconnaissances de 20, 30 et 50 francs. Dans ces conditions, je crois qu'il y a **nécessité d'apporter des mesures restrictives à la déli-** vrance des objets. Les industriels sont déjà très-riches, et vous allez encore les enrichir. Il serait bien simple de déclarer, par exemple, qu'on ne remettra les objets qu'à ceux qui prouveront qu'ils en sont propriétaires.

Le citoyen Lefrançais. — Comment le saurez-vous?

Le citoyen Arthur Arnould.— Comment on s'y prendra, je n'en sais rien; mais ce n'est pas parce que Lefrançais n'en sait rien, ni moi non plus, qu'on doit s'en tenir là. Je constate un fait évident, sérieux. Voici un moyen proposé : sur les registres, me dit-on, on prend le nom et l'adresse de l'engageur; eh bien, on redemandera ce nom et cette adresse au citoyen qui viendra retirer l'objet engagé.

Le citoyen J.-B. Clément. — Mais celui qui achète une reconnaissance demande aussi le nom et l'adresse de celui qui la lui vend, et alors il pourra retirer l'objet engagé en donnant lui-même ces renseignements.

Un membre. — On exigera des pièces constatant l'identité de l'engageur.

Le citoyen Arthur Arnould. — C'est évident, on peut trouver un moyen; il faut seulement le chercher.

Le citoyen J.-B. Clément. — Je suis pour le projet d'Avrial, et il est bien entendu que je ne veux pas que le spéculateur jouisse du bénéfice de la mesure que nous prendrons. Mais il faut chercher le moyen, et un moyen certain, pratique, d'empêcher ce spéculateur de prendre la place du véritable propriétaire.

Le citoyen Arthur Arnould. — C'est précisément ce que je demande : la recherche d'un moyen pratique. Pour avoir une solution pratique, il convient d'attendre jusqu'à demain; d'ici là, on étudiera la question.

Je ne parlerai aussi que pour mémoire de l'amendement sur les anneaux de mariage, qui viendra à discussion demain.

J'appuie donc la proposition Jourde, de remettre la

discussion à demain, sous cette réserve qu'il faut arrêter la date des engagements au 25 avril, pour ne pas avoir des sommes énormes à rembourser.

Le citoyen Ostyn.— Puisque la discussion paraît devoir être renvoyée à demain, je demanderai que le citoyen Jourde nous donne en chiffres ronds la valeur des engagements de 10, 15, 20, 30 fr. jusqu'au 25 avril. Cela est important, car je prévois un chiffre de 30 millions.

On croit généralement que le mont-de-piété rapporte des sommes énormes, c'est une erreur; il ne rapporte qu'environ de 3 1/2 à 4 pour 100. Mais là, comme partout, les états-majors prennent la plus grosse part.

On pourrait facilement garantir les intérêts de ceux qui prêtent de l'argent au mont-de-piété au nom de la Commune.

Voilà un premier point.

Le deuxième point important est l'anéantissement des bons de caisse.

Autrefois des individus exploitaient les monts-de-piété, comme cela se pratique encore dans quelques villes de province. On prêtait à des taux exorbitants; c'était une orgie du capital avant la révolution. Les monts-de-piété ont donc pu paraître un bienfait.

Mais si vous ne remplacez pas cette institution par une institution d'échange naturel et régulier, le même phénomène se reproduira, soyez-en certains.

Détruire les monts-de-piété avant de les remplacer par des institutions sociales serait prématuré.

Je demande donc que le citoyen Jourde nous fournisse pour demain les renseignements que je lui ai demandés.

Le citoyen Dupont. — Je crois avoir entendu dire que le mont-de-piété n'avait pas fait d'engagements cet hiver au-dessus de 50 francs. Ainsi j'ai connu des personnes qui ont engagé diverses fois des objets et ne pouvaient obtenir que 50 francs de prêt.

Le citoyen Vésinier demande l'ajournement de la discussion sur le mont-de-piété à deux jours.

Le citoyen Franckel. — Je regretterais qu'on renvoyât la discussion à deux jours. La question posée comme elle l'était par Jourde pouvait se soutenir. Pour ma part, j'approuve le projet présenté par Avrial ; quant à la somme de 50 francs, je la trouve minime. Quant à l'observation d'Arthur Arnould pour faire délivrer par les mairies, je la désapprouve complétement.

C'est d'abord une chose impossible; quant aux marchands qui achètent des reconnaissances, ils ne le font que pour les matières d'or et d'argent. Quant aux autres reconnaissances, ils ne le font pas par bon plaisir.

Je fais une exception pour les considérants dans lesquels on parle de liquidation. J'espère que dans quelques jours je vous soumettrai un projet élaboré par la commission de travail sur la liquidation du mont-de-piété; je vous donnerai les moyens de liquider cette société et de pouvoir emprunter de l'argent sans avoir recours aux usuriers.

Le citoyen Vaillant. — Je voulais dire seulement que le projet avec l'amendement Dereure ne présente pas les inconvénients indiqués par le citoyen Jourde, et que l'on pourrait sans inconvénient frapper la propriété sous cette forme.

Je crois même que l'on pourrait ajouter un article relatif aux bijoux qui ont pu être, eux aussi, engagés par des familles fort nécessiteuses; je comprendrais toutefois que l'on diminuât dans une certaine proportion le montant de la somme prêtée, et que de 50 francs, par exemple, on la fasse descendre à 10 francs.

Le citoyen J.-B. Clément. — Je proteste contre la proposition du citoyen Vaillant. Je ne plains pas du tout le citoyen qui n'a plus sa montre ou sa chaîne et je ne voudrais pas que l'on rendît les bijoux.

Maintenant, sur la proposition Jourde de remetire à demain, je ne suis pas d'avis d'attendre. Ce n'est pas nos finances que nous devons consulter; il est évident que si nous les consultions ce serait non, mais c'est parce que c'est une espèce de liquidation générale que nous faisons. Nous devons souvent imposer les rentiers au profit de ceux qui n'ont rien, qui vivent seulement de leur travail ou de leur commerce.

Croyez-le bien, ce n'est qu'une minorité de la population qui vous arrête. Votons ce décret pour la majorité; c'est la majorité que nous devons satisfaire.

Le citoyen Lefrançais. — J'appuie tout à fait ce qu'a dit J.-B. Clément. Quant à la proposition de dégager les bijoux pour quelque valeur que se soit, je crois qu'elle ne doit pas être acceptée après le projet Avrial, qui constitue déjà une charge assez lourde. C'est dire que je ne suis pas partisan de la proposition relative aux anneaux de mariage, qui me paraît une fantaisie sentimentale et catholique.

Le citoyen Allix. — Cette question du mont-de-piété est importante.

Notre but est d'arriver à la suppression du mont-de-piété, c'est évident, pour le remplacer par une institution nouvelle qui donne satisfaction à certains besoins.

Quant à la situation actuelle, il faut y satisfaire en procurant le dégagement des objets de première nécessité.

Quant aux bijoux, ils pourraient attendre.

Si maintenant vous voulez prendre de suite une résolution pour la liquidation du mont-de-piété, il faut empêcher les rengagements; il y a là des combinaisons à étudier.

Mais, je le répète, rendons de suite, sans nous occuper de leur valeur, les objets de première nécessité, les outils, les ustensiles de ménage.

Je demande aussi que ces objets soient rendus par l'intermédiaire des municipalités, qui jugeront de la nécessité de permettre les dégagements.

Le citoyen Jourde. — Citoyens, en laissant de côté quelques questions de détail, comme le désir que les objets passent par la mairie, par exemple, et pour en revenir au point de vue financier, je vous propose de déclarer que le délégué aux finances sera chargé de s'entendre avec le mont-de-piété sur la question des intérêts du mont-de-piété.

Le citoyen Langevin. — Que le citoyen Jourde rédige le projet tel qu'il le comprend, et votons-le ce soir.

Le citoyen Longuet. — Malgré tout ce que l'on vient de dire et les excellentes raisons que l'on a présentées, je ne suis pas encore convaincu. Je regrette qu'il n'y ait pas eu plus tôt de décision prise à ce sujet.

Mais il n'en est pas moins mauvais de voter ainsi au pied levé, et la preuve que nous votons au pied levé, c'est qu'en ce moment vous chargez le citoyen Jourde de coordonner sa proposition avec deux ou trois projets dont les auteurs ne sont même pas présents.

Je suis pour ma part absolument hostile à cette politique d'entraînement, dont le représentant le plus ardent dans cette discussion a été le citoyen J.-B. Clément; à cette politique qui vous a déjà fait bâcler le décret sur les loyers en quelques heures. Je suis hostile à cet idéalisme, ce sentimentalisme fraternitaire qui, dans un moment d'enthousiasme, vous fait voter des mesures qui devaient être non retardées, mais étudiées et mûries. J'en ai pour garants les premiers engagements, les premières déclarations où aient paru des hommes du 18 mars. N'avons-nous pas tous dit que sous le régime d'une Commune indépendante Paris verrait enfin tous ses intérêts de tout ordre satisfaits, après enquête, après débats contradictoires ?

Eh bien, nous ne pouvons nous déjuger, nous contredire, car ce serait contredire le principe de la Commune. Nous agissons beaucoup trop avec le cœur. J'imagine que nous n'avons pas à faire parade de notre supériorité morale, sentimentale sur Versailles. Personne n'en doute. Nous avons à montrer, et nous le pouvons, que nous l'emportons également en sagesse pratique, en études, en science véritable. (Très-bien!)

Encore un mot. Je m'inquiète bien plus que le citoyen J.-B. Clément de ne pas laisser un champ si large, avec des solutions d'apparence généreuse, aux exploiteurs les plus impudents et les plus rapaces. Nous aurions dû tenir compte de cela à propos des loyers; nous pouvons en tenir compte aujourd'hui. Soyez sûrs que les solutions les plus modérées en apparence sont souvent les plus radicales, les plus socialistes au fond, tout simplement parce qu'elles sont les plus justes. En un mot, inspirons-nous toujours dans nos solutions de l'esprit précis de justice, plutôt que d'un sentiment vague de fraternité.

Donc remettons et le vote et la discussion.

Si le peuple nous a fait crédit de sa patience, et non-seulement de sa patience, mais encore de son sang, il nous fera bien crédit de vingt-quatre heures.

On propose de remettre la discussion à demain. Cette proposition est adoptée.

Le citoyen Vésinier. — Je demande qu'à partir de ce soir on déclare qu'on ne recevra plus d'engagements du mont-de-piété.

Le citoyen Longuet. — Mais on ne comprendrait pas le motif de cette déclaration.

Le citoyen Jourde. — Il est important de déclarer que les dégagements ne pourront se faire que pour les objets engagés avant le 25 avril. Du reste, le décret le spécifiera.

La séance est levée à sept heures.

Les secrétaires de la séance,

ANT. ARNAUD, AMOUROUX.

LE 27 AVRIL 1871.

Le *Journal officiel* de Paris contient, dans sa partie officielle, les pièces suivantes :

La commission exécutive,

Considérant que les magistrats du tribunal civil de la Seine ont lâchement abandonné leurs siéges et compromis les intérêts des citoyens ;

Considérant qu'il importe de pourvoir immédiatement à l'expédition des affaires urgentes, en attendant la reconstitution complète des tribunaux civils par le suffrage universel,

ARRÊTE :

Article unique. Le citoyen Voncken (Adolphe), avocat près la cour d'appel de Paris et ancien magistrat de la république, est nommé président chargé des référés, des conciliations en matière de séparation de corps et des légalisations de signatures.

Paris, le 26 avril 1871.

La commission exécutive,

JULES ANDRIEU, CLUSERET, FRANCKEL, JOURDE, PASCHAL GROUSSET, PROTOT, COURNET, VAILLANT, VIARD.

Le délégué aux relations extérieures rappelle à qui de droit que les personnes et les biens des citoyens étrangers sont sous la garantie du droit des neutres et de l'hospitalité proverbiale de la France.

En conséquence, aucuns objets mobiliers, voitures, chevaux, etc., aucun appartement inscrit au nom d'un citoyen étranger, jouissant des immunités attachées au titre sacré d'hôte de la république, *ne peuvent et ne doivent être sujets à réquisition.*

Paris, le 26 avril 1871.

Le délégué aux relations extérieures,
PASCHAL GROUSSET.

RAPPORT DE LA COMMISSION DE LA GUERRE.

La réorganisation de la garde nationale, malgré les décrets, ordres et mesures successifs dont elle a été l'objet depuis la proclamation de la Commune, a, jusqu'à ce jour, rencontré des difficultés d'exécution auxquelles il importe d'apporter immédiatement remède.

Dans ce but, il est indispensable de délimiter et de préciser l'action et les fonctions des différentes forces capables de prêter leur concours à cette organisation.

Ces forces sont au nombre de trois :

1° Les municipalités d'arrondissement;

2° La fédération de la garde nationale, représentée par les conseils de légion et le comité central de la garde nationale ;

3° Les chefs commandant les légions.

Leurs attributions peuvent être ainsi établies :

1° Les municipalités d'arrondissement, conformément à l'ordre du délégué à la guerre, en date du 16 avril, doivent assurer le recrutement et la rentrée des armes. Délégation du pouvoir de la Commune, elles doivent veiller à la stricte et complète exécution de ses décrets; elles ont autorité pour requérir les armes cachées ou inutiles; rechercher les réfractaires et les incorporer ; établir l'état nominatif des hommes qui ont fui, afin que les pénalités pécuniaires et autres puissent être appliquées dans toute leur étendue ;

2° Les statuts de la fédération ayant établi la représentation des intérêts de la garde nationale par la constitution des chefs de bataillon, conseils de légion, et par le comité central, ces représentations ont le droit et le devoir de concourir au but commun.

Les conseils de légion, composés de délégués de tous les bataillons de l'arrondissement, doivent être en rapports constants avec leurs municipalités respectives, leur prêter un concours actif pour les recherches en hommes et en armes ; être en un mot l'intermédiaire nécessaire pour qu'aucun des gardes nationaux ne puisse se soustraire à ses obligations de citoyen. En même temps, les municipalités ont le devoir de ne pas négliger les importants moyens d'action qu'offre la fédération.

Afin d'assurer l'unité d'action des conseils de légion, et l'entente commune avec les municipalités et les chefs de légion, le comité central, composé des délégués d'arrondissement, doit être l'intermédiaire naturel entre le département de la guerre et les diverses fractions de la garde nationale. En rapports constants avec les arrondissements dont il émane, son contrôle direct aidera puissamment à l'organisation prompte de la force citoyenne.

Les chefs de légion ont le commandement actif et militaire des bataillons dans leur ressort. En rapports constants avec la place au moyen de leurs officiers d'état-major, ils établissent le roulement des bataillons et assurent ainsi les services intérieur et extérieur.

En résumé :

Pouvoir communal délégué aux municipalités ;

Intermédiaire et concours actif par les conseils de légion et le comité central ;

Ordres militaires exécutés par l'autorité des chefs de légion,

Telle doit être l'action réciproque de toutes ces forces dans le but commun : le maintien et la sauvegarde des droits de la ville de Paris, et le salut de la république.

Paris, le 26 avril 1871.

La commission de la guerre,

DELESCLUZE, TRIDON, AVRIAL, RANVIER, ARNOLD.

Le membre de la Commune délégué à la guerre,
Vu le rapport de la commission de la guerre,

ARRÊTE :

Art. 1ᵉʳ. Il est créé dans chaque municipalité un bureau militaire composé de sept citoyens ; ils seront nommés par les membres de la Commune de chaque arrondissement.

Leurs attributions sont ainsi fixées :

Requérir les armes ;

Rechercher les réfractaires pour les incorporer

immédiatement dans les bataillons de l'arrondissement ;

Procéder en même temps au maintien sur le pied actif des compagnies sédentaires pour assurer le service intérieur des postes, bastions et poternes.

Art. 2. Les conseils de légion donneront aux bureaux militaires leur action pleine et entière pour l'exécution des mesures prises ou à prendre avec le concours du comité central de la garde nationale.

Art. 3. Les chefs de légion seuls sont chargés de l'exécution des ordres militaires émanant de la place pour le service intérieur et le service extérieur.

Art. 4. Afin d'assurer l'exécution constante du présent décret, et pour éviter tout conflit capable de l'entraver, les bureaux militaires, les conseils de légion, les chefs de légion, adresseront chacun et chaque jour à la commission de la guerre, 90, rue Saint-Dominique-Saint-Germain, un rapport écrit et sommaire donnant le résumé de leurs opérations.

Art. 5. Afin de ménager les forces de la garde nationale, les municipalités, d'accord avec la légion, établiront un état du nombre et de l'importance des postes à desservir dans leur arrondissement.

Fait à Paris, le 26 avril 1871.

Le délégué à la guerre,

CLUSERET.

Le *Journal officiel* de Paris contient ce qui suit dans sa partie non officielle :

Paris, le 26 avril 1871.

RAPPORTS MILITAIRES.

Fort d'Issy, 25 avril.

Feu violent toute la journée.
Batterie du Moulin-de-Pierre tire sur le fort de midi à trois heures. Feu intense. Le fort risposte vigoureusement.

Gare de Clamart.

Quelques coups de fusil de part et d'autre, sans pertes.

Montrouge.

Batterie du Bas-Fontenay canonne le fort, qui répond avec un feu soutenu par les Hautes-Bruyères et Bicêtre. Peu de dégâts.

Neuilly.

Le feu a commencé à huit heures. Le 195ᵉ bataillon a pris la barricade de la rue Peyronnet.

Porte Maillot.

Nos artilleurs ont démonté cinq pièces aux Versaillais, à Courbevoie. De notre côté, un artilleur blessé.

Asnières.

Feu violent. A midi le feu cesse pour recommencer à trois heures. Versaillais répondent faiblement.

Clichy.

Le bastion 42 démonte une batterie ennemie.

Asnières, 26 avril, 6 h. 30 du soir.

Attaque vigoureuse; ennemi repoussé avec grand succès; très-peu de victimes.

Bonne contenance de la garde nationale.

Ce matin, à la Belle-Épine, dans une reconnaissance faite par le 185ᵉ bataillon, en avant de la barricade de Villejuif, 40 hommes du bataillon ont été menacés d'être enveloppés par deux compagnies de cavaliers versaillais. La plus grande partie des fédérés a pu se replier; 4 gardes seulement, plus avancés que les autres, n'ont pu suivre le mouvement. Se voyant cernés, ils ont, sur l'injonction de l'officier commandant une des compagnies, mis bas les armes, et aussitôt sur un signe de l'officier ils ont été fusillés. L'un d'eux a pu, mourant, regagner les lignes; il est peut-être mort, à présent, à l'hospice de Bicêtre, où on l'a transporté. Dans un mouvement offensif pris par le bataillon, le corps du citoyen Colson, l'un d'eux, a pu être emporté par ses camarades.

Une commission d'enquête sur cet assassinat a été immédiatement formée. Elle est composée des citoyens Gambon, Langevin et Vésinier.

COMMUNE DE PARIS.
SÍANCE DU 26 AVRIL 1871.

La Commune, qui s'était formée en comité secret, a accepté l'ordre du jour suivant :

« Considérant que différents comités irresponsables entravent l'exécution des ordres de la Commune, qu'il appartient aux municipalités, à la sûreté générale et à tous les pouvoirs délégués par elle de prendre des mesures, la Commune s'en remet à ceux-ci pour qu'à l'avenir ces faits ne se reproduisent plus ou soient rigoureusement réprimés, et passe à l'ordre du jour. »

Les membres de la Commune ont reçu, dans la cour d'honneur, une députation de francs-maçons qui venait déclarer qu'ayant épuisé tous les moyens de conciliation avec le gouvernement de Versailles, la franc-maçonnerie avait résolu de planter *ses bannières sur les remparts* de Paris, et que, si une seule balle les touchait, les F∴ M∴ marcheraient d'un même élan contre l'ennemi commun.

Le F∴ Térifoque a déclaré que, depuis le jour où la Commune existe, la franc-maçonnerie a compris qu'elle serait la base de nos réformes sociales.

« C'est, dit-il, la plus grande révolution qu'il ait jamais été donné au monde de contempler.

« Si, au début du mouvement, les francs-maçons n'ont

pas voulu agir, c'est qu'ils tenaient à acquérir la preuve que Versailles ne voulait entendre à aucune conciliation. Comment supposer en effet que des criminels puissent accepter une conciliation quelconque avec leurs juges? »

De nombreux cris de : « Vive la Commune! Vive la franc-maçonnerie! Vive la république universelle! » répondent à l'orateur.

Un membre de la Commune, le citoyen Jules Vallès, après avoir remercié la députation en quelques mots partis du cœur, donne son écharpe au F∴ Térifoque, qui déclare que cet emblème restera dans les archives de la franc-maçonnerie, en souvenir de ce jour mémorable.

Le citoyen Lefrançais, membre de la Commune, déclare ensuite que depuis longtemps déjà il était de cœur avec la franc-maçonnerie, ayant été reçu dans la loge écossaise n° 139, passant, à cette époque, pour une des plus républicaines; qu'il s'était depuis longtemps assuré que le but de l'association était le même que celui de la Commune : la régénération sociale.

Le citoyen Allix, membre de la Commune, ajoute que la Commune de Paris met en pratique, sous une forme nouvelle, ce que la franc-maçonnerie a depuis longtemps affirmé : que la construction du temple fut, certainement, pour l'époque, la réorganisation du travail.

Le F∴ V∴, de la rose écossaise, dans une chaleureuse improvisation, annonce que la Commune, nouveau temple de Salomon, est l'œuvre que les F∴ F∴ M∴ doivent avoir pour but, c'est-à-dire la justice et le travail comme bases de la société.

La députation, composée de plus de deux mille francs-maçons, s'est retirée après avoir enguirlandé sa bannière avec l'écharpe du citoyen J. Vallès, et emporte un drapeau rouge, après deux triples batteries aux rites français et écossais.

Une délégation de la Commune reconduit la députation maçonnique jusqu'à la rue Cadet. Elle est acclamée sur son passage par la population enthousiasmée, et l'on se sépare après une vive et patriotique allocution du citoyen Ranvier, membre de la Commune. Tous les cœurs battent à l'unisson.

———

Le *Journal officiel* de Versailles contient ce qui suit dans sa partie non officielle :

Versailles, 26 avril 1871.

Le gouvernement a adressé à toutes les autorités civiles et militaires la circulaire suivante, qui doit être affichée dans toutes les communes :

Versailles, 26 avril 1871, 2 h. 50 soir.

Les opérations actives ont commencé hier. Trois grandes lignes de batteries ont ouvert le feu sur les forts de Vanves et d'Issy. La ligne de droite, ayant à contre-battre à la fois les feux de Vanves et d'Issy, a eu quelques blessés et quelques embrasures atteintes, sans cesser pourtant de tirer activement.

La ligne du centre, qui contenait dix-sept bouches à feu de fort calibre n'a eu ni un blessé, ni une de ses pièces endommagée, et a fait tonner sur le fort d'Issy une formidable canonnade. Dès midi, son feu avait pris une supériorité marquée sur celui du fort d'Issy qui, à cinq heures, ne tirait plus que quelques coups fort rares. A gauche, l'action était moins vive de part et d'autre. L'action sérieuse restait celle du centre, et tout faisait présager que le fort d'Issy serait bientôt réduit au silence et annulé.

C'est, pour le moment, un combat d'artillerie dont l'issue ne saurait être douteuse, et dont nous ferons connaître exactement les péripéties.

La déclaration suivante adressée à la Commune représente assez nettement la situation étrange de ces politiques *radicaux* que dépassent leurs adhérents, de ces chefs que poussent et débordent leurs soldats.

« Sur l'initiative du comité de vigilance du 19e arrondissement, le district de la Marseillaise, 1er de l'arrondissement ;

« Considérant que la situation de Paris devient de plus en plus grave et qu'il est nécessaire de montrer d'autant plus d'énergie que le péril est plus imminent,

« Demande à la Commune de procéder sans retard à la formation, dans son sein, d'un comité de salut public, muni de pleins pouvoirs pour décréter la victoire, et de la force nécessaire pour faire exécuter ses décrets.

« Paris, le 24 avril 1871.

« Pour le comité :

« *Les membres délégués,*

« DECALF, JULES THOMAS, BERNARD, HENRY, JEAN-PIERRE, PILLIOUD. »

La Commune acceptera sans doute les pleins pouvoirs ou plutôt elle les a déjà pris. Elle accepterait aussi un comité de salut public; n'a-t-elle pas déjà sa « sûreté générale »? Quant aux victoires, elle fait mieux que les décréter, elle les invente.

LE 28 AVRIL 1871.

Le *Journal officiel* de Paris contient, dans sa partie officielle, les pièces suivantes :

Le délégué au ministère des finances,

Vu les lois et règlements réglant les rapports entre l'État et les compagnies de chemins de fer ;

Considérant qu'il importe de déterminer dans quelle proportion les impôts de toute nature dus par lesdites compagnies peuvent être perçus par la Commune de Paris ;

Qu'il est nécessaire de fixer provisoirement le *quantum* de la somme à réclamer sur l'arriéré des impôts dus pour la période antérieure au 18 mars, mais que, par suite de la guerre avec l'Allemagne, certaines compagnies ont subi des pertes considérables dont il est juste de leur tenir compte ;

Considérant qu'il y a lieu d'établir les bases sur lesquelles sera perçu l'impôt du dixième, et qu'il est équitable de fixer au vingtième de la redevance totale des autres impôts spéciaux aux chemins de fer la part applicable à la Commune de Paris depuis le 18 mars 1871,

ARRÊTE :

Art. 1er. Les compagnies du Nord, de l'Est, de l'Ouest, d'Orléans et de Lyon verseront au Trésor, dans un délai de quarante-huit heures après la publication du présent arrêté, la somme de deux millions, imputables à l'arriéré de leurs impôts.

Cette somme sera répartie de la manière suivante entre les compagnies susnommées :

La compagnie du Nord........	303,000 fr.
La compagnie de l'Ouest.......	275,000
La compagnie de l'Est.........	354,000
La compagnie de Lyon..	692,000
La compagnie d'Orléans.......	376,000
Total........	2,000,000 fr.

Art. 2. A partir du 18 mars, l'impôt du dixième sur les voyageurs et les transports à grande vitesse sera perçu sur la recette brute des gares de Paris (voyageurs et grande vitesse).

Art. 3. L'abonnement pour le timbre des actions et obligations, les droits de transmission, l'impôt sur les titres au porteur, le décime sur l'impôt des droits de transmission et des titres au porteur, les patentes, les droits de licence et permis de circulation, les frais de police et de surveillance administrative et tous les autres impôts analogues, seront perçus sur la somme totale due pour ces impôts, à raison du vingtième de cette somme, en prenant pour base le produit net de l'exercice antérieur.

Art. 4. Les contributions foncières seront dues en totalité, dans toute l'étendue du ressort de la Commune de Paris.

Art. 5. Les compagnies de chemins de fer verseront dans la huitaine, entre les mains des différents préposés de la Commune, le montant des impôts de toute nature dus depuis le 18 mars jusqu'au 20 avril 1871 inclusivement.

A partir du 20 avril, le compte en sera régulièrement arrêté et payé tous les dix jours.

Le membre de la Commune délégué aux finances,

JOURDE.

RAPPORT DU CHEF DE LA PREMIÈRE DIVISION
AU CITOYEN DÉLÉGUÉ
A L'EX-PRÉFECTURE DE POLICE.

Paris, le 26 avril 1871.

Citoyen délégué,

Je viens appeler votre attention sur cette branche de l'administration de la police qui concerne les aliénés et les établissements spéciaux qui leur sont affectés.

Aux termes exprès de l'article 19 de la loi du 30 juin 1838, les commissaires de police à Paris, et les maires dans les autres communes, peuvent, sur le certificat délivré par le médecin ou sur la notoriété publique, en cas de danger imminent, ordonner la séquestration à l'égard des personnes frappées d'aliénation mentale. Mais ces mesures, prises pour la sécurité publique par les officiers civils, ne sont que provisoires, et ils sont tenus d'en référer au préfet, dans les vingt-quatre heures, qui, lui seul, statue définitivement et sans délai.

Jusqu'à présent, les commissaires de police ont procédé d'une façon toute différente, en opposition flagrante avec la loi qui régit la matière, et sur laquelle ils auraient toujours dû s'appuyer. Les commissaires de police ordonnent la mise des malades, d'urgence, dans les maisons d'aliénés, mais ne viennent pas, par l'envoi des pièces sur l'individu séquestré, régulariser sa position dans le délai fixé par la loi devant l'autorité préfectorale.

Cette irrégularité, que je vous signale, citoyen délégué, est fort grave ; elle peut amener des conséquences très-regrettables et que nous devons éviter pour le bien de la chose publique.

Il y a donc lieu d'inviter les commissaires de police à procéder conformément à la loi du 30 juin 1838 sur les aliénés.

Recevez, etc.

Le chef de la 1re division,
EDMOND LENAUD.

Vu le rapport ci-dessus ;

Vu l'article 19 de la loi du 30 juin 1838, ainsi conçu :

« En cas de danger imminent, attesté par le certificat d'un médecin ou par la notoriété publique, les commissaires de police à Paris, et les maires dans les autres communes, ordonneront, à l'égard des personnes atteintes d'aliénation mentale, toutes les mesures provisoires nécessaires, à la charge d'en référer dans les vingt-quatre heures au préfet, qui statuera sans délai ; »

Nous, délégué civil à l'ex-préfecture de police,

ARRÊTONS :

Article unique. Les commissaires de police, à Paris, seront tenus d'adresser dans les vingt-quatre heures, conformément à la loi, à la 1re division, 5e bureau (ex-préfecture de police), toutes les pièces relatives à la séquestration des aliénés dans les établissements spéciaux.

Paris, le 27 avril 1871.

Le délégué,

F. COURNET.

ORDRES.

Le comité central d'artillerie formera vingt batteries d'artillerie de campagne ; il s'entendra pour l'organisation administrative avec le colonel Mayer, chargé de l'organisation des légions. Les nominations d'officiers seront soumises, par le comité central, à l'approbation du délégué à la guerre.

Cette mesure est prise en vue de l'aptitude spéciale que requiert le service d'artillerie.

Vu la belle conduite de la batterie de la porte Maillot, le délégué à la guerre lui accorde, à titre de récompense municipale et au nom de la Commune, trente revolvers.

Le comité central d'artillerie sera chargé de la distribution.

N. B. Cette batterie, quoique non habillée ni équipée, s'est conduite vaillamment à son poste de combat.

A partir d'aujourd'hui, les portes ouvertes pour le ravitaillement s'ouvriront à cinq heures du matin et fermeront à sept heures du soir.

Paris, 27 avril 1871.

Le délégué à la guerre,
CLUSERET.

ORGANISATION DES LÉGIONS DE LA GARDE NATIONALE.

Le chef de la légion commandant en chef du service actif sera élu dans la légion conformément aux principes de la fédération. Ce poste exige des connaissances militaires suffisantes pour vérifier et constater la valeur des chefs de bataillon, et une influence capable de faire exécuter les ordres du délégué à la guerre. Le colonel doit surveiller et passer en revue les bataillons, les familiariser aux prises d'armes; il doit s'assurer, en un mot, de la valeur militaire des divers bataillons de sa légion.

ÉTAT-MAJOR DE LA LÉGION.

Considérant que l'organisation des bataillons de la garde nationale nécessite, de la part de l'état-major de la légion, une aptitude spéciale,

ARRÊTE :

L'état-major de la légion, composé de :
Un chef d'état-major,
Un major de place,
Deux capitaines d'état-major,
Et quatre adjudants,
Est nommé par le délégué à la guerre.

1° Le chef d'état-major chargé de l'administration, restant au dépôt. Cet officier, plus spécialement chargé de l'administration, doit condenser, contrôler le mouvement de la légion. A lui appartient d'établir l'effectif et les réclamations d'effets d'habillement, d'équipement et d'armement, en un mot la situation des bataillons qu'il doit préparer tous les jours pour le rapport de chaque matin, en présence du général délégué à la guerre, et recevoir de lui les ordres pour la journée, c'est-à-dire les vingt-quatre heures de la présentation, et communiquer ce résultat aux chefs de bataillon. Il est l'intermédiaire absolu et définitif entre le délégué à la guerre et la légion.

2° Un major de place chargé du service de place. Cet officier doit être spécialement en rapports immédiats avec l'état-major de la place. Il doit connaître le service du bataillon. En rapport quotidien avec les adjudants-majors, il doit leur communiquer le service de la journée, donner le mot d'ordre et être prêt à former immédiatement le nombre exact des hommes de la légion disponibles pour le service.

3° Deux capitaines d'état-major attachés, l'un au chef de la légion, l'autre au lieutenant-colonel. Ces deux officiers montés me paraissent indispensables. Ils assurent la prompte exécution des ordres donnés et exercent en même temps une surveillance active de jour et de nuit.

4° Un chirurgien principal remplissant les fonctions de médecin-inspecteur.

5° Quatre adjudants chargés du service des bureaux. Ces sous-officiers, sous la direction des différents chefs de l'état-major de la légion, établissent par un travail préparatoire, surveillé et scrupuleusement contrôlé, la situation présentée chaque matin au rapport adressé au général délégué.

FONCTIONNEMENT.

Pour saisir immédiatement le plan qui a servi à la formation de l'état régulier des bataillons, il suffit de jeter un coup d'œil sur le tableau présenté chaque jour par les chefs de légion. D'un côté, l'effectif des bataillons sédentaires, de l'autre, l'effectif des bataillons de guerre. De cet ensemble facilement embrassé résulte une simplicité précieuse pour le commandement du service intérieur et extérieur.

Pour la simplification du travail et l'exactitude nécessaire, le chef de légion réunit les réclamations diverses des bataillons, et présente ce résultat le matin au rapport.

En vertu des pouvoirs à lui conférés, le colonel chargé de l'organisation met en jeu les moyens rapides qu'il a su trouver d'exécution immédiate des ordres correspondant aux besoins, et les facilités de transport fournies par des demandes directes aux diverses administrations de Paris, et le service assuré ainsi se fait avec la plus grande exactitude et une rapidité jusqu'alors inconnue.

Ce soin incombant à un seul, on évite ainsi les lenteurs trop connues de l'intendance, et on obtient pour résultat l'envoi, à toute heure et dans chaque légion, des objets d'habillement et de campement dont la demande est formulée et reconnue légitime chaque matin.

En résumé, le travail s'effectue de la manière suivante, conformément aux imprimés distribués :

1º Chaque compagnie donne son effectif réel et l'exposé de ses besoins divers ;

2º Chaque bataillon réunit les effectifs et les demandes des compagnies ;

3° La légion fait pour les bataillons ce que le bataillon fait pour les compagnies : centralisation des effectifs et des réclamations.

Enfin il est fait chaque jour une situation de légions, comprenant l'ensemble des divisions et subdivisions de la garde nationale de Paris. Cet exposé général servant de guide, il est impossible que, si le service est bien fait, aucune réclamation, de quelque nature qu'elle soit, puisse s'élever ; dans tous les cas, satisfaction immédiate peut et doit être donnée.

L'artillerie, dont l'organisation se complète de jour en jour, est également l'objet d'un rapport quotidien.

Il résulte de cet aperçu rapide de l'organisation nécessairement improvisée de la garde nationale de Paris, que le général délégué peut posséder immédiatement la connaissance des ordres donnés *intra* et *extra muros*, et pourvoir de suite à tout oubli ou réclamation légitime : en un mot, au moyen de ce travail, aussi simple que complet, le général peut, et c'est le but de l'organisation, surveiller et contrôler les diverses opérations de la garde nationale.

Cette organisation permet aux officiers de ronde de s'assurer de l'exactitude des effectifs mentionnés, et supprimer ainsi simplement les abus auxquels a donné lieu trop souvent le service de la solde et des vivres.

Il est tenu également compte des bataillons en voie de formation dans les casernes.

Tout bataillon habillé, équipé et armé, non requis

pour la place, est dirigé immédiatement sur le Champ de Mars, où il est exercé deux fois par jour, et forme ainsi, avec les autres qui se trouvent dans le même cas, la réserve prête à tout événement, et à la disposition du général délégué.

Les bataillons faisant actuellement le service des forts seront relevés ; leurs justes réclamations seront satisfaites, et ils seront bientôt ainsi en état de reprendre les armes.

Il est indispensable que les municipalités, conseils de légion, chefs de légion, se pénètrent bien des instructions renfermées dans le rapport de la commission de la guerre, et se conforment strictement aux instructions de l'arrêté qui l'a suivi.

Il faut en outre, pour tout ce qui touche l'organisation de la garde nationale, apporter la plus grande sévérité dans le choix des agents.

Je demande de nouveau et avec instance, pour les motifs que j'ai déjà exprimés, l'équipement rapide des bataillons ; suppression des abus ; qu'il n'y ait qu'un seul magasin à Paris : le magasin central. Toutes les demandes doivent arriver de la compagnie au chef de bataillon, du chef de bataillon au chef de légion. Ce dernier, par mon intermédiaire, reçoit du magasin, dans les vingt-quatre heures, tous les effets reconnus nécessaires. Il faut établir, à cet égard, un contrôle sévère, afin qu'il ne puisse s'opérer aucun détournement. Pour cela, suppression immédiate et absolue de toute espèce de dépôt dans les mairies, les casernes, les compagnies, les bataillons, les légions. Tous les effets actuellement dans ces réserves ou magasins particuliers (et il paraît qu'il en existe en assez grande quantité) doivent être sur-le-champ envoyés au dépôt central. De cette façon, la Commune pourra réaliser des économies notables, et la commission militaire verra augmenter rapidement le nombre des bataillons habillés, équipés et armés. Ces bataillons, dirigés sur le Champ de Mars, formeront une réserve suffisante aux besoins les plus pressants.

Le colonel chargé de l'organisation des légions,

MAYER.

Le *Journal officiel* de Paris, dans sa partie non officielle, contient ce qui suit :

RAPPORTS MILITAIRES.

Fort d'Issy.

A été bombardé toute la nuit par les batteries du Moulin-de-Pierre et de la Sablière.

De dix à onze heures, ralentissement du feu; le fort riposte énergiquement.

Gare de Clamart.

Trois fois attaqué par les Versaillais : ils sont repoussés vigoureusement.

Esprit des troupes excellent.

Trois obus sont tombés sur les Petits-Ménages ; une pensionnaire tuée.

Asnières.

Nuit très-calme ; nos batteries ont fouillé Gennevilliers et Bécon.

L'ennemi n'a pas répondu.

7 heures.

L'ennemi répond sans succès.

8 heures.

Versaillais démasquent batteries.
Mitrailleuses démontées en quelques instants.
Batteries Clichy continuent avec succès à éteindre le feu ennemi.

Minuit 30. — Montrouge-Bicêtre.

Reconnaissance sur Bagneux.
Versaillais repoussés dans leurs positions.

Matinée.

Montrouge, Bicêtre, tirent sur Bas-Fontenay. Versaillais répondent peu.

2 heures.

Versaillais ripostent vigoureusement, mais sans succès.
Église Montrouge sous scellés.

Neuilly.

Nuit assez calme.
Le 80e bataillon à l'ordre du jour pour sa belle conduite à l'ennemi.

INFORMATION MILITAIRE.

Une personne digne de foi se trouvait à Nogent-sur-Marne le 25 courant. Elle a vu, de ses yeux vu, les Prussiens livrer un canon Krupp et quatre mitrailleuses aux troupes de Versailles.

Cette personne ne peut aucunement garantir le point où l'on dirigeait ces engins, ainsi livrés par l'ennemi aux Versaillais; mais le fait odieux de se servir des armes de l'ennemi contre la France n'en est pas moins authentique.

COMMUNE DE PARIS.

SÉANCE DU 27 AVRIL 1871.

Présidence du citoyen ALLIX. — Assesseurs : les citoyens VÉSINIER et J. VALLÈS.

Le Président donne lecture de l'interpellation suivante, déposée par le citoyen Courbet :

« Dans une communication du gouvernement de Versailles, adressée aux préfets le 10 ou le 12 courant, M. Thiers annonce que la lutte contre Paris sera poursuivie avec autant d'énergie, et sans s'arrêter aux sacrifices, comme l'a déjà fait l'Amérique du Nord contre le Sud.

« Mettant de côté l'inexactitude de la comparaison (car ici c'est Paris qui combat pour la liberté et le droit de l'homme), je constate que M. Thiers, en nous comparant aux fédérés du Sud, n'a pas songé à nos droits de belligérants.

« Il n'y a pas songé évidemment ; car ce n'est pas après avoir pris ses ordres que Vinoy a fusillé Duval. Selon le droit de tous les peuples, selon le droit international, selon les antécédents de la guerre civile, *on n'est insurgé que les premiers jours* ; et l'on reconnaît toujours le droit de combattre les armes à la main à un parti qui s'est organisé militairement et qui combat de bonne foi, en lieu et place de l'État, pour un principe de droit public ; le parti qui est assez fort pour s'organiser militairement, et qui donne des garanties d'ordre, est belligérant de fait. Et remarquez, citoyens, que nous ne sommes pas en lutte depuis un mois seulement ; nous luttons depuis le 4 septembre.

« Il est donc temps que l'Europe reconnaisse nos droits, et le citoyen P. Grousset aurait dû commencer par réclamer de tous les peuples la reconnaissance formelle de nos droits de belligérants. Avant tout, c'est une question importante que je recommande spécialement à la commission des relations extérieures.

« G. COURBET.

« *P. S.* — Il y a plus de cent et un jours, en un mot, que nous luttons contre le gouvernement de Versailles, tant moralement que les armes à la main. »

Le citoyen Léo MEILLET, comme membre de la commission des relations extérieures, répond qu'il y a plusieurs jours déjà qu'il a eu l'honneur de recevoir le ministre de la république de l'Équateur, ainsi que plusieurs autres envoyés des républiques du Sud, et qu'il sait de bonne source que des démarches ont été faites auprès du gouvernement de Versailles pour nous faire reconnaître comme belligérants.

Lecture est également faite par le Président d'une adresse envoyée par le club de l'église de Notre-Dame-des-Champs. Sur cette adresse, le citoyen J. Durand ayant demandé la fermeture de cette église, et le transfert du club dans le Conservatoire des arts et métiers, le citoyen Ant. Arnaud répond que c'est par ordre de la municipalité du 3e arrondissement que le club a été ouvert, et ajoute que cette mesure n'a été prise qu'après l'abandon de l'église par les prêtres. La municipalité a cru être utile à l'arrondissement en ouvrant des réunions publiques.

Après quelques autres observations des citoyens Ledroit, F. Henri, Billioray et Blanchet sur cet incident, l'ordre du jour est prononcé.

Le citoyen Meillet propose le décret suivant :

« La Commune de Paris,

« Considérant que l'église Bréa, située à Paris, 76, avenue d'Italie (13e arrondissement), est une insulte permanente aux vaincus de juin et aux hommes qui sont tombés pour la cause du peuple,

« Décrète :

« Art. 1er. L'église Bréa sera démolie.

« Art. 2. L'emplacement de l'église s'appellera place de Juin.

« Art. 3. La municipalité du 13e arrondissement est chargée de l'exécution du présent décret. »

Le citoyen Vésinier, croyant juste de s'occuper de la victime en même temps que du bourreau, présente l'amendement suivant :

« La Commune déclare en outre qu'elle amnistie le

citoyen Nourri, détenu depuis vingt-deux ans à Cayenne, à la suite de l'exécution du traître Bréa. La Commune le fera mettre en liberté le plus tôt possible. »

Ce projet de décret, combattu par le citoyen Antoine Arnould et J.-B. Clément, mais appuyé par le citoyen Johannard, mis aux voix, est adopté.

La Commune, consultée également sur l'amendement du citoyen Vésinier, décide sa prise en considération.

Le citoyen Miot, comme membre de la commission de l'enseignement, donne lecture de la proposition suivante :

« Vu l'impossibilité pour les étudiants en médecine ayant subi leurs cinq examens de doctorat de présenter une thèse, puisque la Faculté a abandonné son poste;

« Considérant que la réception à ces examens successifs constitue un titre suffisant de capacité,

« La Commune

« Décrète :

« Les étudiants en médecine ayant passé avec succès leurs cinq examens de doctorat sont autorisés à exercer avec le titre de docteur la profession de médecin, sur la production d'un certificat du secrétariat de l'École.

« Un délai d'un an leur est laissé pour soutenir leur thèse, s'il y a lieu. »

La discussion étant ouverte, le citoyen Jules Vallès croit qu'il n'est pas nécessaire de faire discuter cette proposition par la Commune.

Le citoyen Protot appuie le dire du citoyen Jules Vallès, et ajoute qu'il est notoire que les étudiants ayant subi leurs examens avec succès peuvent parfaitement exercer à Paris pendant un an et prendre le titre de docteur en médecine sans avoir besoin d'être autorisés par un décret.

Le citoyen Miot répond que cela n'existerait que par tolérance ; il vaudrait mieux leur garantir le titre.

Le citoyen Billioray se range à l'avis des citoyens Jules Vallès et Protot, considérant la proposition Miot comme un règlement intérieur de la Faculté de médecine.

Après une dernière réplique des citoyens Jules Vallès et Protot, demandant qu'il ne soit en rien préjugé sur la grave question de la liberté de la médecine, la Commune, consultée, décide le renvoi de cette proposition à la commission d'enseignement.

Au nom de la commission d'enquête, le citoyen Vésinier donne lecture du rapport suivant :

Les citoyens Langevin, Gambon, Vésinier ont été délégués à Bicêtre pour faire une enquête sur les quatre gardes nationaux du 185e bataillon de marche de la garde nationale; ils étaient accompagnés des citoyens R. Rigault, procureur de la Commune, Ferré et Léo Meillet, et ils se sont rendus à l'hospice de Bicêtre, où ils ont visité le citoyen Scheffer, garde national au susdit bataillon appartenant au 13e arrondissement.

Le citoyen Scheffer, blessé grièvement en pleine poitrine, était alité. Le médecin qui le soigne ayant déclaré que le malade était en état de répondre aux questions qui lui seraient adressées, les citoyens Gambon et Vésinier l'ont interrogé. Le malade a déclaré que, le 25 avril, à la Belle-Épine, près de Villejuif, il a été surpris avec trois de ses camarades par des chasseurs à cheval qui leur ont dit de se rendre. Comme il leur était impossible de faire une résistance utile contre les forces qui les entouraient, ils jetèrent leurs armes à terre et se rendirent. Les soldats les entourèrent et les firent prisonniers sans exercer aucune violence ni aucune menace envers eux.

Ils étaient déjà prisonniers depuis quelques instants, lorsqu'un capitaine de chasseurs à cheval arriva et se précipita sur eux le revolver au poing ; il fit feu sur l'un d'eux, sans dire un seul mot, et l'étendit roide mort, puis il en fit autant sur le garde Scheffer, qui reçut une balle en pleine poitrine et tomba à côté de son camarade.

Les deux autres gardes se reculèrent, effrayés de cette infâme agression ; mais le féroce capitaine se précipita sur les deux prisonniers et les tua de deux autres coups de revolver.

Les chasseurs, après les actes d'atroce et de féroce lâcheté qui viennent d'être signalés, se retirèrent avec leur chef, laissant leurs victimes étendues sur le sol.

Lorsqu'ils furent partis, l'une des victimes, le citoyen Scheffer, se releva, et, par un effort désespéré, parvint à se rendre auprès de son bataillon, campé à quelque distance et duquel il parvint à se faire reconnaître.

Deux des gardes nationaux sont restés tués sur le terrain et n'ont pu être retrouvés encore.

Le cadavre du quatrième garde national a été retrouvé non loin du lieu du massacre, où ce malheureux soldat citoyen avait pu se traîner.

L'état du garde national Scheffer est aussi satisfaisant que possible. Quoique sa blessure soit grave, elle n'est pas mortelle, et sa position n'a rien de dangereux. Le docteur répond de sauver le malade, dont la jeune femme vient d'accoucher il y a moins de dix jours.

Le 27 avril 1871.

Les membres de la Commune,
FERDINAND GAMBON, F. VÉSINIER, C. LANGEVIN.

Le citoyen Vésinier.—Permettez-moi, citoyens, d'ajouter quelques renseignements qui compléteront ceux du rapport et de tirer les conclusions.

Le citoyen Scheffer est d'origine étrangère ; son état, quoique très-grave, n'est point désespéré ; les médecins sont même d'avis qu'il peut être transporté dans son arrondissement. Du récit exact qu'il m'a fait de cet assassinat, j'ai conclu que le seul coupable était l'officier, le bourreau qui a accompli ces exécutions sommaires. Les soldats versaillais non-seulement n'ont point tiré un seul coup de fusil contre les prisonniers, mais leur attitude prouvait qu'ils étaient indignés de la lâcheté sanguinaire de leur chef.

Citoyens, s'il nous faut user de représailles, frappons les chefs, frappons les officiers : eux seuls sont nos ennemis. L'esprit des soldats versaillais n'est pas mauvais ; ils ne demandent pas mieux que de cesser la lutte. Ménageons-les donc quand ils se rendent à nous, et ne les poussons pas à nous combattre à outrance.

Le citoyen Vallès. — Je suis absolument de cet avis.

Le citoyen Langevin.—Voici comment les quatre gardes nationaux, d'après le récit que nous a fait le capitaine de la garde nationale qui commandait le détachement, ont pu être entourés. Des travailleurs, en avant de Villejuif, étaient occupés à abattre des arbres ; une dizaine de tirailleurs les protégeaient. Pour renforcer cette petite troupe, on envoya une quarantaine de gardes nationaux, qui se déployèrent aussi en tirailleurs. Tout à coup ils virent à droite et à gauche déboucher deux escadrons de chasseurs à cheval qui venaient les prendre en flanc. N'étant pas en force, on sonna le ralliement ; mais cinq hommes refusèrent de quitter la place. D'après le récit des officiers, un seul serait tombé roide ; le second aurait pu faire quelques pas avant de tomber, c'est celui dont on a le cadavre, dont l'autopsie sera faite ; le troisième, qui, il y a huit jours, avait été fait prisonnier par les Versaillais, a pu s'échapper sain et sauf ; le quatrième est Scheffer ; un cinquième enfin, blessé, aurait été emmené prisonnier.

Le citoyen Vésinier dit que, si on s'en rapporte au récit du citoyen Scheffer, pas un seul des cinq n'aurait été emmené prisonnier.

Après quelques observations des citoyens Billioray, Vallès, Sicard et Gambon, il est décidé que le rapport, que l'on complétera, dans lequel on mettra le nom des cinq gardes nationaux et, si c'est possible, le numéro du régiment auquel appartient l'assassin, sera affiché.

Le citoyen Courbet demande que l'on exécute le décret de la Commune sur la démolition de la colonne Vendôme. On pourrait peut-être laisser subsister le soubassement de ce monument, dont les bas-reliefs ont trait à l'histoire de la république, on remplacerait la colonne impériale par un génie représentant la révolution du 18 mars.

Le citoyen J.-B. Clément insiste pour que la colonne soit entièrement brisée et détruite.

Le citoyen Andrieu dit que la commission exécutive s'occupe de l'exécution du décret.

La colonne Vendôme sera démolie dans quelques jours.

Le citoyen Gambon demande que l'on adjoigne le citoyen Courbet aux citoyens chargés de ces travaux.

Le citoyen Grousset répond que la commission exécutive a confié ces travaux à deux ingénieurs du plus grand mérite et qu'ils en prennent toute la responsabilité.

Lecture est donnée des projets de loi suivants :

« Plusieurs anciens soldats gardes nationaux demandent, pour nous attirer des soldats de Versailles, que la Commune décrète :

« Tous les anciens soldats auront droit à la retraite.

« BLANCHET. »

« Vu le décret de la Commune du 6 avril 1871, article 3.

« La Commune

« Décrète :

« Art. 1ᵉʳ. Les listes électorales seront revisées à la date du 25 mai.

« Art. 2. La publication de la révision aura lieu immédiatement.

« Art. 3. Seront rayés des listes électorales tous individus de vingt à quarante ans qui ont quitté Paris depuis le 18 mars, et de quarante à soixante ans qui ont refusé de faire le service de la garde nationale.

« Art. 4. Les municipalités sont chargées du présent décret.

« DEREURE. »

« Art. 1ᵉʳ. Une amende proportionnelle de cinq à cinquante francs par jour sera appliquée à tous individus de dix-neuf à quarante ans qui ont quitté Paris depuis le 18 mars.

« Art. 2. Les commissions militaires d'arrondissement seront chargées de l'enquête et de l'exécution du présent décret.

« DEREURE. »

Le citoyen Sicard propose que le troisième article de la proposition Andrieu, qui est la demande de trois séances seulement par semaine, soit mis aux voix.

Cette proposition est repoussée.

La séance est levée à six heures cinq minutes.

Les secrétaires de la séance,

ANT. ARNAUD, AMOUROUX.

Les secrétaires rappellent aux membres de la Commune que l'ordre du jour de la séance d'aujourd'hui vendredi, séance qui sera ouverte à deux heures précises, appelle :

1° La suite de la discussion du mont-de-piété ;

2° Du projet de loi organique ;

3° La discussion de la proposition Mortier ;

4° Discussion des décrets relatifs : aux fuyards, aux élections.

On lit dans la partie non officielle du *Journal officiel* de Versailles :

Le gouvernement a adressé à toutes les autorités civiles et militaires la circulaire suivante :

Versailles, 27 avril 1871, 5 h. du soir.

Les opérations de l'armée ont continué dans la journée d'hier. Notre artillerie a maintenu son feu avec une supériorité marquée, et surtout décisive contre le fort d'Issy. Elle n'a pu ni voulu éteindre le feu du fort de Vanves, qui n'était pas l'objet de ses efforts. Elle n'a songé qu'à le contenir; mais elle a dirigé ses coups sur le fort d'Issy, qui n'est plus la difficulté de nos opérations, tant il est réduit au silence. Tout au plus fait-il entendre un coup de canon d'heure en heure pour donner signe de vie. Mais, nous le répétons, il n'est plus désormais à craindre.

L'armée a poursuivi ses cheminements sur notre gauche (droite du fort d'Issy), et, sans s'astreindre aux opérations d'un siége en règle, elle a fait des pas en avant, de manière à ne plus permettre à l'ennemi des retours offensifs. Cette nuit, le brave général Faron, à la tête de cent fusiliers marins, trois cents hommes du 110e de ligne, quatre compagnies du 35e de ligne, a abordé la difficile position des Moulineaux. L'élan des troupes a singulièrement abrégé la lutte et diminué nos pertes. Des maisons, des barricades ont été successivement enlevées, et les Moulineaux sont restés en notre pouvoir, couverts des corps des ennemis.

Sur-le-champ, le génie a pris ses précautions et assuré la situation ne nos troupes. Nous ne sommes plus qu'à 8 ou 900 mètres du fort d'Issy. Pendant ce temps, tout se prépare sur l'étendue entière de notre ligne, depuis Neuilly jusqu'à Meudon, pour rendre nos opérations aussi efficaces que rapides.

LE 29 AVRIL 1871.

Le *Journal officiel* de Paris contient, dans sa partie officielle, les pièces suivantes :

La commission exécutive,

Considérant que certaines administrations ont mis en usage le système des amendes ou des retenues sur les appointements et sur les salaires ;

Que ces amendes sont infligées souvent sous les plus futiles prétextes et constituent une perte réelle pour l'employé et l'ouvrier ;

Qu'en droit, rien n'autorise ces prélèvements arbitraires et vexatoires ;

Qu'en fait, les amendes déguisent une diminution de salaire et profitent aux intérêts de ceux qui les imposent ;

Qu'aucune justice régulière ne préside à ces sortes de punitions, aussi immorales au fond que dans la forme ;

Sur la proposition de la commission du travail, de l'industrie et de l'échange,

ARRÊTE :

Art. 1er. Aucune administration privée ou publique ne pourra imposer des amendes ou des retenues aux employés, aux ouvriers, dont les appointements convenus d'avance doivent être intégralement soldés.

Art. 2. Toute infraction à cette disposition sera déférée aux tribunaux.

Art. 3. Toutes les amendes et retenues infligées depuis le 18 mars, sous prétexte de punition, devront être restituées aux ayants droit, dans un délai de quinze jours à partir de la promulgation du présent décrets.

Paris, le 27 avril 1871.

La commission exécutive,
JULES ANDRIEU, CLUSERET, LÉO FRANCKEL, PASCHAL GROUSSET, JOURDE, PROTOT, VAILLANT, VIARD.

La commission exécutive,

En exécution du décret relatif au travail de nuit dans les boulangeries,

Après avoir consulté les boulangers, patrons et ouvriers,

ARRÊTE :

Art. 1er. Le travail de nuit est interdit dans les boulangeries, à partir du mercredi 3 mai.

Art. 2. Le travail ne pourra commencer avant cinq heures du matin.

Art. 3. Le délégué aux services publics est chargé de l'exécution du présent arrêté.

Paris, le 28 avril 1871.

La commission exécutive,
JULES ANDRIEU, CLUSERET, COURNET, LÉO FRANCKEL, PASCHAL GROUSSET, JOURDE, PROTOT, VAILLANT, VIARD.

Considérant qu'il est nécessaire d'organiser, dans le plus bref délai, l'enseignement primaire et professionnel sur un modèle uniforme dans les divers arrondissements de Paris;

Considérant qu'il est urgent de hâter partout où elle n'est pas encore effectuée la transformation de l'enseignement religieux en enseignement laïque;

Afin d'aider dans ce travail la commission de l'enseignement,

Le délégué de la Commune à l'enseignement

ARRÊTE :

1° Une commission est instituée sous le nom de commission d'organisation de l'enseignement;

2° Elle est composée des citoyens André, Dacosta, Manier, Rama, Sanglier.

Paris, le 28 avril 1871.

E. VAILLANT.

Le délégué de la Commune à l'enseignement

ARRÊTE :

Le citoyen Vincent, directeur de la Bibliothèque nationale, est relevé de ses fonctions.

Paris, 27 avril 1871.

E. VAILLANT.

Le citoyen Vincent avait été nommé directeur de la Bibliothèque nationale par le citoyen Cournet, alors délégué à l'intérieur; c'est sur la proposition du citoyen Cournet que le citoyen Vincent vient d'être relevé de ses fonctions.

L'intendance générale sera supprimée à partir du 1er mai. Elle sera remplacée par :

Un payeur général pour le service de la solde,
Un directeur de la manutention pour le service des vivres,
Un directeur de l'habillement,
Un directeur du campement,
Un directeur des lits militaires,
Un directeur des hôpitaux,
Un directeur des approvisionnements.

Un inspecteur général veillera à la prompte exécution des ordres.

Une commission de contrôle vérifiera tous les comptes.

Paris, le 28 avril 1871.

Le délégué à la guerre,

CLUSERET.

Le délégué à la guerre,
Considérant que la mobilité dans les grades détruit la discipline et l'organisation de la garde nationale,

ARRÊTE :

Tout officier régulièrement élu sera muni d'une commission délivrée par le chef de légion.

Cette commission portera qu'elle est délivrée sur le vu du procès-verbal d'élection.

Celles des capitaines et officiers supérieurs seront visées par le délégué à la guerre.

Une fois muni de sa commission, l'officier ne peut plus perdre son grade que par jugement ou décret spécial du délégué à la guerre.

Toute personne qui portera des insignes d'officier, sans être munie de sa commission, sera immédiatement arrêtée et emprisonnée, quels que soient les grades qu'elle ait pu obtenir antérieurement à l'élection ou autrement.

Paris, le 28 avril 1871.

Le délégué à la guerre,

CLUSERET.

Les forces destinées à la défense de la Commune de Paris seront ainsi réparties :

La défense extérieure sera confiée aux bataillons de guerre.

Le service intérieur sera fait par la garde nationale sédentaire.

Les forces chargées de la défense extérieure seront divisées en deux grands commandements.

Le 1ᵉʳ, s'étendant de Saint-Ouen au Point-du-Jour, sera confié au général Dombrowski,

Le 2ᵉ, allant du Point-du-Jour à Bercy, sera confié au général Wroblewski.

Chacun de ces commandements sera subdivisé en trois.

La 1re subdivision du 1er commandement comprendra Saint-Ouen et Clichy, jusqu'à la route d'Asnières ;

La 2e subdivision, Levallois-Perret et Neuilly, jusqu'à la porte Dauphine ;

La 3e subdivision comprendra la Muette et s'étendra jusqu'au Point-du-Jour.

La 1re subdivision du 2e commandement comprendra les forts d'Issy et de Vanves ;

La 2e subdivision comprendra les forts de Montrouge et de Bicêtre ;

La 3e subdivision comprendra le fort d'Ivry et l'espace compris entre Villejuif et la Seine.

Le quartier général du 1er commandement sera au château de la Muette, et celui du 2e à Gentilly.

Toutes les communications relatives au service seront adressées au délégué à la guerre par l'entremise des généraux commandant en chef. Les communications faites directement ne seront pas prises en considération.

Les commandants en chef établiront immédiatement à leurs quartiers généraux un conseil de guerre en permanence et un service de prévôté.

Paris, le 28 avril 1871.

Le délégué à la guerre,
CLUSERET.

Le *Journal officiel* de Paris contient ce qui suit dans sa partie non officielle :

RAPPORTS MILITAIRES.

Neuilly, 27 avril 1871.

GÉNÉRAL DOMBROWSKI A GUERRE ET A EXÉCUTIVE.

Jeudi matin, à sept heures, nos postes avancés étaient vivement attaqués par les troupes ennemies. Le 80e bataillon, après une résistance énergique, était forcé d'abandonner une barricade nouvellement construite, mais l'ennemi, pris en flanc par le 74e bataillon, est contraint de se replier et d'abandonner les positions qu'il avait prises.

Nous sommes maintenant en possession de toutes nos positions.

L'ennemi s'est retiré sur toute la ligne. Le feu a cessé.

DOMBROWSKI.

GUERRE A EXÉCUTIVE.

Paris, 28 avril.

Je reviens de visiter Issy et Vanves. La défense du fort d'Issy est héroïque. Le fort est littéralement couvert de projectiles.

Pendant que j'étais au fort de Vanves, j'ai assisté à un combat de mousqueterie acharné entre Versaillais. Il a duré trois quarts d'heure.

Meudon est en flammes.

28 avril.

Cette nuit, aux Moulineaux, nous avons repoussé deux attaques des troupes versaillaises. A la gare de Clamart, nous avons eu à soutenir une première attaque à onze heures du soir. Vers une heure, le combat a cessé, et n'a repris qu'à quatre heures du matin.

A Asnières, la nuit a été assez calme. Ce matin la canonnade a été assez forte ; elle s'est ralentie vers midi. A deux heures, le feu a repris sur toute la ligne.

Nos batteries du parc Béranger ont démonté celles des Versaillais.

A Neuilly, les Versaillais ont fléchi vers quatre heures, et perdent du terrain. La canonnade n'a pas cessé.

COMMUNE DE PARIS.

SÉANCE DU 28 AVRIL 1871.

Présidence du citoyen JULES VALLÈS. — Assesseurs : les citoyens LANGEVIN et TRINQUET.

La séance est ouverte à trois heures et demie.

Le citoyen P. GROUSSET. — Citoyens, je ne me trouvais pas hier à la séance, à l'heure où le citoyen Courbet a déposé une interpellation tendant à demander que votre délégué aux relations extérieures adresse un manifeste aux puissances européennes pour réclamer la reconnaissance de notre qualité de belligérants.

Si je m'étais trouvé présent, j'aurais répondu au citoyen Courbet ce que je vais dire très-brièvement : c'est que votre délégation aux relations extérieures avait déjà pensé à adresser à l'Europe et au monde, non pas une réclamation quelconque, mais une protestation contre les infâmes violations du droit de la guerre dont s'est souillé le gouvernement de Versailles : bombardement avec ou sans avertissement préalable de nos maisons et de nos monuments, emploi des bombes incendiaires et des balles à pointe d'acier; assassinat de nos prisonniers...

Votre délégation aux relations extérieures s'est arrêtée, citoyens, devant cette réflexion : c'est qu'il n'y a pas lieu de faire appel, en cette circonstance, à un tribunal manifestement incompétent.

Citoyens, la guerre dans laquelle nous sommes engagés n'est malheureusement pas une guerre ordinaire ; il ne s'agit pas ici de la rivalité de deux peuples étrangers l'un à l'autre, et appartenant tous deux à ce qu'on est convenu d'appeler le concert européen : il s'agit d'une guerre dans laquelle des Français combattent contre des Français.

Eh bien, votre délégué a trouvé qu'il y aurait quelque chose de choquant à faire l'Europe juge d'un pareil débat, et à solliciter un verdict européen qui ne pourrait condamner que des Français. (Approbation.)

Il a trouvé qu'il fallait avant tout et à tout prix éviter une intervention étrangère dans nos querelles intestines, et qu'il serait peu décent d'aller pour ainsi dire invoquer une pareille intervention.

On dira qu'il s'agit seulement d'un jugement moral...

Sur ce point, citoyens, soyez sans inquiétude, le jugement de l'Europe et du monde est prononcé.

La vérité a fini par se faire jour, en dépit des barrières que nos ennemis ont essayé de lui opposer. Les faits sont connus aujourd'hui; la presse les a vulgarisés, et l'opinion de tous les peuples civilisés a pu se former; ils savent, à cette heure, de quel côté sont les assassins, de quel côté les justiciers.

Quant à la qualité de « belligérants », ne serait-il pas véritablement puéril de la réclamer officiellement, quand nous l'avons en fait? Qui oserait nous la contester? Qui pourrait nous reprocher, à nous Commune, et à ses défenseurs, un seul acte qui ne soit pas dans les usages de la guerre chez tous les peuples civilisés?

Nous faisons la guerre loyalement, nous! Nous n'employons pas dans la lutte des moyens inavouables! Nous ne déguisons pas des agents de police et des gendarmes en troupes de ligne; nous ne bombardons pas des femmes et des enfants; nous ne chargeons pas nos canons de bombes incendiaires et nos fusils de balles à pointes d'acier; nous n'exécutons pas sommairement des prisonniers!

Ces faits, croyez-le bien, parlent plus haut que tous les manifestes. L'Europe est fixée, maintenant. Elle sait que, si le caractère de « belligérants » pouvait être refusé à l'un des deux partis, dans cette lutte fratricide, ce n'est certes pas celui de la Commune, c'est-à-dire de la loyauté, qui serait atteint par cette flétrissure. (Marques générales d'approbation.)

Le citoyen Amouroux. — Je crois être l'interprète de la commission des relations extérieures en approuvant les paroles du citoyen Paschal Grousset et en priant l'assemblée de constater par un vote qu'elle se rallie entièrement à cette déclaration.

Le citoyen Andrieu. — Je voudrais insister sur les dangers qu'il y aurait à nous poser ainsi comme belligérants. Non-seulement nous ne sommes pas des insurgés, mais nous sommes plus que des belligérants, nous sommes des juges ; eh bien, je crois qu'il y aurait un grand danger à réclamer un titre inférieur à notre qualité véritable.

La Commune, après avoir adopté les conclusions du citoyen Paschal Grousset, passe à l'ordre du jour.

Le procès-verbal, lu par l'un des secrétaires, est mis aux voix et adopté.

Le citoyen J.-B. CLÉMENT. — Je viens soumettre à la Commune un objet trouvé sur un sergent de ville fait prisonnier. C'est une balle explosible ; voici les armes qu'emploient les gendarmes versaillais.

Le citoyen DEREURE. — J'en rapporte une quantité de Neuilly.

Le citoyen PRÉSIDENT. — La parole est au citoyen Johannard pour une interpellation.

Le citoyen JOHANNARD. — Ce n'est pas une interpellation, c'est simplement une explication que je viens demander au délégué aux services publics, sur la question du chemin de fer du Nord et la gare du Nord. A la gare du Nord, il n'y a plus ni matériel ni employés. Je demande que la Commune prenne des mesures énergiques pour que le service soit repris dans les quarante-huit heures.

Le citoyen ANDRIEU. — Citoyens, la commission exécutive avait déjà été saisie d'un rapport absolument semblable à l'interpellation du citoyen Johannard. Ce rapport avait été fait par le contrôleur des chemins de fer, le citoyen Paul Piat. Nous avons été avertis que ces craintes étaient exagérées. Je ne sais pas si ce que dit le citoyen Johannard a plus de fondement, mais je tiens à déclarer que des rapports très-précis nous avaient avertis que la gare du Nord allait tomber en non-activité : ces faits ont été reconnus comme inexacts.

Le citoyen Régère. — J'ai à faire une communication qui a son importance. Jusqu'ici les Prussiens paraissaient vouloir rester neutres entre Paris et Versailles. Aujourd'hui, ils paraissent abandonner la neutralité. Un fournisseur avait un bateau de marchandises arrêté à Saint-Denis, il a été trouver le général prussien qui commande à Saint-Denis. Voici la réponse qui lui a été faite : « Messieurs de la Commune empêcher wagons et colis de ligne Nord, moi empêcher ravitaillement de Paris. » Il y a là un malentendu, il faut le faire cesser, il faut en référer aux commissions compétentes.

Le citoyen Johannard. — Hier au soir, un employé du chemin de fer du Nord vint me trouver et me dit : « Depuis huit jours, il est constamment venu des agents versaillais à la gare; ils ont tout désorganisé, fait disparaître les wagons; les employés sont partis. Il n'y a plus aujourd'hui qu'un service fictif. Les trains sortent, mais ils ne rentrent pas. » Je demande à la Commune que, si dans les quarante-huit heures le service n'est pas repris, les biens de la compagnie soient confisqués au profit de l'État, et les hauts employés jugés par la cour martiale. Si vous faites un arrêté dans le genre de celui que je vous demande, nous en finirons enfin avec les mauvais vouloirs.

Le citoyen Andrieu. — Avant de répondre à Johannard, je demande à expliquer les faits que nous a signalés Régère. Nous avions cru devoir prendre une mesure **préservatrice**; comme les Versaillais empêchaient les trains de venir à Paris, on avait cru bon d'arrêter le départ des marchandises de Paris; dans cette mesure avait été comprise à tort la ligne occupée par les Prussiens, qui de leur côté ont empêché les marchandises de venir sur Paris. C'était un malentendu, il a été réparé. Pour répondre maintenant à Johannard, je demanderai qu'avant que la Commune prenne des mesures contre la compagnie du Nord, elle permette à la commission exécutive de s'enquérir des faits, et de prouver si oui ou non elle n'a pas été assez énergique pour empêcher cette désorganisation. La commission va s'enquérir des faits, et, sur son rapport, la Commune pourra statuer sur ce qui doit être fait.

Le citoyen ANTOINE ARNAUD. — La compagnie de Lyon est dans la même situation que celle de l'Est.

Le citoyen OSTYN. — Il y a dans le chemin de fer trois tendances diverses : les chefs de compagnie, qui voudraient faire le vide autour de Paris, les employés subalternes, chauffeurs, mécaniciens, qui ne le veulent pas, et enfin les Prussiens. Les Versaillais ont déclaré aux Prussiens, qui n'avaient aucun intérêt à arrêter les trains, que les membres de la Commune ne voulaient plus leur laisser parvenir de marchandises, telles que sucre, sel, etc.... C'est en présence de ces arguments que les Prussiens ont donné l'ordre d'arrêter les trains. Dans ces circonstances, le délégué aux affaires extérieures, Paschal Grousset, pourrait, par exemple, établir un mémoire dans lequel il avertirait les Prussiens que ce sont les intrigues des Versaillais qui sont cause du malentendu. Dans la question de l'alimentation, nous n'avons contre nous que les hauts administrateurs des chemins de fer.

Le citoyen VAILLANT. — Sur cette question des chemins de fer, il y a une série de faits à produire, et le débat pourrait se prolonger si nous voulions les exposer ici. C'est à la commission exécutive qu'il faut faire connaître les faits relatifs aux chemins de fer, par exemple au citoyen Franckel, qui donnera une solution aux questions dont il s'agit ; mais sur ces points la Commune ne peut prendre de décision. Je puis dire de suite que, pour la ligne du Nord, les Prussiens ont fait des déclarations de neutralité. Mais, encore une fois, pour ces questions, il faut s'adresser à Franckel.

Le citoyen RÉGÈRE. — A propos de l'attitude prussienne, je veux la définir encore par un renseignement. Les Prussiens n'ont aucune complaisance pour Versailles, et voici un fait qui le prouve et que je tiens d'une voie sûre : trois cents gendarmes sont arrivés à Saint-Denis, envoyés par Versailles ; les Prussiens les ont renvoyés très-carrément. C'est de la neutralité la plus complète.

Le citoyen PRÉSIDENT. — A ce propos, je dois dire que je regrette une insertion qui a été faite, ce matin, à l'*Officiel,* et qui ferait croire que les Prussiens n'observent pas la neutralité.

Le citoyen VAILLANT. — Je ferai remarquer qu'il est possible, que cette insertion a dû paraître à l'*Officiel* sans l'autorisation du citoyen Longuet.

Je demande que le citoyen Longuet fasse une enquête à ce sujet.

Le citoyen ANDRIEU. — J'avais demandé la parole pour opiner dans le même sens que le citoyen Vaillant ; j'appuie donc ce qu'il vient de dire.

Dans l'*Officiel,* si un seul rédacteur ne suffit pas, qu'on en nomme plusieurs.

Le citoyen PRÉSIDENT prononce quelques mots.

Le citoyen LEFRANÇAIS. — Je demande, devant cet incident, qui se reproduit encore aujourd'hui, que l'on procède à la nomination d'une nouvelle rédaction officielle. Le citoyen Longuet, qui est absent en ce moment, est seul pour s'occuper de cette besogne; il est en même temps administrateur de son arrondissement et membre de deux commissions, il ne peut évidemment s'occuper de toutes ces fonctions à la fois.

J'ai accepté avec plusieurs de mes collègues de prendre part aux travaux du 6ᵉ arrondissement, qui est très-important; mais nous sommes exposés à ce que les électeurs nous disent qu'ils ne nous connaissent pas, puisqu'ils ont nommé le citoyen Longuet.

Je demande que le citoyen Longuet reste à son arrondissement et qu'on le remplace à l'*Officiel*.

Le citoyen Président. — L'assemblée veut-elle donner suite à l'incident?

Le citoyen Allix. — Les municipalités sont plus importantes qu'un journal.

Le citoyen Vésinier. — Je demande qu'un numéro de l'*Officiel* soit envoyé à chaque membre de la Commune.

Le citoyen J.-B. Clément. — Je demande que l'*Officiel* soit mis à cinq centimes.

Je demande que le *Journal officiel* de la Commune de Paris ne soit pas le plus cher des journaux de Paris. Je demande qu'on le mette à la portée de nos soldats.

Un membre. — Je ne comprends même pas qu'une résolution n'ait pas déjà été prise à ce sujet.

Le citoyen Président. — Je n'étais pas là lorsque cette question a déjà été discutée; mais il me semblait que le citoyen Longuet avait demandé d'abord un caissier pour arriver à établir une situation régulière et fixer le prix du journal.

Le citoyen Vésinier. — J'insiste pour qu'un numéro de l'*Officiel* soit adressé à chaque membre.

Le citoyen Allix. — Il n'est pas nécessaire qu'un membre de la Commune ait la direction de l'*Officiel*.

Le citoyen LEFRANÇAIS. — Au contraire, le directeur du *Journal officiel* doit être pris en dehors de la Commune.

Le citoyen BILLIORAY. — Je demande qu'il y ait une direction qui fasse vendre et distribuer l'*Officiel*.

Tous les journaux de Paris ont des marchands; l'*Officiel* seul n'a rien; il devrait être le plus répandu des journaux.

D'un autre côté, le citoyen Longuet ne lit pas son journal. Aujourd'hui, il y a un fait relatif aux Prussiens, qui auraient donné des canons aux Versaillais. Je crois qu'un contrôle devrait être exercé avant qu'on mît ces nouvelles au jour.

Le citoyen VARLIN. — Je crois que, chaque fois que vous faites des décrets, il serait bon que vous chargiez quelqu'un de l'exécution de ces décrets. C'est ce qu'on n'a pas fait pour cette question de l'*Officiel*. De quel ministère dépend l'*Officiel* ?

Le citoyen OSTYN. — De la sûreté générale.

Le citoyen VARLIN. — Eh bien, chargez la sûreté générale de prendre les mesures nécessaires pour que l'*Officiel* soit vendu dès demain cinq centimes. Quant à la question financière, on peut la régler d'ici deux ou trois jours.

Le citoyen GROUSSET. — Citoyens, j'ai parlé de cette question avec Longuet, qui m'a fait observer que la question était plus large que cela. L'*Officiel* est une propriété individuelle; avant de le mettre à cinq centimes, vous avez donc à le déclarer propriété de la Commune, et puis vous aurez à faire dresser un état de situation de la caisse, afin d'indemniser, s'il y a lieu, le propriétaire; vous auriez donc à nommer une commission chargée de régler cette question.

Le citoyen JOURDE. — L'*Officiel* appartient pour le moment

à une industrie privée. Vous ne pouvez pas décréter qu'une valeur de vingt sous sera vendue à cinq centimes. Mais je crois que votre commission de finances pourra s'entendre avec les propriétaires de l'*Officiel* afin de les rembourser des pertes qu'ils pourraient faire. Votre délégué aux finances peut prendre des mesures générales de manière à ce que, dès demain, l'*Officiel* soit vendu cinq centimes.

Il est important, pour la Commune, que votre journal ait une unité de direction pour qu'il soit rédigé de façon à ce que des rédacteurs intelligents, sérieux, soient mis à l'*Officiel* et servent la Commune au lieu de la desservir. Je demanderai si les membres de la Commune peuvent y envoyer des articles.

Le citoyen Président lit la proposition suivante :

«Je demande que l'*Officiel* soit distrait de la sûreté et renvoyé à l'enseignement. »

Le citoyen Jules Andrieu. — Citoyens, la commission de sûreté, si elle était consultée dans tous ses membres, serait la première à reconnaître qu'elle n'a pas le temps nécessaire pour bien juger d'une question de rédaction. Je dois dire qu'il ne faut pas oublier que l'*Officiel* s'appelle toujours *Journal officiel de la république française,* quand il devrait simplement s'appeler *Journal officiel de la Commune*. Il doit appartenir à la commission qui représente la Commune dans son unité d'action, je veux dire la commission exécutive.

Le citoyen Jourde. — Vous chargerez la sûreté de s'entendre avec moi, mais d'abord il faut que la sûreté s'entende avec les possesseurs actuels pour les indemniser sur leurs propositions, si elles sont fondées. Je puis déclarer que j'indemniserai pour les frais que fera l'*Officiel*, lequel sera vendu cinq centimes.

Le citoyen Président donne lecture de la proposition suivante :

« Le *Journal officiel* se vendra, à partir de demain 29 avril, à raison de cinq centimes. Le délégué aux finances est chargé d'allouer l'indemnité réclamée sur pièces justificatives à l'administration du journal. La commission de sûreté générale est chargée de liquider la situation administrative du *Journal officiel*, de fixer l'indemnité et d'administrer ce journal au nom de la Commune. »

Le citoyen Jourde. — La semaine dernière, il y avait à l'*Officiel* un déficit de 942 fr. que j'ai payé. Il est clair que nous pourrions dès aujourd'hui nous emparer de l'*Officiel*, mais une pareille mesure ne pouvait se faire du jour au lendemain sans une profonde perturbation. En attendant, les finances feront tous leurs efforts, et je pourrai payer les écarts ; les écritures sont régulières, il n'y a pas d'inconvénients à ce que la Commune me donne l'autorisation d'agir de la sorte. Que la sûreté veille activement à la rédaction du journal. Je me charge de la partie financière.

Le citoyen Vermorel. — J'appuie la proposition Jourde, seulement je demande que la rédaction du journal ne soit pas donnée à la sûreté générale, mais bien à la commission exécutive.

L'*Officiel* résume le travail de toutes les commissions, il est très-naturel que la commission exécutive le prenne.

Le citoyen Président. — Voici un projet de décret proposé par le citoyen Andrieu :

« Art. 1ᵉʳ. Le *Journal officiel* prendra le nom de *Journal de la Commune*. »

Le citoyen Paschal Grousset. — Je m'oppose absolument, pour mon compte, à ce que le titre du *Journal officiel* soit changé.

Le titre actuel est une force pour nous. Si nous prenions celui de *Journal de la Commune de Paris*, nous nous retirerions cette force.

Le *Journal officiel de la république française* est à Paris ; quel intérêt avons-nous à le changer ? aucun.

Quel intérêt à le conserver ? celui-ci : c'est que, pour toute la France, le *Journal officiel de la république* est et doit être à Paris ; et que le véritable *Journal officiel* ne peut pas être celui de Versailles.

Nous détenons là une sorte d'otage matériel : le *Journal de la république française* ; je demande qu'on lui conserve ce caractère, et qu'on n'annule pas ce gage entre nos mains.

Le citoyen Jourde. — Je renouvelle une proposition qui consiste à dire que la sûreté générale prendra possession de l'*Officiel* et que le délégué aux finances payera une indemnité nécessaire. (Aux voix.)

La proposition Jourde est mise aux voix et adoptée.

Le citoyen Président. — Il y a maintenant une autre question : c'est celle de savoir si l'administration de l'*Officiel* dépendra de la sûreté ou...

Plusieurs voix. — Cela viendra plus tard !

Le citoyen Président. — L'ordre du jour appelle la discussion sur le mont-de-piété.

Le citoyen J.-B. Clément. — Hier, les patrons boulangers se sont réunis à propos du travail de nuit ; les ouvriers ont menacé de casser leurs carreaux ; ce soir, dans

3ᵉ arrondissement, ils sont exposés à ce que cette menace se réalise.

Ils s'en sont émus, et le citoyen Paschal Grousset leur a dit que le décret rendu par nous serait prorogé jusqu'au 15 du mois prochain.

Si vous ne leur donnez pas un avis officiel qu'ils puissent afficher à leurs portes, il y aura certainement ce soir des troubles dans le 3ᵉ arrondissement.

Je pense que l'on a voté ce décret un peu légèrement, et je demande que l'on prenne une décision formelle à cet égard.

Le citoyen DEMAY. — Il y a eu une réunion hier des boulangers dans le 3ᵉ arrondissement. On a demandé que le travail de nuit dure encore quelques jours pour que l'on puisse préparer les levains nécessaires.

Ensuite il a été décidé que le décret serait observé.

Le citoyen BILLIORAY. — Je pense qu'il n'y a pas lieu à discussion. Cette affaire regarde la commission exécutive. C'est une question dans laquelle nous n'avons pas à nous immiscer, et qui regarde seulement les parties intéressées.

Le citoyen VIARD. — J'appuie la conclusion du citoyen Billioray, surtout dans l'état actuel. Il s'agit d'un cas grave : soixante-dix ouvriers sont venus tout à l'heure, et se sont adressés au citoyen Treilhard pour protester contre la situation que vous avez créée. Nous n'avons pas à intervenir dans une question entre patrons et employés, et je demande le rapport du décret.

Le citoyen AVRIAL. — Quand la commission exécutive a rendu ce décret, c'est sur l'invitation d'ouvriers boulangers. Depuis longtemps ils se réunissaient. Vous n'avez pas vu ces réunions, et vous ne savez pas depuis combien de temps ils demandent ce décret. Ils auraient forcé les patrons à l'exécuter en se mettant en grève; mais les ouvriers boulangers ne peuvent pas faire grève, l'État le leur défend. Leur travail est un travail immoral; on ne peut pas faire deux classes dans la société. On ne peut pas faire que des ouvriers qui sont des hommes comme nous ne travaillent que la nuit, et ne voient jamais le jour. Si vous prenez une nouvelle décision, tout l'avantage reste aux patrons boulangers. Combien sont-ils, vos patrons? Vous avez des réclamations de quelques patrons; rapportez le décret, vous aurez bien plus de protestations des ouvriers. La commission exécutive a obéi en rendant ce décret à un sentiment de justice.

Le citoyen VARLIN. — Je suis tout à fait d'accord avec Avrial.

Le citoyen LEDROIT. — Je ne suis pas de l'avis de Billioray et autres, qui prétendent que nous n'avons pas à nous mêler de cette question.

C'est une question sociale et humanitaire. Le travail de la boulangerie peut très-bien se faire le jour avec l'entente des ouvriers et des patrons. Ceci est une question particulière dont nous n'avons pas à nous mêler, mais, au-dessus, il y a cette question que l'on vient de vous signaler, c'est que les ouvriers boulangers n'ont pas le droit de faire grève. Il est donc urgent que nous nous mêlions de cette question, puisque eux-mêmes ne peuvent obtenir justice.

Le citoyen VARLIN. — J'ai demandé la parole pour une motion d'ordre. Je crois qu'il est inutile de prolonger la discussion, puisque la Commune a aboli le travail de nuit, à moins que quelqu'un ne demande formellement le rapport de ce décret.

Le citoyen THEISZ. — On ne vous demande pas le rapport

du décret; on vous demande que le décret soit suspendu deux ou trois jours.

Le citoyen Président. — J'ai été tout à l'heure assailli par huit ou dix patrons. Ils ne demandaient que la suspension du décret, afin de pouvoir se mettre au courant de la situation nouvelle.

Le citoyen Franckel. — Tout en acceptant le décret dans son principe, la forme n'en paraît pas heureuse. On aurait dû expliquer à la population quels étaient les motifs qui nous faisaient prendre cette mesure. Il y a ici des ouvriers, Varlin, Malon, qui s'occupent des questions sociales depuis longtemps; on aurait dû nous consulter, d'autant plus que la commission du travail s'était occupée de cette importante question d'une façon spéciale.

Avant de décréter, il faut savoir s'il y a urgence de faire une réforme sociale quelconque dans un corps de métier; il faut s'inspirer des besoins de la population, et puis lui dire, lui faire bien comprendre le bénéfice de cette réforme que vous opérez. Il faut expliquer pourquoi vous faites cet échange de travail de nuit en travail de jour; il faut dire pourquoi la classe des ouvriers boulangers est la plus malheureuse des prolétaires. Non, vous ne trouverez pas de corporation plus malheureuse que celle des boulangers.

On dit tous les jours : Le travailleur doit s'instruire; comment voulez-vous vous instruire quand vous travaillez la nuit ?

Aujourd'hui des patrons sont venus, ils étaient cinq, et n'étaient pas d'accord entre eux; ils ont promis de se ranger du côté de la justice, de la majorité.

Je crois que la majorité des boulangers sera d'accord avec nous quand la mesure sera générale; vous approuvez le décret quoique imparfait de la commission exécutive, vous serez donc d'accord avec la réforme que nous voulons introduire dans la boulangerie.

Le citoyen J.-B. CLÉMENT. — Je dis que nous ne pouvons faire un décret comme celui-là et déclarer qu'il sera appliqué immédiatement.

Je suis de l'avis de Franckel, au point de vue moral; mais il ne faut pas oublier non plus que, depuis fort longtemps, les boulangers sont organisés pour travailler la nuit, et qu'il leur est impossible de modifier immédiatement leur manière de faire. Je ne m'inquiète pas le moins du monde de la question de pain tendre ou non, mais je m'occupe de l'impossibilité matérielle en présence de laquelle se trouveront les boulangers pendant quelque temps.

Je demande donc que le décret ne soit pas exécuté avant le 15 mai prochain.

Le citoyen VERMOREL. — J'ai contribué à la rédaction du décret, et je dois déclarer qu'il présente toutes les garanties de justice désirables.

Je ne m'étonne pas que les patrons réclament contre lui; il en sera de même toutes les fois que nous toucherons à un de leurs priviléges, mais nous ne devons pas nous en inquiéter. Cependant, comme il faut être pratique, et qu'il y a là une question de concurrence entre boulangers, ces derniers ont le droit de nous demander un décret qui sauvegarde autant que possible leurs intérêts. C'est ce que nous avons fait, en établissant que la nuit finirait à cinq heures, ce qui permet de livrer du pain tendre à huit heures du matin.

Cela doit être suffisant, et renvoyer au 15 ce serait sacrifier l'intérêt des ouvriers à l'intérêt des patrons, ce serait contre toute justice et contre tout droit que de laisser une classe intéressante de travailleurs séparée de la société au bénéfice de l'aristocratie du ventre.

Le citoyen Billioray. — Je m'oppose à ces réclamations continuelles que vous semblez vouloir faire.

Comment pouvez-vous contrôler que les boulangers commencent à cinq heures, et qu'il ne s'en trouvera pas qui commenceront à quatre heures?

Laissez les ouvriers eux-mêmes sauvegarder leurs intérêts auprès des patrons; ils sont assez puissants pour agir comme ils le voudront.

Le citoyen Malon. — J'ai peu de chose à ajouter à ce qu'a dit Franckel; je crois qu'il n'est pas possible que nous revenions sur un arrêté pris; ce serait rétrograder, car ce décret est juste. En province, le pain est fait chaque jour; quelques campagnes le font toutes les semaines, et il n'en est pas moins bon. Si à Paris on le fait la nuit, c'est, comme le disait très-bien Vermorel tout à l'heure, dans l'intérêt de l'aristocratie du ventre.

Les boulangers ne peuvent arguer de la rapidité avec laquelle la mesure a été prise; voilà deux ans qu'elle est étudiée; ils devaient bien s'y attendre un jour ou l'autre.

On dit que nous ne pouvons nous occuper de ces questions sociales : je dois dire que, jusqu'ici, l'État est assez intervenu contre les ouvriers, c'est bien le moins aujourd'hui que l'État intervienne pour les ouvriers.

Le citoyen Theisz. — Ce que nous avions à faire dans cette affaire, c'était d'écouter les intéressés. A-t-on consulté les boulangers? non. On ne peut condamner les intéressés sans les entendre.

Le travail de nuit est blâmable; certes, je suis de cet avis; il ne faut pas que ces ouvriers soient réduits, comme les mineurs, à un mode de travail que condamne la civilisation. Mais il ne suit pas de là que nous ayons le droit de faire là-dessus un décret; appelons les patrons et les ouvriers, et disons aux premiers : Voilà les réclamations que les ouvriers ont formulées; discutez-les, et si vous, patrons, vous ne voulez pas y accéder, si vous nous menacez de fermer vos établissements, ce jour-là, nous exercerons la réquisition. Nous ferons exploiter votre travail par les ouvriers moyennant indemnité équitable.

Voilà ce qu'il y avait à faire, et non à prendre nous-mêmes une décision à cet égard.

Le citoyen Martelet. — Je comprendrais ces observations si le moyen proposé était impraticable; mais il n'en est pas ainsi. Je pense que nous n'avons pas à nous embarrasser des patrons.

Le moyen est-il pratique, oui ou non? il l'est évidemment.

Ce n'est qu'à Paris qu'on travaille la nuit. En province, on travaille le jour. Quelques consommateurs, en payant un peu plus, peuvent avoir dès le matin ce qu'on appelle des pains de fantaisie, et généralement, à neuf heures, on peut avoir le pain que l'on désire.

Ne subordonnons pas les intérêts du socialisme à des questions secondaires. Les moyens proposés sont pratiques : appliquons-les.

Le citoyen Oudet. — Je suis de l'avis du citoyen Theisz, je trouve qu'on aurait dû consulter, avant de rendre le décret, les ouvriers et les patrons, pour en obtenir tous les renseignements nécessaires.

Le citoyen Franckel. — J'ai dit et je répète que le décret rendu par la commission exécutive était incomplet, parce qu'il était incompréhensible pour la majorité de ceux qui s'occupent depuis longtemps des questions sociales.

Néanmoins je le défends, parce que je trouve que c'est le seul décret véritablement socialiste qui ait été rendu par la Commune ; tous les autres décrets peuvent être plus complets que celui-là, mais aucun n'a aussi complétement le caractère social.

Nous sommes ici non pas seulement pour défendre des questions de municipalités, mais pour faire des réformes sociales. Et pour faire ces réformes sociales, devons-nous d'abord consulter les patrons? non. Est-ce que les patrons ont été consultés en 92? Et la noblesse, a-t-elle été consultée aussi? encore non. Je n'ai accepté d'autre mandat ici que celui de défendre le prolétariat, et quand une mesure est juste, je l'accepte et je l'exécute sans m'occuper de consulter les patrons.

La mesure prise par le décret est juste, or nous devons la maintenir.

Le citoyen Jourde. — Je suis de l'avis de Franckel, maintenons le décret, mais ne pouvons-nous en retarder l'exécution jusqu'au 2 mai?

Voilà tout ce que je demande.

Le citoyen Langevin. — Je suis pour le maintien pur et simple du décret, et aussi pour son exécution immédiate.

La corporation des boulangers est dans une situation exceptionnelle, qui réclame des mesures exceptionnelles aussi.

Le citoyen Varlin. — Il ne faut pas que ce soit la commission de sûreté générale qui soit chargée d'examiner cette question ; il faut que ce soit la commission du travail et d'échange.

La commission de sûreté générale a beaucoup à faire, et la commission de travail et d'échange peut faire appel à des citoyens que Franckel connaît.

Le citoyen Président. — Je demande à l'assemblée si elle veut passer à l'ordre du jour ou continuer la discussion.

L'assemblée, consultée, passe à l'ordre du jour.

Le citoyen Président. — Avant de passer à l'ordre du jour, j'aurai à donner la parole au citoyen Miot pour une communication. Mais, auparavant, je donnerai communication à l'assemblée de la démission d'un membre de la commission de travail et d'échange, du citoyen Parisel.

Le citoyen Miot. — J'ai été chargé de vous remettre une adresse des États-Unis d'Europe (section républicaine belge).

Le citoyen Miot donne lecture de l'adresse :

AUX CITOYENS MEMBRES DE LA COMMUNE DE PARIS.

Citoyens,

Les membres de la Ligue des États-Unis d'Europe (section républicaine belge), réunis en assemblée générale hier mardi, 25 courant, ont adhéré à votre programme.

L'assemblée a décidé, citoyens, de rendre publique cette adhésion, afin d'infliger un éclatant démenti à toutes les calomnies que des gens intéressés répandent dans le public, et de vous témoigner ainsi qu'elle prend pour ce qu'ils valent les mensonges de l'incestueuse coalition entre le gouvernement de Versailles et les prétendants de toutes nuances.

En attendant que l'histoire impartiale, écrite par des gens non soudoyés, retablisse dans leur véritable signification les faits actuels et fasse justice de toutes ces ignobles menées contre le principe de l'émancipation du peuple par la Commune, nous vous adressons, citoyens, l'expression de notre fraternelle estime.

Au nom de la section républicaine belge des États-Unis d'Europe.

Pour le comité central :

Le président,

F.-A. WOSSART.

Le secrétaire,

AUG. VANDEKERKHOVE.

Il est renvoyé pour la réponse à la délégation aux affaires extérieures.

La parole est au citoyen Vermorel.

Le citoyen VERMOREL. — Dans l'intérêt des principes que nous représentons ici, nous avons le devoir de nous faire respecter, et, pour ce faire, il faut que nous soyons respectables. C'est pour cela que vous avez nommé une commission d'enquête sur les membres de la Commune.

Le citoyen F. Pyat, qui s'est absenté de nos séances pendant un certain temps, a profité de cette absence pour formuler contre moi des accusations assez graves.

Je demande purement et simplement que la Commune renvoie à la commission d'enquête les accusations du citoyen Pyat. Et en m'asseyant, je me permets de regretter que le citoyen F. Pyat n'ait pas formulé plus tôt ces accusations, et notamment lorsque j'ai été désigné pour faire partie de la commission exécutive.

Le citoyen F. PYAT. — Je n'ai pas formulé plus tôt ces accusations, parce que je n'ai eu la lettre qu'il y a deux ou trois jours.

(Renvoyé à la commission d'enquête.)

Le citoyen SERAILLER. — Je demande que la commission

d'enquête ait aussi à statuer sur les calomnies imputées contre moi par le citoyen Pyat, et je me plains hautement que le citoyen Pyat n'ait pas cru formuler ces reproches, quand je me suis présenté comme candidat à cette assemblée.

Le citoyen BESLAY. — J'ai à vous parler d'une mission de citoyens de la ville du Havre.

Ces citoyens m'ont chargé de porter à la connaissance de la Commune leurs agissements avec Versailles. Ils n'ont pu, pendant deux jours qu'ils y sont restés, être reçus par M. Thiers. Ils ont été reçus par Barthélemy Saint-Hilaire, qui leur a dit qu'il n'y avait pas de conciliation à attendre. Ils étaient arrivés avec des opinions bien contraires à celles qu'ils en ont rapportées.

Le citoyen FÉLIX PYAT. — En mon absence, l'assemblée m'a fait l'honneur de me nommer membre de la commission des finances; c'est là un peu l'histoire de Beaumarchais. Je ne suis pas un calculateur.

Je prie donc l'assemblée de me remplacer dans cette fonction.

Le citoyen RÉGÈRE. — Je voudrais qu'une proposition écrite, que je déposerai demain, fût mise dès ce soir à l'ordre du jour. Elle sera conçue dans ce sens : « Attendu que la commission exécutive est composée de membres qui sont tous occupés dans leurs départements; que la permanence est un besoin impérieux; cinq membres pris dans la Commune seront adjoints à la commission exécutive, et parmi eux je placerai Félix Pyat. »

Le citoyen JOURDE. — Il serait important d'arriver à résoudre la question du mont-de-piété. Je me suis rallié à l'amendement Avrial, mais j'y aurais ajouté un troisième article dans lequel se trouveraient ménagés les intérêts du mont-de-piété et des emprunteurs; seulement en ce moment le temps nous manquerait. Je demande que l'on débute demain à deux heures par la discussion à ce sujet.

Le citoyen LANGEVIN. — Je demande que la discussion continue sur le mont-de-piété; c'est un projet on ne peut plus important; voilà trois semaines qu'il est en discussion, et nous n'avons pas encore de solution.

Le citoyen JOURDE. — Dans cette discussion, il ne faut rien précipiter; évitons les votes de surprise; je crois qu'il vaut mieux renvoyer à demain, deux heures.

Ce soir, le temps me manquerait complétement; j'ai à m'occuper de l'échéance de demain aux finances, et il me serait impossible de suivre la discussion.

Après quelques observations des citoyens Lefrançais, Billioray, Franckel, J.-B. Clément, il est décidé que la discussion aura lieu demain.

La séance est levée à huit heures.

Les secrétaires de la séance,

ANT. ARNAUD, AMOUROUX.

Le *Journal officiel* de Versailles, dans sa partie non officielle, contient la circulaire suivante :

Versailles, 28 avril 1871, midi.

Nos troupes poursuivent leurs travaux d'approche sur le fort d'Issy. Les batteries de gauche ont agi puissamment sur le parc d'Issy, qui n'est plus habitable pour ceux qui l'occupaient. Le fort d'Issy ne tire presque plus.

A droite, notre cavalerie, parcourant la campagne, a

rencontré une bande d'insurgés. Les éclaireurs du 70°, commandés par le capitaine Santolini, ont mis en déroute cette bande, de la force d'une compagnie, et en ont ramené prisonniers le capitaine, le lieutenant, le fourrier et dix hommes.

Trente ou quarante hommes sont tombés blessés ou tués. Le reste des insurgés a été poursuivi jusqu'aux Hautes-Bruyères. Malgré la vigueur de la fusillade, nous n'avons eu de notre côté aucune perte à déplorer.

Signé : THIERS.

LE 30 AVRIL 1871.

Le *Journal officiel* de Paris contient, dans sa partie officielle, les pièces suivantes :

La commission exécutive

ARRÊTE :

Le citoyen Rabit (Jean-Armand) est nommé notaire à Paris.

Paris, le 29 avril 1871.

La commission exécutive,
JULES ANDRIEU, CLUSERET, LÉO FRANCKEL, PASCHAL GROUSSET, JOURDE, COURNET, PROTOT, VAILLANT, VIARD.

Pour ampliation :
Le membre de la Commune délégué à la justice :
EUGÈNE PROTOT.

La commission exécutive

ARRÊTE :

Le citoyen Gout (Jules-Henri) est nommé notaire à Paris.

Paris, le 29 avril 1871.

La commission exécutive, etc.

Pour ampliation, etc.

Le délégué de la Commune à l'enseignement

ARRÊTE :

Le citoyen Élie Reclus est nommé directeur de la Bibliothèque nationale.

Paris, le 29 avril 1871.

E. VAILLANT.

Il y a dans le service médical de la garde nationale des personnes qui portent les insignes et l'uniforme d'emploi et de titre auxquels elles n'ont aucun droit, et prennent même des qualifications qui ne leur ont pas été régulièrement conférées.

Le citoyen délégué au ministère de la guerre les prévient qu'elles s'exposent à des poursuites sérieuses, pour infraction aux lois.

Les insignes adoptés par la convention de Genève

ne doivent être portés que sur le champ de bataille. Les personnes qui les porteraient en ville en dehors du service pourront être arrêtées.

Paris, le 29 avril 1871.

Le délégué à la guerre,

CLUSERET.

Le *Journal officiel* de Paris, dans sa partie non officielle, contient ce qui suit :

RAPPORTS MILITAIRES.

30 avril, 1 h. 30 matin.

Les forts du sud sont attaqués avec une grande violence, les mitrailleuses vont de part et d'autre. D'Asnières à Passy, les hostilités n'ont pas encore recommencé.

Depuis deux jours, les batteries versaillaises établies à Meudon et à la Lanterne-de-Diogène couvrent de leurs feux les forts de Vanves et d'Issy.

Les batteries volantes, établies au Bas-Meudon, ont choisi pour objectif principal le viaduc du Point-du-Jour, sous lequel sont embossées nos canonnières.

Hier, à neuf heures du matin, l'ex-batterie flottante n° 5, la *Commune*, a ouvert son feu sur les batteries de Meudon. Un de nos obus, tombé en plein dans une de ces batteries, força les hommes qui la servaient à l'abandonner.

Sur les trois heures, le feu des Versaillais reprit avec plus de force, battant sans discontinuer le viaduc du Point-du-Jour; quelques obus tombaient sur l'avant de nos canonnières et sur le bastion n° 68.

A quatre heures et demie, une nouvelle batterie, établie dans un bouquet d'arbres du Bas-Meudon, fut démasquée par les Versaillais, mais les feux convergents et serrés de nos canonnières forcèrent cette batterie à se taire.

Les batteries ennemies étaient établies derrière une maison qui les protégeait; nos canonnières s'en aperçurent et incendièrent cette maison; l'incendie dura jusqu'à neuf heures du soir environ.

Enfin, ce matin, à quatre heures et demie, un de nos obus, tombant dans une des batteries de Meudon, y produisit d'effroyables désastres.

Fait à relater :

Un obus envoyé par les batteries de Meudon étant tombé sur la berge sans éclater, le capitaine Junot, commandant la *Claymore*, donna ordre d'aller le chercher et de le renvoyer immédiatement aux Versaillais; ce fut fait, et cette fois l'obus éclata en plein dans la batterie d'où il était parti, y occasionnant de grands ravages.

A l'heure qu'il est, le viaduc du Point-du-Jour est criblé, devant et derrière, par les obus versaillais destinés à nos canonnières, qui ripostent vigoureusement.

Du reste, par son attitude énergique, l'équipage de la flottille de la Seine est digne de tous les éloges.

Paris, le 29 avril 1871.

Pour le délégué au ministère de la marine :

Le secrétaire général,

BOIRON.

Quelques journaux reproduisent le récit d'un combat d'avant-postes au fort de Vanves, où les régiments portant les numéros 85, 160 et 246 se seraient enfuis par suite d'un mauvais commandement. Nous n'avons pas encore la possibilité matérielle de démentir le fait en ce qui concerne les deux derniers régiments. Quant au 85e, il est à Neuilly depuis le 25 courant, où il donne journellement des preuves de son courage et de son énergie, sous le commandement intérimaire de l'adjudant-major Gaudet; le fait est attesté par le général Dombrowski.

Le chef du 1er bureau du cabinet du préfet de police (affaires politiques) prévient ses concitoyens qu'il ne tiendra aucun compte des dénonciations anonymes.

L'homme qui n'ose signer une dénonciation sert évidemment une rancune personnelle, et non l'intérêt public.

Paris, le 28 avril 1871.

Le chef du 1er bureau du cabinet,

WIRTELY.

COMMUNE DE PARIS.

LA FRANC-MAÇONNERIE A L'HÔTEL DE VILLE.

Hier, 29, la ville de Paris présentait une animation à laquelle on n'était plus accoutumé depuis longtemps : on savait que les francs-maçons devaient essayer leur dernière démarche pacifique en allant planter leurs bannières sur les remparts de Paris, et que, s'ils échouaient, la franc-maçonnerie tout entière devait prendre parti contre Versailles.

Dès neuf heures du matin, une députation des membres de la Commune sortit de l'hôtel de ville, musique en tête, se dirigeant vers le Louvre, à la rencontre de la manifestation franc-maçonnique.

A onze heures, la députation était de retour, et les francs-maçons faisaient leur entrée dans la cour d'honneur de l'hôtel de ville, disposée à l'avance pour les recevoir. La garde nationale faisait la haie.

La Commune tout entière s'était placée sur le balcon, du haut de l'escalier d'honneur, devant la statue de la République, ceinte d'une écharpe rouge et entourée de trophées des drapeaux de la Commune.

Les bannières maçonniques vinrent se placer successivement sur les marches de l'escalier, étalant aux yeux de tous les maximes humanitaires qui sont les bases de la franc-maçonnerie et que la Commune s'est donnée à tâche de mettre en pratique.

Une bannière blanche entre toutes les autres a frappé notre attention. Elle était portée par un artilleur, et on y lisait en lettres rouges : « Aimons-nous les uns les autres ! »

Dès que la cour fut pleine, les cris : « Vive la Commune ! Vive la franc-maçonnerie ! Vive la république universelle, » se font entendre de tous les côtés.

Le citoyen Félix Pyat, membre de la Commune, prononce d'une voix forte et émue les paroles suivantes :

« Frères, citoyens de la grande patrie, de la patrie universelle, fidèles à nos principes communs : liberté, égalité, fraternité, et plus logiques que la *Ligue des droits de Paris,* vous, francs-maçons, vous faites suivre vos paroles de vos actions.

« Aujourd'hui, les mots sont peu, les actes sont tout. Aussi, après avoir affiché votre manifeste, — le manifeste du cœur, — sur les murailles de Paris, vous allez maintenant planter votre drapeau d'humanité sur les remparts de notre ville assiégée et bombardée.

« Vous allez protester ainsi contre les balles homicides et les boulets fratricides, au nom du droit et de la paix universelle. (Bravos unanimes et cris de Vive la république ! Vive la Commune !)

« Aux hommes de Versailles vous allez tendre une main désarmée, — désarmée, mais pour un moment, — et nous, les mandataires du peuple et les défenseurs de ses droits, nous, les élus du vote, nous voulons nous joindre tous à vous, les élus de l'épreuve, dans cet acte fraternel. (Nouveaux applaudissements. — Vive la Commune ! — Vive la république !)

« La Commune avait décidé qu'elle choisirait cinq de ses membres pour avoir l'honneur de vous accompagner, et il a été proposé, justement, que cet honneur fût tiré au sort ; le sort a désigné cinq noms favorisés pour vous suivre, pour vous accompagner dans cet acte glorieux, victorieux. (Marques d'approbation.)

« Votre acte, citoyens, restera dans l'histoire de la France et de l'humanité.

« Vive la république universelle ! »

(Applaudissements. — Vive la Commune ! — Vive la république !)

Le citoyen Beslay, membre de la Commune. — « Citoyens, je me suis associé, comme vous, aux paroles que vous venez d'entendre, à ces paroles fraternelles qui rassemblent ici tous les francs-maçons.

« Le sort ne m'a pas favorisé, hier, lorsqu'on a tiré les noms des membres de la Commune qui devaient aller recevoir les francs-maçons. Nous avons voulu qu'il y eût un tirage au sort des noms, parce que toute la Commune de Paris voulait s'associer, dès le commencement, à cette grande manifestation ; je n'ai pas eu le bonheur d'être désigné, mais j'ai demandé pourtant à aller au-devant de vous, comme doyen de la Commune de Paris, et aussi de la franc-maçonnerie de France, dont j'ai l'honneur de faire partie depuis cinquante-six ans.

« Que vous dirai-je, citoyens, après les paroles si éloquentes de Félix Pyat ? Vous allez faire un grand acte de fraternité en posant votre drapeau sur les remparts de notre ville et en vous mêlant dans nos rangs contre les ennemis de Versailles. (Oui ! oui ! — Bravos !)

« Citoyens, frères, permettez-moi de donner à l'un de vous l'accolade fraternelle. »

(Le citoyen Beslay embrasse l'un des francs-maçons placés près de lui. — Applaudissements. — Vive la Commune ! — Vive la république !)

Un franc-maçon, *une bannière en main*. — « Je réclame

l'honneur de planter la première bannière sur les remparts de Paris, la bannière de la *Persévérance,* qui existe depuis 1790. » (Bravos.)

La musique du bataillon joue la *Marseillaise.*

Le citoyen Léo MEILLET. — « Vous venez d'entendre la seule musique que nous puissions écouter jusqu'à la paix définitive.

« Voici le drapeau rouge que la Commune de Paris offre aux députations maçonniques.

« Ce drapeau doit accompagner vos bannières pacifiques : c'est le drapeau de la paix universelle, le drapeau de nos droits fédératifs, devant lequel nous devons tous nous grouper, afin d'éviter qu'à l'avenir une main, quelque puissante qu'elle soit, ne nous jette les uns sur les autres autrement que pour nous embrasser. (Applaudissements prolongés.)

« C'est le drapeau de la Commune de Paris, que la Commune va confier aux francs-maçons. Il sera placé au devant de vos bannières et devant les balles homicides de Versailles.

« Quand vous les rapporterez, ces bannières de la franc-maçonnerie, qu'elles reviennent déchirées ou intactes, le drapeau de la Commune n'aura pas faibli. Il les aura accompagnées au milieu du feu, — ce sera la preuve de leur union inséparable. » (Nouveaux applaudissements.)

Le citoyen TÉRIFOCQ prend le drapeau rouge des mains du citoyen Léo Meillet et adresse ces paroles à l'assemblée :

« Citoyens, frères,

« Je suis du nombre de ceux qui ont pris l'initiative

d'aller planter l'étendard de la paix sur nos remparts, et j'ai le bonheur de voir à leur tête la bannière blanche de la loge de Vincennes, sur laquelle sont inscrits ces mots : « Aimons-nous les uns les autres. » (Bravos.)

« Nous irons présenter cette bannière la première devant les rangs ennemis ; nous leur tendrons la main, puisque Versailles n'a pas voulu nous entendre !

« Oui, citoyens, frères, nous allons nous adresser à ces soldats, et nous leur dirons : Soldats de la même patrie, venez fraterniser avec nous ; nous n'aurons pas de balles pour vous avant que vous nous ayez envoyé les vôtres. Venez nous embrasser, et que la paix soit faite ! (Bravos prolongés. — Sensation.)

« Et si cette paix s'accomplit, nous rentrerons dans Paris, bien convaincus que nous aurons remporté la plus belle victoire, celle de l'humanité !

« Si, au contraire, nous ne sommes pas entendus et si l'on tire sur nous, nous appellerons à notre aide toutes les vengeances ; nous sommes certains que nous serons écoutés, et que la maçonnerie de toutes les provinces de France suivra notre exemple ; nous sommes sûrs que, sur chaque point du pays où nos frères verront des troupes se diriger sur Paris, ils iront au-devant d'elles pour les engager à fraterniser.

« Si nous échouons dans notre tentative de paix et si Versailles donne l'ordre de ne pas tirer sur nous pour ne tuer que nos frères sur les remparts, alors nous nous mêlerons à eux, nous qui n'avions pris jusqu'ici le service de la garde nationale que comme un service d'ordre, ceux aussi qui n'en faisaient pas partie, comme ceux qui étaient déjà dans les rangs de la garde nationale, et tous ensemble, nous nous joindrons aux compagnies de guerre pour prendre part à la bataille et encourager de notre exemple les courageux et glorieux soldats défenseurs de notre ville. » (Adhésion générale. — Applaudissements prolongés. — Vive la Commune! — Vive la franc-maçonnerie!)

Le citoyen Térifocq agite le drapeau de la Commune qu'il tient entre les mains, et il s'écrie :

« Maintenant, citoyens, plus de paroles, à l'action! »

Les députations de la franc-maçonnerie, accompagnées des membres de la Commune, sortent de l'hôtel de ville. Pendant le défilé, l'orchestre joue la *Marseillaise*.

On lit dans le journal *la Sociale* :

LES RÉFRACTAIRES.

Décidément, nous voyons avec le plus profond regret que le décret de la Commune appelant les citoyens de dix-neuf à quarante ans à prendre les armes pour la défense de la capitale n'a pas été suivi d'exécution.

Nous savons de source certaine qu'un grand nombre de jeunes gens sont résolus à quitter la cité afin d'éviter de tomber sous le coup de la loi.

Nous avons entendu aujourd'hui des citoyens déclarer qu'ils avaient leurs laissez-passer, et que d'ici deux jours ils auraient échappé au décret de la Commune.

Ces citoyens, si empressés de fuir, n'avaient pas plus de vingt-six à trente ans.

Comment se fait-il qu'ils soient possesseurs de laissez-passer, tandis que la préfecture de police ne doit délivrer de passe-ports qu'aux personnes âgées de moins de dix-neuf ans et de plus de quarante ans?

Nous appelons l'attention du citoyen Cournet sur un fait aussi grave, d'autant que les réfractaires en question — et il doit s'en trouver bon nombre, — se font un plaisir de déclarer hautement qu'ils n'obéiront jamais aux décisions de la Commune.

La surveillance la plus active doit être déployée, les portes de la cité doivent être occupées par des hommes dévoués, aptes à reconnaître la fraude et à arrêter tous les francs-fileurs qui tombent sous le coup du décret Cluseret.

Il ne faut pas que la réaction profite des difficultés de la situation.

Le danger est imminent, une lutte définitive peut s'engager d'un instant à l'autre. Il ne faut pas que la Commune faiblisse.

Citoyen Cournet, avisez à ce que les réfractaires soient traqués et au besoin renvoyés devant la cour martiale.

C'est urgent!

LE 1ᵉʳ MAI 1871.

Le *Journal officiel* de Paris contient, dans sa partie officielle, les pièces suivantes :

La commission exécutive

ARRÊTE :

Le citoyen Rossel est chargé, à titre provisoire, des fonctions de délégué à la guerre.

Paris, le 30 avril 1871.

La commission exécutive,

JULES ANDRIEU, PASCHAL GROUSSET, E. VAILLANT, F. COURNET, JOURDE.

Le citoyen Cluseret est révoqué de ses fonctions de délégué à la guerre. Son arrestation, ordonnée par la commission exécutive, est approuvée par la Commune.

Il a été pourvu au remplacement provisoire du citoyen Cluseret ; la Commune prend toutes les mesures de sûreté nécessaires.

Le *Journal officiel* de Paris contient ce qui suit dans sa partie non officielle :

Paris, le 30 avril 1871.

RAPPORTS MILITAIRES.

Asnières, 29 avril, soir

Les troupes versaillaises ont tiré peu et irrégulièrement.

30 avril.

Suspension d'armes. Les Versaillais établissent des batteries, mais elles sont d'une faible importance. Le colonel Durassier remplace le colonel d'Ockolowitch, blessé.

Issy, 29 avril, soir.

Une violente attaque a lieu de la part des troupes versaillaises, près de nos barricades. Les fédérés y répondent avec une grande vigueur. Les mitrailleuses fonctionnent des deux côtés.

Montrouge, Bicêtre.

Toute la nuit, la canonnade est dirigée sur Bas-Fontenay. La matinée est calme. A dix heures, les troupes versaillaises ripostent par bordées de six coups. A midi, le tir cesse. A cinq heures, une légère fusillade a lieu du côté de Bagneux.

Vanves, Issy.

Défense vigoureuse dans la direction de Châtillon. Issy est attaqué par Meudon et les Moulineaux. Le combat, commencé à une heure, n'est terminé qu'à cinq heures et demie.

———

Hier, toute la journée, la batterie de l'Orangerie n'a cessé de diriger un feu nourri sur nos canonnières, qui répondaient énergiquement et avec le plus grand succès.

A huit heures quarante-cinq minutes du soir, les batteries de la Lanterne-de-Diogène, de Meudon et du Bas-Meudon couvrirent de leurs feux le fort d'Issy.

Nos canonnières et le bastion n° 68 soutinrent le feu du fort avec quelque avantage, et ont fait subir à l'ennemi de sérieux dégâts dans ses batteries

De sept heures à onze heures du soir, un feu serré de mousqueterie, de mitrailleuses, et qui se continua ensuite par intermittences jusqu'à trois heures du matin, se fit entendre sur la gauche.

En somme, l'ennemi a dû éprouver des pertes assez considérables; quant à nous, nous n'avons aucun accident à déplorer.

Nos canonnières sont merveilleusement embossées et abritées sous le viaduc.

Je dois porter à la connaissance de tous la conduite courageuse du matelot Huchette, de la *Liberté,* qui, aidé du matelot Hura, fut assez heureux pour sauver, au risque de sa vie, le mousse Lemaître, lequel s'était laissé choir dans la Seine.

Sur toutes les canonnières, attitude magnifique sous

le feu terrible de l'ennemi, et dévouement marqué à la Commune.

Paris, le 30 avril 1871.

Pour le délégué au ministère de la marine :

Le secrétaire général,

BOIRON.

AUX CITOYENS MEMBRES DE LA COMMISSION EXÉCUTIVE.

Citoyens,

J'ai l'honneur de vous accuser réception de l'ordre par lequel vous me chargez, à titre provisoire, des fonctions de délégué à la guerre.

J'accepte ces difficiles fonctions, mais j'ai besoin de votre concours le plus entier, le plus absolu, pour ne pas succomber sous le poids des circonstances.

Salut et fraternité.

Paris, le 30 avril 1871.

Le colonel du génie,

ROSSEL.

ORDRES.

Le citoyen Gaillard père est chargé de la construction des barricades formant une seconde enceinte en arrière des fortifications. Il désignera ou fera désigner par les municipalités, dans chacun des arrondissements de l'extérieur, les ingénieurs ou délégués chargés de travailler sous ses ordres à ses constructions.

Il prendra les ordres du délégué à la guerre pour

arrêter les emplacements de ces barricades et leur armement.

Outre la seconde enceinte indiquée ci-dessus, les barricades comprendront trois enceintes fermées ou citadelles, situées au Trocadéro, aux buttes Montmartre et au Panthéon.

Le tracé de ces citadelles sera arrêté sur le terrain par le délégué à la guerre, aussitôt que les ingénieurs chargés de ces constructions auront été désignés.

Le général Wroblewski étendra son commandement sur toute la rive gauche de la Seine, aux troupes et aux forts situés d'Issy à Ivry.

Les commandants des forts, les commandants des troupes et autres officiers et employés de la Commune le reconnaîtront en cette qualité et obéiront à ses ordres.

Paris, le 30 avril 1871.

Le délégué à la guerre,

ROSSEL.

GARDE NATIONALE DE LA SEINE.

MAJOR DE LA PLACE VENDOME AU GÉNÉRAL COMMANDANT LA PLACE DE PARIS.

Mon général,

En exécution d'un ordre du citoyen délégué au ministère de la guerre, j'ai fait rassembler les gardes des bataillons n°s 117, 188, 208, 227 et 234. Il était 1 h. 20; les bataillons étant réunis, j'ai donné ordre à ces cinq fractions de bataillons de se mettre en marche, en confiant le commandement de la colonne au chef du détachement du   e bataillon.

Je lui ai dit que j'irais les rejoindre, et qu'alors, ou je donnerais des ordres, ou je prendrais le commandement de la colonne.

A deux heures quinze minutes, j'étais rendu à l'arc de triomphe, où j'ai trouvé la portion des 208e et 227e bataillons.

J'ai complétement fait évacuer toutes les citoyennes et fait éloigner les citoyens qui ne faisaient point partie de la maçonnerie ; j'ai fait placer toute la corporation, qui, loin de vouloir éviter le danger, semblait vouloir le braver, au milieu de l'avenue des Champs-Élysées ; mais les obus se succédaient si rapidement dans notre direction, que j'ai cru devoir ramener la corporation dans l'avenue de Friedland.

J'ai fait masser la colonne sur le côté de l'avenue et je l'ai fait replier.

Quelques obus sont tombés, et chaque fois la maçonnerie entière les a salués aux cris de Vive la république! vive la Commune!

Mon fils, mon frère Siémen et le chirurgien qui m'ont accompagné dans cette mission m'ont aidé, et j'ai lieu d'être satisfait de leurs services.

Mon frère Siémen, qui était à côté de moi, a ramassé un éclat d'obus tombé à quelques mètres de nous.

A quatre heures, des envoyés sont venus nous prévenir que la délégation désirait voir la corporation sur les remparts. A partir de ce moment le feu a cessé.

Nous nous sommes dirigés à la porte Dauphine ; arrivé. j'ai prié tous les frères en bourgeois de monter sur les remparts et d'arborer les bannières maçonniques ; toutes les loges se sont empressées d'accomplir cet acte.

Cependant, afin d'éviter des malheurs qui eussent pu être basés sur l'apparition des militaires, j'ai donné la consigne à mes frères revêtus de quelque insigne que ce soit de l'uniforme de la garde nationale de ne pas se montrer à l'ennemi.

A sept heures du soir, j'ai pu renvoyer tout le monde, en prenant les dispositions suivantes :

J'ai fait appeler les capitaines ou chefs des postes des 53e, 54e et 55e bastions, j'ai placé sous leur sauvegarde les délégués des loges chargés de reconnaître les frères qui se présenteraient pour quelque cause que ce soit, je leur ai donné la consigne de placer des factionnaires à chaque bannière, desquelles ils devaient me répondre également.

Cette disposition prise, il m'a été permis de diriger la colonne jusqu'à la porte Maillot, afin de prendre une décision pour le cas où la délégation ne serait pas rentrée ce soir.

Il a été décidé que tous les frères pouvaient se retirer, la garde des bannières étant assurée, et quelques membres de la maçonnerie se sont proposés pour former une commission permanente jusqu'à demain à l'établissement Dourlan, où on attendrait les délégués envoyés en parlementaires.

Il a été décidé que demain, à 9 heures, on se réunirait à la Commune, où on ferait connaître le résultat de cette célèbre manifestation.

J'ai fait un rapport verbal au ministère de la guerre, et je suis rentré à la place Vendôme à huit heures et demie, ainsi que les troupes.

J'ai constaté la présence des citoyens et frères Jules Vallès et Ranvier, ainsi que celle des citoyens Bergeret et Henri Fortuné.

Tout s'est très-bien passé. Comme impression universelle, je dois dire à la gloire de la franc-maçonnerie que cette journée sera la plus belle page de son histoire.

Salut et fraternité.

Le major commandant la place Vendôme,

MAYER.

RAPPORT
AU CITOYEN TRIDON, MEMBRE DE LA COMMUNE DÉLÉGUÉ A LA COMMISSION DE LA GUERRE.

Citoyen délégué,

Le 27 mars dernier, le général Eudes, délégué à la guerre, membre de la commission exécutive, m'a désigné pour prendre possession et faire fonctionner l'intendance.

Pas un employé n'était resté à son poste, tous les documents avaient été enlevés, et c'est dans ce chaos que j'ai dû créer cette chose si sérieuse : l'intendance, c'est-à-dire les subsistances, l'habillement et tous les services utiles à une armée entrant en campagne.

La tâche était lourde ; deux citoyens que l'on en avait chargés s'étaient retirés impuissants, ou ne voulant pas assumer la lourde responsabilité d'un tel poste.

Animé du désir ardent d'être utile à la cause, je me suis mis à l'œuvre, et le jour même de ma prise de possession j'avais installé des employés qui répondaient au public.

Malgré cela, il m'était impossible de tout faire dans cette immense administration, où tout était à créer, et j'ai dû appeler auprès de moi le dévouement de mon frère, Élie May, chargé alors de la direction générale des tabacs ; je lui fis conférer le titre d'intendant divisionnaire, et, grâce à son concours, nous avons pu tout organiser.

L'une des premières mesures que nous avons prises est une note à l'*Officiel* interdisant tous les abus de liquides et nourritures, qui se faisaient sous forme de réquisition de vivres.

La manutention, service de première nécessité pour l'alimentation journalière des troupes, avait été abandonnée par son directeur, qui cependant avait promis tout son concours, et auquel avait été adjoint un commandant militaire ; ce directeur, en partant, a démonté certaines machines et renvoyé le principal personnel de cette administration, afin de désorganiser le service et le travail, et de rendre impossible le fonctionnement de cette dépendance principale de notre administration.

Nous avons pu parer immédiatement ce coup réactionnaire, en nous adjoignant le concours actif d'un de nos amis, le citoyen Delley, qui a immédiatement remis en marche cette artère indispensable de l'intendance dont un jour d'interruption aurait pu produire l'effet le plus funeste pour le succès de notre cause, car « sans pain, pas de soldats ! »

Pour assurer le service régulier et prompt des distributions, et surtout pour essayer de mettre fin autant que possible au gaspillage inévitable dans des moments de désorganisaton, nous avons créé un bureau spécial de subsistances, et des sous-intendances ou lieux de distributions partout où l'agglomération des troupes ou l'action militaire le rendaient utile ; ainsi nous avons institué des magasins de vivres à Asnières, Neuilly, avenue Uhrich, porte Dauphine, au parc Wagram, au parc Monceau et aux forts d'Issy, Vanves, Montrouge, Bicêtre, Ivry, etc. Toutes ces annexes s'approvisionnent principalement à le manutention et à des dépôts de vivres secondaires existant dans l'intérieur de l'enceinte.

Tous les bons de vivres sont scrupuleusement vérifiés, un contrôle sévère est établi, et tous les jours nous réprimons les abus qui forcément se produisent, par suite de changement d'effectif dont certains bataillons et certaines compagnies profitent pour se faire délivrer des rations supérieures au nombre de leurs hommes.

La plus sévère économie préside à nos dépenses; pour vous en donner un seul exemple, « la manutention produit un tiers de plus que sous le gouvernement du 4 septembre, et les dépenses sont un tiers moins fortes, » et les ouvriers et employés ont cependant un salaire beaucoup plus rémunérateur que par le passé.

Ce service fonctionne très-bien; vous pouvez, du reste, vous en rendre un compte exact par la pièce n° 3, annexée au dossier ci-joint.

Service parfaitement organisé maintenant, et surtout service très-sérieux, attendu que le service du contrôle des réquisitions lui incombe.

Nous avons rassemblé tous les chevaux de trait et voitures du train qui se trouvaient dispersés dans toutes les casernes de Paris; ce service, maintenant parfaitement organisé, nous permet de supprimer la majeure partie des réquisitions d'omnibus et autres voitures, et fait réaliser une économie d'au moins 2,000 francs par jour.

En outre de tous ces services, nous avons encore un bureau de feuilles de route et de renseignements qui, quoique d'une importance secondaire, a aussi son utilité.

Enfin tout marche maintenant, service des subsistances, service de l'habillement et de l'équipement, service des hôpitaux et ambulances, de la solde, de l'ordonnancement des mandats, du train, etc.

Voilà ce que nous avons fait; mais il reste encore à faire; pour cela il faut que nous ayons les pouvoirs les plus étendus, « car nous sommes souvent entravés, » et sans nous appesantir sur ce chapitre, nous voudrions qu'il nous soit délégué deux membres de la Commune pour examiner et juger notre administration, et recevoir nos observations sur ce qu'il reste à améliorer, et sur la nature des pouvoirs qu'il nous serait indispensable d'avoir pour assurer le fonctionnement régulier de l'administration que nous dirigeons.

Comme conclusion, nous voudrions bien que vous vinssiez vous-même nous contrôler; car ce que nous appelons le plus de tous nos vœux, c'est le contrôle.

Salut et égalité.

Paris, le 28 avril 1871.

L'intendant général,

G. MAY.

L'intendant divisionnaire,

ÉLIE MAY.

RAPPORT DE LA COMMISSION DU TRAVAIL ET DE L'ÉCHANGE SUR LA LIQUIDATION DES MONTS-DE-PIÉTÉ.

On ne peut assigner une date précise à l'usure. Dès que les hommes eurent, à l'échange pur et simple, substitué une monnaie, la passion du lucre engendra le prêt usuraire.

Au moyen âge les peuples se débattaient sous l'étreinte des prêteurs d'argent, Juifs, Lombards, Caorsins, qui, de pair avec l'Église, les écrasaient d'impôts, de redevances et d'intérêts ; aux temps les plus reculés, on voit pratiquer l'usage de la *contrainte par corps,* du *prêt sur gages* et de *l'hypothèque.*

Dans une charte de 1234, Louis IX s'exprime ainsi :

« Il fut commandé destroitement à toz les baillis que LI CORS des Crestiens ne soient pris de ci en avant par la dete des Juis, et que li Crestiens ne soient pas contraints de vaindre por ce leur héritage. »

D'autres ordonnances royales tendirent à réglementer l'usure, et de nombreuses proscriptions vinrent atteindre les usuriers. Mais ces mesures n'eurent pas d'effets bien efficaces, car les abus et les exactions se perpétuèrent sous tous les règnes, et, le plus souvent, ces persécutions, commandées par les seigneurs, le clergé ou les rois, n'avaient d'autres motifs que la confiscation, à leur profit, des fortunes que les Juifs ou les Lombards avaient amassées.

Des lettres patentes du mois de mai 1382 concèdent aux Lombards et à *leurs facteurs* le droit d'organiser des maisons de prêts sur gages, limitent le taux des intérêts et légifèrent en 26 articles le monstrueux privilége d'extorquer la fortune publique et le produit du travail. (Les intérêts furent fixés à 43 3/5 pour 100.)

Dans ses ordonnances du Louvre, Louis XI confirme purement et simplement les lettres de 1382 ; mais ce furent les dernières.

Les monts-de-piété prennent leur origine en Italie, et l'exemple est suivi dans les Pays-Bas : Pérouse, 1467 ; Savonne, 1479 ; Césène, 1488, etc.; Rome, 1590.

Ce dernier établissement prit un tel développement, qu'il put même faire l'office d'une banque de prêts pour des sommes considérables.

Leurs débuts furent scandaleux. Ainsi dit un écrivain parlant des livres ès docteurs redondant d'erreurs :

« Permettent aux dits Juifs de prêter à usure à leurs sujets et d'en tenir banque publique non-seulement d'usure, mais aussi d'usure d'usure et icelles usures d'usures d'usures exercer et exiger. »

Les papes et les ordres religieux dogmatisèrent sur les monts-de-pitié, et, au concile de Latran (1512-1517), une bulle pontificale consacra d'une manière définitive les prêts sur nantissement.

A cette époque, le commerce s'étendit rapidement, et de récentes découvertes donnèrent un essor aux transactions. La bourgeoisie qui, il est vrai, n'existait que de fait, tout en écrasant le peuple, chercha, d'un autre côté, à échapper aux serres des Juifs, et les maisons de prêts furent en réalité des maisons de change.

Ce ne fut qu'en 1626 que les états généraux, convoqués à Paris, promulguèrent une ordonnance établissant les monts-de-piété. L'exécution de cette ordonnance fut bien incomplète; mais l'idée fut reprise par Louis XIV en 1643, et c'est de cette époque bien réellement que date l'institution des monts-de-pitié à Paris.

Le 9 décembre, sous le ministre Necker, une nouvelle ordonnance détermine plus particulièrement l'administration et l'organisme des monts-de-piété et de leurs succursales, bien que Necker lui-même regarde les monts-de-piété comme une « sorte de conciliation avec les vices ».

Déjà le peuple supportait péniblement un excès de

misère que certes ne parvenait pas à atténuer la facilité d'emprunter « *quelques sous sur les nippes* ». Aussi Louis XVI, donnant satisfaction à des demandes pressantes, réitérées, menaçantes, ordonna-t-il la restitution des LINGES DE CORPS et VÊTEMENTS D'HIVER engagés pour une somme au-dessous de QUATRE-VINGTS FRANCS.

Un autre décret de la Convention nationale, du 4 pluviôse an II, vient encore en aide à la misère publique et accorde aux porteurs de reconnaissances ne dépassant pas vingt livres le droit de retirer gratuitement les effets déposés au mont-de-piété. L'article 9 portait : « Les *comités de secours publics et des finances* feront incessamment leur rapport à la Convention sur la question de savoir s'il est *utile au bien général de conserver* les établissements connus sous la dénomination de monts-de-piété. »

Un troisième décret, du 1er pluviôse an III, ordonne de remettre aux propriétaires indigents les nantissements déposés par eux jusqu'à concurrence de CENT LIVRES (*assignats*).

Puis le souffle révolutionnaire emporta l'institution même, sans avoir la puissance cependant de rétablir le crédit et de donner aux travailleurs ce qu'il leur faut pour vivre : LES INSTRUMENTS DE TRAVAIL.

Sous le Directoire, alors qu'un César apparaissait avec l'intention formelle de réglementer le monde, l'usure avait pris des allures tellement scandaleuses, que Regnault de Saint-Jean-d'Angély ne trouva d'autres moyens de remédier à ces nouvelles exactions que le rétablissement des monts-de-piété ; et le 24 messidor an XII, un décret impérial sanctionna les conclusions du sénateur.

De Bonaparte Ier à nos jours, l'historique des monts-de-piété ne présente de faits importants qu'une réglementation diverse dont l'étude, intéressante à coup sûr, dépasserait le cadre de ce rapport.

Liquidation des monts-de-piété ; leur situation économique, leur valeur morale. — Appréciations sur les services qu'ils rendent aux travailleurs.

Comme toutes les institutions financières établies sous la monarchie, les monts-de-piété sont un monopole. A ce titre, l'intervention de la Commune est nécessaire.

Les monts-de-piété se classifient eux-mêmes dans l'ordre des administrations de bienfaisance; ils ont une corrélation intime avec les bureaux de bienfaisance, l'administration des hospices, les caisses d'épargne, la société du prince impérial. Ces cinq organes de la charité publique font entre eux des virements de fonds journaliers.

Les opérations financières du mont-de-piété sont les suivantes :

Ils empruntent, au moyen de *billets au porteur* ou de *billets à ordre,* à raison de 3 pour 100 d'intérêts en moyenne ; ces emprunts proviennent pour la plupart des dépositaires à la caisse d'épargne.

Les bénéfices résultant de la balance des opérations sont attribués à l'administration des hospices, dont les propriétés foncières sont hypothéquées du montant des billets souscrits.

La garantie effective des avances au mont-de-piété est donc basée sur des propriétés appartenant à l'État.

En 1869, les bénéfices ont été de 784,737 fr. 53 c. Il

résulte du compte administratif de 1869 que les droits perçus en moyenne par le mont-de-piété auraient été de 6 pour 100; mais les droits indiqués aux reconnaissances s'élevant à 12 ou 14 pour 100, il s'ensuit que le rapport, pour des motifs qu'il nous a été impossible de connaître, est muet sur une partie des opérations.

Donc cette administration, agissant sous une sorte de commandite des hospices, n'alloue que 3 pour 100 d'intérêt aux prêteurs; mais, afin de laisser un *aléa* pour les bénéfices des commanditaires, l'administration frappe les prêts de droits divers, afin de diminuer d'autant le prélèvement des frais généraux.

Dans ces frais généraux ne figurent pas, bien entendu, les loyers des locaux qui sont à la charge de l'État.

Les billets à ordre et les billets au porteur sont, pour la plupart, souscrits au profit d'une classe très-modeste, la même absolument qui crédite la caisse d'épargne. La confiance sans limite qu'inspire l'administration du mont-de-piété explique ce placement à intérêts modiques.

Les intérêts ne forment donc qu'une très-faible partie des frais généraux, qui, dans l'organisation complète de cette institution, atteignent un taux scandaleux; les appointements des divers employés s'élèvent à environ 960,000 francs par an.

L'État, régularisant les prêts sur gages avec prélèvement d'intérêts, a, par son approbation, sanctionné les opérations usuraires, quels qu'en soient la forme ou le mobile.

En fait, les prêts sur gages soulagent momentanément les classes laborieuses dans les cas de chômage ou de maladie, cas fréquents, qu'une organisation sociale équitable doit prévoir, et qu'elle a pour mission de prévenir et de soulager effectivement sans en bénéficier.

Ils n'ont pas davantage leur raison d'être dans les moments de crise générale, où les charges que supporte la société doivent être réparties d'une façon normale.

Les classes laborieuses ont, il est vrai, pu subvenir aux nécessités du moment par l'intervention du mont-de-piété; mais les familles sont dépossédées d'objets qu'elles ne peuvent remplacer, et qui sont vendus à vil prix.

Voici, pour mémoire seulement et sans plus de développements, quelques-uns des nombreux abus que protégeait l'institution du mont-de-piété :

Le commerce, pour retarder la faillite, détournant des marchandises afin de parfaire le chiffre de ses échéances;

L'agiotage s'opérant en grand sur la vente par l'administration des objets non dégagés, et sur la vente des reconnaissances par les emprunteurs ;

Dans le ménage, l'économie troublée par cette facilité d'un emprunt inutile pour le travail et ruineux pour l'intérieur;

Etc., etc.

La Commune, par ses institutions sincèrement sociales, par l'appui qu'elle donnera au travail, au crédit et à l'échange, doit tendre à rendre inutile l'institution des monts-de-piété, qui sont une ressource offerte au désordre économique et à la débauche.

Mais revenant au fait actuel, la commission conclut ainsi :

Le mont-de-piété détient une quantité considérable de gages, sur lesquels il a prêté une somme de 30 millions, ce qui, vu l'infériorité du prêt pendant la période du siége, représente une valeur réelle d'environ 180 millions, la moyenne du prêt ne dépassant pas le cinquième de la valeur de l'objet déposé.

Les ventes arrêtées par le décret de la Commune, les crédits ajournés, la dispersion de l'épargne pendant le siége, vont forcément interrompre les opérations des monts-de-piété, qui ne sont plus effectivement que les gardiens des gages en magasin, et qui privent une partie considérable de la population d'objets de première nécessité.

Il faudrait, pour que les monts-de-piété pussent continuer leurs opérations usuraires sous le gouvernement de la Commune, qu'ils recourussent à d'autres établissements de crédit, ce qui, en en admettant la possibilité, augmenterait de 4 pour 100 au moins les contributions ou préparerait une liquidation annuelle avec un chiffre énorme de pertes.

La liquidation des monts-de-piété est donc indispensable, au double point de vue de l'immoralité de leur principe et de la nullité absolue de leur fonctionnement économique.

La liquidation se heurte tout d'abord à une difficulté qui semble colossale : celle de rembourser les 38 millions de francs, dont sont débiteurs les monts-de-piété envers une classe qui a engagé là les fruits d'un labeur de plusieurs années.

Il serait injuste de jeter le trouble dans la vie économique de citoyens qui ont peut-être fait acte de prévoyance exagérée, mais non d'agiotage.

D'un autre côté, l'état des finances ne permet pas d'effacer la dette au moyen d'une dépense spéciale.

Mais si l'on place la question sur son véritable terrain, il ressort des faits que l'administration des monts-de-piété détient et immobilise une valeur de 180 millions pour prêts de 38 millions ;

Que les renouvellements, s'ils étaient possibles dans l'état actuel des choses, frapperaient d'un impôt très-lourd une classe particulièrement atteinte ;

Que toute liquidation partielle, dans cette période, porterait atteinte aux gages du prêteur et de l'emprunteur ;

En sorte que les garanties des souscripteurs de billets n'ont d'autre valeur que celle que présente le crédit des monts-de-piété, garantie aléatoire.

Cette garantie qu'offre le crédit de l'établissement peut être remplacée par toute autre, et la Commune se mettant au lieu et place des monts-de-piété, supprimés en vertu des considérations développées plus haut, aucun intérêt ne sera lésé.

La Commune aurait à déléguer un syndicat de liquidation, qui examinerait scrupuleusement, sous les yeux de la commission du travail et de l'échange, les titres des créanciers des monts-de-piété. Ceux qui ne donneraient prise à aucune accusation de fraude ou d'opérations irrégulières seraient échangés contre une valeur *nominale* garantie par la Commune, et remboursable en *cinq ans,* par trimestres et par voie de tirage au sort.

Les débiteurs du mont-de-piété recevraient leurs gages représentés par des *effets d'habillement, literie, objets mobiliers* et *outillage.* Ils souscriraient, au profit de la Commune, un engagement de la totalité de leur dette, remboursable en cinq ans et par coupons mensuels.

Cette confiance accordée au peuple consacrerait le principe du droit des travailleurs au crédit.

Sans doute, le syndicat de liquidation resterait à découvert d'une certaine somme d'engagements impayés, résultat forcé des événements politiques passés, et dont la société est solidaire.

Cette expérience de crédit et de confiance accordés aux travailleurs sera concluante ; et alors tomberont toutes les calomnies qui ont tenté d'entacher leur honorabilité.

Les objets d'or et d'argent, qui n'ont qu'une valeur accessoire, *seraient conservés* comme garantie, tout en laissant aux emprunteurs la faculté de se libérer par fractions.

Les marchandises engagées par les commerçants seraient *également conservées,* pour ce fait qu'elles sont elles-mêmes la garantie des créanciers. Toutefois le syndicat serait admis à faire l'échange de ces marchandises contre d'autres garanties.

Les reconnaissances détenues par des tiers ne seraient pas admises au bénéfice de la restitution; elles seraient rangées dans la catégorie des matières d'or et d'argent.

Enfin, un an après l'ouverture de la liquidation, tout gage restant en possession complète du syndicat sera vendu, après publicité suffisante, au profit de la liquidation.

Conclusions.

Considérant que les lois et ordonnances qui régissent les monts-de-piété constituent un privilége en faveur d'une exploitation privée

Que la Commune ne peut continuer la tradition de l'ancien régime, protégeant un établissement de crédit dans ses opérations usuraires ;

Considérant que les monts-de-piété ne sauraient remp' cer le droit des travailleurs aux instruments de travail et au crédit ;

Que les ressources momentanées qu'ils trouvent dans les prêts sur gages sont souvent une cause de misère dans la famille, qui voit disparaître peu à peu le fruit de ses économies ;

Qu'il est d'habitude, pour le commerçant gêné, de recourir à l'expédient de l'emprunt au mont-de-piété ; opérations que l'on retrouve dans le plus grand nombre des faillites, et qui eussent dû être considérées comme une fraude au moyen de laquelle les gages des créanciers avaient été détournés ;

Considérant, en outre, qu'après la crise que vient de subir la population de Paris, la majorité des familles ayant des engagements au mont-de-piété sont privées d'objets indispensables qu'elles ne pourront remplacer de longtemps ;

La Commune

DÉCRÈTE :

Art. 1er. La liquidation des monts-de-piété est prononcée.

Art. 2. Il est nommé un syndicat de liquidation, composé des citoyens. . . . .
. . . .
agissant sous la surveillance de la commission du travail et de l'échange.

Art. 3. Les créanciers du mont-de-piété recevront, en échange de leurs titres, une reconnaissance garantie par la Commune, et remboursable en cinq années, par trimestres et par voie de tirage au sort.

Art. 4. Les objets mobiliers, vêtements, literie, outillage, seront rendus contre l'engagement que souscrira le débiteur de rembourser au syndicat le montant du prêt en cinq années et par mois.

Toutefois les objets appartenant aux familles des citoyens morts pour la Commune seront rendus gratuitement.

Pareille exception sera faite pour les gardes nationaux dont les blessures sont assez graves pour motiver une cessation de travail.

Art. 5. Les objets d'or et d'argent seront conservés à titre de garantie jusqu'à complet remboursement de l'emprunt, qui pourra s'effectuer par versements minima de 1 fr. par jour.

Art. 6. Les marchandises provenant des magasins de vente seront également conservées, mais pourront être échangées contre toute autre garantie.

Art. 7. Les titulaires des reconnaissances bénéficieront seuls du présent décret. Ils devront prouver que leur identité est conforme à la déclaration contenue dans les livres du mont-de-piété.

Art. 8. Au délai d'un an, les objets indiqués par l'article 4 seront vendus publiquement et à l'enchère.

Art. 9. Ceux qui ont été indiqués par les articles 5 et 6, et qui n'auraient pas été retirés, seront vendus à l'expiration des opérations syndicales.

Annexe au projet de liquidation des monts-de-piété.

Les considérations précédentes se résument ainsi :

1° Rendre tous les gages, outillage, vêtements, couvertures, literie, détenus par les monts-de-piété.

Afin que les marchands qui trafiquent sur l'achat des reconnaissances ne profitent pas du décret de la Commune, il faut que les bénéficiaires porteurs de la reconnaissance prouvent leur identité, et qu'elle soit conforme à la déclaration reçue au bureau d'engagement.

Les veuves ou orphelins des gardes nationaux tués au service de la Commune recevront gratuitement leurs gages.

De même, les gardes assez grièvement blessés pour être dans l'impossibilité de reprendre leur état.

Les municipalités pourront, sous la garantie des membres de la Commune, rendre gratuitement les gages aux nécessiteux.

Mais combien de travailleurs, *gardes nationaux,* sans aucune ressource actuelle et ayant des objets de première nécessité engagés au mont-de-piété, hésiteront à se déclarer *nécessiteux* et ne profiteront pas du décret !

C'est en faveur de cette catégorie, fort nombreuse, que le rapport de la commission propose le retrait des gages, contre engagement de rembourser en *cinq années et par mois.*

Cette mesure serait d'autant plus socialiste que l'homme convaincu est fier, et qu'il ne se résout pas facilement à solliciter une aumône, même déguisée.

Donc, gratuité absolue aux veuves et orphelins des gardes morts en défendant la Commune ;

Gratuité absolue aux blessés ;

Gratuité absolue aux nécessiteux.

Reste à résoudre la question au profit de ceux qui n'ont pas de ressources, mais qui ne voudraient pas se déclarer nécessiteux.

Matières d'or et d'argent retenues jusqu'à parfait remboursement du prêt;

Marchandises neuves sortant des magasins retenues également.

En dehors de ces opérations, il faut songer à liquider *radicalement* les monts-de-piété, qui ne sont qu'une officine d'usure, et dont les actes, mis au grand jour par le conseil de liquidation, fourniront sans doute des révélations importantes.

Liquider, parce que l'établissement ne sera plus en mesure de continuer ses opérations, faute de crédit.

Liquider, parce que le prêt *officiel* sur gages est immoral.

Liquider, parce que le crédit est un droit acquis à chaque travailleur, droit qui doit se manifester autrement que par la privation d'objets qui lui sont indispensables.

Liquider, parce que les prêteurs sont eux-mêmes des nécessiteux, et que leurs intérêts pourraient être compromis par les manœuvres d'une administration hostile au peuple et à la Commune.

Il est bien entendu qu'à la liquidation du mont-de-piété doit succéder une organisation sociale qui donne au travailleur des garanties réelles de secours et d'appui, en cas de chômage et de maladie. Certes, la suppression de cette institution ne devra causer aucune appréhension à qui que ce soit, et, nous devons en être bien convaincus, l'établissement de la Commune commande de nouvelles institutions réparatrices, susceptibles de mettre le travailleur à l'abri de l'exploitation par le capital, à l'abri des nécessités d'emprunts usuraires, et d'installer à son foyer le calme et la tranquillité, qui retrempent les courages et moralisent l'individu.

La commission du travail et d'échange,

CHALIN, LONGUET, MALON, SERAILLER, THEISZ.

Le délégué,
LÉO FRANCKEL.

COMMUNE DE PARIS.

SÉANCE DU 30 AVRIL 1871.

Présidence du citoyen Blanchet.—Assesseur : le citoyen A. Dupont.

La séance est ouverte à trois heures et demie.

Au moment où l'un des secrétaires va lire le procès-verbal de la dernière séance, on annonce une députation de l'*Alliance républicaine des départements* qui demande à être reçue par la Commune.

La séance est suspendue, et les membres de la Commune se réunissent sur le balcon du grand escalier d'honneur pour recevoir la députation.

A quatre heures dix minutes, la séance est reprise.

Le citoyen Président. — Je reçois une lettre du citoyen Puget, du 19ᵉ arrondissement, dans laquelle il m'annonce qu'il a beaucoup à faire dans son commandement militaire ; il s'excuse de ne pouvoir assister régulièrement aux séances, et me prie de demander à l'assemblée s'il ne vaudrait pas mieux qu'elle acceptât sa démission.

Je pense que la Commune pourrait, par un de ses collègues du 19ᵉ arrondissement, lui faire dire que nous apprécions ses services, et qu'il n'y a pas lieu pour lui à donner sa démission.

Un membre. — Il faudrait, avant de prendre une décision, que nous eussions connaissance de la lettre.

Le citoyen Président donne lecture de la lettre du citoyen Puget.

Le citoyen Raoul Rigault. — Nous sommes dans une situation telle que nous devons avant tout observer la résolution déjà prise relativement aux doubles fonctions de représentant à la Commune et de chef militaire.

Je ferai remarquer à l'assemblée que le citoyen Puget nous est pour ainsi dire inconnu. Il a été nommé chef de bataillon ; de plus, il a été nommé membre de la Commune. Mais il me semble que ses électeurs, en le nommant à la Commune, ont eu l'intention qu'il assiste aux séances et qu'il participe à nos travaux.

En restant exclusivement chef de bataillon, son arrondissement manque d'un représentant.

Le citoyen Vésinier. — Ne préjugeons rien. Le citoyen Puget est le meilleur juge de ce qu'il a à faire. Je demande que nous ne perdions pas davantage notre temps en discussions de ce genre, qui sont complétement inutiles.

Le citoyen J.-B. Clément. — Je demande la parole pour une rectification au procès-verbal. On m'a fait dire, à moi et à Arnaud, que nous demandions que la chapelle du général Bréa ne soit pas démolie. J'ai demandé qu'il n'y ait pas de décret pour cela, je n'ai pas demandé qu'elle ne soit pas démolie. Je suis au contraire pour qu'on la démolisse. Je n'ai donc pas prononcé les paroles que m'attribue l'*Officiel,* et je proteste contre de toute mon énergie. Je demande qu'on prenne note de ma réclamation.

De plus, il avait été dit avant-hier que l'*Officiel* serait à cinq centimes. Il n'y est pas encore; pourquoi? C'est le plus cher de tous les journaux, et c'est pourtant le journal socialiste.

Je demande donc que l'on prenne note de mes réclamations relatives à l'*Officiel*.

Le citoyen Longuet. — Je suis heureux qu'on parle de l'*Officiel* lorsque je suis ici. Je vais vous faire toucher du doigt la singularité des choses qui se disent sur l'*Officiel*. (Interruptions.)

Les citoyens Miot et Ranvier. — La lecture du procès-verbal!

Le procès-verbal est lu par l'un des secrétaires.

Le citoyen Jules Miot. — Citoyens, j'ai demandé la parole à l'occasion du procès-verbal. Le procès-verbal est parfaitement exact. C'est du silence gardé par l'*Officiel* sur la proposition que j'ai soumise à l'assemblée que je me plains.

Le citoyen Chalain. — Citoyens, je tiens très-peu à ce que mon nom paraisse à l'*Officiel*. Seulement je demande pourquoi les noms des citoyens qui ont pris part à la discussion du projet Miot n'ont pas été insérés à l'*Officiel*; pourquoi, en un mot, toute la question du comité de salut public a-t-elle été supprimée. Ce ne sont pas des reproches que j'adresse aux secrétaires-rédacteurs, qui font très-bien leur devoir; mais je demande pourquoi, quand la Commune ne s'est pas déclarée en comité secret, la séance tout entière n'est pas publiée au grand jour. Je suis un de ceux qui ont combattu la publicité de nos séances; mais puisque la question a été décidée, il faut que tout soit publié.

Le citoyen Longuet. — Ce n'est pas moi qui peux répondre de cette question, attendu que je ne fais pas partie de la rédaction de l'*Officiel*, et que je n'y écris pas une seule ligne. (Bruit. — Mais ce n'est pas vous qu'on accuse! — Interruptions en sens divers.)

Que les membres qui m'interrompent, dans mon intérêt, je le reconnais, me permettent de m'expliquer. A l'*Officiel*, on m'apporte des comptes rendus assez mal faits pour que, de ma propre initiative, je sois obligé de retrancher quelques mots malheureux. Mais si je n'ai eu qu'une valeur négative à l'*Officiel*, on ne peut pas me la refuser. D'ailleurs, j'ai conservé les procès-verbaux, que je pourrai vous montrer. Maintenant je crois que le citoyen Miot est d'accord avec moi.

Mais la question de l'*Officiel* avait été soulevée l'autre jour, et, à ce propos, j'avais une proposition ; je l'avais faite officieusement. Avant de rentrer plus au fond de la situation, que je trouve intolérable... (Bruit.)

Le citoyen Miot. — Ce qu'il y a d'important, c'est une réponse à ma demande.

Le citoyen Président. — Les deux secrétaires sont absents, mais l'un des secrétaires suppléants me fait observer que quelquefois il y a urgence à supprimer certains passages.

Le citoyen Longuet. — Je dis, je demande, et j'ai pour moi toutes les traditions possibles, je demande à répondre à ce qui a été dit en mon absence touchant l'*Officiel*. Je n'étais pas à la séance, vous avez discuté, et personne n'a protesté.

Le citoyen Billioray. — Je ferai remarquer au citoyen Longuet que ce qu'il prétend introduire à propos du procès-verbal est purement une question d'incident. Il s'agit d'adopter le procès-verbal ; après, nous parlerons de l'incident. En tout cas, je me réserve pour répondre ; mais ne perdons pas notre temps en incidents.

Le citoyen Parisel. — Je n'ai rien à ajouter au procès-verbal qui vient d'être lu, mais bien de celui qui a été inséré à l'*Officiel*. J'ai donné ma démission de la commission des subsistances, et non du travail et d'échange, parce que j'étais chargé d'une délégation très-importante.

Le citoyen Président. — En effet, il ne faut pas que nous ayons l'air de donner notre démission parce que nous ne voulons rien faire.

Le citoyen Miot. — On a supprimé toute la partie de la séance relative à ma proposition, c'est ce dont je me plains.

Le citoyen Rigault. — Je demande, comme motion d'ordre, que l'on vote le procès-verbal.

Le citoyen Président. — Comme sténographie, la séance est très-bien prise, et dans son entier, mais ce sont les secrétaires qui en ont escamoté une partie dans l'*Officiel*. (Vives réclamations.)

Le citoyen Ostyn. — Je propose une motion d'ordre au sujet du mot escamoter.

Le citoyen Président. — Citoyen Ostyn, vous n'avez pas la parole. (Nouvelles réclamations.)

Le citoyen Johannard. — Vous n'avez pas le droit d'insulter la Commune par l'emploi du mot escamoter.

Le citoyen J.-B. Clément demande la parole, qui lui est refusée.

Le citoyen Arthur Arnould. — Il m'a été signalé que Léo Meillet, dans son projet d'arrêté relatif à l'église Bréa et à l'amnistie de Nourri, avait prononcé les noms de Cirasse et Cuisinier, quand il aurait fallu dire Daix et Lahr; je demande cette rectification à l'*Officiel* : les premiers n'ont été guillotinés que trois ans après, lors du soulèvement de la Nièvre, en décembre 1851.

Le citoyen Président. — Je mets aux voix l'adoption du procès-verbal.

Le procès-verbal est adopté.

Le citoyen Arthur Arnould. — L'assemblée est-elle d'avis que l'incident relatif à l'*Officiel* ait lieu?

Plusieurs voix. — L'ordre du jour!

Le citoyen Président. — Je mets aux voix l'ordre du jour...

De différents côtés. — Non! non!

Le citoyen Lefrançais. — Je demande la parole contre l'ordre du jour. (Oui! — Non!)

Un membre. — Il me paraît de toute justice que le citoyen Longuet puisse répondre à ce qui a été dit au sujet de l'*Officiel*. (Bruit.)

Plusieurs membres. — Nous demandons la parole.

Un membre. — Il y a des paroles qu'évidemment nous ne devons pas publier; mais, en ce moment, il se passe des choses considérables qui demandent des solutions immédiates, et auxquelles nous devons donner la priorité; beaucoup d'autres questions peuvent être renvoyées sans inconvénient à quelques jours. (Bruit et interruptions diverses.)

Le citoyen Lefrançais, *au milieu du bruit*. — Je demande à parler sur la proposition Protot.

Le citoyen Longuet. — Je suis douloureusement surpris qu'il faille insister pour une question de bonne foi, de loyauté... (Interruption.)

Je n'accuse personne, mais, toutes les fois qu'on parle du *Journal officiel,* il y a confusion, et il me semble qu'il y aurait utilité à m'écouter. (Interruption.)

Je ne demanderai plus la parole dans cette assemblée si on ne veut pas m'entendre, et je ne donnerai point ma démission... (L'ordre du jour!)

Le citoyen Président. — Citoyens, l'ordre du jour appelle la discussion sur la proposition relative au comité de salut public. (Non! non! — La question de l'*Officiel!*)

Le citoyen Vésinier. — Un membre de la commission exécutive a demandé la parole pour faire une communication importante, je demande qu'il soit entendu de suite.

Plusieurs membres. — Oui! oui! — Nous demandons le comité secret.

(L'assemblée se constitue en comité secret, à cinq heures.)

Le *Journal officiel* de Versailles, dans sa partie non officielle, contient ce qui suit :

DÉPÊCHES DU GOUVERNEMENT.

Le gouvernement vient d'adresser à toutes les autorités civiles et militaires la circulaire suivante :

Versailles, 30 avril 1871, 1 h. après midi.

Les travaux d'approche contre le fort d'Issy ont continué, et le gouvernement a reçu les dépêches suivantes, qu'il s'empresse de publier :

Bel-Air, 30 avril 1871, 5 h. 5. m. matin.

LE GÉNÉRAL DE CISSEY A M. LE CHEF DU POUVOIR EXÉCUTIF ET A M. LE MARÉCHAL COMMANDANT EN CHEF A VERSAILLES.

Le coup de main sur la ferme de Bonnamy, en avant

de Châtillon, a été exécuté par une compagnie du 70ᵉ et par la compagnie des éclaireurs du 71ᵉ. Deux officiers insurgés ont été tués, trente insurgés tués ou blessés. On a fait soixante-quinze prisonniers, dont quatre officiers, qui arriveront dans la matinée à Versailles. De notre côté, un sergent et deux hommes tués et six blessés.

On ne saurait accorder trop d'éloges à ces troupes, et surtout aux capitaines Dumonchel, du 70ᵉ, et Broussier, du 71ᵉ.

A plus tard des détails sur l'affaire d'Issy.

Bel-Air, 30 avril, 6 h. 53 matin.

LE GÉNÉRAL DE CISSEY A, etc.

Je reçois du général Faron la dépêche suivante :

Fleury, 30 avril, 6 h. matin.

Opération bien réussie. Le cimetière, les tranchées, les carrières et le parc d'Issy ont été enlevés avec beaucoup d'élan par les bataillons des brigades Derroja, Paturel et Berthe, avec le concours des fusiliers marins. Nous occupons fortement les nouvelles positions, très-rapprochées des saillants et de l'entrée du fort. Le parc est relié au chemin de fer par une tranchée passant en avant du cimetière. De notre côté, peu de morts, une vingtaine de blessés.

Les insurgés, en très-grand nombre, se sont précipitamment retirés, en laissant de nombreux morts et des blessés, ainsi qu'une centaine de prisonniers, 8 pièces d'artillerie, beaucoup de munitions et 8 chevaux.

La lettre suivante a été adressée à la *Nation souveraine*, à l'occasion des récentes manifestations de francs-maçons à Paris :

Paris, ce 28 avril 1871.

Monsieur le rédacteur en chef,

Des affiches apposées sur les murs et les récits des journaux font mention de l'intervention de la franc-maçonnerie dans nos tristes affaires. Les francs-maçons pourraient croire, d'après ces publications, qu'il y a eu des assemblées générales régulièrement convoquées, dans lesquelles des délibérations auraient été prises. Il n'en est rien, du moins en ce qui regarde les maçons de l'ordre écossais. Membre du suprême conseil, j'ai, le 12 de ce mois, adressé au secrétaire général de notre obédience une lettre par laquelle je le mettais en demeure de convoquer une assemblée générale de nos frères, ou, suivant notre langage, une réunion de la grande loge centrale de France. Il m'a été répondu que l'absence d'un grand nombre de membres titulaires des offices et de députés ne permettait pas de croire à l'efficacité de la convocation. Rien n'a donc été fait.

En conséquence, je vous prie de vouloir bien annoncer que les résolutions dont parlent les affiches et les proclamations n'ont aucun caractère officiel pour les maçons unis au suprême conseil de France.

Recevez, etc.,

F. MALAPERT.
Orateur du suprême conseil.

Une réunion tenue vendredi, 28 avril, à la salle du Grand-Orient, rue Cadet, et à laquelle avaient été convoqués les présidents des loges maçonniques de Paris, a déclaré de même que l'assemblée précédemment tenue au Châtelet « n'avait eu, en droit maçonnique comme en fait, qu'un caractère purement individuel, n'engageant en aucune manière le corps de la franc-maçonnerie »; que la réunion projetée à la cour du Louvre pour le lendemain, 29 avril, se trouverait dans le même cas en l'absence de toute décision formelle, « soit du Grand-Orient de France, soit du Suprême Conseil, soit même des loges considérées isolément »; et qu'en conséquence, « la responsabilité des faits pouvant survenir devait rester purement individuelle! »

Le sieur Léo Meillet, membre de la Commune, a reçu du vice-consul de la république de l'Équateur la lettre suivante :

Paris, 29 avril 1871.

Citoyen,

Je lis à l'*Officiel* d'hier que, dans votre séance du 27 courant, vous annoncez avoir reçu le ministre de la république de l'Équateur.

Je m'empresse de vous dire qu'il n'y a, en ce moment, aucun ministre de ladite république en Europe.

C'est donc, sans doute, une erreur de sténographe, que je vous serais obligé de vouloir faire rectifier à votre prochaine séance.

Veuillez agréer, citoyen, l'assurance de ma considération distinguée.

Pour le consul général de l'Équateur :

F. DE BUSTAMANTE, *vice-consul.*

LE 2 MAI 1871.

Le *Journal officiel* de Paris, dans sa partie officielle, contient les pièces suivantes :

La Commune

DÉCRÈTE :

Art. 1er. Un comité de salut public sera immédiatement organisé.

Art. 2. Il sera composé de cinq membres, nommés par la Commune, au scrutin individuel.

Art. 3. Les pouvoirs les plus étendus sur toutes les délégations et commissions sont donnés à ce comité, qui ne sera responsable qu'à la Commune.

La Commune

DÉCRÈTE :

Les membres de la Commune ne pourront être traduits devant aucune autre juridiction que la sienne (celle de la Commune).

Ont été nommés membres du comité de salut public les citoyens : Antoine Arnaud, Léo Meillet, Ranvier, Félix Pyat et Charles Gérardin.

L'incurie et la négligence du délégué à la guerre ayant failli compromettre notre possession du fort d'Issy, la commission exécutive a cru de son devoir de proposer l'arrestation du citoyen Cluseret à la Commune, qui l'a décrétée.

La Commune a pris d'ailleurs toutes les mesures nécessaires pour retenir en son pouvoir le fort d'Issy.

———

Les citoyens Arthur Arnould et Vermorel sont adjoints au citoyen Longuet, pour faire sur le *Journal officiel* un rapport qui sera présenté à l'assemblée.

———

Le membre de la Commune délégué au ministère des finances,

Vu les lois et règlements réglant les rapports des compagnies de chemins de fer avec l'état ;

Vu également notre arrêté en date du 27 avril 1871 ;

Considérant que tous les établissements de la compagnie du chemin de fer de Ceinture sont situés dans le ressort de la Commune de Paris,

ARRÊTE :

Art. 1ᵉʳ. La compagnie du chemin de fer de Ceinture versera dans la huitaine, entre les mains des différents préposés de la Commune, l'arriéré de ses impôts de toute nature.

Art. 2. Ce versement comprendra le montant de

tous les impôts dus, depuis le dernier payement effectué jusqu'au 30 avril 1871 inclusivement.

A partir du 1er mai, le compte des impôts du chemin de fer de Ceinture sera régulièrement arrêté et payé tous les dix jours.

Paris, le 1er mai 1871.

Le membre de la Commune délégué aux finances,

JOURDE.

Le *Journal officiel* de Paris contient, dans sa partie non officielle, ce qui suit :

RAPPORTS MILITAIRES.

Fort d'Issy.

Le fort a été sommé de se rendre. Nous avons répondu aux troupes versaillaises que nous le ferions plutôt sauter que de le livrer aux royalistes.

Asnières.

De huit heures du soir jusqu'à onze heures du matin, les troupes de Versailles ont attaqué les nôtres. L'ennemi a été refoulé avec de grandes pertes de son côté. Le 174e bataillon a eu 2 tués et 3 blessés.

Montrouge, Bicêtre.

Calme jusqu'à dix heures. A dix heures, vive fusillade

partie du parc, continuée toute la journée sans résultat important. Le feu cesse à quatre heures et demie.

Hier, la journée a été assez calme. Le canon s'est à peine fait entendre.

Sur les quatre heures, la batterie établie sur le côté droit du château de Meudon couvrait de son feu le fort d'Issy.

Nos canonnières, par la justesse de leur tir, obligèrent cette batterie à se taire; chaque obus portait et faisait subir des pertes à l'ennemi.

A cinq heures, le commandant de la batterie la *Commune,* apercevant des mouvements de troupes dans le bois de Clamart et sur la gauche du viaduc du chemin de fer de l'Ouest, ordonna de faire feu dans cette direction : le bois fut fouillé par les obus et le mouvement s'arrêta.

Ce matin, à sept heures, le feu fut ouvert par l'ennemi, qui nous envoya une grêle de projectiles.

Nos canonnières ripostèrent avec le plus grand succès.

Paris, le 1ᵉʳ mai 1871.

Pour le délégué au ministère de la marine,

Le secrétaire général,

BOIRON.

Du 29 au 30 avril.

Le bataillon des Défenseurs de la république, dit *turcos de la Commune,* qui avait été commandé pour se rendre à Issy, était à sa destination à l'heure indiquée.

A dix heures du matin, au moment où ses hommes allaient manger la soupe, une vive fusillade nous indiquait qu'on attaquait le parc sur la gauche et la barricade qui garde la Grande-Rue. Sur l'ordre qui avait été donné aux Défenseurs de la république d'aller fouiller le parc, qui avait été abandonné la veille par un bataillon de la garde nationale et qui, à ce moment, était au pouvoir de l'ennemi, le commandant lançait ses 1re, 2e et 3e compagnies, et gardait sa 4e en réserve en la plaçant sur l'extrême droite, laquelle était appuyée par un détachement du 234e et du 67e bataillon de la garde nationale. Les trois premières compagnies se lancèrent tête baissée dans le parc et reprirent les positions perdues la veille. Il plaçait sur la barricade, en perdant deux sous-officiers, le drapeau percé déjà de deux balles. Il y resta jusqu'à la fin du combat. La 1re compagnie, sous les ordres du lieutenant Lantara, se dirigeait par mon ordre du côté du fort d'Issy et en prenait possession, littéralement abandonné par tous ceux chargés de le défendre.

Le commandant du 110e bataillon, qui avait été nommé provisoirement, reçut un parlementaire qui lui ordonnait, par l'intermédiaire du lieutenant Lantara, de rendre le fort dans quinze minutes, ou d'être passé par les armes; quoiqu'il ne restât alors que vingt-trois hommes pour défendre le fort, le lieutenant repoussa cet ordre de reddition.

Il me serait difficile de citer de nombreux actes de bravoure exécutés par mon bataillon. Je sais gré particulièrement au lieutenant Berjaud, qui s'est dévoué plusieurs fois sous une grêle de mitraille pour chercher des munitions à ses hommes qui en manquaient.

Le capitaine Sébire, nommé sur le champ de bataille,

ainsi que le capitaine Marseille, ont défendu le drapeau avec toute énergie, lequel a été percé de trois balles. Je cite entre autres le capitaine adjudant-major Martin, actuellement commandant au fort d'Issy; le capitaine Letoux et le capitaine Napied se sont particulièrement distingués, ainsi que le nommé Ménard, sous-lieutenant, et Devrigny, qui ont montré une rare énergie. Pour les sergents, je mettrai à l'ordre du jour Laurent, de la 1re compagnie, qui a été tué, et Fabre, de la même compagnie, blessé; plus, le sergent-major de la 2e, blessé grièvement. Je compléterai dans mon prochain rapport le nombre des tués et des blessés, qui s'élève à soixante. Je saisirai cette occasion pour réitérer *ma demande pour le chassepot et le complet armement de mon bataillon.*

J'envoie deux rapports au chef de légion, un pour la guerre et l'autre pour lui, et j'espère qu'il voudra bien faire connaître le résultat à qui de droit.

Le capitaine de la 1re compagnie, Oppenheim, regrette de n'avoir pu se présenter au combat, sous la défense expresse du chef de corps et du docteur.

Paris, le 1er mai 1871.

Le commandant,

NAZE.

Attendu qu'il y a intérêt, en ce moment, à centraliser le service de l'artillerie.

Toutes les batteries, montées ou non, qui ne sont pas au feu, ou dont le service n'est pas utile à la défense des remparts, devront être rendues demain, avant midi, à l'École militaire.

Toutes celles qui n'obéiront pas perdront leur droit à la solde.

Paris, le 30 avril 1871.

Le délégué à la guerre,

ROSSEL.

On lit dans le journal *le Cri du peuple* :

Une lueur effrayante du côté de Neuilly. Nous courons dans la direction; citoyens et citoyennes nous suivent... le canon tonne avec fureur... Oh! les brigands! les lâches! s'écrie-t-on.

Les Versaillais font pleuvoir sur Neuilly des projectiles incendiaires.

Une bombe remplie de pétrole a mis le feu à une carrosserie rue des Acacias, derrière la rue de Presbourg.

L'eau manquait; on n'a pu encore se rendre maître du sinistre.

Cette recrudescence de fureur annonce, de la part de Versailles, un effort désespéré.

Hier, nous assure-t-on, pendant la manifestation pacifique de nos maçons, bonapartistes et orléanistes s'y sont entre-fusillés. On parle de 1,500 morts.

Sur le refus de monseigneur Thiers d'accepter aucune conciliation, les Loges se sont réunies à la presque unanimité. Après avoir épuisé tous les moyens humanitaires, la guerre à outrance a été votée.

On voulait se former en légion sacrée et se faire tuer au pied des bannières. Mais il a été résolu, comme plus sage, de répartir dans les bataillons nationaux les quinze à vingt mille frères de bonne volonté. Les autres iront dans la province prêcher la croisade maçonnique, marchant bannière au vent, soulevant les populations devant l'autel de la fédération.

LE 3 MAI 1871.

Le *Journal officiel* de Paris, dans sa partie officielle, contient les pièces suivantes :

Le comité de salut public,
Considérant :
Qu'au point de vue de la défense de Paris, il est de toute urgence et du plus haut intérêt que ce qui est élément marin soit placé sous la direction du ministère de la marine,

ARRÊTE :

1° Le ministère de la marine, pour tout ce qui concerne les opérations militaires du siége, reste sous la direction du ministère de la guerre ;

2° Les chefs de bataillon rayeront des cadres de leurs compagnies tous les marins qui y sont incorporés et les dirigeront, dans les vingt-quatre heures, au ministère de la marine, où ils seront mis à la disposition du délégué à ce ministère ;

3° Tous les marins, fusiliers et matelots, incorporés dans les compagnies de la garde nationale, quitteront ces compagnies et se présenteront dans les vingt-quatre heures au ministère de la marine, pour se mettre à la disposition du délégué à ce ministère ;

4° Les marins fusiliers seront immédiatement organisés en compagnies de débarquement ;

5° Les matelots seront également organisés en compagnies de débarquement ; mais ces compagnies seront aussi considérées comme compagnies de dépôt, dans lesquelles le délégué au ministère de la marine pourra puiser pour le besoin du service des canonnières composant la flottille de la Seine ;

6° A partir de ce jour, 2 mai 1871, le bataillon des marins de la garde nationale, commandé par le citoyen Bloch, est placé sous la direction spéciale et absolue du délégué au ministère de la marine ;

7° Le délégué au ministère de la marine prendra, dans les cadres de ce bataillon, les officiers, sous-officiers et matelots capables, nécessaires à la composition des équipages de la flottille de la Seine ;

8° Des compagnies de débarquement seront immédiatement formées avec le reste de ce bataillon, de concert avec les fusiliers et matelots dont il est parlé dans les articles 4 et 5.

Paris, le 2 mai 1871.

Pour le comité de salut public,

F. PYAT, A. ARNAUD.

ORDRE.

Il est formellement interdit à tout commandant militaire, officier ou autre fonctionnaire au service de la Commune, d'avoir aucune communication avec l'ennemi.

Le délégué à la guerre rappelle à ce sujet les prescriptions du règlement sur le service en campagne ; il les fera exécuter dans toute leur teneur :

« Les trompettes et les parlementaires de l'ennemi ne dépassent jamais les premières sentinelles ; ils sont tournés du côté opposé au poste ou à l'armée. On leur bande les yeux, s'il en est besoin. Un sous-officier reste avec eux pour exiger que ces dispositions soient observées.

« Le commandant de la grand'garde donne reçu des dépêches et les expédie sur-le-champ au général. Il congédie sur-le-champ le parlementaire. »

L'envoi de parlementaires sert parfois à couvrir une ruse de guerre. On ne doit donc pas interrompre le feu pour le recevoir, quand même l'ennemi aurait interrompu le sien.

Tout officier ou employé à la guerre qui publiera un rapport sur les opérations militaires, ou un document officiel de nature à renseigner le public sur les ressources militaires de la Commune et leurs modes d'emploi, sera révoqué par ce seul fait et puni disciplinairement d'un mois de prison. Les officiers supérieurs et généraux sont chargés de veiller à l'exécution du présent ordre.

Paris, le 2 mai 1871.

Le délégué à la guerre,

ROSSEL.

Les citoyens May, l'un intendant général et l'autre intendant divisionnaire, révoqués pour motifs sérieux, ont trouvé moyen de faire insérer dans le *Journal officiel*, en l'absence du directeur, un panégyrique de leurs actes, qui est faux d'un bout à l'autre.

Une enquête est ouverte.

Le membre de la commission de la guerre, chargé du contrôle de la manutention,

G. TRIDON.

Le *Journal officiel* de Paris, dans sa partie non officielle, contient ce qui suit :

RAPPORTS MILITAIRES.

DÉPÊCHES TÉLÉGRAPHIQUES DES 1er ET 2 MAI.

Asnières.

Pendant la soirée, forte canonnade.

Nuit assez calme.

Matinée, canonnade et fusillade.

Deux heures, deux obus sont tombés sur la gare.

Trois heures et demie, batteries des fédérés envoient quelques obus sur les Versaillais.

Vanves, Issy.

Nuit calme.

Onze heures, bombardement continuel sur le Moulin-de-Pierre et Châtillon.

Deux heures, Issy bien gardé par les fédérés en nombre suffisant.

Journée, faible canonnade.

Montrouge, Bicêtre.

Soirée, 1ᵉʳ mai, neuf heures, Montrouge attaqué par redoute du bas Fontenay. Riposte vigoureuse.

Matinée, 2 mai, huit heures, Grange-Ory attaqué par Bagneux. Versaillais repoussés.

Une heure, Montrouge deux fois attaqué par Bas-Fontenay. Une heure de combat, avantage pour nous.

Châtillon tire sur Vanves, Meudon sur Issy.

Esprit des troupes excellent.

Hier, à six heures du matin, le viaduc du Point-du-Jour, ainsi que les maisons qui l'avoisinent, furent criblés de projectiles.

Les canonnières ripostèrent avec énergie ; au bout de

quelques instants, les batteries établies sur la gauche du Haut-Meudon furent obligées d'éteindre leurs feux.

Jusqu'à trois heures, tout est calme; à peine quelques coups de canon sont échangés de part et d'autre.

A trois heures, nos canonnières aperçoivent des troupes ennemies dans l'île Saint-Germain.

Sur chaque batterie le feu est ordonné, et notre mitraille pleut sur les travailleurs versaillais, qui essayaient d'élever des batteries sur la gauche de l'entrepôt de l'île Saint-Germain.

Ce matin, à trois heures, les troupes versaillaises, cherchant à s'emparer du cimetière d'Issy et des Moulineaux, sont obligées de céder devant notre feu et de rétrograder.

Paris, le 2 mai 1871.

Pour le délégué au ministère de la marine :

Le secrétaire général,

BOIRON.

COMMUNE DE PARIS.

SÉANCE DU 28 AVRIL 1871.

Présidence du citoyen J. VALLÈS.

La proposition suivante est déposée sur le bureau par le citoyen J. MIOT :

« Vu la gravité des circonstances et la nécessité de prendre promptement les mesures les plus radicales, les plus énergiques,

« La Commune

« DÉCRÈTE :

« Art. 1ᵉʳ. Un comité de salut public sera immédiatement organisé.

« Art. 2. Il sera composé de cinq membres nommés par la Commune, au scrutin individuel.

« Art. 3. Les pouvoirs les plus étendus sur toutes les commissions sont donnés à ce comité, qui ne sera responsable qu'à la Commune.

« J. MIOT. »

Le citoyen VAILLANT. — Citoyens, je me demande si aujourd'hui vous pouvez voter sur une résolution aussi grave. Tous les membres n'étant pas réunis, je crois que, dans les conditions actuelles, et quelle que soit l'urgence de la proposition, l'assemblée ne peut pas se prononcer aujourd'hui qu'elle n'a pas qualité, en l'absence des chefs de service. Tel est mon avis, je crois qu'il sera partagé par beaucoup de mes collègues de l'assemblée. Expression générale de tous les intérêts, de toutes les volontés, il faut que les divers services soient représentés, que la commission exécutive soit au moins présente. Ce n'est pas à la fin d'une séance qu'on peut se prononcer sur de pareils sujets.

Le citoyen RÉGÈRE. — Ce qu'on vous demande n'a rien d'excessif. Ce que nous avions voté sur la proposition Delescluze n'était pas le fait d'un gouvernement; un gouvernement doit être groupé. La proposition déposée tout à l'heure concorde avec cela. Je demande donc que l'urgence soit votée. Je dis que la Commune n'exercera son action de salut, de défense, que quand elle aura un gouvernement permanent, régulièrement constitué : cinq membres chargés de transmettre le pouvoir de la Commune aux divers ministres. Je demande l'urgence.

Le citoyen Miot. — On vous a dit qu'on ne pouvait pas voter la proposition immédiatement. J'ai l'honneur de répondre au membre qui a présenté cette objection : Jamais, peut-être, la Commune ne s'est trouvée aussi nombreuse.

Le citoyen Paschal Grousset. — Je demande formellement au citoyen Miot si, *oui* ou *non*, sa proposition a le caractère d'une mise en accusation, ou d'un vote de défiance contre la commission exécutive.

La commission exécutive que vous avez nommée, il y a cinq jours, s'est constituée avec cette opinion que vous la considériez comme un véritable comité de salut public. Il faut qu'on explique sur quels faits cette proposition est motivée. Je parle pour les membres qui auraient manqué à leurs devoirs; quant à moi, je dis : J'ai consacré tout mon temps, toute mon intelligence, toute mon activité à servir la cause que nous soutenons, je ne comprends pas qu'on laisse supposer de pareilles choses sans les dire.

Le citoyen Miot. — On demande que je formule une accusation; avant que je puisse le faire, il faudrait qu'il ait été établi un tribunal suprême.

Le citoyen Paschal Grousset. — C'est vous, Commune, qui êtes le tribunal suprême : voulez-vous donc abdiquer?

Je répète encore une fois que nous, membres de la commission exécutive, nous sommes responsables, et je veux que l'on nous accuse et l'on nous juge avant de nous remplacer.

Le citoyen Président. — Il y a plusieurs orateurs inscrits au sujet de l'urgence, mais comme je suppose que chacun a son opinion faite à ce sujet, je demande qu'elle soit mise aux voix.

L'urgence est votée et acceptée.

Le citoyen Régère. — Je demande le renvoi à demain.

Le citoyen Président. — Comme président, je crois avoir compris que, du moment qu'on a adopté l'urgence, la discussion doit être immédiatement commencée.

Le citoyen Rastoul. — Il y a huit jours, j'ai pris la parole pour vous déclarer que nous marchions vers cette dictature que vous vouliez éviter. On a nommé neuf membres; je m'y suis opposé, je demandais qu'il n'y en ait que trois, cinq au plus. Vous leur auriez donné le nom de dictature, de comité de salut public, peu importe, mais ils auraient eu pleins pouvoirs.

J'appuie donc la proposition d'un comité de salut public.

Ma proposition se distingue de celle du citoyen Miot en ce sens que je voudrais que la dictature fût confiée à trois membres, et non pas à cinq.

Le citoyen Billioray. — Je veux le comité de salut public. Déjà, le lendemain de la proposition Delescluze, j'avais présenté un projet semblable.

Il ne nous faut pas de dictature à la guerre. Dans cette partie du service on se moque véritablement de la Commune, en ne tenant pas compte de ses décisions.

Non-seulement nous marchons à la dictature d'un seul, mais encore à la dictature incapable. Si une dictature pouvait nous amener plus sûrement le triomphe, peut-être l'accepterais-je. (Protestations.)

Mais l'administration de la guerre est l'organisation de la désorganisation.

Il nous faut un comité souverain pour faire marcher tous ces services.

Le citoyen Babick. — Je ne veux pas pour la Commune d'autre dictature que celle de la Commune elle-même. La commission exécutive aurait, en effet, le droit d'être blessée de la proposition : s'il y a des hommes incapables, qu'on les remplace par d'autres; mais je m'oppose à la dictature d'une commission de trois, cinq ou neuf membres.

Que la situation soit sauvée par la Commune elle-même, et non par un comité de salut public.

Le citoyen Langevin. — Mon avis est que nous nous attachons trop aux mots. Quant à moi, examinant la proposition Miot, je la trouve impraticable. Avec la Commune agissant comme maintenant, un comité de salut public sera entravé.

Depuis huit jours, que voyons-nous? L'assemblée nommant des commissions, et ensuite apportant ici tous les détails de leur travail, et ne s'en rapportant pas à ceux qu'elle a nommés, discutant la façon dont on s'y prend pour exécuter le travail.

Quand vous aurez nommé une commission exécutive appelée comité de salut public, les mêmes faits se reproduiront. (Interruptions.)

J'ai été le premier à constater que la commission exécutive était défectueuse. Les chefs éprouvent des empêchements à se réunir.

Je crois qu'il serait parfaitement utile de nommer une commission chargée de prendre les mesures nécessaires, mais j'ai une conviction profonde qui m'est personnelle : cette commission ne pourrait pas mieux agir que les autres. (Bruit.)

Le citoyen Léo Meillet. — Je me rallie tout à fait à la proposition du citoyen Miot. Il y a des mesures énergiques à prendre, et ces mesures ne peuvent être prises que par une commission spéciale, qui ne soit pas entravée par des détails d'administration.

Je demande que ce comité de salut public soit nommé, afin de centraliser tous les pouvoirs. Je ne veux pas que ce soit une menace pour les membres de cette assemblée, et je trouve que la commission exécutive a bien tort de se formaliser de cette nouvelle commission, qui ne serait pour elle en définitive qu'une garantie, qui assumerait sur elle toute la responsabilité et mettrait à couvert la commission exécutive elle-même.

Le citoyen Ledroit. — J'appuie ce que vient de dire le citoyen Meillet. Je ne crois pas qu'on puisse mettre en accusation les membres de la commission exécutive; avec le travail qu'ils ont, il n'est pas admissible qu'ils puissent s'occuper des choses de la guerre. Il faut des hommes énergiques, qui ne craignent pas de mettre sous les yeux de la Commune les actes de ses membres.

Le citoyen Champy. — J'appuie simplement la proposition Miot.

Le citoyen Henri Fortuné. — J'appuie et demande le vote.

Le citoyen Antoine Arnaud. — J'appuie fortement.

Le citoyen Paschal Grousset. — Il y avait une commission exécutive composée de cinq membres : en moins de quinze jours, des conflits de toute nature se sont élevés; la commission exécutive donnait des ordres qui n'étaient pas exécutés; chaque commission particulière, se croyant souveraine de son côté, donnait aussi des ordres; de telle façon que la commission exécutive ne pouvait avoir de responsabilité réelle; elle faisait des efforts surhumains pour s'occuper de tout, et en somme ne s'occupait de rien.

Cette organisation, vous avez bientôt été obligés de la détruire, et vous lui avez substitué une organisation dans laquelle la commission exécutive se trouvait formée par les chefs de tous les services que représentent les autres commissions.

Vous voulez aujourd'hui faire disparaître cette dernière organisation : je vous demande encore une fois qu'avant de prendre une pareille décision, les accusations qui semblent vouloir se porter sur deux ou trois membres de la commission ne se portent pas sur tous. Si l'on doit faire le procès de quelqu'un, qu'on le fasse, mais qu'on ne condamne pas l'ancienne commission sans avoir demandé compte à chacun de ce qu'il y a fait.

Le citoyen Vaillant. — Je n'ai qu'à affirmer davantage quelques-uns des points touchés par Grousset.

Il est certain que la proposition que l'on vient de vous faire est un retour vers l'organisation précédente, en étendant toutefois le pouvoir des membres de la nouvelle commission. Je crois qu'agir de la sorte serait d'un très-mauvais effet aux yeux du public, on y verrait un tâtonnement regrettable.

Il y a, en effet, à peine six jours que la nouvelle commission a été nommée. Je ne crois pas que depuis cette époque il se soit produit des faits tellement graves que nous revenions sur une situation première. Je crois même pouvoir affirmer que, bien loin de s'être aggravée, la situation s'est au contraire améliorée, et sans vouloir en faire un mérite à la commission, c'est un fait que je me plais à constater.

Si, maintenant, il y a des accusations à porter, qu'on les formule, et la Commune, qui est le juge suprême, décidera.

La commission exécutive, nommée il y a six jours, représente les aspirations de la Commune, et jusqu'à présent aucune accusation n'a été portée contre elle; et puisque la situation s'est améliorée depuis qu'elle a été nommée, sur quoi se fonder pour la renverser?

Le citoyen VERMOREL. — Je crois, avec le citoyen Miot, qu'il est indispensable de fortifier le contrôle et l'action; mais il est indispensable aussi de ne pas avoir l'air de changer de gouvernement trop souvent.

Il y a, selon moi, un moyen de concilier la proposition qui est faite avec ce qui existe actuellement.

Ce qui arrive avait été prévu, et, pour mon compte particulier, j'avais proposé que la commission exécutive fût, en quelque sorte, une commission de contrôle central n'ayant pas à s'occuper des détails et des paperasses comme les délégués.

Je pense que nous pouvons reprendre l'idée d'une commission de contrôle général qui serait composée, je le suppose, de cinq membres; on ne lui donnerait pas le nom de comité de salut public, pour ne pas faire croire à un danger; on l'appellerait commission de contrôle ou d'enquête, ou d'un nom plus heureux; mais avant je crois qu'il serait bon et convenable de mettre en demeure la commission exécutive de vous présenter un rapport sur ce qu'elle a fait, rapport qui vous permettrait de la juger. (Bruit.)

Je crois à la nécessité d'une plus grande unité d'action et de contrôle; mais je crois aussi qu'il est indispensable, au point de vue politique, de ne pas nous montrer au dehors, en face de nos adversaires et même de nos amis, comme voulant renverser aujourd'hui ce que nous avons institué il n'y a que quelques jours.

Le citoyen BABICK. — Le citoyen Vermorel a exprimé une partie de mon idée.

S'il y a des reproches à faire à la commission exécutive, pourquoi ne pas les formuler de suite? Ceux qu prétendent avoir en main les preuves de faits de nature à motiver une accusation sont coupables de ne pas les dénoncer.

Pour moi, je ne crois pas au danger, j'ai confiance dans l'idée communale, qui est au-dessus de toutes les trahisons ; j'ai foi dans la république, dans les destinées de la patrie régénérée par la Commune. Voilà pourquoi je ne puis accepter la création d'un comité de salut public.

Le citoyen JULES VALLÈS. — Citoyens, je crois que le débat actuel roule absolument sur un malentendu. C'est à propos de la guerre que nous devons discuter. (Tumulte.)

Le citoyen CHALAIN. — Contrairement à ce qu'on a dit, que, si le public voyait qu'on revient sur des décisions, il trouverait cela mauvais, je crois qu'au contraire il nous applaudira de revenir sur de mauvaises décisions. Il est de notre devoir de revenir sur nos décisions chaque fois que nous nous sommes trompés. Je ne veux pas que la commission exécutive soit dissoute; mais je crois aussi qu'il serait utile d'avoir un comité qui lui transmettrait ses résolutions. (Interruptions.) Je tiens à la formation d'un comité de salut public; je veux qu'il soit muni de pleins pouvoirs, même contre les membres de la Commune : lorsqu'il aura la preuve de la trahison d'un de ses membres, je veux qu'il puisse le briser. (Interruptions.)

Le citoyen E. CLÉMENT. — Je n'aurai à répéter que ce qu'on dit tous les jours. Qu'est-ce que le comité de salut public? Une commission politique. Tous les membres de l'exécutive sont en dehors de la discussion. Cette commission existera comme aujourd'hui. Les délégués des commissions sont des hommes spéciaux, absorbés par des détails spéciaux, et qui sont obligés de laisser de côté toute question politique.

Le citoyen ANTOINE ARNAUD. — Il est évident que la question est sur ce terrain. La commission exécutive ne me paraît pas en jeu. Chaque commission a des attributions spéciales. Un comité de salut public est tout politique. Ses attributions ne sont pas les mêmes que celles des autres commissions. Il ne s'agit de suspecter personne. Chaque commission a à s'occuper d'un but déterminé, tandis que ce comité de salut public et révolutionnaire a un but différent. Aussi je ne comprenais pas la motion du citoyen Vermorel, que ce comité fût de contrôle, et qui demande le rapport des neuf commissions.

Le citoyen AMOUROUX. — Le citoyen Vermorel m'a semblé avoir peur du mot « comité de salut public ». Ayons donc le courage de nos opinions. Sous les hommes du 4 septembre, on a eu peur du mot de la Commune. N'ayons donc pas ainsi peur des mots.

Le citoyen BILLIORAY. — Mais on peut donner le nom de comité de sûreté générale. Maintenant je ferai cette observation à Paschal Grousset, qui croyait que nous revenions à l'ancienne organisation : les ministères étaient répartis à des commissions, et la commission exécutive se trouvait en face de commissions qui étaient composées de cinq ou six membres. Il y a donc une grande différence. Ce que nous ferons complétera simplement le système proposé par le citoyen Delescluze, que vous avez adopté; vous compléterez une organisation qui n'est pas complète.

Le citoyen CHALAIN. — Je demande la clôture. Je pense que l'assemblée est assez éclairée sur la question. (Oui! oui! — Non! non!)

Le citoyen Longuet. — Si on demande la clôture, je demande à parler contre, car je ne suis pas assez éclairé par la discussion. Aussi, si je prends la parole, c'est plutôt pour demander le renvoi à demain, afin que des arguments nouveaux puissent se produire.

Le citoyen Billioray. — La clôture a été demandée; si elle n'est pas prononcée, on pourra voter sur le renvoi.

Le citoyen Ostyn. — Je proteste contre la clôture, n'étant pas suffisamment éclairé.

Le citoyen Longuet. — Citoyens, je maintiens mon droit; je n'admets pas qu'on dise que j'ai parlé contre la clôture.

Si je m'oppose à la clôture, ce n'est pas de parti pris. Je m'adresse à ceux qui viennent nous faire des propositions, souvent fort légèrement (Bruit), ou du moins fort à l'improviste, et je déclare que, pour moi, je ne me sens pas assez éclairé par leurs raisons. Je n'ai pas de parti pris contre la proposition, mais je crois que ni vous ni moi ne pouvons être suffisamment éclairés.

Nous ne pouvons l'être, parce que ce n'est pas dans une assemblée, après une séance déjà longue, qu'on peut réfléchir sérieusement et se décider sur une proposition qui vient d'être faite. Il faut à la réflexion véritable plus de temps et aussi plus de calme, lorsque de graves questions sont en jeu. Je n'admets donc pas que vous puissiez voter en ce moment.

Le citoyen Président. — Je mets aux voix la clôture de la discussion.

(La clôture, mise aux voix, est repoussée.)

Le citoyen Président. — Vous venez de décider que la discussion continuera; maintenant il y a une proposition qui en demande le renvoi à demain. Je la mets aux voix.

(Le renvoi de la discussion à demain est mis aux voix et adopté.)

Le citoyen Président. — La discussion est renvoyée à demain.

La séance est levée à huit heures et quart.

SÉANCE DU 30 AVRIL.

Présidence du citoyen Meillet.

L'ordre du jour appelle la suite de la discussion de la proposition, faite par le citoyen Miot, d'un comité de salut public.

Le citoyen Régère se déclare pour le comité de salut public. Loin d'accuser d'incurie les délégués aux différents ministères, il reconnaît qu'ils ont fait tout leur possible, mais ils sont absorbés par les détails, et les décrets de la Commune ne sont point exécutés. Ce qui manque, c'est une permanence de membres donnant à la défense plus de coordination.

Le citoyen Viard demande, si l'on forme ce comité, que l'on procède avec beaucoup de soin au choix des membres qui le composeront.

Le citoyen Arnold voudrait que l'on formulât d'une façon précise le programme de ce comité.

Le citoyen Johannard insiste pour qu'on délimite les attributions du comité et qu'on ne fasse entrer dans ce comité que des membres jeunes et énergiques.

Le citoyen Allix fait remarquer que, dans l'idée de la Commune, la nouvelle commission exécutive était un véritable comité de salut public. Il craint qu'on ne se laisse entraîner par des mots ; ce comité de salut public cache la dictature.

Le citoyen Chardon croit que l'on peut former ce comité sans toucher aux droits de la Commune.

Le citoyen Ostyn repousse absolument tout comité de salut public; c'est la royauté déguisée. Si on le forme, qu'on délimite bien ses pouvoirs.

Le citoyen Vésinier dit que ce comité de salut public serait en réalité un comité exécutif, au-dessus des commissions actuelles. On peut le créer sans toucher à ce qui existe. Le travail administratif absorbe tout le temps et les forces des membres et des délégués des commissions; le comité donnerait la direction politique. Peut-il être un danger? Non, s'il n'a pas auprès de lui un tribunal suprême ayant le droit d'arrêter les membres de la Commune. Si cette juridiction n'est pas créée, l'écueil de la dictature sera évité et un double but atteint : inviolabilité de la Commune, et direction puissante donnée aux affaires.

Le citoyen Chalain croit que, si le mot de comité de salut public effraye, on peut appeler ce comité : comité directeur. (Obligé de se retirer, le citoyen Chalain laisse son vote au président.)

Le citoyen Andrieu déclare mauvais tout vote venant après une nouvelle à sensation. Le nom de comité de salut public lui importe peu ; c'est la chose qu'il redoute. Il demande qu'on discute seulement aujourd'hui le principe de la proposition du citoyen Miot.

Le citoyen Billioray démontre que la proposition ne s'est nullement faite à la suite des nouvelles d'Issy. Le comité de salut public, ou plutôt de direction, aurait pour mission de faire exécuter les décrets de la Commune et de contrôler les délégués.

Le citoyen Babick est contre le comité de salut public, qui est un retour aux errements monarchiques.

Le citoyen Dupont ne voit aucun danger dans la création d'un comité qui aurait pour seul mandat de poursuivre et de punir les traîtres.

Le citoyen Rastoul demande trois membres absolument libres et responsables de leurs actes.

Le citoyen Langevin veut que les attributions de cette nouvelle commission soient nettement définies.

Le citoyen Pillo croit qu'il faut concentrer toutes les volontés. Parfois, trop souvent, les décrets de la Commune demeurent lettres mortes. Il se forme dans le public des groupes qui tendent, sous couleur de républicanisme, à étouffer la Commune et à la remplacer par une sorte de république dans le genre de celle de 48.

Le citoyen Vaillant demande qu'on ne fasse pas de pastiche révolutionnaire. L'important serait de transformer la Commune elle-même, d'en faire ce qu'était la première Commune de Paris, une assemblée de commissions travaillant ensemble, et non un parlement où chacun tient à dire son mot.

Le citoyen Tridon craint que le comité directeur ne soit qu'un comité d'empêchement. Ce n'est pas une commission isolée qui peut exécuter les décrets, c'est la Commune tout entière. De plus, il ne voit pas les hommes à mettre dans ce comité.

Le citoyen Arnold voudrait que ce comité fût simplement une commission d'exécution des décrets.

Le citoyen Miot fait observer qu'il n'a pas attendu les nouvelles fâcheuses qui sont venues d'Issy pour faire sa proposition. Il insiste pour que la Commune forme un comité de salut public, et non un comité directeur. On accuse généralement la Commune de mollesse, d'inactivité; il faut un comité qui donne une impulsion nouvelle à la défense et ait le courage, s'il le faut, de faire tomber les têtes des traîtres.

Le citoyen Pyat se déclare pour le principe du nouveau comité. La formation de la nouvelle commission exécutive est vicieuse; c'est le cumul des fonctions, c'est la confusion des pouvoirs, c'est la réaction.

La clôture de la discussion générale est prononcée.

Le Président donne lecture de la proposition du citoyen Miot.

Les citoyens Arnold et Longuet font la proposition suivante :

« La Commune de Paris,

« Considérant qu'il importe absolument que les décrets de la Commune soient tous et immédiatement exécutés;

« Considérant qu'à ce point de vue, il est indispensable de constituer une commission dont la mission exclusive et absolue sera de veiller à l'exécution de tous les actes émanant de la Commune,

« DÉCRÈTE :

« Art. 1er. Il est institué un comité qui prendra le nom de comité exécutif.

« Art. 2. Il sera composé de cinq membres, et sera exclusivement chargé de faire exécuter tous les décrets de la Commune. »

La Commune décide de discuter article par article la proposition du citoyen Miot. Les considérants sont écartés.

Le premier article de la proposition du citoyen Miot est mis en discussion.

Le citoyen Vallès, tout en se ralliant à la proposition du citoyen Miot, demande qu'on donne au comité un autre nom que celui de comité de salut public; il propose celui de comité de contrôle central.

Le citoyen Urbain ne comprend pas qu'on redoute un nom ; il demande que celui de comité de salut public soit conservé.

Le citoyen Malon propose l'amendement suivant :

« Art. 1er. Il est nommé un comité directeur. »

On propose le vote nominal sur le premier article.

Ont voté pour que le nom soit « comité de salut public », les citoyens Amouroux, Arnaud (Antoine), Blanchet, Champy, Chardon, Clément (Émile), J.-B. Clément, Clovis Dupont, A. Dupont, Durand, Ferré, Fortuné (Henri), Gambon, E. Gérardin, Grousset, Johannard, Ledroit, Meillet, Miot, Oudet, Pillot, Pothier, Pyat, Régère, Urbain, Vésinier.

Ont voté pour que le nom soit de « comité exécutif », les citoyens Andrieux, Arnold, Arthur Arnould, Avrial, Allix, Babick, Billioray, Courbet, Demay, Dereure, Franckel, Langevin, Lefrançais, Longuet, Malon, Mortier, Ostyn, Pindy, Protot, Rastoul, Serailler, Theisz, Vaillant, Vallès, Varlin, Verdure.

26 voix contre 26.

Il est décidé que le vote de l'article 1er sera renvoyé à demain.

Sur l'article 2, le citoyen Rastoul propose l'amendement suivant :

« Il sera nommé une commission de trois membres, avec pleins pouvoirs pour la haute direction des affaires et leur exécution prompte, immédiate, effective, puissante. Toutes les commissions existantes se mettront à la complète disposition de ces trois membres, en vue d'une action extérieure et intérieure, énergique, radicale, efficace, complète. Cette commission sera responsable devant la Commune, qui remplira vis-à-vis d'elle le rôle de comité souverain, de surveillance, d'inspection, de vigilance, mais sans avoir une action directe dans son administration et son exécution, mais qui pourra la briser, la révoquer, s'il y a lieu. »

Cet amendement est rejeté.

L'article 2, mis aux voix, est adopté à l'unanimité.

A l'article 3, le citoyen F. Pyat demande qu'il soit ajouté : « Délégation et commission. »

Cet amendement étant accepté par l'auteur du projet, il n'y a pas lieu de le voter.

Le citoyen Longuet propose à son tour l'amendement suivant :

« Il aura un pouvoir de contrôle et de surveillance. »

L'article, étant mis aux voix, est adopté sans l'amendement par 33 voix contre 16.

Un article additionnel ainsi conçu, présenté par le citoyen Vésinier est également adopté.

« Art. 4. Les membres de la Commune ne pourront être traduits devant aucune autre juridiction que la sienne. »

Sur l'ensemble du projet, la Commune, après avoir entendu les citoyens Pothier, Urbain, J.-B. Clément, Langevin, Lefrançais, Serailler, décide le renvoi du vote au lendemain.

La séance est levée à neuf heures et demie.

Le *Journal officiel* de Versailles contient ce qui suit dans sa partie non officielle :

Le gouvernement vient d'adresser à toutes les autorités civiles et militaires la circulaire suivante :

Versailles, 2 mai 1871, 2 h. soir.

OPÉRATIONS DE L'ARMÉE.

Le fort d'Issy, accablé par le feu de nos batteries, avait arboré le drapeau parlementaire et allait se rendre, lorsqu'un envoyé de la Commune, arrivant soudainement, a empêché les défenseurs de déposer les armes. Le feu a recommencé sur-le-champ et a continué ses ravages.

Cette nuit, le général la Mariouze (de la division Faron), à la tête de deux bataillons, un du 35ᵉ et un du 42ᵉ, a emporté le château d'Issy avec la plus grande vigueur. Pendant ce temps, le 22ᵉ de chasseurs à pied, de la brigade Berthe, s'approchant en silence de la gare de Clamart, l'a enlevée à la baïonnette, presque sans tirer. Les insurgés, dans ces deux actions, ont fait des pertes considérables. Ils ont laissé trois cents morts sur le terrain et environ quatre cents prisonniers.

En ce moment, le fort, complétement investi et isolé de Paris, sera bientôt en notre pouvoir, ou par reddition, ou par force.

Nos opérations continuent donc selon un plan bien mûri et de manière à amener des résultats prochains. Pendant ce temps, la Commune, délaissée par les électeurs de toute la France et menacée par notre armée, commet des actes qui sont ceux du désespoir.

Elle arrête ses généraux pour les fusiller, et institue un comité de salut public qui indignera tout le monde, sans faire trembler personne. Elle est évidemment au terme de son délire, et il ne lui reste que la ressource dont elle use tous les jours, d'annoncer aux Parisiens qu'elle est partout victorieuse. Toujours est-il qu'en quatre jours le fort d'Issy a été éteint et entièrement isolé de Paris par un investissement actuellement complet.

Issy, 2 mai, 9 h. 15 matin.

LE GÉNÉRAL FARON AU GÉNÉRAL DE CISSEY.

Nous occupons le château d'Issy et la gare de Clamart.

Nous avons fait trois cents prisonniers.

Les attaques sur le château d'Issy et la gare de Clamart ont parfaitement réussi.

Ces deux importantes positions ont été enlevées avec un grand élan. Occupons très-fortement et nous nous y consolidons, malgré des retours offensifs.

Pertes des insurgés énormes, nôtres minimes.

Grand nombre de prisonniers dirigés sur Versailles.

Troupes méritent les plus grands éloges, se battent et travaillent avec ardeur.

Général FARON.

LE 4 MAI 1871.

Le *Journal officiel* de Paris contient, dans sa partie officielle, les pièces suivantes :

La Commune

DÉCRÈTE :

Un registre sera ouvert dans les mairies de chaque arrondissement.

Ce registre aura pour but l'inscription des noms de tous les citoyens qui se seront distingués en combattant pour la défense de la république et des libertés communales.

La Commune de Paris.

La Commune de Paris,
Sur la proposition de la commission du travail et de l'échange ;
Vu le décret de la commission exécutive du 20 avril, supprimant le travail de nuit chez les boulangers,

ARRÊTE :

Art. 1ᵉʳ. Toute infraction à cette disposition comportera la saisie des pains fabriqués dans la nuit, qui seront mis à la disposition des municipalités, au profit des nécessiteux.

Art. 2. Le présent arrêté sera affiché dans un endroit apparent de chaque magasin de vente des boulangers.

Art. 3. Les municipalités seront chargées de l'exécution du présent arrêté.

La Commune de Paris.

Le comité de salut public,

Vu l'arrêté de la commission exécutive en date du 25 avril 1871, autorisant la sortie des marchandises de transit à l'exception des farines, armes et munitions de guerre ;

Considérant qu'il importe de concilier autant que possible les nécessités de la défense de Paris avec les intérêts commerciaux de la France et de l'étranger,

ARRÊTE :

Art. 1er. La sortie des marchandises de toute nature est autorisée à partir de ce jour.

Art. 2. Sont exceptés de cette disposition les vivres, farines, liquides ou denrées alimentaires, les équipements militaires, armes et munitions de guerre.

Paris, 3 mai 1871.

Le comité de salut public,

ANT. ARNAUD, CH. GÉRARDIN, FÉLIX PYAT, LÉO MEILLET, G. RANVIER.

Le *Journal officiel* de Paris contient, dans sa partie non officielle, ce qui suit :

RAPPORTS MILITAIRES.

DÉPÊCHES TÉLÉGRAPHIQUES DU 3 MAI.

Asnières.

Soirée du 2 mai, canonnade intense. On croyait à l'attaque ; elle n'a pas eu lieu.
Tir continuel des ruraux sur le chemin de fer.
Midi, calme.
Wagons blindés fouillent Asnières.
Deux heures, combat vif, ennemi repoussé.
Trois heures et demie, on remarque signaux de l'église Neuilly. On fait perquisition.
Versaillais envoient obus à pétrole, fait avéré par obus non éclaté.

Neuilly.

Quatre heures, combat d'artillerie ; excellent succès pour fédérés.
Une heure, canonnade continue du camp versaillais.
Deux heures, cessation des hostilités des deux côtés.

Vanves, Issy.

Vanves, nuit calme.
Trois heures, bombardement jusqu'à huit heures. Ruraux repoussés vigoureusement. Fort incendie à Clamart.
Issy, nuit, vive canonnade.

Montrouge, Bicêtre.

Attaque versaillaise côté Bagneux ; ennemi repoussé.

Hier, jusqu'à trois heures de l'après-midi, tout est calme.

A cette heure, la canonnade éclate épouvantable, terrible ; les batteries versaillaises de Meudon, de Brimborion, de l'Orangerie, du cimetière de Clamart et de la gendarmerie de Clamart font pleuvoir une pluie de projectiles sur le fort d'Issy, qui répond avec fureur.

Nos canonnières, en compagnie des bastions n°s 67 et 68, se mêlent de la partie, et, grâce aux canonniers du Perrier, Véron et Coulon, dont la justesse de tir est vraiment remarquable et extraordinaire, les batteries basses de Breteuil sont presque détruites et obligées d'éteindre leurs feux.

A cinq heures environ, un mouvement de troupes est signalé du côté des Moulineaux ; la *Liberté* envoie quelques boîtes à mitraille ; les troupes reculent.

Toute la nuit, fusillade et canonnade intermittentes.

Le capitaine Berche, commandant la *Liberté* (ex-*Farcy*), signale, pour leur courage et leur bravoure, les citoyens dont les noms suivent : Melin, maître canonnier ; Valé, matelot ; Coreuf, chef de pièce ; Lefebvre, maître mécanicien ; Gauchet, chauffeur ; Mouton, pilote ; Le Mole, matelot.

Quant au reste de l'équipage, le capitaine n'a qu'à se louer de sa bonne volonté et de sa bonne tenue.

Paris, le 3 mai 1871.

Pour le délégué au ministère de la marine :

Le secrétaire général,

BOIRON.

COMMUNE DE PARIS.

SÉANCE DU 1er MAI 1871.

Présidence du citoyen MEILLET.

L'ordre du jour appelle le vote sur l'article 1er du projet du citoyen Miot, relatif au comité de salut public.
L'appel nominal demandé donne les résultats suivants :

Pour la formation d'un comité de salut public :

Amouroux, Ant. Arnaud, Bergeret, Billioray, Blanchet, Champy, Chardon, E. Clément, J.-B. Clément, Demay, Dupont (Cl.), Durand, Ferré, Fortuné (Henri), Gambon, Géresme, Grousset, Johannard, Ledroit, Lonclas, L. Meillet, Miot, Oudet, Parisel, Pillot, Philippe, F. Pyat, Ranvier, Régère, Rigault, Trinquet, Urbain, Vésinier, Viard.

Pour la formation d'un comité exécutif :

Andrieu, Art. Arnould, Avrial, Allix, Babick, Beslay, Clémence, V. Clément, Courbet, Franckel, Gérardin, Jourde, Langevin, Lefrançais, Longuet, Ostyn, Pindy, Pothier, Rastoul, Serailler, Tridon, Theisz, Vaillant, Vallès, Varlin, Verdure.

Votants, 62. — Majorité absolue, 32.

Comité de salut public.............. 34
Comité exécutif.................... 28

Le nom de « comité de salut public » est adopté.
Avant de passer au vote sur l'ensemble du projet, la Commune décide que l'article 4 sera disjoint des autres et formera un décret spécial.

L'ensemble du projet, mis aux voix, donne le résultat suivant :

Pour l'adoption :

Amouroux, Arnaud, Allix, Bergeret, Billioray, Blanchet, Brunel, Champy, Chardon, Clément (E.), Cournet, Demay, Dereure, Dupont (Cl.), Durand (A.), Ferré, Franckel, Fortuné (H.), Gérardin (C.), Géresme, Grousset, Ledroit, Lonclas, Martelet, Meillet, Miot, Oudet, Parisel, Pillot, Pothier, Philippe, Pyat, Ranvier, Régère, Rigault, Sicard, Trinquet, Urbain, Vaillant, Vésinier, Viard, Verdure.

Contre :

Andrieu, Art. Arnould, Avrial, Babick, Beslay, Clémence, Clément (V.), Courbet, Gérardin (E.), Jourde, Langevin, Lefrançais, Longuet, Malon, Ostyn, Pindy, Rastoul, Serailler, Tridon, Theisz, Vallès, Varlin, Vermorel.

Votants, 68. — Majorité absolue, 35.

Pour.......... 45
Contre........ 23

Le décret est adopté.

Votes motivés :

J'ai accepté le mandat impératif ; je crois être logique avec mes paroles et mes engagements en votant pour le comité de salut public.

TH. FERRÉ.

Absent lors de la discussion sur la qualification de comité de salut public et sous le bénéfice des observations que j'avais à présenter sur le titre même de « comité de salut public », je vote pour.

J. COURNET.

Considérant que, vu les dangers de la patrie, jamais le nom de salut public n'est plus en situation ;

Que le comité de salut public ne saurait être une dictature dangereuse, puisqu'il est sous le contrôle de la Commune, je vote pour.

PARISEL.

Attendu que le mot de salut public est absolument de la même époque que celui de république française et de Commune de Paris, je vote pour.

PYAT.

Me conformant au mandat impératif qui m'a été conféré par mes électeurs, je vote pour le comité de salut public, parce qu'il est urgent que la Commune reste dans le sens le plus large du mouvement révolutionnaire qui l'a nommée.

GÉRARDIN.

Je vote pour le comité de salut public comme mesure révolutionnaire indispensable dans l'état actuel de la situation.

CH. LEDROIT.

Considérant qu'aucune mesure trop énergique ne saurait être prise par la Commune dans les circonstances actuelles, et voulant rester fidèle au mandat impératif que j'ai reçu de mes électeurs, je vote pour.

URBAIN.

Je vote pour un comité de salut public, attendu que, si la Commune a su se faire aimer de tous les honnêtes gens, elle n'a pas encore pris les mesures indispensables pour faire trembler les lâches et les traîtres, et que, grâce à cette longanimité intempestive, l'ennemi a peut-être obtenu des ramifications dans les branches essentielles de notre gouvernement.

BLANCHET, DUPONT.

Attaqués impitoyablement et sans motifs légitimes, j'estime que nous devons défendre avec la plus grande énergie la république menacée.

TH. RÉGÈRE.

Je vote pour, attendu que la Commune détruira le comité de salut public quand elle voudra.

J. ALLIX.

Je vote pour le comité de salut public, attendu que notre situation est plus terrible encore que celle où nos pères de 93 se sont trouvés, et que ceux qui l'attaquent ne voient pas clair.

ÉMILE OUDET.

Espérant que le comité de salut public sera en 1871 ce que l'on croit généralement, mais à tort, qu'il a été en 1793, je vote pour.

RAOUL RIGAULT.

Considérant que l'institution d'un comité de salut public aura pour effet essentiel de créer un pouvoir dictatorial qui n'ajoutera aucune force à la Commune ;

Attendu que cette institution serait en opposition formelle avec les aspirations politiques de la masse électorale, dont la Commune est la représentation ;

Attendu en conséquence que la création de toute dictature par la Commune serait de la part de celle-ci une véritable usurpation de la souveraineté du peuple, nous votons contre.

ANDRIEU, LANGEVIN, OSTYN, VERMOREL, V. CLÉ-
MENT, THEISZ, SERAILLER, AVRIAL, MALON,
LEFRANÇAIS, COURBET, EUGÈNE GÉRARDIN,
CLÉMENCE, ART. ARNOULD, BESLAY, VALLÈS,
JOURDE.

Si j'eusse assisté à la séance d'hier, j'aurais combattu la proposition d'un comité de salut public, que je considère comme une dictature.

Obligé de prendre une résolution dans ce cas, je vote pour la dénomination exécutive.

V. CLÉMENT.

Par suite d'indisposition, je m'étais retiré à six heures et demie. Si j'eusse été présent, j'eusse voté contre toute proposition, et je me rallie à la proposition qui me paraît la moins grave, et je vote pour l'exécutif.

CH. BESLAY.

Contraint de me prononcer pour une formule, je vote pour le mot : exécutif.

Mais en faisant toutes mes réserves sur les articles du projet Miot.

JOURDE.

Je vote pour, parce que le terme « salut public » a été, est et sera toujours de circonstance.

GÉRESME.

Pour l'ensemble :

Je vote pour, parce que l'indécision depuis un mois nous a compromis, et qu'une plus longue hésitation à prendre des mesures énergiques perdrait la Commune et la république.

G. RANVIER.

La situation exigeant énergie et unité d'action, malgré son titre, je vote pour.

EUGÈNE POTTIER.

Comme j'ai reçu de mes électeurs le mandat impératif, je vote pour.

E. CLÉMENT.

Vu la gravité des circonstances et la nécessité de prendre promptement les mesures les plus radicales, les plus énergiques pour réprimer les trahisons qui pourraient perdre la république, je vote pour.

J. MIOT.

Quoique je ne voie pas l'utilité de ce comité, mais ne voulant pas prêter à des insinuations contraires à mes opinions révolutionnaires socialistes, et tout en réservant le droit d'insurrection contre ce comité, je vote pour.

LÉO FRANCKEL.

Considérant que mes électeurs m'ont confié le mandat impératif de poursuivre le triomphe de la révolution par les mesures les plus énergiques, et que le comité de salut public, à mon sens, est seul capable d'atteindre ce but, je vote pour.

A. LONCLAS.

Je vote pour :
Parce que je suis d'avis de prendre des mesures radicales et sérieuses, mais que, détestant les mots ronflants qui restent souvent lettre morte, je m'étais opposé par mon vote au mot *salut public*.

A. SICARD.

Je vote pour :

Parce que j'ai conscience de la situation et tiens à rester conséquent avec les engagements pris par moi devant les électeurs.

JACQUES DURAND.

Restant d'accord avec les électeurs qui m'ont nommé, et désirant comme eux qu'on n'hésite devant aucune mesure nécessaire :
Je vote pour.

H. CHAMPY.

Je vote *pour* sur l'ensemble du décret, tout en ayant voté contre l'article 3 et le titre de comité de salut public, qui, dans l'esprit des présentateurs, détermine l'esprit du projet, parce que, conformément à ce que je soutenais il y a peu de jours, malgré l'illusion de l'assemblée, elle ne fait qu'ajouter aux rouages de son organisation un rouage qui manquait, et consacrer une division nécessaire des pouvoirs, un contrôle plus effectif du travail des commissions. (En votant contre l'article 3, j'ai voté contre l'erreur de l'assemblée, qui croit faire ce qu'elle dit et ne fait encore que décréter sans effet.)

Mais je ne partage pas l'illusion de l'assemblée, qui croit avoir fondé un comité politique directeur, un comité de salut public, alors qu'elle ne fait que renouveler avec une étiquette nouvelle sa commission exécutive des premiers jours. Si l'assemblée voulait avoir un réel comité exécutif, pouvant vraiment prendre la direction de la situation, parer aux éventualités politiques, elle devrait commencer par se réformer elle-même, cesser d'être un petit parlement bavard, brisant le lendemain aux hasards de sa fantaisie ce qu'il a créé la veille et se jetant au travers de toutes les décisions de sa commission exécutive. La Commune ne devrait être qu'une réunion de commissions se réunissant pour discuter les résolutions, les rapports présentés par chaque commission, écoutant le rapport politique de son comité exécutif, et jugeant si ce comité remplit son devoir, s'il sait donner l'unité d'impulsion, de direction, s'il a l'énergie, la capacité nécessaires pour le bien de la Commune.

Au comité exécutif seraient renvoyées les affaires politiques, aux commissions diverses toutes les affaires du ressort de ces diverses commissions, et les séances se passeraient sans incidents inutiles, à prendre des résolutions et non plus à discourir.

Pour un comité exécutif de cet ordre, et seul pouvant vraiment porter le titre de *salut public,* qui n'a pas d'ailleurs d'importance et qui a le désavantage d'être une répétition, je voterai *oui* sans phrases.

En un mot, il faut organiser la Commune et son action, faire de l'action, de la révolution et non de l'agitation, du pastiche.

E. VAILLANT.

Contre l'ensemble :

En me référant aux motifs énoncés par Andrieu, et surtout par le motif que je ne crois pas à l'efficacité du comité de salut public; ce n'est qu'un mot, et le peuple s'est trop longtemps payé de mots : je vote contre.

A. VERMOREL.

Considérant que l'établissement du comité de salut public est une atteinte portée aux droits que les membres de la Commune tiennent de leurs électeurs : je vote contre.

A. CLÉMENCE.

Le citoyen Babick, contre. La Commune, n'étant pas en danger, n'a pas besoin de comité de salut public. Elle se sauvera par elle-même.

BABICK.

Je vote contre l'*ensemble* du projet, parce qu'il aboutit *en réalité* à la confusion des pouvoirs, qui amène des conflits et produit le désordre et l'anarchie, et que je voulais la séparation des fonctions avec la responsabilité effective devant la Commune de cette *commission exécutive*, ayant pleins pouvoirs sur toutes les autres commissions, mais laissant à la Commune tout entière le rôle de comité de haute surveillance, avec puissance de la briser et de la révoquer, tout en s'abstenant de toute intervention directe dans l'exécution et la direction.

RASTOUL.

Contre. Parce que je n'aime pas les défroques inutiles et ridicules qui, loin de nous donner de la force, nous enlèveront celle que nous avons.

G. TRIDON.

Adhérant à la déclaration de Franckel, je vote contre, comme membre de cette Commune et comme délégué aux finances.

JOURDE.

Ne croyant pas plus aux mots sauveurs qu'aux talismans et aux amulettes, je vote contre pour les raisons d'ordre et de droit développées par Andrieu, et aussi pour le motif de bon sens et de bonne politique indiqué par Babick.

CH. LONGUET.

Proposition.

Je désire que tous titres ou mots appartenant à la révolution de 89 et 93 ne soient appliqués qu'à cette époque. Aujourd'hui, ils n'ont plus la même signification et ne peuvent plus être employés avec la même justesse et dans les mêmes acceptions.

Les titres : *Salut public, Montagnards, Girondins, Jacobins,* etc., etc., ne peuvent être employés dans ce mouvement socialiste républicain.

Ce que nous représentons, c'est le temps qui s'est passé de 93 à 71, avec le génie qui doit nous caractériser et qui doit relever de notre propre tempérament.

Cela me paraît d'autant plus évident que nous ressemblons à des plagiaires, et nous rétablissons à notre détriment une terreur qui n'est pas de notre temps. Employons les termes que nous suggère notre révolution.

G. COURBET.

Il est procédé à la nomination des cinq membres du comité de salut public.

Par 37 votants sont élus :

Les citoyens Ant. Arnaud, par 33 voix; Léo Meillet, par 27; Ranvier, par 27; Félix Pyat, par 24; Charles Gérardin, par 21.

Le Président donne alors lecture des protestations suivantes, déposées par les citoyens qui se sont abstenus de prendre part à la nomination des membres du comité.

Les soussignés,

Considérant qu'ils ont voté contre l'institution dite *comité de salut public,* dans lequel ils n'ont vu que l'oubli des principes de réforme sérieuse et sociale d'où est sortie la révolution communale du 18 mars ;

Le retour dangereux ou inutile, violent ou inoffensif à un passé qui doit nous instruire, sans que nous ayons à le plagier ;

Déclarent qu'ils ne présenteront pas de candidats, et qu'ils regardent en ce qui les concerne l'abstention comme la seule attitude digne, logique et politique.

CH. LONGUET, LEFRANÇAIS, ARTHUR ARNOULD, ANDRIEU, OSTYN, JOURDE, B. MALON, A. SERAILLER, BESLAY, RABICK, CLÉMENCE, COURBET, E. GÉRARDIN, LANGEVIN, RASTOUL, J. VALLÈS, VARLIN.

Vu que nous ne pouvons nommer personne à une institution considérée par nous comme aussi inutile que fatale, nous nous abstenons.

AVRIAL, V. CLÉMENT, VERMOREL, A. THEISZ, G. TRIDON, PINDY, E. GÉRARDIN.

Considérant que le comité de salut public est une institution dictatoriale incompatible avec le principe essentiellement démocratique de la Commune, je déclare ne pas prendre part à la nomination des membres de ce comité.

C. LANGEVIN.

L'ordre du jour étant épuisé, la séance est levée à neuf heures.

SÉANCE DU 2 MAI 1871.

Présidence du citoyen PASCHAL GROUSSET.

La séance est ouverte à quatre heures.

Le citoyen Président. — On pourrait reporter à un autre moment de la séance la lecture du procès-verbal, et mettre en discussion de suite plusieurs projets de décrets dont l'exécution prompte est réclamée par divers délégués, notamment le projet de décret présenté par le délégué à la guerre, qui voudrait que les arrondissements fussent immédiatement organisés par quartiers ayant chacun un sous-délégué. (C'est cela!)

Eh bien, la lecture du procès-verbal est remise à un autre moment, et je donne lecture du projet de décret dont je viens de parler :

La Commune de Paris

DÉCRÈTE :

Chaque municipalité organisera dans son arrondissement autant de sous-délégations que l'arrondissement comprend de quartiers.

Ces sous-délégations auront pour mission de procéder à un recensement exact des habitants, de distribuer des cartes d'identité; de signaler et de poursuivre les réfractaires; de dresser l'état des chevaux existant dans le quartier, et celui des appartements vacants; de présider à la recherche des armes et des munitions, indications des abris, en cas de bombardement.

Ces sous-délégations seront immédiatement désignées par les municipalités; elles entreront en fonctions dans les vingt-quatre heures.

Le citoyen Ostyn. — Je ferai observer que cette organisation existe déjà dans mon arrondissement.

Le citoyen Président. — Il est possible que cela existe dans certains arrondissements ; mais cela n'existe pas dans d'autres.

Voulez-vous discuter d'urgence le projet de décret dont je viens de vous donner lecture ?

Le citoyen Arthur Arnould. — Je trouve, citoyens, que dans la circonstance, un décret est inutile. Nous devons laisser aux municipalités le choix des moyens. Il suffirait d'une circulaire aux municipalités pour réglementer cette affaire.

De plus, je vous ferai observer que ce décret paraît être en contradiction avec un des décrets précédemment rendus, et qui ordonne la constitution d'une commission de sept membres, chargée de veiller à l'exécution des ordres relatifs à la réorganisation de la garde nationale.

Le citoyen Rastoul. — A mon sens, le premier décret n'était pas aussi vaste, aussi général que celui d'aujourd'hui. Il était relatif aux armes des réfractaires, celui-ci s'applique à l'âge, à la demeure, et donne le signalement particulier des réfractaires. Toutes les mairies doivent être invitées à délivrer des cartes d'identité dont chacun sera porteur. Tout citoyen qui n'aura pas cette carte sera incorporé dans un bataillon du quartier qu'il habite. Ce décret demande le nombre des habitants et celui des appartements vacants. Pour moi, je crois de toute utilité de voter d'urgence ce décret, qui corrobore le premier.

Le citoyen Pillot. — Je suis complétement de l'avis du citoyen Rastoul. Il est vrai que nous avons déjà nommé des commissions tout à fait militaires, dont, entre parenthèses, les membres nous demandent des émoluments, ce qui me paraît raisonnable.

Je voudrais que la Commune déterminât la limite de nos moyens vis-à-vis de ces citoyens. Il faudrait étendre le pouvoir de ces commissions militaires, et leur distribuer chaque arrondissement par quartier : au lieu de 7, en mettre 8 par exemple.

Le citoyen Sicard. — Je ne crois pas qu'il soit utile de faire un décret. Une simple circulaire, bien détaillée, adressée aux municipalités, suffirait.

Le citoyen Ostyn. — Je fais la même observation. Quant à l'allocation et aux émoluments dont parlait le citoyen Pillot, je ferai remarquer que tout travail doit être rémunéré. C'est là le véritable principe de la démocratie. Tout travail qui nous est offert et donné doit être rémunéré.

Le citoyen Président. — Voici quelle était la pensée du délégué à la guerre : il demandait à la Commune une organisation de la ville par quartiers, afin de donner plus facilement la connaissance de chaque maison et de l'abri qu'elle peut offrir.

Le citoyen Rossel demande donc qu'on établisse par quartier des sous-délégations de la mairie qui seraient affectées à ce travail de recherches.

Le citoyen Ostyn. — C'est une organisation que je n'approuve pas.

Le citoyen Arthur Arnould. — Ce sont alors des sous-mairies que vous nous demandez à établir?

Le citoyen Sicard. — Laissez toute latitude à la mairie d'établir des bureaux là où elle le jugera convenable.

Le citoyen Ostyn. — Après les sous-délégations par quartier, vous aurez à les établir par rue, et puis par maison.

Le citoyen Régère. — Voici comment nous, nous agissons dans notre municipalité : c'est le conseil de légion qui agit pour nous, et la besogne est parfaitement faite et ne coûte à la municipalité et à la garde nationale qu'une somme tout à fait insignifiante. Je voudrais voir les autres arrondissements suivre notre exemple.

Le citoyen Decamps. — Chaque municipalité devrait

avoir un conseil de vigilance, divisé en plusieurs commissions. Ces conseils, composés d'hommes connus, peuvent donner un concours des plus efficaces.

Le citoyen LEDROIT. — Pour moi, la carte d'identité est extrêmement utile, car l'on rencontre dans les rues des jeunes gens qui n'appartiennent à aucun bataillon et qui se moquent de ceux qui font le service. Il est donc indispensable de généraliser la mesure dans tous les arrondissements, afin que ceux qui sont chargés de faire le recensement puissent s'assurer facilement des jeunes gens qui se promènent tranquillement sans songer le moins du monde à remplir leurs devoirs de citoyens.

Quant à ce qui est de faire un décret spécial, ce n'est pas mon avis; je crois aussi qu'une simple circulaire suffirait.

Le citoyen TRINQUET. — Je m'oppose aussi à ce qu'il soit fait un décret : que l'on se borne à nommer quatre commissions par arrondissement, et qu'elles puissent, au besoin, requérir l'emploi de la force publique.

Le citoyen DEREURE. — A ce sujet, je tiens à déclarer que je ne comprends pas comment dans tous les arrondissements on n'a pas imité ce qui s'est fait dans le 18ᵉ arrondissement.

Depuis le 17, il y a été organisé par nous une commission chargée du recensement de tous les habitants, et d'indiquer ceux qui ne faisaient pas partie de la garde nationale. Ce travail pourra servir aussi pour l'établissement des listes électorales.

J'avais déjà proposé une fois cette mesure ; on n'en a pas tenu compte, et je vois qu'aujourd'hui vous êtes obligés d'y revenir.

Les membres de la municipalité du 18ᵉ arrondissement

pourront du reste donner tous les renseignements nécessaires sur cette organisation à ceux qui le désireraient.

Le citoyen Avrial. — Nous tournons dans un cercle vicieux. Le premier acte de la Commune aurait dû être de réorganiser les municipalités. Si vous aviez voulu discuter au début le projet de décret du citoyen Vaillant, vous ne seriez pas obligés maintenant de chercher un remède au mal.

Aujourd'hui, quand vous votez des décrets, vous n'avez aucun moyen de les faire exécuter. Les attributions des municipalités ne sont pas définies, on se renvoie réciproquement la responsabilité, et on ne fait rien de bon.

Il faudrait une organisation plus sérieuse ; c'est à cela que nous devons viser si nous voulons constituer la Commune.

Le citoyen A. Dupont. — Je croyais que, comme délégués aux municipalités, nous étions tous aussi responsables de nos actes que comme membres de la Commune ; quant à moi, j'accepte cette responsabilité et je proteste contre des paroles qui tendraient à la repousser.

Il a été sage, selon moi, de ne pas constituer de pouvoirs à côté des nôtres dans les municipalités ; en créer d'autres, c'eût été créer en même temps de graves embarras, et l'on nous aurait dit : Vous voyez, vous faites des municipalités des agents du pouvoir, comme faisait Jules Favre !

Je me déclare responsable, je le répète, de mes actes dans le troisième arrondissement.

Le citoyen Avrial. — Sans vouloir attaquer les membres des municipalités, j'ai dit qu'il nous était matériellement impossible de faire tout ; nous ne pouvions être à l'armée, aux séances, aux municipalités, aux délégations ; il faut que nous arrivions à la division des pouvoirs si nous voulons constituer solidement la Commune ; nous aurions, sans cela, trop à faire, vous le sentez bien vous-mêmes, citoyens, et quand on est surchargé par le travail, on ne fait rien de bon.

Le citoyen Arnold. — Dans le projet de décret présenté par le citoyen Rossel, il y a plus de détails que d'ensemble.

L'exemple cité par le citoyen Dereure me paraît excellent.

Il faudrait que chaque municipalité eût un bureau militaire pour rechercher les réfractaires, et s'occuper de toutes les questions qui se rattachent à l'organisation des forces militaires.

Plusieurs membres. — Cela existe déjà dans les divers arrondissements.

Le citoyen Président. — Si le délégué à la guerre a fait la proposition dont nous nous occupons, c'est qu'il aura reconnu la nécessité de s'occuper de l'organisation par quartiers, et non par arrondissements.

Le citoyen Arnold. — Il est évident qu'il peut y avoir quelque chose de vicieux dans l'organisation de certaines municipalités, mais je ne crois pas qu'un décret spécial soit nécessaire. Il serait besoin tout au plus d'une circulaire rappelant l'arrêté précédemment pris, tout en veillant pour s'assurer que ce décret est mis à exécution. Mais je crois qu'il y a dans ce décret tous les éléments de poursuites voulus. Ainsi, au 18e arrondissement, la municipalité est au courant de tous les hommes réfractaires, et dans mon bataillon, j'ai reçu une quantité de citoyens poursuivis, que j'ai fait incorporer immédiatement. Nous n'avons donc plus qu'une chose à faire, c'est d'inviter le citoyen Rossel à adresser une circulaire aux municipalités, les invitant à s'en tenir à la lettre du décret dont la date sera visée dans cette circulaire.

Le citoyen Puget. — Je ne suis pas de l'avis du citoyen Arnold. Voici, d'après moi, les moyens pratiques. Il y a des municipalités qui ont nommé une commission de sept membres. Elle est inutile, elle ne peut pas suffire. Il y a quatre quartiers qui comprennent quatre bataillons par quartier; il serait utile qu'un délégué par bataillon, ce qui vous en donnerait quatre, fût nommé; on arriverait alors bien vite à trouver ces réfractaires. Ces sous-délégations seraient formées de quatre membres qui feraient leur rapport à la commission de sept membres, à la municipalité. Il n'y a que la question de carte d'identité que nous avons adoptée, et il faut que cette mesure soit générale, que tous les arrondissements l'adoptent.

Le citoyen Rastoul. — Le décret qu'on vous propose contient quatre choses : le recensement de la population tout entière, le recensement des absents, des fuyards et puis les armes et les munitions des réfractaires.

Quelques arrondissements ont fait le recensement des armes, d'autres celui des chevaux; oui, mais il n'y a pas d'ensemble. Par une circulaire, vous n'aboutirez pas, vous savez ce qu'on en fait. Nous ferions bien de voter une mesure générale, afin que les renseignements dont le délégué à la guerre a besoin puissent lui arriver de suite.

Le comité de salut public doit faire exécuter nos décrets; taillons-lui de la besogne.

Le citoyen Arnold. — Le citoyen Puget n'est pas d'accord avec moi. Un bureau de cinq membres serait insuffisant. Dans le décret, l'on disait que les conseils de légion devaient donner leur concours aux municipalités; l'on est, en effet, certain qu'elles peuvent être d'un grand secours. Je ne sais si le projet du citoyen Rossel n'a pas l'étendue que lui attribue le citoyen Rastoul...

Plusieurs membres. — Oui! oui!

Une voix. — Il devrait être présenté dans une autre forme.

Le citoyen Ostyn. — Et non par la délégation de la guerre.

Le citoyen Président. — La guerre indique simplement ce qui serait utile.

Le citoyen Johannard. — Citoyens, je viens d'entendre la lecture du projet. Dans notre arrondissement, c'est exactement ce qui se passe. Dès le premier jour nous avons fait le recensement, nous avons poursuivi les réfractaires, fait saisir les armes en double. Si on nous donne une nouvelle organisation aujourd'hui, une autre dans huit jours, nous arriverons à une désorganisation complète; je demande donc qu'on n'ait plus que trois ou quatre séances par semaine, et qu'on nous laisse plus de temps à nos municipalités, et surtout qu'on nous laisse dans l'état où nous sommes. Nous avons fait plus en huit jours que l'on ne faisait sous l'empire en deux ans.

Le citoyen Président. — Je crois que l'intention de l'assemblée est d'employer une circulaire au lieu d'un décret? (Assentiment.)

Le citoyen Allix. — Les délégations qu'on vous propose existent, fonctionnent; c'est par elles que nous avons pu obtenir les renseignements dont nous avions besoin; il n'est donc pas utile de faire un décret qui aurait pour résultat de diviser la responsabilité, ce qui serait une chose fort fâcheuse, et d'atteindre l'organisation actuelle des municipalités qui, à l'heure qu'il est,

est à peu près complète. Des délégations pour l'objet que l'on a indiqué peuvent être magnifiques sur le papier, mais je ne les trouve point pratiques. (La clôture!)

Le citoyen Président. — Ainsi donc, tout le monde demande que cette question soit vidée par une circulaire et non par un décret?

Le citoyen Billioray. — Je crois qu'il serait bon que chaque municipalité eût une certaine latitude sur ce qu'elle doit faire à ce sujet.

Toutes les municipalités de Paris ne se ressemblent pas: les unes sont plus nombreuses que les autres; il faut absolument que les municipalités agissent à peu près comme bon leur semblera.

Je suis d'avis que l'on se borne à faire une circulaire.

Le citoyen Président. — Qui sera chargé d'envoyer cette circulaire?

Le citoyen Lefrançais. — C'est l'affaire du comité de salut public.

Le citoyen Arnold. — Je ne crois pas que ce soit le comité de salut public qui doive être chargé de cela; il n'a pas assisté à la séance, et d'ailleurs, le projet émane de la guerre, et quand un projet n'est pas accepté, il est d'usage qu'il soit présenté par celui qui l'a proposé.

Après quelques observations des citoyens Rastoul et Arnold, il est décidé qu'une circulaire sera faite à ce sujet par les secrétaires de la Commune.

Lecture est donnée d'une lettre dans laquelle le citoyen Delescluze, malade, s'excuse de ne pouvoir assister aux séances de la Commune et demande à être remplacé à la commission militaire.

Le citoyen Assi. — J'appartiens à une commission qui a énormément de travail, mon collègue J.-B. Clément peut vous le dire; je demande donc à m'adjoindre le citoyen Sicard pour la fabrication des munitions de guerre.

Le citoyen Président. — La Commune est-elle d'avis d'adjoindre le citoyen Sicard au citoyen Assi?

De toutes parts. — Oui!

Un membre.— Je demanderai aussi l'autorisation d'adjoindre au comité d'artillerie un homme qui peut y rendre de grands services, un mécanicien...

Le citoyen Président. — Vous en avez le droit, vous n'avez pas besoin de l'autorisation de la Commune.

Le citoyen Lefrançais. — Hier, la séance a été employée à l'élaboration d'un comité de salut public. Ce comité a été l'objet d'un vote sur l'ensemble par appel nominatif; il paraissait naturel que ce vote fût inséré dans l'*Officiel* avec l'énoncé des motifs donnés par un grand nombre de membres; c'est avec surprise que nous avons vu que l'*Officiel* était muet. Y a-t-il eu ordre donné ou oubli?

Le citoyen Président. — Si le citoyen Lefrançais était resté jusqu'à la fin de la séance, il saurait que la Commune a voté que le procès-verbal ne serait pas publié, ou plutôt que l'insertion en serait ajournée. (Bruit.)

Le citoyen L. Meillet. — J'ai remarqué avec peine que les vingt-cinq membres qui se sont abstenus se sont retirés avant le vote, ou du moins avant le dépouillement du scrutin; ils ont été suivis par d'autres membres qui ont quitté la salle immédiatement après avoir voté; il n'y avait donc plus que fort peu de monde quand j'ai demandé ce qu'on décidait relativement à l'insertion à faire à l'*Officiel*. Il y avait une protestation dont vous n'avez pas entendu la lecture. Je l'ai lue en votre absence et j'ai consulté la Commune pour savoir si cette protestation devait figurer à l'*Officiel;* la Commune a décidé qu'on ne mettra que les noms des membres élus, et que la question de l'insertion serait ajournée. Si vous aviez été là, il n'y aurait pas eu d'ajournement.

Lecture est donnée du procès-verbal.

Le citoyen LONGUET. — Le procès-verbal ne fait pas savoir par combien de voix ont été nommés les membres du comité de salut public ; c'est là, il me semble, une omission à réparer.

Le citoyen RÉGÈRE. — Ils ont tous été nommés à la majorité absolue.

Le citoyen LONGUET. — Je m'en doutais bien, mais cependant on pourrait faire connaître le nombre de voix obtenues.

Quant à l'observation que j'ai à faire, concernant l'*Officiel*, elle est celle-ci :

J'ai demandé qu'il me fût adjoint deux membres, non pas pour la rédaction du journal, mais pour faire un rapport sur l'organisation de l'*Officiel,* rapport après l'examen duquel la Commune prendrait les mesures qui lui conviendraient relativement à l'*Officiel*.

Le citoyen LANGEVIN. — Le procès-verbal a donné lecture de plusieurs abstentions motivées, parmi lesquelles ne figure pas la mienne. Je rappelle que j'ai déposé une abstention motivée.

Le citoyen PRÉSIDENT. — Le secrétaire fait observer que toutes ces abstentions sont au compte rendu analytique, si elles ne sont pas au complet au procès-verbal qui vient d'être lu.

Le citoyen VERMOREL. — Je me proposais de me plaindre de la façon la plus formelle qu'une partie de cette assemblée ait cru devoir, en notre absence, annuler nos protestations en supprimant la publicité, qui était la conséquence indispensable du scrutin nominal, auquel il avait été procédé. Je me proposais de réclamer absolument cette publicité. Mais les explications du citoyen Meillet me paraissent suffisantes, et je ne pense pas que l'assemblée puisse se refuser à nous donner la satisfaction légitime à laquelle nous avons droit, en nous accordant la publicité la plus large.

Le citoyen ARTHUR ARNOULD. — Je suis pour la publicité complète de la séance d'hier, et j'ai été étonné de ne pas en trouver le compte rendu, ce matin, dans l'*Officiel*; j'apprends avec plaisir, par les explications de Léo Meillet, que l'assemblée n'a décidé hier que l'ajournement de la publication du compte rendu.

Je crois, en effet, qu'elle ne pouvait pas décider autrement; on peut décider la non-publicité avant de commencer une discussion, mais non pas après que cette discussion a eu lieu, parce qu'alors les droits de la minorité seraient absolument détruits.

En effet, quand la minorité aurait fait valoir des arguments qui choqueraient la majorité, celle-ci déciderait que la discussion ne sera pas publiée, et les droits de la minorité seraient alors annulés. Or ces droits sont d'autant plus sacrés qu'ils ne sont point les droits de la force, mais seulement les droits du droit.

Il y a donc, je le répète, une question de dignité, pour chacun de nous, à ce que le droit de la minorité soit absolu.

C'est une question de dignité non-seulement pour nous, mais encore pour nos électeurs, envers qui nous sommes responsables, et la vraie manière de satisfaire au mandat qu'ils nous ont confié, c'est de livrer à la publicité nos débats et nos votes.

L'assemblée l'a tellement bien compris ainsi, qu'elle a décidé que l'on ajournait seulement la question, et j'espère qu'elle voudra bien décider aujourd'hui l'insertion à l'*Officiel*.

Maintenant je demanderai à dire un mot en réponse au citoyen Léo Meillet.

Je ne suis pas parti hier au moment du vote. Avant de sortir, j'avais eu soin de déposer mon vote motivé, déclarant que je m'abstenais, et ne me doutant pas que la séance dût se prolonger au delà du scrutin.

Du reste, je ne sache pas qu'il existe une décision de l'assemblée obligeant chacun de ses membres à rester à la séance depuis le commencement jusqu'à la fin, surtout quand nous pouvons être appelés par les soins que nous avons à donner aux différents services et à nos municipalités.

Je demanderai donc à l'assemblée, puisqu'elle a jugé hier qu'elle ne pouvait décider le comité secret, de décider aujourd'hui que la publicité sera donnée à la séance. Maintenant, s'il y a eu telle ou telle protestation vive en la forme, due à un mouvement d'irritation de l'un ou de l'autre, c'est à celui qui l'a émise de la retirer, s'il le juge convenable. Pour ma part, je n'hésiterais nullement. Quant à la protestation que j'ai signée personnellement, j'ajouterai qu'il n'y a aucun mot qui puisse avoir un caractère blessant pour des membres de cette assemblée. Je crois à la sincérité parfaite de tous les membres qui siégent ici, et je les prie de croire à la mienne.

Le citoyen JOHANNARD. — J'ai le respect des minorités, et si j'avais été présent hier, j'aurais voté la publicité entière de la séance.

Le citoyen URBAIN. — Je voulais hier que la séance fût

publiée; je le demande encore aujourd'hui. Cependant le citoyen Arnould vient de faire un appel à la justice qui ne me paraît pas justifié. Plusieurs fois déjà l'assemblée a décidé après coup que telle ou telle partie ne serait pas publiée. Ce précédent pourrait légitimer le vote d'hier, s'il y avait eu un vote de comité secret. Mais je demanderai, si l'on publie la séance d'hier, que l'on publie toutes les séances qui l'ont précédée (Assentiment), parce qu'il y a des mots que l'on ne comprendrait pas, et qui s'expliquent par ce qui s'est passé précédemment.

Le citoyen PARISEL. — Je m'oppose à la tendance qu'a la Commune de vouloir se constituer en comité secret; elle cache ainsi les plus belles pages de son histoire. Je suis donc pour la publicité complète de la séance d'hier et de toutes celles à venir.

Le citoyen PRÉSIDENT. — Nous allons passer au vote sur la publication des séances relatives au comité de salut public.

Le citoyen TRIDON. — Je ferai observer qu'il y a deux votes sur cette question.

Le citoyen ARTHUR ARNOULD. — Nous demandons la publication complète.

Le citoyen PRÉSIDENT. — Il y a en effet deux questions :
1° Publiera-t-on la séance d'hier?
2° Publiera-t-on ce que l'on aura sur les séances relatives au comité de salut public?

Cette dernière proposition étant la plus large, je la mets aux voix la première.

(La proposition est adoptée à une grande majorité.)

Le citoyen JOURDE, délégué aux finances.— Je demande à la Commune de m'accorder la parole pour la lecture de mon bilan.

Le citoyen RÉGÈRE. — Est-ce le délégué des finances, ou la commission des finances qui parle par votre bouche?

Le citoyen LEFRANÇAIS. — Le délégué est responsable.

Le citoyen JOURDE. — Je n'ai jamais rien fait sans consulter mes collègues, et les citoyens Billioray, Clément, Lefrançais et Beslay ont approuvé le bilan que je vous présente.

Je soumets cet état de situation à la Commune, qui voudra bien le faire vérifier.

C'est la situation exacte de nos finances, et c'est dans nos finances, selon moi, qu'est le salut de la Commune et de la république.

DÉLÉGATION DES FINANCES.

CAISSES CENTRALES DU TRÉSOR PUBLIC.

RÉSUMÉ DES MOUVEMENTS DE FONDS DU 20 MARS AU 30 AVRIL INCLUS.

RECETTES.

Le 4 avril, il a été reconnu dans les armoires n°s 1 et 2, comptoir principal et diverses caisses.......	721.342 »
Le 7 avril, dans la resserre, reconnu en billets, or et argent................................	3.879.585 »
Le 7 avril, une caisse renfermant des thalers pour une somme de...........................	37.833 75
Le 19, dans la resserre, une cassette d'or.........	12 000 »
Plus un rouleau d'or trouvé dans la resserre......	1.000 »
Billon épars dans la cave, non compris dans le chiffre de 285.000 fr. trouvés le 4 avril...............	500 »
A reporter..........	4.652.260 75

RECETTES.

Report............	4.652.260 75	
Diverses sommes trouvées au fur et à mesure des recherches.........	1.336 46	
Reliquat de caisse des souscriptions en faveur des victimes du bombardement.......................	4.515 »	
Total.............	4.658.112 21	
Porté au débit de la caisse centrale par le crédit de l'ex-caisse centrale des finances		4.658.112 21
(Voir l'état annexé pour la différence des sommes trouvées avec celles devant exister d'après la situation au 18 mars 1871.)		

RECETTES DE DIVERSES ADMINISTRATIONS ET ÉTABLISSEMENTS COMMUNAUX.

Banque de France. — Ses diverses remises de fonds................		7.750.000 »
Direction des télégraphes. — Y compris 500 fr., produit de la vente de vieux papiers...................		50.500 »
Octroi communal. — Versements...		8.466.988 10
Contributions directes. — Versement du caissier principal............		110.192 20
Douanes. — Versement par Révillon.		33.010 »
Halles et marchés. — Versements des délégués aux halles.............	519.599 19	521.676 19
Halles et marchés. — Versements du délégué pour le dépotoir.........	2.077 »	
Manufactures de tabacs.—Versements des entrepositaires.......		1.759.710 55
Service des travaux publics. — Versement par Duvivier.............		5.980 »
Enregistrement et timbre. — Versement du directeur..............		560.000 »
A reporter..........		23.916.169 25

RECETTES.

Report............		23.916.169 25
Association des cordonniers. — Versement par Durand, délégué.......		775 50
Caisse municipale de l'hôtel de ville. — Versements par divers.........		1.284.477 85
Remboursements effectués par la garde nationale. — Suivant détail aux diverses caisses..................		480.840 30
Mairie du 6ᵉ arrondissement. — Versement du secrétaire.............		17.305 95
Caisse de retraite des employés de l'hôtel de ville. — Retenues sur un état d'appointements............		28 35
Comptes de cautionnements :		
Mmes Andrieu..................	1.000 »	
Manteuil..................	1.000 »	2.050 »
Finbruke...................	50 »	
Produit de diverses saisies ou réquisitions. — Archevêché (numéraire).	1.308 20	
Communauté de Villers............	250 »	
Numéraire trouvé chez les frères Dosmont et Demore (suivant procès-verbal).......................	7.370 »	8.928 20
Chemins de fer. — Versement en exécution du décret du 27 avril...		303.000 »
Produit de passe de sacs...........		341 30
Total général......		26.013.916 70

PAYEMENTS.

Il a été payé du 20 mars au 30 avril 1871 inclusivement,

SAVOIR :

Aux diverses municipalités :	
1ᵉʳ arrondissement.............................	15.000 »
2ᵉ —	5.000 »
A reporter.....	20 000 »

PAYEMENTS.

Report.......	20.000	»	
3ᵉ arrondissement.............	42.000	»	
4ᵉ —	124.939	49	
5ᵉ —	25.000	»	
6ᵉ —	45.531	»	
7ᵉ —	25.000	»	
8ᵉ —	4.000	»	
9ᵉ —	16.000	»	
10ᵉ —	27.000	»	
11ᵉ —	162.500	»	1.445.645 64
12ᵉ —	44.000	»	
13ᵉ —	20.000	»	
14ᵉ —	137.500	»	
15ᵉ —	160.250	»	
16ᵉ —	32.261	»	
17ᵉ —	85.095	»	
18ᵉ —	48.396	10	
19ᵉ —	200.173	05	
20ᵉ —	228.000	»	

A la délégation de la guerre....................	20.056.573	15
A l'intendance............................	1.813.318	25
A la délégation de l'intérieur....................	103.730	»
— de la marine....................	29.259	34
— de la justice....................	5 500	»
— du commerce....................	50.000	»
— de l'enseignement................	1.000	»
— des relations extér..............	112.129	96
Comité central....	15.651	20
Commission de travail et d'échange..............	4.000	»
Hôtel de ville et mairie de Paris.................	91.753	48
Commission exécutive.....................	90.655	16
Commission de sûreté.....................	235.039	40
— des monnaies et médailles...........	8.000	»
Domaines de la Seine.....................	20.934	91
Service télégraphique.....................	50.100	»
— des ambulances....................	10.000	»
A reporter.........	24.143.290	49

PAYEMENTS.

Report............	24.143.290 49
Enregistrement et timbre......................	7.777 46
Ponts et chaussées............................	27.516 71
Hôpitaux militaires............................	182.510 91
Gouverneur des Tuileries......................	6.000 »
— de l'hôtel de ville....................	5.000 »
Assistance extérieure..........................	105.175 »
Association métallurgique......................	5.000 »
Légion des sapeurs-pompiers...................	9 .943 45
Bibliothèque nationale.........................	30.000 »
Journal officiel................................	3.122 »
Manufacture des tabacs........................	91.923 78
Contrôle des chemins de fer...................	2.000 »
Commission des barricades....................	44.500 »
Imprimerie nationale..........................	100.000 »
Direction des postes...........................	5.000 »
Contributions directes.........................	2.300 »
Associaiton des tailleurs.......................	20.000 »
— des cordonniers....................	4.602 »
Frais généraux................................	197.436 99
Divers...	51.910 83
	25.138.089 11
Balance........................	875.827 58
	26.013.916 70

Le total des recettes du 20 mars au 30 avril 1871
   inclus s'élève à la somme de................... 26.013.916 70
Le total des dépenses du 20 mars au 30 avril 1871
   inclus s'élève à la somme de................... 25.138.089 12

Il reste donc un excédant de recettes de........... 875.827 58
   Représenté par les soldes des caisses détaillées comme suit :

Caisse centrale....................................	673.600 98
— n° 1......................................	72.968 70
— n° 2......................................	56.627 85
— n° 2 *bis*..............................	45.223 15
— n° 3......................................	19.650 90
Fonds spéciaux...................................	7.756 »
Somme égale à l'excédant de recettes..............	875.827 58

Paris, le 1er mai 1871.

    Certifié conforme :

Le caissier principal,

G. DURAND.

Maintenant je remercie la Commune de la confiance qu'elle m'a montrée, et je demande qu'elle veuille bien nommer une commission de trois membres pour vérifier le bilan dont je viens de donner lecture, et de pourvoir à mon remplacement.

Le citoyen Vaillant. — J'ai demandé la parole pour prier la Commune de ne pas accepter la démission du citoyen Jourde.

Dans les circonstances difficiles où nous nous trouvons, je trouve que c'est un véritable tour de force que d'avoir pu faire face aux dépenses considérables que nous avons eu à supporter avec le peu de ressources dont nous disposions.

Il a fallu certainement une très-grande habileté pour arriver à ce résultat.

Il y aurait à craindre qu'en acceptant la démission du citoyen Jourde, nous ne puissions trouver une capacité suffisante pour le remplacer.

Je considère donc comme un devoir civique de sa part de revenir sur sa détermination ; s'il trouve que le comité de salut public ne lui laisse pas assez d'initiative, qu'il fasse un sacrifice d'amour-propre : je le répète, il a fait preuve d'une véritable capacité, et je lui demande de vouloir bien retirer sa démission. (Oui! oui! Bravos.)

Le citoyen Beslay. — J'avais l'intention de rendre au citoyen Jourde toute la justice que vient de lui rendre le citoyen Vaillant. J'ajouterai que, comme membre de la commission, j'ai vu le citoyen Jourde à l'œuvre, et je soutiens que ç'a été un prodige de venir vous apporter un budget pareil ; je crois aussi que personne d'entre nous ne pourrait le remplacer. Je l'engage donc à retirer sa démission.

(La démission du citoyen Jourde n'est pas acceptée.)

Le citoyen Jourde. — Je remercie l'assemblée du vote de confiance qu'elle vient de m'accorder. Mais je ne puis retirer ma démission, pour des raisons que je lui exposerai quand elle voudra bien m'entendre. Il m'est impossible, en présence du vote d'hier, d'accepter la responsabilité qui m'incombe. J'ai tout d'abord à vous déclarer que je n'ai pas été seul, que j'ai été aidé par le citoyen Varlin, qui a rendu autant de services que moi. Je remercie donc l'assemblée tant en son nom qu'au mien.

Maintenant, il me faut bien le dire, puisque c'est le fond de ma pensée, vraie ou fausse, mais je crois que, non pas au point de vue personnel, mais au point de vue général du crédit et des ressources qu'il pouvait m'offrir, la situation de votre délégué aux finances n'est plus la même depuis le vote d'hier sur le comité de salut public. Peut-être mes craintes à ce sujet ne sont-elles pas mieux fondées que ne le seraient dans cette hypothèse les appréhensions du monde économique au sujet du comité et de ses conséquences. Mais à mon point de vue, il m'est impossible d'accepter la tâche qui m'est confiée.

Le citoyen Vésinier. — Permettez-moi de répondre deux mots au citoyen Jourde. Si le citoyen Jourde a eu des motifs sérieux, ceux qui résultent du vote d'hier, de donner sa démission, je crois cependant qu'il doit comprendre que le vote est une chose faite, que c'est un vote acquis, qui est indépendant de nous. Que ce vote puisse exercer une influence fâcheuse sur le crédit, c'est ce dont nous ne pouvons être juges. Je prie donc le citoyen Jourde de rester aux finances et de faire cette expérience.

Nous l'attendons de son républicanisme, de son dévouement.

Le citoyen Andrieu. — Citoyens, moi aussi je viens de voter pour que le citoyen Jourde retire sa démission. Mais en votant ainsi, j'avais compris une chose que ne me semblent pas avoir compris tous ceux qui ont voté comme moi.

Pour que le citoyen Jourde reste aux finances, il faut qu'on lui rende les finances possibles. Je m'explique. Le crédit vit et naît de certaines conditions. Pour cela, il faudrait que l'article 3, qui accorde des pleins pouvoirs au comité de salut public, fût supprimé. S'il en était ainsi, je serais le premier à dire à Jourde, mon ami, qu'il a tort, qu'il se pique sans raison. Mais ce mot : *pleins pouvoirs,* est terrible; et je comprends, pour ma part, que, si on ne supprime pas cet article, le citoyen Jourde ne veuille pas accepter une telle responsabilité.

Le citoyen Lefrançais. — Je n'ai que très-peu de choses à ajouter. Tout ce qui vient d'être dit explique bien la situation. Le citoyen Jourde vous a expliqué qu'il avait des vues particulières sur les mesures à prendre pour entretenir le crédit et établir la circulation monétaire. Si le comité de salut public a des vues différentes de celles du citoyen Jourde, vous voyez d'ici le conflit qui va naître. Si vous accordiez l'exception que vous demandait le citoyen Andrieu, vous détruiriez l'économie de tout le système. D'un autre côté, je regrette que Jourde ne reste plus aux finances.

Le citoyen Miot. — Je suis fortement surpris de cette espèce de crainte qui surgit à l'occasion du comité de salut public. Ce que j'ai eu en vue, c'est de frapper la trahison. (Bruit). Du moment où nous laissons à la Commune tout pouvoir, il me semble que les garanties sont suffisantes, et que le citoyen Jourde peut conserver ses fonctions, d'autant plus qu'il pourra toujours offrir sa démission.

Le citoyen Billioray. — Voici une supposition toute gratuite : le comité de salut public, dit-on, entravera la situation. Mais, citoyens, le 19 mars a été un jour terrible pour le crédit, et la Banque nous a donné un million. Le crédit viendra, et si Jourde a une certaine influence, il est évident qu'il aggraverait la situation par sa retraite. Il n'est pas présumable qu'il sera en désaccord avec le comité.

Le citoyen Jourde. — Je ne puis rien entreprendre, je ne puis rien faire; car incontestablement, après votre décret d'hier, le délégué aux finances n'est que le commis du comité de salut public.

C'est pour cela que je ne puis accepter les fonctions que vous m'aviez confiées.

Un autre, sans doute, fera mieux que moi.

Les décisions que vous avez prises hier sont dangereuses. Cependant, je vous affirme sincèrement que je m'incline devant elles. Malheureusement mes devoirs aujourd'hui sont au-dessus de mon intelligence et de mes forces, en présence des pouvoirs étendus du comité de salut public.

Du reste, la situation que je laisse à mon successeur est très-favorable; hier, je n'avais que 140,000 francs, aujourd'hui les caisses renferment 2 millions.

Je répondrai au citoyen Billioray que la Banque de France n'est pas tenue de faire encore ce qu'elle a fait le 19 mars, et qu'il est du plus grand intérêt pour la Commune de ménager, et d'aider même cette institution. Vous avez voté hier un article 3 qui porte que les délégués ne sont plus que les commis du comité de salut public. Nous avons tous, plus ou moins, la science politique; or, si nous savons en quoi consiste ce qu'on appelle des conflits de pouvoirs émanant des mêmes autorités, il n'y a personne de nous qui ne comprenne que les délégués responsables entreront un jour ou l'autre en conflit avec le comité de salut public. Il ne m'est point possible, au nom du crédit communal, de rester à mon poste.

Comprenez bien que des saisies ne me donneraient rien, que la saisie des titres ne me donnerait pas davantage; les Prussiens, par exemple, nous diraient : « Vous êtes en train de faire une œuvre nouvelle, socialiste; c'est fort bien, mais nous, nous n'avons pas à en supporter les conséquences; ce que vous nous offrez ne nous présente pas assez de garanties, il nous faut du numéraire. » Je demandais donc, pour le salut de notre Commune, qu'on me laissât rassurer le crédit, amener le retour du numéraire à force d'économies, tout en diminuant de 50 pour 100 les droits d'octroi, en doublant le budget de l'enseignement public. J'aurais pu réduire le budget de la ville à moins de 50 millions par an.

Pour cela il aurait fallu que je pusse contracter des emprunts parfaitement garantis; alors j'aurais pu dire aux ouvriers : « Vous avez besoin d'instruments de travail? En voilà! »

Ne revenons pas à 93 ; les conditions économiques sont complétement changées; en 93, le pays vivait de ses produits, aujourd'hui, il vit surtout avec les produits étrangers, et ces produits il faut les faire venir, et avant tout il faut rassurer l'échange des produits. Ce n'est qu'en opérant de cette manière que l'on pourra donner aux travailleurs des instruments de travail, de lutte, et je croyais faire en agissant ainsi du socialisme pratique; mais, pour atteindre mon but, il faut pour moi que les délégués soient placés sous le seul contrôle de la Commune, et puissent faire des marchés sur toutes les places de l'Europe.

Désormais, que voudriez-vous que je fisse? Quelles garanties puis-je donner? L'on me répondrait certainement : « Vous n'êtes rien, vous n'êtes que le commis du comité de salut public. » Dans ces conditions, il n'y a rien à faire, il n'y a rien à entreprendre.

Le Président met aux voix la réélection du citoyen Jourde comme délégué aux finances.

Le vote, qui a eu lieu par l'appel nominal, donne le résultat suivant :

Nombre des votants, 44.

Jourde..........................	38
Lefrançais......................	2
Régère	2
Varlin..........................	1
Voix perdue....................	1

L'assemblée se forme en comité secret.
(La séance est levée à sept heures moins un quart.)

DÉPÊCHE TÉLÉGRAPHIQUE.

A CHEF DU POUVOIR EXÉCUTIF.

4 mai, 5 h. matin.

Succès complet à la droite des attaques.

La redoute du Moulin-Saquet a été prise d'assaut, avec beaucoup d'entrain, par les troupes du général Lacretelle.

Deux cents insurgés tués sont restés sur le terrain ; nous avons ramené beaucoup d'officiers insurgés et trois cents prisonniers, huit canons et plusieurs fanions.

Deux canons ennemis, renversés dans un fossé, ont été, en outre, abandonnés à moitié chemin de Paris.

CISSEY.

LE 5 MAI 1871.

Le *Journal officiel* de Paris contient, dans sa partie officielle, les pièces suivantes :

Sur la proposition du citoyen Protot, délégué à la justice,
La Commune de Paris

DÉCRÈTE :

Article unique. Le serment politique et le serment professionnel sont abolis.

Paris, 4 mai 1871.
La Commune de Paris.

Sur la proposition de la commission du travail et de l'échange,
La Commune

ARRÊTE :

Art. 1ᵉʳ. La commission du travail et de l'échange se fera représenter par des délégués aux différents services de l'intendance militaire.

Art. 2. Ces délégués prendront connaissance des marchés conclus par les chefs de service, et dresseront des rapports de toutes les opérations.

Paris, 4 mai 1871.
La Commune de Paris.

Par décision en date du 1er mai, et sur la proposition du citoyen Raoul Rigault, procureur de la Commune, le comité de salut pulic a nommé les citoyens :

    Ferré (Théophile),
    Dacosta (Gaston),
    Martainville,
    Huguenot,

substituts du procureur de la Commune.

Vu les pouvoirs à nous délégués par la Commune :

Le docteur Semerie est nommé directeur général des ambulances civiles et militaires, en remplacement du citoyen Courtillier ;

Le docteur Jean Bernard est nommé inspecteur général des mêmes services ;

Le citoyen Ulysse Landeau est nommé administrateur des ambulances internationales, en remplacement du docteur Rousselle.

Les délégués sont et demeurent supprimés.

Ces citoyens entreront immédiatement en fonctions.

Les fonctions de médecin principal et de chirurgien principal de la garde nationale sont supprimées.

Paris, 4 mai 1871.

La commission de la guerre,

ARNOLD, AVRIAL, BERGERET, RANVIER, TRIDON.

Approuvé :
Le délégué à la guerre,

ROSSEL.

Le *Journal officiel* de Paris contient ce qui suit dans sa partie non officielle :

RAPPORT MILITAIRE.

Vanves, Issy.

Un poste versaillais, dix hommes, prisonniers.

Perte versaillaise, deux cents hommes; les régiments de chasseurs ont le plus souffert.

Deux à trois heures, canonnade, fusillades bien nourries; batteries fédérées éteignent les feux ennemis.

Neuilly.

Nuit, tranquillité parfaite. Matin, cinq à sept heures, combat d'artillerie; nos batteries font énormément de mal aux soldats de Thiers.

Deux batteries ennemies démontées.

Positions très-soutenues de notre côté.

Cinq heures, Versaillais faiblissent.

Asnières.

Soirée du 3, calme.

Onze à trois heures, de même.

Quatre heures matin, grêle de projectiles sur nos positions; pas de victimes. Feux versaillais vivement éteints.

Cinq heures, capitaine Rocher (artillerie) fait éprouver grandes pertes à l'ennemi.

Neuf heures à midi, calme.

Une heure, wagons blindés recommencent combat. Ennemi se replie.

Trois heures, feux intermittents.

Quatre heures, lutte des deux côtés; succès des fédérés.

Montrouge, Bicêtre.

Tranquilles.

Fusillade au loin.

Canonnade par intervalles; feu du bas Fontenay éteint.

Point-du-Jour.

Rien de bien saillant.

Nos canonnières et les bastions n°s 67 et 68 ont échangé hier quelques coups de canon avec les batteries versaillaises établies à Meudon, Brimborion et Clamart.

Le feu, commencé vers dix heures du matin, avait cessé à quatre heures de l'après-midi.

Dans la nuit du 3 au 4 mai, la redoute du Moulin-Saquet était gardée par des détachements du 55e et du 120e bataillon, lorsqu'un détachement de troupes versaillaises se présenta à la porte comme patrouille, fut admis dans le fort après avoir régulièrement donné le mot d'ordre, chargea alors la garnison surprise, la chassa de la redoute et emmena immédiatement six pièces de canon avec des attelages préparés d'avance.

Il résulte des commencements d'enquête qui ont eu lieu à ce sujet que le commandant Gallien, du 55e bataillon, est généralement accusé d'avoir donné ou vendu le mot d'ordre à l'ennemi, ou tout au moins de l'avoir publiquement divulgué dans un café de Vitry.

La redoute a été réoccupée presque aussitôt par le commandant Quiniou, à la tête du 133ᵉ bataillon, qui a procédé aujourd'hui au réarmement de la redoute.

La gare de Clamart a été réoccupée par les troupes de la Commune dans la nuit du 3 au 4. Le château d'Issy a été incendié, le 4, à trois heures de l'après-midi, et évacué par l'ennemi.

Les travaux de réparations du fort d'Issy ont marché avec une grande activité.

Le délégué à la guerre,

ROSSEL.

COMMUNE DE PARIS.

SÉANCE DU 3 MAI 1871.

Présidence du citoyen Rastoul. — Assesseur : le citoyen Johannard.

La séance est ouverte à trois heures un quart.

Il est donné lecture du procès-verbal de la séance d'hier par l'un des secrétaires.

Le citoyen Président. — Quelqu'un demande-t-il la parole sur le procès-verbal ?

Le citoyen Ch. Beslay. — Je remarque une omission grave dans le procès-verbal. Il ne fait pas connaître la situation financière donnée par Jourde hier; c'est là un document très-important.

Je demande que le rapport de Jourde soit publié par l'*Officiel* avec le compte de caisse.

Le citoyen Amouroux. — Citoyens, on est venu me consulter hier sur l'opportunité de publier immédiatement le compte rendu de Jourde, et l'on m'a demandé s'il n'y aurait pas danger à faire connaître actuellement les considérations qui le décidaient alors à donner sa démission.

Je n'ai pas voulu prendre sur moi la responsabilité d'une décision, et j'ai renvoyé provisoirement au comité de salut public, me réservant d'en référer aujourd'hui à la Commune; elle aura donc à décider s'il y a nécessité, s'il y a urgence à publier le compte rendu du citoyen Jourde.

Le citoyen JULES ANDRIEU. — Je crois que la Commune n'a qu'à gagner à ce que le rapport du citoyen Jourde soit publié. Il me paraît bon que le public des affaires sache à la suite de quelle discussion le citoyen Jourde a été maintenu à son poste.

Le citoyen LANGEVIN. — Je demande qu'avant de publier le rapport, on consulte le citoyen Jourde.

Le citoyen CH. BESLAY. — La publication de ce rapport me semble ne devoir donner que de bons résultats. Je serais donc heureux que l'on décidât la question dans ce sens.

Le citoyen MEILLET. — Nous avons examiné la question de près; mais tout en trouvant la situation on ne peut plus satisfaisante, nous nous sommes demandé s'il était bon de publier que sur une recette de 28 millions il nous restait seulement en caisse 800,000 francs.

Je crois qu'il vaudrait mieux dire que l'état des dépenses payées par la délégation des finances s'est élevé à 26 ou 27 millions, sans tenir compte des recettes et de l'encaisse restant au 30 avril.

Le citoyen BILLIORAY. — Il est vrai qu'il ne restait en caisse que 842,000 fr. quand le rapport a été fait; mais quand il a été déposé, il restait 2 millions.

Le citoyen Ch. Beslay. — Il sera très-facile à ceux qui s'occupent de finances de voir que la situation financière de la Commune est très-avantageuse. De plus, nous avons des crédits ouverts à la Banque qui ne sont pas encore entamés. Je crois que ce sera pour la Commune et pour l'administration du citoyen Jourde une excellente chose que le rapport paraisse dans l'*Officiel* en entier, et les tableaux aussi.

Le citoyen Président. — Le citoyen Jourde a demandé hier la publication de son rapport dans l'*Officiel*. Voulez-vous l'attendre avant de voter sur cette publication?

Le citoyen Ch. Beslay. — Non, je puis répondre pour lui.

Le citoyen Billioray. — Il serait bon de publier avec les chiffres d'hier ceux qu'il nous donnera aujourd'hui.

Le citoyen Président. — Je consulte l'assemblée sur la publication du rapport.

L'assemblée vote la publication du rapport à l'*Officiel*.

Le citoyen Président. — Je mets le procès-verbal aux voix.

Le procès-verbal est adopté.

Le citoyen Paschal Grousset. — Citoyens, nous avons reçu beaucoup de nouvelles de la province : ces nouvelles sont très-satisfaisantes. Dans toutes les villes les élections sont excellentes, et, dans presque toutes, la liste la plus radicale a passé. Dans deux ou trois, et notamment à Lyon, le parti républicain a adopté le système de l'abstention. Je n'ai pas à juger ce système ; mais toujours est-il qu'à Lyon ce système a donné lieu à une nouvelle insurrection, qui aujourd'hui est triomphante. Jusqu'au moment où notre délégué a reçu les dernières dépêches, c'est-à-dire hier soir, la Commune triomphait.

Le mouvement communaliste est maintenant apprécié à sa valeur à l'étranger. En Allemagne, en Suisse, en Angleterre, en Italie, il y a eu des lectures, des meetings dans lesquels la Commune a été jugée très-favorablement.

L'Europe commence à comprendre le mouvement et se prépare même à le soutenir.

La situation, en province, s'est améliorée depuis huit jours. Je ne serais pas étonné que, vu le résultat des élections, nous ne recevions demain de Versailles des communications tout à fait différentes de celles des premiers jours. De plus, je demande à la Commune d'en finir avec les conciliateurs.

Plusieurs membres. — Oui! oui!

Le citoyen Léo Meillet. — J'informerai la Commune que ce matin est venue une délégation à l'hôtel de ville. C'est moi qui l'ai reçue, et j'ai dit que je la recevais comme auxiliaire et non comme conciliatrice. Un ouvrier, même, a déclaré que tout homme qui parlait de conciliation était un traître.

Le citoyen Président. — Voici une autre communication qui a été déposée sur le bureau :

« La réunion publique, composée d'environ cinq mille citoyens, tenue le 1ᵉʳ mai 1871, dans l'église Nicolas-des-Champs, rue Saint-Martin, a pris les résolutions suivantes :

« 1° Elle demande à la Commune de faire faire les élections complémentaires des membres démissionnaires et de ceux qui n'ont pas réuni la majorité relative (la moitié des voix plus une des votants) aux dernières élections, et elle prie la Commune de vouloir bien lui donner une réponse sur cette première résolution.

« 2° La même réunion publique félicite, et à *l'unanimité*, la Commune d'avoir nommé un *comité de salut public*; elle l'engage à persévérer énergiquement et résolûment dans la voie révolutionnaire, qui seule peut la sauver et assurer le triomphe définitif de la république.

« Cette résolution, mise au voix, a été adoptée à l'unanimité, au milieu du plus grand enthousiasme et aux cris répétés de Vive la Commune !

« 3° La réunion de Saint-Nicolas-des-Champs demande encore que la Commune autorise les citoyens de chaque arrondissement à se servir des églises le soir pour tenir des réunions publiques ou des clubs, afin que l'instruction et l'éducation politique des citoyens puisse se faire et qu'ils soient tenus au courant de la marche des affaires publiques.

« Cette réunion prie la Commune de mettre une note dans ce sens au *Journal officiel*, afin que les délégués aux mairies des vingt arrondissements mettent les monuments destinés au culte à la disposition des citoyens pour tenir tous les soirs des réunions publiques.

« Elle charge le citoyen Vésinier, membre de la Commune, présent, de transmettre ses vœux à la Commune, et elle prie cette dernière de statuer sur chacune de ses résolutions et de l'informer des décisions qu'elle aura prises.

« Le président ayant mis aux voix les propositions ci-incluses, la réunion, composée de cinq mille citoyens au moins, les a acceptées à l'unanimité.

« Le 1ᵉʳ mai 1871.

« P. VÉSINIER,
« membre de la commune. »

Est-ce que l'assemblée pourrait entrer de suite dans la discussion de cette communication? (Non!)

Le citoyen Vésinier. — Je ne demande pas la discussion immédiate, mais seulement qu'il soit fait mention au procès-verbal de cette communication qui viendra à son rang, pour ensuite être examinée.

Je ne veux pas interrompre votre ordre du jour.

Le citoyen Oudet rapporte à la Commune le drapeau troué du 191ᵉ bataillon. Il est placé derrière le fauteuil du président aux applaudissements de l'assemblée.

Le citoyen Billioray lit la proposition suivante :

« La Commune se transportera aussitôt que possible dans un local convenable et admettra le public à ses séances : deux membres seront chargés de trouver ledit local et de le proposer à la Commune. »

Le citoyen Président met aux voix la proposition Billioray, qui est adoptée à l'unanimité.

Le citoyen Léo Meillet. — Il est impossible de trouver une salle convenable à l'hôtel de ville.

Le citoyen Arthur Arnould. — Si, et je crois d'ailleurs que nous ne pouvons pas quitter l'hôtel de ville.

Le citoyen Johannard. — Je ne comprends pas pourquoi on ne veut pas que la salle des séances de la Commune soit ailleurs.

Le citoyen Lefrançais. — Je demanderai au citoyen Meillet quelles sont les impossibilités qu'il a trouvées pour se procurer une salle grande et aérée, par exemple la salle Saint-Jean.

Le citoyen Léo Meillet. — Jusqu'ici nous avons jugé nécessaire, et la Commune aussi, d'avoir autour de l'hôtel de ville des barricades et un commandement militaire. Nous avons été obligés de faire évacuer la cour d'honneur, occupée par les gardes nationaux, pour la tranquillité de nos séances. Nous avons cherché partout; il est impossible de vous donner la salle Saint-Jean. Il y a à faire des travaux d'aménagement pour admettre le public à nos séances; je crois que nous ne devons pas faire de dépense inutile.

Le citoyen Président. — La Commune a décidé qu'une commission de deux membres serait chargée de faire un rapport sur l'état des différentes salles qu'ils croiront convenables; on n'a pas dit : une salle dans l'hôtel de ville.

Le citoyen Sicard. — Ce n'est pas votre rôle de décider...

Le citoyen Billioray. — Il sera nommé une commission de deux membres. Ils feront un rapport sur les différents locaux qu'ils auront vus, et la Commune appréciera.

Le citoyen Président. — Quels membres choisissez-vous pour faire partie de la commission ?

(Il est indiqué différents noms.)

Le citoyen Jules Andrieu. — J'entends prononcer mon nom; je déclare que je ne puis accepter, parce que j'ai une idée préconçue : pour moi, l'on ne doit pas quitter l'hôtel de ville.

Le citoyen Président. — Je mets aux voix les noms des citoyens Courbet et Billioray.

(L'assemblée fait choix de ces deux membres.)

Le citoyen Président. — Avant que ces citoyens se mettent à la recherche d'une salle, il faudrait savoir si la Commune tient à siéger dans l'hôtel de ville. Je fais cette demande pour qu'ils ne fassent pas un travail qui serait ensuite inutile.

Le citoyen Président lit une proposition du citoyen Pillot relative à la chute de la colonne Vendôme.

Le citoyen Régère. — Mais c'est voté !

Le citoyen Léo Meillet. — Régère nous dit que c'est voté, je le sais bien ; mais vous n'ignorez pas qu'il ne suffit pas de voter une chose pour qu'elle soit exécutée.

Le citoyen Paschal Grousset. — Il y a des ingénieurs qui y travaillent, et la démolition doit avoir lieu le 5 mai. Demain, il y aura une note à l'*Officiel* à ce sujet.

Le citoyen Léo Meillet. — Le comité de salut public a désiré faire tomber la colonne au moment où l'on procéderait à la démolition des statues en bronze de Paris.

Nous avons été arrêtés par les ingénieurs, qui nous ont déclaré que pour le 5 mai cela était impossible, et que l'on attendait au 8 mai.

Il est, paraît-il, aussi facile de faire tomber la colonne tout entière que la statue seule.

Le citoyen Demay. — Si vous vous fiez aux ingénieurs, vous ne l'abattrez jamais ; ils feront traîner en longueur dans leur intérêt.

Le citoyen Paschal Grousset. — Nous avons traité à forfait.

Le citoyen Président lit :

« Un registre sera ouvert dans les mairies de chaque arondissement.

« Ce registre aura pour but l'inscription des noms de tous les citoyens qui se seront distingués en combattant pour la défense de la république et des libertés communales.

« A. Dupont, Ferré. »

Le citoyen Avrial. — Et la discussion sur les monts-de-piété ?

Le citoyen Président. — On remettra alors le projet à demain.

Le citoyen Ferré. — Comme tout le monde, je suis partisan de cette mesure. Il n'est pas nécessaire de la beaucoup discuter, et peut-être n'avons-nous pas besoin de renvoyer à demain.

Le citoyen Lefrançais. — J'ai, à ce sujet, une communication à faire à la sûreté générale.

J'ai rencontré aujourd'hui, aux alentours des halles et dans la rue Saint-Denis, une troupe de musiciens appartenant à différents corps de gardes nationales; elle m'a montré une autorisation pour faire une quête dans les rues.

J'ai trouvé ce cortége misérable et indigne de la Commune, indigne aussi de ceux au nom desquels on faisait cette quête.

Je demande que la sûreté supprime ces autorisations.

La Commune doit faire disparaître complétement tout ce qui a un caractère de mendicité. (Approbation générale.)

Le citoyen Longuet. — J'adhère tout à fait à ces observations, et j'ajoute que je ne rends pas le citoyen Cournet responsable de ces abus.

A l'appui du fait qu'on vient de citer, j'en apporte un autre.

Des femmes, la plupart de mœurs très-suspectes, avaient obtenu de la sûreté générale, à l'insu du délégué, je pense, l'autorisation de faire des quêtes à domicile. Ces faits n'auraient jamais dû exister, et, sous l'administration de Cournet, ils doivent complétement disparaître.

Le citoyen Cournet, délégué à la sûreté générale. — Je n'ai que quelques mots à répondre aux observations qui viennent d'être présentées, et l'assemblée verra que le délégué à la sûreté générale n'est en aucune façon responsable des faits signalés.

En effet, je n'ai jamais signé aucune autorisation de quête, seulement je sais que la commission de sûreté générale, principalement dans le 18e arrondissement, a autorisé d'en faire en mettant le timbre du comité de sûreté générale; c'est un comité d'arrondissement, et non pas la Commune, qui a donné l'autorisation.

J'en ai été informé hier même par Ferré, qui proteste lui-même contre le fait.

Par conséquent, ni votre commission ni votre délégué à la sûreté générale n'ont autorisé ces faits.

Le citoyen SICARD. — Je tiens à dire que nous avons interdit les quêtes dans notre arrondissement.

Le citoyen FERRÉ. — Ce que j'ai à dire n'est que pour confirmer ce qu'a dit le citoyen Cournet.

Il est vrai que le citoyen Clément a autorisé des musiciens à faire des quêtes pour des soldats non incorporés. Sur les autorisations on a appliqué le timbre de *sûreté générale;* mais il est vrai que ce timbre de sûreté générale était celui de l'arrondissement et non celui de la Commune.

Maintenant il y a une note mise par le citoyen Vermorel au-dessus du cachet en question, et conçue ainsi ou à peu près : « Voyez Cournet pour savoir s'il veut autoriser la quête. »

Il est probable que cette annotation aura échappé au citoyen Cournet.

Nous voulons que les citoyens nécessiteux soient secourus par les soins des administrations municipales, et non par l'entremise de la mendicité, sous quelque voile qu'elle se cache.

20.

Je demande au citoyen Lefrançais de ne pas insister sur cette question, qui, à mon avis, se trouve résolue par les observations que l'assemblée vient d'entendre.

Le citoyen Lefrançais. — Voici les renseignements que j'ai recueillis sur ces faits. J'ai rencontré un détachement de ces musiciens, rue aux Ours. Le commissaire qui conduisait ce corps a déclaré s'appeler Pertuiset; il avait une autorisation, datée du 13 avril, pour le 18ᵉ arrondissement seulement. J'ai rencontré un autre détachement qui avait une autorisation du 13 avril, signée Dereure, et une du 2 mai, signée Suet et Sabourdy. Ces autorisations étaient toujours pour le 18ᵉ arrondissement.

Le citoyen Ferré. — Ces renseignements confirment ce que j'ai affirmé tout à l'heure, qu'on a pris cette mesure sans notre autorisation. Si le citoyen Lefrançais était venu en conférer avec nous, il n'aurait pas entretenu la Commune de ces détails.

Le citoyen Dereure. — Je vais donner quelques explications à ce sujet. Au 18 mars, quand les soldats qui ont mis la crosse en l'air se sont débandés, ils se sont trouvés sans argent et sans logement. Les gardes nationaux avaient établi à chaque barricade des assiettes où les passants déposaient leur offrande pour ces soldats. J'avais supprimé ces quêtes.

Voici alors ce qui est arrivé : le conseil de légion a imaginé d'organiser ces troupes de musiciens pour quêter. On est venu me demander une autorisation que j'ai refusée; on l'a demandée à J.-B. Clément, qui l'a donnée, et voilà comment il y a des quêtes. Mais elles ont eu leur utilité. Elles avaient produit 4,000 francs. Quand il y a eu des blessés et des morts, j'ai pu donner de suite 100 francs aux veuves et 25 ou 50 francs aux blessés. Je n'ai pas demandé d'argent aux finances pour cet objet. Je regrette le fait de mendicité qui s'est produit, mais qui nous a permis de remplir une bonne œuvre.

Le citoyen Rastoul. — L'assemblée est-elle d'avis d'adopter ce projet de décret, qui consiste à établir dans chaque mairie un registre où seront inscrits les noms de ceux qui se seront distingués en combattant pour la république et la défense communale?

Le citoyen Dereure. — Je propose qu'on ajoute les morts et les blessés. (Appuyé.)

Le projet est mis aux voix et adopté.

Le citoyen Cournet. — L'autre jour, vous avez déclaré que la chapelle Bréa serait détruite et que Nourri serait mis en liberté. J'ai reçu une lettre de la mère de Nourri. Je vous proposerai de faire quelque chose en faveur de cette républicaine, qui a été vraiment stoïque. Cette femme demande à être placée dans une de ces maisons où les femmes âgées sont très-bien. Il me semble qu'il serait plus digne de la Commune de décréter une pension qui lui permettrait de vivre honorablement.

Le citoyen Longuet. — Je profite de l'occasion pour proposer que l'on insère à l'*Officiel* un récit complet, et pour la première fois véritablement historique, de l'affaire Bréa.

Le citoyen Parisel. — Je proposerai à la Commune de faire de l'ancienne institution des jésuites un asile pour les vieillards, et de mettre la mère de Nourri à la tête de cette maison.

Le citoyen Viard. — J'appuierai la proposition Parisel. J'ai reçu, ce matin, des plaintes de veuves de gardes nationaux tués.

Jusqu'ici, nous avons décrété, mais nous n'avons rien

fait. On se contente de les renvoyer d'un bureau à l'autre. Profitons de cette occasion. Jamais nous ne trouverons rien de plus beau, de plus favorable à l'hygiène que cet établissement. Il y a de grandes infortunes à soulager, il faut y faire face et prendre des moyens énergiques pour leur venir en aide.

Mais en dehors de ces moyens, nous avons les églises et d'autres établissements. Faisons de l'argent et secourons les infortunes. Il faut que ceux qui se battent sachent que l'avenir de leurs femmes est assuré.

Si vous ne voulez pas rendre un décret, prenez une détermination quelconque, et sous peu vous en verrez les heureux résultats.

Le citoyen RÉGÈRE. — Permettez-moi de réserver cette question importante.

L'établissement des jésuites est destiné à l'enseignement. Il me semble connaître le sentiment de Vaillant à ce sujet. Cet établissement est disposé pour des études scientifiques : il a des laboratoires magnifiques, il possède des instruments d'astronomie qui ont coûté des sommes considérables. Nous en avons disposé momentanément pour y loger des réfugiés.

Le citoyen VAILLANT. — Je suis d'avis de donner à la citoyenne Nourri une pension qui lui permette de vivre indépendante. J'ajoute un mot. Il est absolument nécessaire que la Commune réserve cet établissement pour l'enseignement.

Le citoyen COURNET. — Au nom de la délégation de la sûreté générale, et assurément aucun des membres de cette commission ne me démentira, je prie la Commune de vouloir décréter que toutes les églises de Paris soient immédiatement déclarées biens communaux. J'ajoute ceci. Pour reconnaître les services rendus à la république par un grand nombre de femmes, de mères, je demande qu'une commission d'enquête soit nommée pour savoir à qui appartiennent aujourd'hui les bureaux de tabac. Que la Commune nomme immédiatement une commission d'enquête.

Le citoyen Ch. Beslay. — Je suis d'avis que les églises sont des biens communaux ; cependant je ferai remarquer que Haussmann en a vendu quatre ou cinq ; j'en ai la preuve. Nous pouvons donc agir en toute liberté, puisque l'empire a fait ce que l'on nous propose de faire.

Quant aux bureaux de tabac, la commission des finances s'en est déjà occupée ; quelques-uns sont gérés par les titulaires, mais la plupart sont affermés, plusieurs à des prix fort élevés, jusqu'à 15,000 fr.

Le citoyen Lefrançais. — Nous n'avons pas à nous occuper de ce qu'a fait Haussmann. S'il a vendu des églises, cela ne nous regarde pas. Pour moi, l'on a tardé à prendre la mesure qui vous est proposée. Aujourd'hui, que voyons-nous ? Des églises ouvertes et d'autres fermées ; il faut une mesure générale, il faut qu'on les réclame comme biens communaux pour que la Commune en fasse ce que bon lui semblera. Elle pourra les louer, si bon lui semble, à des gens qui pourront y exercer leur culte. (Assentiment.)

Le citoyen Président. — Je vous propose, avant de passer à d'autres questions, de prendre une décision au sujet de l'affaire Nourri. L'assemblée est-elle d'avis de voter une pension à la mère de Nourri ?

La Commune adopte la proposition.

Un membre. — Il faudrait fixer le chiffre de cette pension.

Le citoyen Lefrançais. — Je demande que cette pension ne soit pas supérieure à celle que nous accordons aux veuves des gardes nationaux. (Bruit. — L'ordre du jour !)

Le citoyen Vésinier. — Je voudrais vous faire observer qu'il y a vingt ans que la mère de Nourri est malheureuse et que la pension allouée aux veuves des gardes nationaux lui serait insuffisante, surtout dans les circonstances présentes.

Le citoyen Lefrançais. — Les veuves des gardes nationaux s'en contentent bien.

Le citoyen Vésinier. — Sans doute, mais la mère de Nourri est très-âgée et ne pourrait vivre avec cette faible pension. Et puis, elle peut avoir des dettes, elle a pu être malade, et souffrir beaucoup. Cent francs par mois ne seraient pas de trop, et du reste ce ne serait pas pour longtemps.

En raison de ses malheurs, de ses souffrances, en agissant ainsi, on ne dérogerait pas aux règles de la justice.

Le citoyen Lefrançais. — Je trouve très-naturel qu'on répare l'oubli qui a été fait pendant vingt ans ; mais qu'on le répare à l'aide d'une indemnité, calculée sur la situation actuelle ; mais comme pension, qu'elle ne soit pas supérieure à celle des veuves des gardes nationaux.

Le citoyen Arthur Arnould. — Je demande la parole pour faire remarquer que nous semblons oublier totalement les décrets que nous faisons ; en effet, celui qui a été rendu sur les pensions à accorder aux veuves des gardes nationaux morts au service de la Commune contient un article relatif aux ascendants. Or la mère de Nourri rentre dans cette dernière catégorie et nous pouvons, sans déroger à notre décret, lui accorder une pension comprise entre 600 et 800 fr. ; cela nous permet toujours d'augmenter de 200 fr. la pension de la mère de Nourri.

Le citoyen JACQUES DURAND. — Ne pourrait-on pas faire remonter la pension à la date du jour où la mère de Nourri a perdu son fils ? (Non ! — Bruit.)

Le citoyen PRÉSIDENT. — Si nous acceptions ces mesures rétroactives, il y aurait bien des familles à soulager, car il y a eu 50,000 victimes.

Le citoyen LANGEVIN. — Je combats la proposition du citoyen Arthur Arnould.

Il est vrai qu'un article de notre décret sur les pensions accorde jusqu'à 800 fr. aux ascendants des gardes nationaux tués à l'ennemi, mais c'est parce qu'on a supposé que les mères des gardes nationaux pouvaient avoir de grandes charges, par exemple des petits-enfants à élever.

En définitive, je me rallie à l'opinion du citoyen Lefrançais.

Le citoyen ARTHUR ARNOULD. — La mère de Nourri étant âgée ne doit plus pouvoir travailler, c'est pourquoi elle doit obtenir une pension plus élevée que la veuve d'un garde national de dix-neuf à quarante, que l'on doit supposer *a priori* encore assez jeune pour qu'elle puisse travailler.

Le citoyen PRÉSIDENT. — Il me semble que ce qu'il y aurait de plus simple à faire, ce serait de renvoyer l'examen de la question aux membres de la Commune délégués dans l'arrondissement habité par la mère de Nourri. (C'est cela ! — Appuyé !)

L'assemblée décide donc que les délégués de l'arrondissement habité par la mère de Nourri feront un rapport sur sa situation et sur le chiffre de la pension à allouer.

Le citoyen Président. — Voici un projet de décret sur les églises :

La Commune de Paris

DÉCRÈTE :

Les édifices religieux, étant biens communaux, ne doivent être utilisés que sur la proposition de la Commune auprès de chaque municipalité.

COURNET, BLANCHET, ETC.

Le citoyen Billioray. — Dans le projet que nous venons d'entendre, on lit que les églises seront considérées comme biens communaux. Jusqu'à présent, j'ai toujours cru que ces édifices appartenaient à la ville, et je trouve tout à fait inutile de déclarer qu'ils seront des biens communaux.

La ville en en disposant ne fait que rentrer dans sa propriété, et elle a parfaitement le droit d'en faire ce qu'elle veut.

C'est tout ce que j'avais à dire.

Le citoyen Raoul Rigault. — Dans ce qu'il vient de dire, le citoyen Billioray a commis, je crois, une erreur de fait.

Un grand nombre d'églises ont été aliénées sous l'ancienne administration Haussmann. (Interruption.)

Le citoyen Lefrançais. — Nous n'en avons pas tenu compte. (Bruit.)

Le citoyen Raoul Rigault. — Il y a de ces édifices qui appartiennent, non à la ville, mais à des sociétés religieuses qui se masquent sous le voile de sociétés civiles.

Que le décret les absorbe, je n'y vois absolument aucun inconvénient ; mais je tenais cependant à constater que le citoyen Billioray avait commis une erreur de fait qu'il importait de rectifier.

Le citoyen Lefrançais. — Qu'entendez-vous par églises communales ? Il est évident que, s'il y a des églises particulières, vous ne pouvez vous charger de les entretenir.

Le citoyen Rigault. — Nous pouvons distinguer les églises et les chapelles. Mais il y a des églises qui appartiennent à des sociétés civiles qu'on appelle fabriques, et qui n'ont pas exclusivement le caractère religieux. Mais l'état aussi concourt à leur entretien.

Un membre. — Si l'état concourt à leur entretien, elles sont à nous. (Interruptions.)

Le citoyen Arthur Arnould. — J'ai demandé la parole, non pour entrer dans la discussion, mais pour demander, comme question réglementaire, qu'on ne se mette pas à discuter et à voter au pied levé tous les décrets qui se trouveront sur le bureau. Dans cette question, par exemple, l'assemblée semble d'accord sur le fond, mais il y a des questions de détail qu'il faut approfondir. On peut la renvoyer à un prochain ordre du jour. Nous avons la question des monts-de-piété qui peut être discutée aujourd'hui. Tous les jours, une foule de pauvres gens nous demandent ce qui a été décidé. C'est une question très-urgente et qu'il y a lieu de discuter aujourd'hui même. Nous discuterons la question des églises un autre jour. (Approbation.)

Le citoyen Président. — Nous renvoyons la discussion du projet à un autre jour.

L'assemblée est-elle d'avis de nommer une commission pour les bureaux de tabac ?

Le citoyen Langevin demande la parole.

Le citoyen Président. — Ce n'est pas pour engager la discussion ?

Le citoyen Cournet. — Je vais vous citer un fait à l'appui.

Une voix. — La commission des finances s'en occupe.

Le citoyen Cournet. — Alors je n'insiste pas.

Le citoyen Andrieu. — J'ai demandé que la Commune prenne une mesure d'ordre à propos de tous les projets que l'on apporte ici, afin que le rang d'ordre de chaque proposition soit respecté.

Le citoyen Président. — Avant de passer à l'ordre du jour, on me prie de donner lecture de deux propositions.

La première est une proposition du citoyen Andrieu, proposant la formation d'un registre dans lequel les propositions seront inscrites par ordre de date pour être discutées.

La proposition est adoptée.

La deuxième est signée du citoyen Franckel.

Le citoyen Président en donne lecture.

Elle est relative à la saisie des pains qui seraient faits pendant la nuit.

Le citoyen Franckel. — Vous vous rappelez, citoyens, votre dernier arrêté pour supprimer le travail de nuit. A partir de demain, on ne devra plus travailler la nuit. L'article 2 arrête la saisie de tous les pains qui seront fabriqués la nuit; je crois que c'est le seul moyen d'empêcher que la concurrence de patron à patron vienne entraver une mesure réclamée par l'hygiène et par conséquent par la morale. Je crois que c'est l'affaire de quelques jours, et que, le jour où le travail de jour sera organisé, tout le monde sera d'accord.

Le citoyen Pindy. — La commission du travail n'a pas à venir demander ici un nouveau décret. Ce n'est pas à la Commune de prendre des arrêtés pour faire exécuter les décrets qu'elle a rendus.

Le citoyen FRANCKEL. — Mais je ne peux pas décréter la saisie, sans être d'accord avec la Commune.

Le citoyen RASTOUL. — La Commune ne peut décréter l'exécution d'un décret.

Le citoyen VICTOR CLÉMENT. — C'est la sanction pénale qui n'existe pas.

Le citoyen FRANCKEL. — Alors décrétez l'article 2 seulement.

Le citoyen RIGAULT. — Je propose qu'au lieu de ces mots : « La Commune arrête, » on mette : « La commission exécutive arrête... » Seulement je ferai remarquer une chose : la commission ne peut pas formuler de pénalité.

Le citoyen ANDRIEU. — Je tiens à mentionner une omission dans ce décret, et je suis de l'avis de Rigault : la saisie doit être décrétée par la Commune assemblée. J'avais mis au service de la commission du travail les agents d'éclairage pour faire l'inspection, mais je ne sais pas qui pourra faire la saisie.

Le citoyen LONGUET. — Comme membre de la commission du travail, j'appuie ce que vient de dire Rigault.

Il y a, en effet, dans la confiscation des pains une sanction, une sorte de pénalité que la Commune seule peut prononcer. Quant à l'exécution, je crois que c'est à la municipalité de chaque arrondissement à prendre les mesures nécessaires.

Le citoyen CH. BESLAY. — Il y a dans la question de la boulangerie une exception qu'il faut envisager, c'est à l'égard du boulanger qui est obligé de travailler la nuit pour faire le levain, autrement vous n'auriez pas de pain le matin ; celui-là doit être excepté.

Le citoyen PRÉSIDENT. — Je vais vous lire le décret relatif à la boulangerie. Je crois qu'il serait urgent de le faire afficher immédiatement.

Le décret, mis aux voix par le président, est adopté.

Le citoyen Johannard. — Je demande à faire une communication. La batterie d'Asnières, qui a été portée ces jours derniers à l'ordre du jour, est en bas depuis plus d'une heure. Je demande que quelques membres aillent la recevoir.

Le citoyen Président. — Je propose à la Commune de désigner pour recevoir cette batterie les citoyens Oudet et Puget.

La proposition est adoptée.

Le citoyen Président. — Citoyens, l'ordre du jour appelle la discussion sur le mont-de-piété.

Le citoyen Jourde. — Je demande pourquoi l'on commence toujours cette discussion vers la fin de la séance. (Bruit.)

Le citoyen Président. — Voici les deux premiers articles du décret :

(Lecture est donnée des deux premiers articles.)

Le citoyen Avrial. — Quand j'ai présenté le décret en discussion, je n'ai pas tenu compte des difficultés que présentait son exécution. Depuis, j'ai vu Jourde et la commission des finances, et je suis maintenant tout disposé à abandonner le maximum de 50 fr. si l'assemblée le désire. Si le citoyen Jourde a un projet plus acceptable, qu'il le présente; je le répète, je ne tiens pas au chiffre que j'avais proposé.

Le citoyen Paschal Grousset. — Je demande que le retrait des objets ne puisse avoir lieu que dans les deux ou trois semaines qui suivront la publication du décret, afin que les déserteurs qui rentreront dans Paris dans deux, trois ou six mois ne puissent profiter de la mesure que nous voulons prendre. (Assentiment.)

Le citoyen Dereure. — Je viens d'entendre Avrial

déclarer qu'il ne voyait pas d'inconvénient à ce que la somme de 50 fr. fût abaissée dans une certaine proportion. Je crois au contraire qu'une pareille mesure serait d'un très-mauvais effet.

On compte déjà dans Paris que la somme est fixée à 50 fr., et si vous diminuiez la somme, ce serait d'un très-mauvais effet.

Le citoyen Régère. — C'est évident.

Le citoyen Dereure. — Si, au début, la somme de 20 ou 30 fr. avait été fixée, cela m'aurait été complétement indifférent, mais aujourd'hui je crois qu'il est trop tard.

Le citoyen Babick. — Au sujet de la proposition Grousset, je crois devoir vous dire qu'elle serait tout à fait insuffisante pour priver les francs-fileurs du bénéfice de votre décret. Car, si au 4 septembre, peu de temps avant l'investissement de Paris, c'étaient les femmes qui quittaient Paris, aujourd'hui c'est l'inverse : les hommes partent et les femmes restent. Rien ne pourrait les empêcher de profiter du décret.

Le citoyen Avrial. — Il y aurait, je crois, un moyen d'éviter cet inconvénient, et en même temps de récompenser les services que nous rend la garde nationale. Par un recensement général il serait facile dans chaque arrondissement de délivrer une carte personnelle à chaque garde national et à tous ceux en général qui servent la Commune d'une manière quelconque.

Les porteurs de ces cartes individuelles profiteraient seuls du décret.

Il faudrait examiner cette question.

Le citoyen Arthur Arnould. — Faites-nous une proposition par écrit.

Le citoyen Victor Clément. — La Commune tranche

des questions d'économie politique, des questions financières par des raisons de sentiment, c'est mauvais.

Ainsi le citoyen Dereure nous dit que, si nous n'accordons pas les dégagements jusqu'à 50 fr., chiffre annoncé, notre décret produira un mauvais effet.

Ce n'est pas là un argument sérieux ; le plus mauvais effet à redouter, c'est celui qui résulterait d'engagements pris et que nos finances ne pourraient pas remplir. Agir sans tenir compte de nos finances, ce serait détruire le crédit de la Commune, ce serait la ruiner.

J'ai dû m'entendre avec le citoyen Jourde ; il déclare que pour rembourser le mont-de-piété en peu de temps, il rencontrera de grandes difficultés, même en abaissant le taux des dégagements à 20 francs ; le budget municipal sera grevé d'une forte somme, si vous voulez tenir compte rien que des intérêts des sommes à rembourser.

Je suis d'avis qu'il faut faire quelque chose, je veux dire tout le possible, pour la population nécessiteuse, et je me range à l'avis de Jourde, qui déclare qu'il lui sera possible de satisfaire à des exigences de politique et d'humanité, mais je demande que l'assemblée n'élève pas le taux des dégagements fixé par le délégué aux finances.

Je repousse donc la proposition Dereure.

Le citoyen Régère. — Je ne vois pas là une question de sentiment ; je vois un engagement formel auquel il serait déplorable de se soustraire. La population a su que nous allions faire ce que nos prédécesseurs ont fait à deux reprises. Oui, les hommes du 4 septembre ont fait ce que vous hésitez à faire. Je ne pourrais m'expliquer les objections faites que si on vous présentait des chiffres, que si on vous disait : Il nous faut tant de millions, où les prendrez-vous ?... (Interruptions.)

Le citoyen Arthur Arnould. — Mais cela a été fait !

Le citoyen Régère. — Ne m'interrompez pas. Je vous dis que vous êtes liés par un engagement moral. (Interruptions.) La population attend vos décrets.

Le citoyen Longuet. — Je demande la parole pour une motion d'ordre. Je m'aperçois qu'on discute en ce moment non pas sur les conclusions du rapport de la commission, mais sur une proposition antérieure, la proposition du citoyen Avrial.

On doit d'abord discuter les conclusions de la commission. Présentez ensuite, en opposition, des conclusions opposées, comme celles du citoyen Avrial. La discussion ne peut s'engager que là.

(La Commune se forme en comité secret.)

Le citoyen Lefrançais lit l'article du *Vengeur* relatif à la nomination de Jourde.

Je ferai remarquer la phrase dans laquelle le citoyen Pyat déclare que c'est sur une proposition du comité de salut public que le citoyen Jourde a été nommé aux finances. Il y a là une erreur que je prie le citoyen Pyat de vouloir bien rectifier. C'est la Commune qui a nommé le citoyen Jourde. (Bruit. — C'est inutile ! Il y a eu bien d'autres choses dans les journaux !)

Le citoyen Régère. — Ne répondez pas, Pyat, vous êtes au-dessus de cela.

Le citoyen Pyat. — Je ne puis être responsable de ce que je n'ai pas fait. Hier, je n'assistais pas à la séance ; je suis resté, jusqu'à trois heures du matin, cloué dans un fauteuil à la séance de la commission exécutive.

Je déclare en outre, sur mon honneur, que, si la Commune a proposé la nomination du citoyen Jourde, elle en a dérobé l'honneur au comité de salut public, qui avait demandé, la veille même, le maintien du citoyen Jourde. J'ai même demandé à le proposer moi-même.

Une voix. — Meillet l'a déclaré à la séance d'hier.

La séance est levée à sept heures et demie.

VOTES MOTIVÉS RELATIVEMENT AU COMITÉ DE SALUT PUBLIC.

(Séance du 2 mai.)

Je déclare déposer un bulletin blanc sur les noms, parce que le décret, tel qu'il a été voté, me paraît consacrer le funeste soi-disant *principe* de la *division* du *pouvoir,* qui engendre fatalement les conflits entre les diverses délégations, le comité de salut public et la Commune; ce qui, en définitif, ne change en rien, quant au fond, la situation actuelle, dont le caractère dominant, essentiel, est le désordre, la confusion, l'anarchie, produits nécessaires du manque d'organisation et d'administration vraiment républicaines.

Dans ces conditions, et pour les autres motifs exprimés dans mon vote contre l'ensemble du projet, partisan résolu de l'*unité* du *pouvoir,* mais de la *séparation* et de la *spécialisation* des fonctions, avec responsabilité *réelle* des fonctionnaires, je ne puis que déposer dans l'urne un bulletin blanc, exprimant ainsi le regret que la Commune ne se soit pas ralliée à mon projet que j'avais présenté sous forme d'amendement à l'article 2, et qui consistait, dans les circonstances exceptionnelles que nous traversons, à nommer un *comité exécutif de trois membres,* une espèce de triumvirat pris en dehors de la Commune, et avec pleins pouvoirs sur toutes les commissions, pour la haute direction et l'exécution des affaires, en vue d'une action extérieure et intérieure prompte et puissante.

De ces trois membres, toujours responsables devant la Commune, transformée provisoirement et jusqu'à la fin de la lutte contre Versailles en commission de haute surveillance, avec puissance de les briser et de les révoquer en totalité ou en partie : l'un serait délégué à la guerre et chargé de l'administration de ce service et de l'organisation des bataillons ; le second placé à la tête de toutes les forces militaires actives, pour une action énergique et décisive ; et le troisième ayant pouvoir et mission spéciale d'organiser la partie *financière* et *administrative* des services de l'intérieur.

RASTOUL.

Vu que nous ne pouvons nommer personne à une institution considérée par nous comme aussi inutile que fatale, et où nous voyons poindre un comité de capitulation,

Nous nous abstenons.

TRIDON, VERMOREL, AVRIAL, V. CLÉMENT,
THEISZ, PINDY, GÉRARDIN.

Je vote pour le comité de salut public pour qu'il fasse exécuter les décrets de la Commune et prendre les mesures d'urgence.

AMOUROUX.

Errata. — Le compte rendu de la séance du 2 mai, publié à l'*Officiel* d'hier, contient plusieurs fautes d'impression ou de rédaction qu'il importe de rectifier.

Ainsi, dans le discours du citoyen JOURDE (dernière colonne), au lieu de : « Hier, je n'avais que 140,000 fr., aujourd'hui les caisses renferment 2 millions, » il faut lire: « Hier, je n'avais que 842,000 fr., » etc.

Au lieu de : « Je demandais donc qu'on me laissât rassurer le crédit, amener le retour du numéraire à force d'économies, tout en diminuant de 50 pour 100 les droits d'octroi et en doublant le budget de l'enseignement public. J'aurais pu réduire le budget de la ville à moins 50 millions par an, » il faut lire : « Je demandais donc qu'on me laissât rassurer le crédit, amener le retour du numéraire. A force d'économies, tout en diminuant de de 50 pour 100 les droits d'octroi, tout en doublant le budget de l'enseignement public, j'aurais pu réduire le budget de la ville d'*au moins* 50 millions par an. »

Enfin, au lieu de : « En 93, le pays vivait de ses produits, aujourd'hui il vit surtout avec les produits étrangers, » il faut lire : « En 93, le pays vivait de ses produits, aujourd'hui il vit surtout de l'échange de ses produits contre les produits étrangers. »

On lit dans le *Journal officiel* de Versailles, partie non officielle :

Le gouvernement adresse à toutes les autorités civiles et militaires la circulaire suivante :

Versailles, 4 mai 1871, 4 h. soir.

Pendant que nos travaux d'investissement continuent autour du fort d'Issy, se liant à d'autres travaux plus importants autour de l'enceinte, la division Lacretelle a exécuté, à notre extrême droite, une opération des plus hardies vers le Moulin-Saquet. Elle s'est portée sur cette position, l'a enlevée, a fait trois cents prisonniers et pris huit pièces de canon.

Le reste de la troupe des insurgés s'est enfui à toutes jambes, laissant cent cinquante morts ou blessés sur le champ de bataille. Telle est la victoire que la Commune pourra célébrer demain dans ses bulletins.

Du reste, nos travaux d'approche avancent avec une rapidité admirée de tous les hommes de l'art et qui promet à la France une prompte fin de ses épreuves et à Paris surtout la délivrance des affreux tyrans qui l'oppriment.

———

Depuis plus de vingt-quatre heures, le malheureux village de Boulogne est bombardé par les bastions qui s'étendent du n° 64 au n° 70.

Les pièces de 24 ayant été remplacées sur l'enceinte par des pièces de 12, il en résulte que les projectiles des insurgés ne portent pas au delà de Boulogne et y tombent avec une effroyable continuité.

Si ce feu continue dans les mêmes conditions, Boulogne ne tardera pas à être complétement réduit en cendres. Aucune localité des environs de Paris n'aura été plus cruellement atteinte.

LE 6 MAI 1871.

Le *Journal officiel* de Paris contient, dans sa partie officielle, les pièces suivantes :

Le comité de salut public

ARRÊTE :

Art. 1ᵉʳ. La délégation à la guerre comprend deux divisions :
Direction militaire ;
Administration.

Art. 2. Le colonel Rossel est chargé de l'initiative et de la direction des opérations militaires.

Art. 3. Le comité central de la garde nationale est chargé des différents services de l'administration de la guerre, sous le contrôle direct de la commission militaire communale.

15 floréal an 79.

Le comité de salut public,

ANT. ARNAUD, CH. GÉRARDIN, FÉLIX PYAT, LÉO MEILLET, G. RANVIER.

Le comité de salut public,

Considérant que l'immeuble connu sous le nom de chapelle expiatoire de Louis XVI est une insulte permanente à la première révolution et une protestation perpétuelle de la réaction contre la justice du peuple,

ARRÊTE :

Art. 1ᵉʳ. La chapelle dite expiatoire de Louis XVI sera détruite.

Art. 2. Les matériaux en seront vendus aux enchères publiques, au profit de l'administration des domaines.

Art. 3. Le directeur des domaines fera procéder, dans les huit jours, à l'exécution du présent arrêté.

Paris, 16 floréal an 79.

Le comité de salut public,

ANT. ARNAUD, CH. GÉRARDIN, LÉO MEILLET, FÉLIX PYAT, RANVIER.

Le comité de salut public,

Considérant que le service des compagnies de chemins de fer est un service d'utilité publique qu'il importe de ne pas désorganiser ;

Considérant, en outre, qu'il est nécessaire de concilier les intérêts de ce service avec ceux de la défense, et de faire droit en même temps aux justes réclamations de différentes légions,

ARRÊTE :

Art. 1er. Toutes les exemptions du service de la garde nationale délivrées jusqu'à ce jour aux employés et à tous agents de chemins de fer, commissionnés ou non, sont et demeurent annulées.

Art. 2. A l'avenir, pourront être exemptés du service de la garde nationale les employés et tous agents de chemins de fer dont la présence sera reconnue indispensable aux besoins de l'exploitation ou de l'administration.

Art. 3. Seront seules valables les exemptions délivrées par le contrôleur général des chemins de fer, et revêtues de l'approbation d'un délégué spécial du comité central de la garde nationale.

Art. 4. Tout employé de chemin de fer faisant son service de garde national continuera à recevoir son traitement.

Art. 5. Les compagnies seront tenues de révoquer immédiatement tout employé qui chercherait à se soustraire à ce service et de lui supprimer tout traitement.

Art. 6. L'intervention directe des conseils de légion dans les gares, bureaux ou administrations de chemins de fer est absolument interdite.

Art. 7. Les compagnies de chemins de fer sont mises en demeure de se conformer au présent arrêté dans les huit jours qui suivront sa promulgation au *Journal officiel*.

Art. 8. Le comité central de la garde nationale est chargé de veiller à l'exécution du présent arrêté.

Paris, 16 floréal an 79.

Le comité de salut public,

ANT. ARNAUD, CH. GÉRARDIN, LÉO MEILLET, FÉLIX PYAT, RANVIER.

Le membre de la Commune délégué à la sûreté générale,

Considérant que, pendant la durée de la guerre, et aussi longtemps que la Commune de Paris aura à combattre les bandes de Versailles qui l'assiégent et répandent le sang des citoyens, il n'est pas possible de tolérer les manœuvres coupables des auxiliaires de l'ennemi ;

Considérant qu'au nombre de ces manœuvres on doit placer en première ligne les attaques calomnieuses dirigées par certains journaux contre la population de Paris et la Commune, et, bien que l'une et l'autre soient au-dessus de pareilles attaques, celles-ci n'en sont pas moins une insulte permanente au courage, au dévouement et au patriotisme de nos concitoyens ;

Qu'il serait contraire à la moralité publique de laisser continuellement déverser par ces journaux la diffamation et l'outrage sur les défenseurs de nos droits qui versent leur sang pour sauvegarder les libertés de la Commune et de la France ;

Considérant que le gouvernement de fait qui siége à Versailles interdit dans toutes les parties de la France, qu'il trompe, la publication et la distribution des journaux qui défendent les principes de la révolution représentés par la Commune ;

Considérant que les journaux le *Petit Moniteur*, le *Petit National*, le *Bon Sens*, la *Petite Presse*, le *Petit Journal*, la *France*, le *Temps* excitent dans chacun de leurs numéros à la guerre civile, et qu'ils sont les auxiliaires les plus actifs des ennemis de Paris et de la république,

ARRÊTE :

Art. 1ᵉʳ. Les journaux le *Petit Moniteur*, le *Petit*

National, le *Bon Sens,* la *Petite Presse,* le *Petit Journal,* la *France,* le *Temps* sont supprimés.

Art. 2. Notification du présent arrêté sera faite à chacun des susdits journaux et à leurs imprimeurs, responsables de toutes publications ultérieures, par les soins du citoyen Le Moussu, commissaire aux délégations, chargé de l'exécution du présent arrêté.

Paris, le 5 mai 1871.

*Le membre de la Commune délégué
à la sûreté générale,*

F. COURNET.

Le délégué près l'ex-préfecture de police, agissant en vertu des pouvoirs nécessaires,

ARRÊTE :

Article unique. Le citoyen Landowski est nommé commissaire de police de la navigation et des ports, à titre provisoire.

Le délégué,

F. COURNET.

Le *Journal officiel* de Paris contient ce qui suit dans sa partie non officielle :

RAPPORTS MILITAIRES.

Vanves.

Nuit calme.

Une heure et demie du matin : les Versaillais ont

commencé un feu violent sur nos tranchées; ils sont repoussés.

Issy.

Quatre heures du soir : le parc l'Épine a été incendié par les fédérés et la position occupée.

Forts de Vanves et Issy toujours bombardés, mais la situation est bonne.

Neuilly.

Canonnade peu intense.

Trois heures et demie : le 194e bataillon a débusqué les Versaillais des barricades du boulevard Bineau, et, malgré une grande résistance opposée, les a forcés de se retirer. La barricade est à nous.

Quatre heures : autres barricades; faiblesse des Versaillais.

Asnières.

Soirée du 4, calme.

Maison blanche à Asnières en feu; près de là une autre s'enflamme par le feu des batteries de l'imprimerie Paul Dupont.

Une heure du matin : les fédérés ont pris une barricade à la Grande-Jatte; la position est conservée.

Une heure après midi : silence du camp royaliste.

Colonel Dombrowski remplace Durassier.

Montrouge.

Matinée tranquille.

Onze heures : les ruraux attaquent Bas-Fontenay. Le fort de Montrouge les repousse.

Une heure : petite fusillade sur nos tranchées. Des Versaillais cachés derrière les arbres et les murs sont repoussés.

Bicêtre.

Matinée : petit combat continuel.

Une heure : combat violent; feu versaillais éteint vivement.

Château d'Issy brûlait encore à cinq heures.

En exécution de l'arrêté du comité de salut public en date du 15 floréal an 79,

Le délégué à la guerre arrête ainsi qu'il suit la répartition des différents commandements militaires :

Le général Dombrowski se tiendra de sa personne à Neuilly, et dirigera directement les opérations sur la rive droite.

Le général La Cécilia dirigera les opérations entre la Seine et la rive gauche de la Bièvre. Il prendra le titre de général commandant le centre.

Le général Wrobleski conservera le commandement de l'aile gauche.

Le général Bergeret commandera la 1re brigade de réserve; le général Eudes commandera la 2e brigade active de réserve.

Chacun des généraux ci-dessus désignés conservera un quartier à l'intérieur de la ville, ainsi qu'il suit :

1° Le général Dombrowski, à la place Vendôme;

2° Le général La Cécilia, à l'École militaire;

3° Le général Wrobleski, à l'Élysée;

4° Le général Bergeret, au Corps-législatif;

5° Le général Eudes, à la Légion d'honneur.

Un ordre ultérieur déterminera les troupes que le ministère de la guerre mettra à leur disposition.

Paris, le 5 mai 1871.

Le délégué à la guerre,
ROSSEL.

AUX HABITANTS DES COMMUNES RURALES EXPOSÉES AU FEU DE L'ARTILLERIE DE LA COMMUNE.

Citoyens,

J'ai reçu, depuis que je suis à la délégation de la guerre, plusieurs lettres m'informant que des obus avaient frappé des personnes inoffensives dans vos villages.

En attendant que la guerre prenne un terme, je ferai toujours mon possible pour empêcher toute souffrance inutile. Mais pour que je puisse arrêter le feu des batteries dirigé sur tel ou tel point par les commandants particuliers, il faudrait que je pusse être informé en temps utile et d'une manière certaine que l'ennemi n'occupe pas les points indiqués. Il faudrait, en revanche, que je reçusse les informations contraires lorsqu'il les occupe.

Les communes ou hameaux qui pourront m'offrir de semblables garanties seraient assurés contre ces regrettables et inutiles cruautés.

Vous voyez que ce que je demande ce n'est pas la simple neutralité, mais une sorte d'alliance.

Salut et fraternité.

Le délégué à la guerre,
ROSSEL.

Afin de régulariser le service du corps d'artillerie et d'en compléter l'organisation, le directeur général du matériel invite les chefs de parcs, les gardes de poudrières dans l'intérieur de Paris et des forts, les directeurs des fabriques de cartouches, gargousses et projectiles de toute nature à se présenter au bureau du directeur général, 86, rue Saint-Dominique, le dimanche 7 mai, à neuf heures du matin.

Les directeurs, gardes-magasins et chefs de parcs devront présenter un rapport détaillé de leur fabrication, ainsi que l'inventaire des munitions et projectiles existants au présent jour.

Faute par eux de se conformer au présent ordre, ils seront relevés de leurs fonctions.

Paris, 4 mai 1871.

Le directeur général de l'artillerie,

AVRIAL.

Suivant les prescriptions du délégué à l'enseignement, les lecteurs sont informés que la réouverture de la *bibliothèque communale* dite Mazarine aura lieu à partir du lundi 8 mai, et que les séances publiques se tiendront tous les jours, de dix à quatre heures.

Le directeur de la bibliothèque,

B. GASTINEAU.

Le citoyen Guigard est adjoint provisoirement au citoyen Élie Reclus pour la réorganisation de la Bibliothèque nationale.

COMMUNE DE PARIS.

SÉANCE DU 5 MAI 1871.

Présidence du citoyen Johannard. — Assesseur : le citoyen Jacques Durand.

Le citoyen Raoul Rigault. — Vous vous rappelez qu'il a été convenu que, quand il aurait été procédé à l'arrestation d'un collègue, on ferait un rapport à la Commune; je le fais aujourd'hui, non pas dans les vingt-quatre heures, mais dans les deux heures.

Aujourd'hui nous avons appelé devant vous le citoyen Blanchet. Depuis longtemps nous étions prévenus que ce nom n'était pas le sien; que sous un autre nom il avait exercé des fonctions et subi une condamnation qui ne lui permettaient pas de rester parmi nous.

Quoi qu'il ait toujours voté avec la majorité et le comité de sûreté générale, à cause de cela surtout, je n'ai pas gardé de ménagements. (Approbation.) C'est le citoyen Ferré qui a fait l'enquête. Le citoyen Blanchet s'est présenté devant nous; je ne crois pouvoir faire mieux que de vous lire le procès-verbal que nous avons dressé de cette entrevue.

« L'an mil huit cent soixante et onze, le cinq mai,

« Devant nous, délégué à la sûreté générale et membre dudit comité, est comparu le membre de la Commune connu sous le nom de Blanchet,

« Lequel, interpellé par le citoyen Ferré, a déclaré qu'il ne s'appelait pas Blanchet, mais bien Panille (Stanislas).

« Sur seconde interpellation, Panille déclare qu'il a bien été secrétaire de commissaire de police à Lyon, qu'il est entré, à Brest, dans un couvent de capucins en qualité de novice vers 1860, qu'il y est resté huit ou neuf mois.

« Je partis, ajoute-t-il, en Savoie, où je rentrai dans
« un second couvent de capucins, à Laroche. Ceci se
« passait en 1862.

« Revenu à Lyon, je donnai des leçons en ville. On
« me proposa d'être traducteur-interprète au palais de
« justice, j'acceptai. On me dit après qu'une place
« de secrétaire dans un commissariat était vacante,
« j'acceptai également ; je suis entré dans ce commissa-
« riat vers 1865, et j'y suis resté environ deux ans.

« Au bout de ce temps, quand je demandai de l'avan-
« cement, quand je demandai à être commissaire spé-
« cial aux chemins de fer, ma demande étant restée sans
« réponse, j'offris ma démission, qui fut acceptée. C'est
« après ces événements que je vins à Paris.

« J'ai été condamné à six jours de prison pour ban-
« queroute à Lyon. J'ai changé de nom parce qu'il y
« avait une loi disant qu'on ne pouvait signer son nom
« dans un journal lorsqu'on a été mis en faillite. »

« Nous, délégués à la sûreté générale, et membres dudit comité, envoyons à Mazas le sieur Panille.

« LAURENT, TH. FERRÉ, A. VERMOREL,
RAOUL RIGAULT, A. DUPONT, TRIN-
QUET. »

Le citoyen RIGAULT. — Voici les faits. Je n'insisterai pas beaucoup sur les détails, à moins que l'assemblée ne le demande. (Oui! oui!) Alors, puisque vous le voulez, j'insiste. Il y a quelque temps, deux citoyens, qui étaient près de la porte d'entrée, voyant sortir Blanchet, me dirent : « Connaissez-vous bien ce citoyen? Nous sommes de Lyon, et nous croyons qu'il a été secrétaire du commissaire de police de Lyon. » Nous nous livrâmes à une investigation, et nous avons reconnu qu'il y avait concordance parfaite comme âge, comme signalement, etc., entre le nommé Blanchet et le nommé Panille.

L'identité établie par le témoignage de ces deux citoyens que je ne connaissais pas, mais dont nous avons les noms, nous avons continué l'enquête. D'autres rapports sont venus nous démontrer que ce Blanchet avait été chez les capucins, qu'il avait embrassé la vie monastique avec tout ce qu'elle comporte.

Hier, nous nous sommes fait délivrer un extrait du casier judiciaire, qui relatait que le nommé Blanchet avait été condamné à six jours de prison pour banqueroute frauduleuse, en 1868, par le tribunal de Lyon. Nous l'avons appelé devant nous; nous étions tous présents, et nous avons été d'accord qu'il fallait d'abord lui demander sa démission, que je dépose sur le bureau du président. Puis, persuadé que sous ce nom de Blanchet il pouvait avoir commis des faux, j'ai cru qu'il fallait l'envoyer à Mazas; c'est donc sous cette inculpation que je l'ai fait arrêter.

Il a reconnu tous ces faits; je ne lui ai pas demandé de signer, mais nous étions présents tous les six, et c'est devant nous qu'il a avoué ce que je viens de lire. Par conséquent, je vous demanderai de vouloir bien confirmer son arrestation et d'accepter sa démission.

Le Président lit la démission du citoyen Blanchet.

« Je, soussigné, député à la Commune sous le nom de Blanchet, déclare donner ma démission de membre de la Commune.

« PANILLE, dit BLANCHET. »

Le citoyen Longuet. — L'élection était nulle.

Ordre du jour de la séance du 6 mai 1871 :
Discussion sur les attributions du comité de salut public, et interpellations aux membres de ce comité.
A deux heures précises.

On lit dans la partie non officielle du *Journal officiel* de Versailles :

La déclaration suivante a été adressée à plusieurs journaux de Paris :

GRAND ORIENT DE FRANCE.

Une réunion maçonnique nombreuse, tenue au théâtre du Châtelet, a pris une détermination dans les termes suivants :

« Les francs-maçons réunis en *assemblée générale* protestent... »

En l'absence du grand maître et du plus grand nombre de nos collègues, nous, membres du conseil de l'ordre du grand Orient de France, croyons devoir déclarer publiquement : — Que la réunion générale de tous les représentants des ateliers de l'Obédience, régulièrement convoqués, a seule le droit de prendre le titre d'*Assemblée générale de la maçonnerie française;* — qu'en *elle seule* réside la souveraineté maçonnique.

En conséquence, nous déclarons également que la franc-maçonnerie du grand Orient de France ne se trouve nullement liée par la résolution prise dans l'assemblée du Châtelet, et que cette résolution n'engage que les maçons qui y ont personnellement adhéré.

Paris, le 29 avril 1871.

Les membres du conseil de l'ordre,

DE SAINT-JEAN, MONTANIER, G. BÉCOURT, GALIBERT, GRAIN, RENAUD.

LE 7 MAI 1871.

Le *Journal officiel* de Paris contient, dans sa partie officielle, les pièces suivantes :

La Commune

DÉCRÈTE :

Art. 1er. Toute reconnaissance du mont-de-piété antérieure au 25 avril 1871, portant engagement d'effets d'habillement, de meubles, de linge, de livres, d'objets de literie et d'instruments de travail, ne mentionnant pas un prêt supérieur à la somme de vingt francs, pourra être dégagée gratuitement à partir du 12 mai courant.

Art. 2. Les objets ci-dessus désignés ne pourront

être délivrés qu'au porteur, qui justifiera, en établissant son identité, qu'il est l'emprunteur primitif.

Art. 3. Le délégué aux finances sera chargé de s'entendre avec l'administration du mont-de-piété, tant pour ce qui concerne le règlement de l'indemnité à allouer que pour l'exécution du présent décret.

———

Le membre de la Commune délégué à la justice

ARRÊTE :

Le citoyen Fontaine (Joseph) est nommé séquestre de tous les biens, meubles et immeubles, appartenant aux corporations ou communautés religieuses situés sur le territoire de la Commune de Paris.

Fait à Paris, le 7 mai 1871.

Le membre de la Commune délégué à la justice,

EUGÈNE PROTOT.

———

A chaque instant, des réquisitions sont faites chez des fournisseurs d'habillement et d'équipement militaire par ordre de chefs de bataillon, de légion ou autres.

Il en résulte de graves inconvénients contre lesquels l'intendance a déjà pris plusieurs arrêtés, qu'elle se voit obligée de rappeler aux citoyens qui se laissent ainsi aller à des excès de zèle ou obéissent à des ordres irréguliers.

Toutes mesures sont prises pour satisfaire promptement et dans les conditions les plus économiques aux besoins de la garde nationale.

En conséquence,

Le délégué à l'intendance, membre de la Commune,

ARRÊTE :

Article unique. Toutes réquisitions d'effets d'habillement et d'équipement appartenant aux fournisseurs sont absolument interdites.

Le délégué à l'intendance, membre de la Commune,

E. VARLIN.

Au nom de la Commune,

Le citoyen Doussot (Bertrand-Paul-Édouard), capitaine de frégate, est nommé chef d'état-major de la flottille de la Seine.

A partir de ce jour, le citoyen Doussot entre en fonctions.

Paris, le 6 mai 1871.

Le délégué au ministère de la marine,

LATAPPY.

Le *Journal officiel* de Paris contient ce qui suit dans sa partie non officielle :

RAPPORTS MILITAIRES.

Neuilly, 6 mai 1871.

Nuit assez calme.

Matinée, canonnade très-intense.

Après-midi, pas de combats; quelques coups de canon et très-peu de mousqueterie.

Les positions sont les mêmes.

Asnières.

Nuit calme.

Matinée, maison effondrée par projectiles versaillais; citoyenne ensevelie; retirée, n'a que quelques contusions.

Midi à trois heures, Versaillais bombardent Clichy, ne nous font aucun mal.

Trois heures, batteries de l'enceinte et wagons blindés dirigent leurs feux sur Asnières et Gennevilliers. Versaillais reduits au silence.

Commandant de place Doby cité à l'ordre du jour pour sa grande activité dans son service.

Vanves.

Bombardé toute la nuit; peu de dégâts.

Issy.

Toujours canonné par Moulin-de-Pierre et Meudon; riposte vigoureusement.

Clamart.

Dix heures et demie du matin, vive fusillade des tranchées et attaque de la gare de Clamart; fédérés victorieux occupent la gare.

Montrouge.

Soirée du 5, six heures, forte canonnade du Bas-Fontenay jusqu'à huit heures; le fort riposte vigoureusement et éteint le feu de l'ennemi.

Onze heures et demie, nos batteries tirent sur Bas-Fontenay, qui répond faiblement.

Trois heures, faible fusillade de Bagneux sur Grange-Ory, sans résultat.

Bicêtre.

De une heure à trois heures, forte canonnade sur Bagneux; l'ennemi ne répond pas.

COMMUNE DE PARIS.

SÉANCE DU 6 MAI 1871.

Présidence du citoyen OSTYN. — Assesseur : le citoyen PASCHAL GROUSSET.

La séance est ouverte à quatre heures. On procède au tirage au sort des quatre-vingts délégués de la garde nationale qui doivent former le jury d'accusation.

Le citoyen PRÉSIDENT. — Le citoyen Miot a la parole pour lire un projet de décret.

Le citoyen MIOT. — Voici ma proposition :

« La Commune

« DÉCRÈTE :

« Art. 1ᵉʳ. L'emprisonnement cellulaire est supprimé.

« Art 2. Les détenus seront renfermés pendant la nuit seulement.

« Art. 3. En cas d'emprisonnement préventif, le secret ne pourra durer plus de dix jours.

« Art. 4. A partir de la promulgation du présent décret, le temps d'emprisonnement préventif sera déduit de celui fixé par le jugement de condamnation.

« Art. 5. Toutes dispositions contraires au présent décret sont abrogées.

« J. MIOT. »

Le citoyen Raoul Rigault. — Je demande la parole.

Le citoyen Président.— Je propose le renvoi du projet de décret Miot à la commission de justice. (Oui! oui!)

Le citoyen Parisel. — Il manque un article à cette proposition.

Le citoyen Président.— Eh bien, vous ferez un amendement.

On demande que la commission chargée de trouver une salle pour nos assemblées présente son rapport demain, à l'ouverture de la séance.

Le citoyen Courbet. — Je demande la parole.

Le citoyen Président. — Demain, vous nous ferez un rapport.

Le président donne lecture des deux propositions suivantes :

« Division de la Commune en commission de surveillance pour tous les travaux, et réunion de la Commune entière trois fois la semaine, de deux heures à cinq heures le soir.

« VIARD. »

« La Commune n'aura plus que deux séances par semaine; les membres se réuniront dans les commissions et travailleront dans leurs municipalités respectives; chacun prendra dans les arrondissements, et sous la direction du délégué à la guerre et de la commission militaire, telle mesure d'organisation qui sera jugée nécessaire.

« BILLIORAY. »

La Commune décide que ces deux propositions viendront à l'ordre du jour de demain. On passe à la question sur le mont-de-piété.

Le citoyen Vésinier prend la présidence.

Le citoyen Lefrançais, membre de la commission des finances. — Je me suis mis en relation avec le citoyen André Cochut, directeur du mont-de-piété, et voici les renseignements qui m'ont été fournis : en admettant le projet de décret qui fixe le maximum de 50 fr., et en ne tenant compte que des vêtements, linge, literie et instruments de travail, vous aurez environ 1,200,000 articles à dégager, représentant une valeur d'engagement de 12 millions, peut-être davantage. Quant au maximum de délivrance, l'on ne peut dépasser quatre mille articles par jour, quelque diligence qu'on y mette. Il n'y a que trois magasins ; cette circonstance et le contrôle à exercer empêchent de dépasser ce chiffre; or quatre mille articles par jour pour 1,200,000 représentent environ dix mois à un an.

A 30 fr., vous aurez un million d'articles représentant 9 millions et demandant pour le dégagement de neuf à dix mois. Voilà les éléments du problème.

J'ai demandé s'il ne serait pas possible d'augmenter le nombre de dégagements journaliers.

Il m'a été répondu que c'était totalement impossible; l'expérience en a été faite lors des derniers dégagements, sous le gouvernement du 4 septembre.

On nous a ajouté qu'en donnant ce nombre, on n'avait aucun intérêt à le restreindre ; que, bien souvent déjà, l'administration a songé, dans son intérêt, à diminuer l'encombrement résultant d'un écoulement journalier aussi minime, mais elle n'y a pas réussi.

J'ai demandé aussi ce qui aurait lieu si la somme était descendue à *vingt francs*. Il m'a été répondu que le nombre d'objets engagés ne descendrait pas au-dessous de 900,000, ce qui s'explique facilement par ce fait que le nombre d'engagements est loin d'être proportionnel à la somme prêtée sur chaque objet, et qu'il y avait infiniment plus d'articles à *trois francs* qu'à *cinquante francs*.

Comme vous voyez, je ne veux pas entrer dans la discussion, j'ai tenu seulement à vous indiquer les grandes difficultés pratiques que vous aurez à résoudre.

Le citoyen Président. — Vous n'avez pas de conclusions à nous présenter, citoyen Lefrançais ?

Le citoyen Lefrançais. — Le citoyen Jourde vous parlera à ce sujet ; mais vous voyez, en somme, que la publicité inopportune de nos premiers débats sur cette question a mis la Commune dans une impasse d'où il lui sera difficile de sortir.

Le citoyen Président. — La parole est au citoyen Jourde.

Le citoyen Jourde. — Les conclusions qu'on demande à connaître sont très-embarrassantes à exprimer.

Un membre de cette assemblée demandait si l'on ne pourrait pas augmenter par un moyen quelconque le nombre des dégagements que le mont-de-piété aurait à faire journellement.

Non, ce n'est pas possible, parce qu'il faut prendre des garanties pour que l'emprunteur seul fasse le dégagement, et, pour obtenir cette garantie, il faut que l'employé du mont-de-piété ait ses livres sous les yeux ; on ne pourrait faire la copie de livres qui indiquent l'engagement de plus de 1,200,000 articles, ou du moins ce serait très-long, et l'on risquerait de faire des confusions très-regrettables.

Quelles conclusions puis-je vous donner?

Vous avez soulevé cette question des dégagements, il faut la résoudre, je le comprends bien, car il serait impossible de laisser le débat où il en est. Voici une solution possible, je crois, mais qui est peu pratique.

Il faudrait trouver le moyen de faire une liquidation, mais à une condition : c'est qu'on mettrait quelque chose, c'est-à-dire une autre institution, à la place du mont-de-piété.

Le citoyen AVRIAL. — Créez cette institution.

Le citoyen JOURDE. — On dit : Créez une institution ; c'est facile à dire, mais il faut avoir le temps d'étudier avant de créer.

Si l'on disait à Avrial : Créez des affûts, des canons, il demanderait du temps ; c'est ce que je demande aussi. (Très-bien.)

Il faut donc étudier le moyen de liquider le mont-de-piété, ou plutôt le moyen qui permettrait de se servir de cette institution, de la modifier, de l'améliorer pour en faire un établissement qui prête réellement à celui qui a de véritables besoins, sans abuser d'un taux usuraire, sans frapper sur le pauvre.

Dans l'application je proposerais le projet Andrieu, et je fixerais le taux de dégagement à 20 fr. seulement.

De 20 à 50 fr. on n'engage que des objets de luxe ; en effet, sur un matelas on ne prête difficilement que 20 fr., également sur une redingote que 20 fr., enfin sur tous ces objets indispensables, on ne prête que le quart de la valeur, tandis que l'on prête les deux tiers sur les bijoux.

De plus, avec le taux de 20 fr., comme limite de dégagement, vous grèveriez moins nos finances et vous rendriez encore les plus grands services aux classes qui nous intéressent.

Le mont-de-piété, vous le savez, emprunte de deux façons : aux caisses d'épargne par exemple, et ensuite sur gages. Eh bien, nous ne pouvons pas faire de générosité avec l'argent des autres; nous ne pouvons pas dire aux prêteurs : Voilà le gage, arrangez-vous avec l'emprunteur. Dans ce cas, et en attendant la réorganisation, voici ce que je propose : je pourrais, par exemple, mettre à la disposition du mont-de-piété une somme de 100,000 fr. par semaine; ensuite, payer les intérêts aux emprunteurs.

Si nous sommes obligés d'accepter le projet, je proposerais les dispositions suivantes que je ne fais qu'indiquer:

Art. 1er. Dégagement des objets jusqu'à concurrence de 20 fr.;

Art 2. Ceux qui dégageraient seraient obligés de fournir une pièce quelconque constatant l'identité de l'emprunteur.

Et enfin,

Art. 3. Vous décideriez que votre délégué aux finances s'entendrait avec le mont-de-piété pour assurer l'exécution du présent décret, au point de vue de tous les intérêts engagés.

Le citoyen LEFRANÇAIS, au nom de la commission. — Relativement à l'abaissement à 20 fr. du maximum de prêt, je crois qu'il n'y a pas lieu de vous effrayer.

La partie de la population parisienne à laquelle votre

décret veut venir en aide est plus pourvue de reconnaissances inférieures à 20 fr. que supérieures à ce chiffre. Il peut arriver qu'une famille d'ouvriers ait plusieurs reconnaissances au-dessous de 20 fr., elle les dégagera toutes; les reconnaissances de sommes supérieures à 20 fr. se rapportent à des objets de valeur dont le dégagement ne peut être considéré comme devant dégrever la partie laborieuse de la population. En abaissant le maximum à 20 fr., vous donnez au travailleur la faculté de dégager tout ce qu'il a, s'il a plusieurs reconnaissances inférieures à cette somme.

Le citoyen JOURDE. — Je crois même que nous serons forcés de faire presque une loterie pour le dégagement, c'est-à-dire que les personnes qui auront la lettre E, par exemple, dégageront tel jour, etc. Enfin, je crois que l'on parviendra à résoudre cette question.

Le citoyen ARTHUR ARNOULD. — Citoyens, après les explications que vous venez d'entendre, j'ai très-peu de choses à dire. Je suis très-heureux que ces explications aient été fournies par le citoyen Jourde, avec toute l'autorité qu'on peut lui reconnaître dans la question.

La question du mont-de-piété se divise en deux parties : la question de la liquidation du mont-de-piété, et la question de la délivrance des objets engagés par la classe nécessiteuse.

Nous avions promis que l'on dégagerait gratuitement les objets jusqu'à concurrence de 50 fr. Depuis quinze jours, cette question est restée en suspens à cause d'incidents venus de divers côtés. La population nécessiteuse attend avec d'autant plus d'impatience qu'elle n'a pas eu d'ouvrage depuis huit mois, et nous devons lui donner une preuve matérielle que nous comprenons nos devoirs à son égard.

Laissons donc de côté la question de liquidation du mont-de-piété, qui demande à être approfondie, et que nous devons renvoyer à l'étude de la commission des finances, et occupons-nous des moyens pratiques de dégager les objets.

Eh bien, je me rallie aux moyens qui vous sont présentés par Jourde et Lefrançais, et je vous demanderai d'abaisser le maximum à 20 fr.

Le mont-de-piété, sauf sur l'or et sur l'argent, donne un prêt dérisoire; ainsi, pour un paletot qui aura coûté 120 fr. chez le tailleur, il prêtera 10 fr., et encore à condition que vous ne l'ayez jamais porté. Le pauvre et l'ouvrier n'engagent leurs vêtements qu'après les avoir portés, et le prêt par conséquent est extrêmement faible. Il en est de même pour les objets de literie, le linge et la plupart des instruments de travail. Il est donc évident qu'en abaissant le maximum à 20 fr., nous atteignons le but que nous voulons atteindre.

La seule difficulté est une difficulté matérielle pour le dégagement, et cette difficulté paraît assez grave.

Ce n'est pourtant pas la première fois qu'on rend ainsi gratuitement les objets engagés; eh bien, on a trouvé des moyens assez rapides et assez faciles, il doit y en avoir. Quoi qu'il en soit, nous avons pris un engagement moral que nous devons tenir, et parce que nous l'avons pris et parce que c'est un acte de justice envers la classe nécessiteuse et ouvrière. Mais il faut que le dégagement s'opère de manière à ne pas en faire un objet de plaisanterie; il faut qu'il soit rapide.

Le citoyen Avrial. — Je ne reviendrai pas sur ce chiffre de 50 fr.; du moment que les finances affirment qu'il n'est pas possible d'arriver à ce chiffre, je le mets de côté.

Cependant je crois que depuis un mois que j'ai présenté le rapport, s'il avait été étudié, on aurait trouvé un joint pour atteindre ce chiffre. Si nos décrets sur les fugitifs avaient été exécutés, il est certain que les boutiquiers qui sont partis en laissant leurs femmes, si on avait voulu frapper d'un impôt ces boutiques, on serait arrivé à dégager les objets de 50 fr.

Je poserai aux finances cette simple question : quelles sont les attributions de la direction supérieure du mont de-piété, directeur et sous-directeur? Je veux dire : quels sont les appointements du directeur du mont-de-piété

Si les membres de la Commune visitaient ces établissements, voyaient le gaspillage qui s'y produit, ils en seraient étonnés. Je ne m'occupe pas de la question de dégagement, elle se fera sans bruit. J'ajoute ceci, que le décret rendu ce soir soit valable demain matin.

Plusieurs membres. — Oh! oh!

Le citoyen Avrial. — C'est parfaitement possible. Les finances devaient prendre leurs mesures pour le jour où le décret aurait été rendu.

Le citoyen Jourde. — L'administration du mont-de-piété est gouvernementale par un point, et administration privée quant aux appointements.

Je vous disais qu'il est regrettable qu'avec la somme de travaux auxquels vous me contraignez, vous vous plaigniez que je n'aie pas fait assez. Maintenant je vous dirai que, quant aux dégagements, il me faudra quelques jours pour m'entendre avec le mont-de-piété.

Le citoyen J.-B. Clément. — Chaque fois que nous consulterons les finances, on nous dira qu'il n'y a pas moyen de faire de sacrifices. L'on aurait dû prendre des mesures pour pouvoir être plus généreux vis-à-vis de ceux qui se battent pour notre cause et qui ont besoin d'aide.

Je demande qu'on soit aussi large que possible ; le décret sur le mont-de-piété est le seul dont le peuple pourra jouir. Je demande que, si vous acceptez la somme de 20 fr., — je ne demande pas 30 fr., car on arriverait aux choses de luxe, vous décidiez que l'on pourra dégager les instruments de travail engagés pour plus de 20 fr., à la condition de payer la différence. Cette mesure aurait pour résultat de faire rentrer un peu d'argent.

Le citoyen Président. — Rédigez votre proposition.

Le citoyen Jourde. — Auparavant, laissez-moi vous lire le projet de décret sur le mont-de-piété. Le voici dans toute sa simplicité :

« La Commune

« DÉCRÈTE :

« Art. 1er. Toute reconnaissance du mont-de-piété, antérieure au 25 avril 1871, portant engagement d'effets d'habillement, de meubles, de linge, d'objets de literie et d'instruments de travail, ne mentionnant pas un prêt supérieur à la somme de 20 fr., pourra être dégagée gratuitement à partir du 12 mai courant.

« Art. 2. Les objets ci-dessus désignés ne pourront être délivrés qu'au porteur qui justifiera, en établissant son identité, qu'il est l'emprunteur primitif.

« Art. 3. Le délégué aux finances sera chargé de s'entendre avec l'administration du mont-de-piété, tant pour ce qui concerne le règlement de l'indemnité à allouer que pour l'exécution du présent décret. »

Le citoyen Dereure. — Quand j'ai demandé la parole, il y a trois jours, sur la proposition d'Avrial, disant qu'il s'en remettait à la commission des finances pour fixer le maximum, je n'avais pas bien compris ; je croyais que la somme indiquerait le maximum du dégagement que pourrait faire chaque individu. Du moment que la commission des finances nous dit que toute reconnaissance, jusqu'à concurrence de 20 fr., pourra être retirée, je n'ai qu'à m'incliner. Je me contente de faire remarquer qu'il me semble que l'on pourrait, en opérant les dégagements dans tous les bureaux, délivrer beaucoup plus de quatre mille articles par jour.

Le citoyen LEFRANÇAIS. — Je sais qu'il y a vingt-quatre grands bureaux, mais je répète qu'il n'y a que trois magasins où puisse s'effectuer le dégagement. Je suis allé très-souvent dégager des objets, et, quand j'ai été heureux, j'ai toujours attendu au moins une demi-heure. (C'est vrai!)

Un membre. — Oui, mais avec quel personnel? Avec un personnel qui ne tenait point à être agréable au public.

Le citoyen DEREURE. — A notre arrondissement, nous avons dégagé en janvier pour 18,000 fr. d'articles; je puis affirmer que, si ces objets avaient été dégagés dans les bureaux respectifs, au lieu de l'être au bureau central, cela eût été plus vite fait. Il faudrait décentraliser ce service.

Un membre. — On s'arrangera pour cela plus tard.

Le citoyen DEREURE. — Nous avons parlé du dégagement d'une foule de choses, de mobiliers, d'outils, de vêtements, mais je crois que vous avez oublié les livres.

Le citoyen PARISEL. — Les livres sont des instruments de travail; ils sont compris, par conséquent, dans notre décret. (Oui! oui!)

Un membre. — Les livres de science seulement.

Le citoyen JOURDE. — Si nous rentrons dans ces questions de détail, nous n'en sortirons pas, et notre tâche, déjà difficile, deviendra impossible. Je dis qu'il faut que nous restions dans le domaine très-large des dégagements au-dessous de 20 fr., quel que soit l'objet engagé. Sans doute, il y aura des inutilités qui passeront, mais si nous voulons en faire la nomenclature, nous n'aboutirons à rien.

Pour ce qui est de la question des quatre mille objets dégagés par jour, je me suis borné à vous rendre compte du fait, purement et simplement, parce qu'il me paraissait impossible de dépasser ce chiffre. Si vous, de votre côté, vous trouvez un moyen, tant mieux, je suis prêt à l'exécuter.

Le citoyen Lefrançais. — Devant ce maximum d'articles à dégager journellement, j'ai demandé au citoyen Cochut si, les finances en faisant les frais, il n'y avait pas moyen d'établir des succursales qui activeraient le travail.

Il m'a répondu que ce n'était pas la question des bureaux qui mettrait des entraves à la chose, mais bien celle des magasins et du contrôle, à laquelle nous ne pouvons rien.

Le citoyen Parisel. — Il est très-regrettable que le chiffre de 50 fr. ait été précédemment mis en avant; si aujourd'hui le chiffre de 20 fr. est adopté, je demande que les motifs en soient parfaitement indiqués au public.

Je ferai observer en outre que les objets placés pour une somme supérieure à 50 fr., mais qui ne sont pas cependant des objets de luxe, sont cependant de première nécessité; telles sont les machines à coudre, par exemple.

Je demande que l'on rende aussi ces objets.

Pour la facilité du travail, la seule difficulté consiste

dans le petit nombre de livres d'inscription des objets; s'il n'y a que trois magasins, il ne peut en effet y avoir que trois livres.

Si le petit nombre de livres était la seule objection à la facilité du débit, je crois qu'elle pourrait être levée, quand même on devrait faire imprimer les indications des livres pour les avoir en grand nombre.

Puisque la constatation de l'identité suffirait, une copie ainsi faite des livres résoudrait la question; si maintenant la reproduction de la signature était nécessaire, il n'y aurait pas encore là d'impossibilité matérielle, il suffirait de faire photographier ces signatures.

Le citoyen Léo Franckel. — J'ai adhéré dernièrement au décret proposé par Avrial, et j'exposais même le droit qu'on pût élever jusqu'à 80 fr. le taux de dégagement des machines et outils de travail.

Après les explications fournies par le délégué aux finances, je vois que l'exécution de ce décret est impossible.

Mais je suis en présence d'une autre question.

Si nous voulons faire un décret sur les engagements faits au mont-de-piété, c'est probablement pour faire du bien à la population, et alors il faut prendre des mesures plus urgentes, plus nécessaires.

Dernièrement, je disais à Jourde que les femmes de Paris étaient sans travail en ce moment, que les gardes nationaux n'avaient pour vivre que leurs trente sous, qu'enfin la misère était générale pour les ouvrières de Paris, et que je me proposais, d'accord avec la commission de travail et d'échange, d'organiser des ateliers, mais non pas des ateliers nationaux. Ce seraient des ateliers où l'on distribuerait du travail et où les femmes recevraient du travail à faire dans leur ménage, car, tout en procurant du travail, nous tenons en même temps à faire des réformes dans le travail des femmes.

En entendant le délégué aux finances dire qu'il pourrait disposer de 8 à 10 millions pour les dégagements, je me demande si nous ne ferions pas beaucoup plus en procurant du travail aux femmes, en admettant pour plus tard les conclusions du rapport de la commission du travail et de l'échange sur la liquidation des monts-de-piété.

La commission du travail, en faisant son rapport, n'a pas entendu conseiller une liquidation immédiate. Quand nous aurons réformé notre état économique, on pourra liquider cette situation; mais pour réformer l'état économique, il faut organiser le travail. Si vous ne procurez pas du travail, vous n'aurez fait qu'un changement de courte date.

En effet, quand on aura dégagé les objets du mont-de-piété, au bout de quinze jours, la misère sera toujours la même.

Si l'on adopte la proposition Jourde, je l'accepterai; mais cependant je pense qu'il vaut encore mieux procurer du travail aux femmes pour faire du bien à la population travailleuse de Paris.

Le citoyen Jourde.— Je demande à répondre à Franckel. J'ai été interpellé personnellement.

Le citoyen Johannard. — J'ai demandé la parole contre.

Le citoyen Président. — On ne peut pas empêcher le délégué aux finances et celui de la commission de répondre chaque fois. Citoyen Jourde, vous avez la parole.

Le citoyen Jourde. — Voici ce que je réponds. J'ai dit que les 8 millions en question seraient payés à raison de 100,000 fr. par semaine. Cela ne faisait pas tout à fait 8 millions à donner de suite pour le travail des femmes; mais je ne refuse pas des subsides pour ce travail, puisque je disais dernièrement à Malon : Les finances auront toujours 100,000 fr. par semaine pour le travail des femmes. Il me sera toujours facile de vous ouvrir un crédit. Je ne puis pas répondre mieux à Franckel. Je suis entièrement à sa disposition pour cela; mais, ainsi que je l'ai dit, les 8 millions du mont-de-piété seront payés par 100,000 fr. par semaine, ce qui ne constitue pas un capital de 8 millions immédiatement disponible.

Le citoyen Président.— Citoyen Franckel, je vous donne la parole, non pour faire un discours, mais seulement pour dire deux mots.

Le citoyen Franckel. — Je retire ma proposition, puisque le citoyen Jourde s'engage non-seulement à faciliter le dégagement des objets, mais aussi à donner une certaine somme par semaine jusqu'à concurrence de 100,000 fr. pour procurer aux ouvriers les moyens de travail.

Le citoyen J. Allix. — Cette question du mont-de-piété, qui est si grave, n'est grave que parce qu'on n'aborde pas la liquidation. Si vous vouliez vous placer en face des difficultés, non-seulement d'argent, mais de travail, vous auriez l'organisation du travail et la suppression de la misère. Il faudrait envisager la possibilité de donner à ces gens qui ont besoin la satisfaction du besoin même. Si ceux qui ont mis des objets au mont-de-piété prouvaient qu'ils ont besoin de ces objets, on pourrait remplacer ces objets par un prêt qui leur permettrait de remplacer ces objets usés par des objets neufs. Alors vous tireriez cette grosse épine de 10 millions de francs qui vous embarrasse. Qu'importe que vous donniez en prêts ou en dégagements du mont-de-piété aux personnes qui ont besoin de leurs objets? Pour arriver à dégager jusqu'à 20 fr., vous vous donnez beaucoup de peine et vous multipliez les difficultés. Envisagez donc l'organisation du travail. Dites aux personnes qui ont mis des objets au mont-de-piété, et qui prouveront qu'elles en ont besoin, que nous leur en donnerons de nouveaux. Croyez-le bien, il y en a dans les ateliers, et en même temps que vous organiseriez le travail, vous feriez la liquidation du commerce, qui est d'une gravité pour le moins aussi grande que celle des monts-de-piété.

Donnez aux gens la satisfaction de leurs besoins, que ce soit sous forme de prêt, sous forme de travail, sous une forme quelconque, et soyez bien sûrs que vous aurez bien agi.

Ne faisons pas des décrets pour qu'on nous en sache gré, faisons avant tout des décrets pour le bien, pour la justice, et soyez sûrs que, malgré tout, on vous en sera très-reconnaissant. (Interruptions en sens divers.)

On m'a accusé d'interrompre souvent ici; eh bien, je constate qu'il n'y a pas que moi qui interrompe; et je crois que, quand le public sera admis à nos séances, on n'oubliera pas les grands principes que nous représentons.

Le citoyen ALLIX. — Je ne sais pas comment vous envisagez la chose, mais je vous demande de me laisser exposer mon sujet en entier. Je dis que, quand on a des difficultés d'argent et qu'on passe son temps à chercher toutes les combinaisons du bien, comme fait Jourde, le citoyen Varlin lui a dit ce qu'il avait à faire pour être dans le sentiment du vrai, dans la situation exacte, c'est de supprimer les 12 millions. (Bruit.)

Le citoyen ARTHUR ARNOULD. — La conclusion?

Le citoyen ALLIX. — Je m'en rapporte à vous pour la faire.

Le citoyen URBAIN. — Je vois avec regret qu'il n'est pas possible de rester dans les chiffres proposés par Avrial. Cependant je crois que Jourde se trompe lorsqu'il propose le chiffre de 20 fr., et je prends mon renseignement sur ce qu'il a dit. Il remboursera *cent mille francs* par semaine. En prenant les chiffres de Lefrançais, il délivrera des objets de 20 fr. pour la somme de *huit millions*; à *cent mille francs* par semaine, cela demande vingt ou vingt et un mois; je crois dans la situation actuelle, au lieu de se constituer le débiteur du mont-de-piété.

Le citoyen JOURDE. — Je n'ai pas dit cela.

Le citoyen URBAIN. — Si je suis dans une erreur complète, il est indispensable que je sois rectifié.

Le citoyen JOURDE. — J'ai dit que pour aider le mont-de-piété, je pourrais mettre à sa disposition 100,000 fr. Je suis sans doute partisan de la liquidation, mais la liquidation entraînera une question de responsabilité. J'ai fait entrevoir ce que l'on ferait plus tard, mais je ne pouvais poser aucune transaction, ne sachant pas ce que vous feriez. (La clôture!)

Le citoyen URBAIN. — En s'arrêtant à 20 fr., on dépense 8 millions; en allant jusqu'à 30 fr., on dépenserait 10 millions. Cette différence de 2 millions n'est pas assez forte pour qu'on s'arrête à 20 fr. Voici l'amendement que je propose :

« Art. 1er. Tous les objets engagés au mont-de-piété, jusqu'à concurrence de 30 fr. par engagement, seront retirés gratuitement à partir du 10 mai.

« Art. 2. Les objets de travail dont l'engagement dépasserait 30 francs pourront être retirés par ceux qui ajouteront aux 30 francs le surplus de l'engagement. »

L'amendement, mis aux voix, est repoussé.

Le citoyen JOHANNARD. — Dans la question des monts-de-piété, je demande que toutes les reconnaissances de 20 fr. et au-dessous soient dégagées, quand bien même un seul individu en aurait plusieurs.

Le citoyen BILLIORAY. — Je propose une modification ainsi conçue :

« Les dégagements auront lieu à partir du   jusqu'au   . Passé cette époque, il ne sera plus reçu de demandes de dégagements gratuits. »

Un certain nombre de citoyens ont jugé à propos d'abandonner Paris, et, dans quelque temps, ils pourraient trouver bon d'y revenir pour profiter de la faculté de dégagement gratuit que nous allons accorder ; il faut les empêcher de jouir du bénéfice de notre mesure, et c'est pour cela que je propose la fixation d'un délai.

Le citoyen PRÉSIDENT. — Le citoyen Avrial a demandé la parole ; mais avant de la lui donner, je ferai remarquer que nous pourrions clore en ce moment la discussion générale, en réservant l'examen ultérieur des amendements. (Oui! la clôture!)

Je mets donc aux voix la clôture de la discussion générale.

(La clôture est mise aux voix et adoptée.)

Le citoyen PRÉSIDENT. — Nous allons passer à la discussion des articles.

Je donne lecture de l'article 1er.

Le citoyen BILLIORAY. — Je demande que l'on intercale dans l'article 1er l'amendement dont je viens de donner lecture, car je tiens à ce que les gens qui se sont sauvés de Paris ne puissent pas en profiter.

Le citoyen LANGEVIN. — Je voulais combattre l'amendement Billioray, mais je crois que c'est à peu près inutile.

L'assemblée me paraît avoir compris qu'en voulant prendre trop de précautions, on compliquerait inutilement le projet.

Le citoyen JOURDE. — Je tiens à démontrer combien l'amendement Billioray a peu de raison d'être.

Ceux qui ont des reconnaissances de 20 fr. ne sont pas, soyez-en assurés, de ceux qui ont quitté Paris. Si vous voulez entrer dans la voie des exceptions, vous n'en finirez pas. Tous en proposeront, moi-même je vous en proposerais, et nous arriverions simplement à rendre le projet impraticable. (Aux voix!)

Le citoyen SERAILLER. — Je propose, pour que la discussion ne se prolonge pas indéfiniment, que chaque amendement ne puisse donner lieu qu'à deux discours : un par l'auteur, pour soutenir son amendement, et l'autre par le premier orateur inscrit pour le combattre. On voterait ensuite. (Appuyé.)

Le citoyen PRÉSIDENT. — L'assemblée vient d'entendre cette proposition; veut-elle restreindre le débat de cette façon? Je demande seulement que ce ne soit pas un précédent.

L'assemblée, consultée, adopte la proposition du citoyen Serailler, pour cette fois seulement.

Le citoyen DEREURE. — J'accepte l'amendement, parce qu'il est très-facile en quinze jours ou un mois de délivrer des numéros renvoyant à un jour déterminé.

Le citoyen BILLIORAY. — Il y a deux choses à considérer dans cet amendement : la première est de ne pas faire profiter les francs-fileurs de cette mesure; il y a une autre considération que j'aurais voulu laisser de côté : je suis convaincu que, si vous indiquez un terme aux dégagements, il y aura beaucoup de gens qui ont filé et qui rentreront dans Paris pour effectuer des dégagements. (Interruptions. — Aux voix!)

Le citoyen Président. — Je mets l'amendement du citoyen Billioray aux voix.

(Cet amendement est rejeté.)

Je vais lire les autres amendements :

Amendement Urbain, demandant qu'on élève à 30 fr. le maximum du chiffre porté sur les reconnaissances à dégager.

Le citoyen Urbain. — Je n'ai qu'un mot à ajouter : j'ai oublié de dire que, quant à la date, j'acceptais la date du 12 mai.

(L'amendement est mis aux voix: l'épreuve est déclarée douteuse.)

Le citoyen Longuet. — Je crois qu'avant de voter l'amendement, il eût été bon de consulter le citoyen Jourde, notre délégué aux finances, pour savoir s'il le considérait comme possible.

Le citoyen Président. — Il me semble que le vote ayant lieu sur le fond même du projet, nous devons voter avec beaucoup de prudence et de bonne foi.

Le citoyen Urbain. — Faites une nouvelle épreuve.

Le citoyen Président. — Il faut que l'assemblée et le public soient bien convaincus que nous sommes tous de bonne foi; il faut que le vote se fasse d'une manière sérieuse et équitable. Je prie donc l'assemblée de bien vouloir refaire le vote, et je lui demanderai si elle ne veut pas écouter auparavant le citoyen Jourde.

Le citoyen Jourde. — Je répondrai en un mot à tous les amendements passés et futurs. J'ai abaissé le maximum à 20 fr. parce que cela nous faisait une économie de 2,500,000 fr., et ensuite c'est à ce chiffre que montent au plus les engagements des ouvriers. Je vous ai dit pourquoi.

Si vous voulez multiplier les amendements, je retirerai mon projet. Nous vous avons indiqué pourquoi nous l'avons fait simple ; si vous le surchargez d'amendements, je préfère le retirer.

Le citoyen URBAIN. — Je repousse la réponse de Jourde disant : Si on présente des amendements, je retire mon projet. Je ne doute pas de ses intentions, mais il ne doit pas suspecter les nôtres.

Je dis que ce serait un mauvais procédé que de dire: Je retire ce projet. (Bruit.)

Le citoyen JOURDE. — Je retire le mot, mais arrivez au fait, concluez.

Le citoyen PRÉSIDENT. — On demande l'appel nominal sur l'amendement de 30 fr.

Le citoyen OSTYN. — Je demande alors le chiffre de 50 fr.

Le citoyen CLÉMENT. — Moi je suis pour 30 fr.

Le citoyen PRÉSIDENT. — Je mets l'appel nominal aux voix pour l'amendement de 30 fr.

Le citoyen V. CLÉMENT. — Et mon amendement de 50 fr., je demande qu'il soit mis aux voix.

Le citoyen LEFRANÇAIS. — Dans l'esprit de la plupart des membres qui étaient disposés à accepter le projet Avrial, cela voulait dire que tous les individus qui profiteraient du décret ne pourraient en bénéficier que jusqu'à la somme de 50 fr. Ce projet dit qu'il portera sur les quantités de reconnaissances, de telle sorte que si j'ai cinq ou six reconnaissances de 20 fr., je pourrai dégager pour des sommes énormes.

Je me demande si nous allons en faire une question politique : c'est une question de bonne foi avant tout, et je demande qu'on reste au chiffre de 20 fr.

Le citoyen Avrial. — Il a été démontré qu'il n'était possible de retirer que les objets jusqu'à 20 fr. Vous pouvez demander l'appel nominal si vous voulez, mais songez que ce sera peut-être ces 30 fr. qui rendront le projet impossible à réaliser.

Le citoyen Jourde. — Et qui me mettront dans l'impossibilité d'être autrement et plus effectivement utile à l'ouvrier.

Le citoyen Urbain. — J'ai présenté un projet de décret, cela a été en toute sincérité. Je déclare que si les suppositions émises, et que je ne veux pas rappeler, restent dans l'esprit des citoyens qui les ont émises, je retire mon projet.

Le citoyen Président. — L'assemblée demande qu'on passe aux voix sur le chiffre. Il y a trois chiffres : 50, 30 et 25 fr.

Un membre. — Et 20 fr.

Le citoyen Président. — Oui, mais en ce moment je ne m'occupe que des amendements. Or l'amendement le plus large est celui qui porte 50 fr. Il est certain que si l'assemblée ne se prononce pas pour 25 fr., elle n'acceptera pas 50 fr. Voulez-vous voter par l'appel nominal ?

Un membre. — Oui, mais sur le chiffre de 50 fr. (Oui!)

Le citoyen Victor Clément. — Je demande qu'on lise les considérants des projets que j'ai déposés; je les maintiens énergiquement.

Le citoyen Président. — Voici l'amendement :

« Considérant qu'il est urgent de mettre à l'épreuve la science financière des membres de la Commune, je demande qu'on porte le chiffre au maximum de 50 fr. »

Le citoyen Serailler. — Je proteste contre le vote. Il est insolent pour l'assemblée.

Le citoyen Arthur Arnould. — Il y en a qui ne veulent pas qu'on vote le projet aujourd'hui.

Le citoyen Président. — Mettons aux voix l'amendement ; si la susceptibilité de l'assemblée est blessée, elle peut montrer par son vote que l'amendement ne lui est pas sympathique.

Le citoyen Serailler. — On ne peut pas procéder ainsi ; j'adopterai peut-être l'amendement de 50 fr., mais je repousserai certainement l'insulte qu'il renferme dans le texte. (Interruptions diverses.)

Plusieurs voix. — Aux voix !

Le citoyen Président. — Je mets l'amendement aux voix.

L'amendement est mis aux voix et repoussé.

Le citoyen Victor Clément. — Je proteste contre la tyrannie qui m'a empêché de parler.

Le citoyen Président. — J'espère que l'assemblée constatera que je n'ai exercé aucune pression. — (Mais non ! — Bruit.)

Il y a maintenant un amendement sur le chiffre de 30 fr.

Le citoyen Lefrançais. — Une simple observation à propos d'une question de bonne foi.

Le citoyen Billioray a prétendu qu'il ne devait pas y avoir d'appel nominal pour le chiffre de 50 fr. ; je m'étonne donc qu'après l'avoir repoussé alors, il réclame maintenant cet appel nominal. (Interruptions nombreuses. — Aux voix !)

Le citoyen Billioray. — Le chiffre de 30 fr. est préférable, d'après les renseignements que l'on nous a donnés. Cela ne faisait pas une très-grande différence pour la dépense.

Le citoyen Jourde. — De 2 à 3 millions.

Le citoyen BILLIORAY. — Avec cette somme de 30 fr. on pourrait arriver à dégager un grand nombre d'outils nécessaires. Mais puisque l'assemblée paraît impatiente de voter, et sous le bénéfice de ces observations, je retire ma demande d'appel nominal.

(L'amendement relatif aux 30 fr. est mis aux voix et rejeté.)

Le citoyen PRÉSIDENT. — Voici un autre amendement déposé par le citoyen Potier, fixant la somme de 25 fr.

Le citoyen POTIER. — L'amendement que j'ai proposé est un amendement de conciliation qui, à mon avis, devra nous mettre tous d'accord, d'autant mieux que cela ne constituera pas une grande charge pour les finances.

Le citoyen JOURDE. — Je veux me dégager de la situation fausse qui m'est faite en ce moment; je suis disposé à voter pour le chiffre de 50 fr., je serais même très-heureux de pouvoir faire davantage.

Le citoyen PRÉSIDENT. — Je mets aux voix l'amendement Potier, proposant de substituer le chiffre de 25 fr.

Deux membres. — Mais cet amendement est retiré!

Le citoyen PRÉSIDENT. — Le citoyen Billioray l'a repris.

Un membre. — C'est de la popularité à bon marché! (Bruit.)

Le citoyen URBAIN. — Je demande que le président rappelle à l'ordre le membre qui a prononcé ces paroles.

L'amendement, repris par le citoyen Billioray, est rejeté.

Le citoyen PRÉSIDENT. — Je vais mettre aux voix le chiffre de 20 fr.

Ce chiffre est adopté.

Le citoyen PRÉSIDENT. — Voici un amendement qui s'applique à l'article 1er :

«Pour les outils, machines et généralement tout instrument de travail, si le prêt du mont-de-piété a dépassé la somme de 30 fr., le possesseur de la reconnaissance jouira de la remise accordée, et l'objet lui sera délivré moyennant le payement de la différence.

« J.-B. CLÉMENT, URBAIN, BILLIORAY. »

Le citoyen AVRIAL. — Si nous pouvons faire mieux plus tard, nous ferons mieux. Ainsi aux 20 fr. proposés par Jourde, si vous pouvez ajouter 20 fr., cela fera 40 fr. Mais, de grâce, puisqu'en ce moment l'état de nos finances ne nous le permet pas, ne cherchons pas à mettre entrave à l'exécution du projet, puisque en élevant le chiffre vous feriez un projet impossible à exécuter.

Le citoyen JOURDE. — Voici ce qui va se produire si vous élevez à 30 fr. pour les outils et machines : il y a des marchands d'outils, des patrons qui vont profiter du décret. Quand je pourrai faire davantage, je le ferai.

Le citoyen A. ARNOULD. — Comme signataire de l'amendement, je déclare qu'en présence des explications de Jourde, je retire ma signature.

Le citoyen LEFRANÇAIS. — Il y a aussi une question de politique, car vous allez avoir une quantité d'articles à ajouter au projet, qui le rendront extrêmement difficile à exécuter. Il faudra contrôler, il y aura un contrôle qui n'en finira pas.

Le citoyen VÉSINIER. — En présence de ces déclarations, je retire ma signature. Par conséquent, il n'y a plus que les signatures de J.-B. Clément et de Billioray.

Le citoyen J.-B. CLÉMENT. — Je ne vois pas trop quelles difficultés on trouve dans cet amendement. Il y a bien aussi des marchands de linge qui ont mis du linge au mont-de-piété. Il y a des outils qu'un ouvrier ne pourra avoir pour 20 fr. : des tours, des étaux, etc.

Le citoyen AVRIAL. — C'est une erreur.

Le citoyen LANGEVIN. — Mais vous augmenterez d'autant les objets à retirer.

(L'amendement, mis aux voix, n'est pas adopté.)

(L'article 1er du projet Jourde, mis aux voix, est adopté.)

Le PRÉSIDENT donne lecture d'un amendement du citoyen Dereure, proposant qu'on ajoute : « les livres ».

L'amendement est adopté.

L'article 2 du projet Jourde est également voté.

L'article 3 est aussi adopté.

Le citoyen PRÉSIDENT. — Avant de mettre aux voix l'ensemble du projet, j'ai à vous donner lecture de trois amendements concernant le mode d'exécution du projet, et le mode de distribution des objets.

Voix. — C'est mon projet de réglementation. Renvoyez à la commission.

Le renvoi, mis aux voix, est adopté.

L'ensemble du projet, mis aux voix, est adopté.

Le citoyen GAMBON. — Hier, vous le savez, nous avons demandé à aller à Mazas voir Cluseret. J'y suis allé et j'ai vu le général ; il m'a déclaré n'avoir encore vu personne, et qu'il demandait à être interrogé. Cela est de toute justice, et je crois qu'il y a urgence à nommer une commission qui interrogera Cluseret sans retard. Il est un peu malade, la cellule dans laquelle il se trouve est malsaine, il y étouffe ; on ferait bien d'y aller aussi rapidement que possible.

Le citoyen AVRIAL. — Il faut nous reporter au décret de la Commune, qui déclare qu'un membre de la Commune accusé devra être interrogé dans les vingt-quatre heures.

Le citoyen OSTYN. — Je me joins à Avrial dans ce qu'il vient de dire.

Un membre. — Pindy a été chargé d'arrêter le général, et il s'est chargé aussi de faire l'enquête sur son compte.

Le citoyen VAILLANT. — La question n'est pas la même que lors de l'arrestation de Bergeret et d'Assi : le décret de la Commune portait que la Commune seule pouvait contrôler l'arrestation d'un de ses membres par une commission; or cela a déjà été fait, et je ne puis que me rallier à l'idée émise par Gambon.

Le citoyen MIOT. — Je crois qu'une question aussi grave ne peut pas se discuter en ce moment. Je demande l'ajournement.

Le citoyen GAMBON. — J'appuie le renvoi à demain, et en renvoyant à demain, je demanderai à la Commune qu'elle nomme sa commission de trois membres.

L'ajournement à demain est adopté.

La séance est levée à huit heures quarante-cinq minutes.

On lit dans la partie non officielle du *Journal officiel* de Versailles :

Le gouvernement adresse à toutes les autorités civiles et militaires la dépêche suivante :

Versailles, 6 mai 1871, 6 h. 30 soir.

Ceux qui suivent les opérations que notre armée exécute avec un dévouement admirable pour sauver l'ordre social si gravement menacé par l'insurrection parisienne ont compris qu'il s'agissait d'annuler le fort d'Issy, en éteignant ses feux et en coupant ses communications tant avec le fort de Vanves qu'avec l'enceinte.

Ces opérations touchent à leur terme, malgré l'obstacle qu'elles rencontrent dans les batteries du fort de Vanves. En ce moment, nos troupes travaillent à la tranchée qui doit séparer le fort d'Issy de celui de Vanves. La ligne du chemin de fer que traverse un passage voûté est la ligne qu'on se dispute depuis trois jours.

Cette nuit, 240 marins et deux compagnies du 17e bataillon de chasseurs à pied, conduits par le général Paturel, se sont résolûment élancés sur le chemin de fer et sur le passage voûté. Les marins, accueillis par un feu très-vif, ont été vaillamment soutenus par les deux compagnies du 17e, et la ligne du chemin de fer ainsi que le passage voûté sont restés en notre pouvoir.

Cependant la garnison de Vanves, cherchant en ce moment à prendre nos soldats à revers, était prête à sortir de ses positions, lorsque le colonel Vilmette s'est jeté sur elle à la tête du 2e régiment provisoire, a enlevé les tranchées des insurgés, a pris le redan où ils se logeaient, en a tué et pris un grand nombre, et a terminé ce brillant engagement par un coup de main décisif.

On a tourné aussitôt le redan contre l'ennemi, et on y a pris quantité d'armes, de munitions, de sacs, de vivres abandonnés par la garnison de Vanves, et le drapeau du 119e bataillon insurgé.

Comme on le voit, pas un jour n'est perdu. Chaque heure nous approche du moment où l'attaque principale terminera les anxiétés de Paris et de la France tout entière.

Nous avons eu divers officiers distingués mis hors de combat dans ces opérations. Le colonel Laperche, le lieutenant Parot et le jeune de Broglie ont été gravement, mais non dangereusement blessés. On espère qu'ils seront bientôt remis.

LE 8 MAI 1871.

Le *Journal officiel* de Paris contient, dans sa partie officielle, les pièces suivantes :

Le comité de salut public

ARRÊTE :

Le citoyen président chargé des référés pourra donner mainlevée de toutes oppositions faites sans titre ni permission de juge.

Il donnera mainlevée de toutes celles qui auront été pratiquées en vertu de jugements rendus en violation des décrets, arrêtés ou décisions quelconques promulgués depuis le 18 mars dernier, notamment en matière de loyers et d'effets de commerce.

Paris, le 7 mai 1871.

Le comité de salut public.

Pour ampliation :

Le membre de la Commune délégué à la justice,

EUGÈNE PROTOT.

Le comité de salut public

ARRÊTE :

Sont nommés juges d'instruction près les tribunaux criminels de la Commune de Paris :

1° Le citoyen Moiré (Frédéric-Joseph), chargé des instructions depuis le 6 avril dernier ;

2° Le citoyen Leloup (Félix), avocat, ancien sous-préfet de la république.

Fait à Paris, le 7 mai 1871.

Le comité de salut public, etc.

Le *Journal officiel* de Paris contient ce qui suit dans sa partie non officielle :

RAPPORTS MILITAIRES.

Vanves et Issy.

Nuit assez calme.

Journée de même, quelques coups de canon échangés de temps en temps sans résultat, pas de fusillade.

Bicêtre.

Nuit du 6, canonnade intermittente dirigée sur Versaillais au Moulin-Saquet.

Matin, cinq à huit heures, redoublement de canonnade sur les mêmes points.

Journée entièrement calme.

Montrouge.

Nuit du 6, Bas-Fontenay attaque fort de Montrouge, qui riposte vigoureusement. Versaillais réduits au silence.

Trois heures, vive fusillade des fédérés sur Versaillais défendant une barricade à Châtillon.

COMMUNE DE PARIS.

Les propositions suivantes ont été faites par le citoyen MORTIER :

« 1° Aucun journal, sauf l'*Officiel,* sous aucun prétexte, n'insérera d'articles touchant les opérations militaires.

« Tout journal contrevenant sera supprimé et poursuivi devant les tribunaux.

« 2° Considérant que beaucoup d'officiers et de soldats de l'armée de Versailles ne sont arrêtés, dans leur désir formel de fraterniser avec la Commune, que par le fait seul de leur avenir brisé, un décret de la Commune ayant aboli l'armée permanente; reconnaissant de plus qu'il est urgent d'aider nos frères à entrer dans nos rangs,

« La Commune

« DÉCRÈTE :

« 1° Les officiers, sous-officiers et soldats de l'armée de Versailles, désireux de défendre le principe social de la Commune, seront admis de droit dans les rangs de la garde nationale;

« 2° Les officiers, sous-officiers et soldats auront droit par décret de la Commune, en date du 28 avril, à tous les avantages, tels que : grades, retraites, etc., qui leur sont acquis par décrets antérieurs. »

Erratum. — Dans la discussion d'hier, au sujet du

mont-de-piété, la phrase suivante du citoyen Franckel :
« Je retire ma proposition, puisque le citoyen Jourde s'engage non-seulement à faciliter le dégagement des objets, mais aussi à donner une certaine somme par semaine jusqu'à concurrence de 100,000 fr. pour procurer aux ouvriers les moyens de travail, » doit être modifiée ainsi qu'il suit : « Je retire ma proposition, puisque le citoyen Jourde s'engage non-seulement à faciliter le dégagement des objets, mais aussi à donner une somme de 100,000 fr. par semaine jusqu'à concurrence d'autant de millions qu'il sera nécessaire pour le dégagement absolu des objets pour organiser le travail des femmes. »

LE 9 MAI 1871.

Le *Journal officiel* de Paris contient, dans sa partie officielle, les pièces suivantes :

La Commune de Paris,
Vu la loi des 16-24 août 1790 ;
Vu l'arrêté en date du 21 septembre 1870, qui a rétabli la taxe du pain à Paris,

ARRÊTE :

Art. 1er. Le prix du kilogramme de pain, à Paris, est maintenu à 50 centimes le kilogramme.

Art. 2. Les quantités de pain à livrer au détail, pour des prix déterminés de 10, 15 et 20 centimes, sont réglées ainsi qu'il suit, savoir :

Pour 10 centimes, 190 grammes.
Pour 15 centimes, 290 grammes.
Pour 20 centimes, 390 grammes.

Art. 3. Le présent arrêté sera imprimé, publié et affiché partout où besoin sera.

Paris, le 8 mai 1871.

La Commune de Paris.

La Commune de Paris,

Considérant que le concours du comité central de la garde nationale dans l'administration de la guerre, établi par le comité de salut public, est une mesure nécessaire, utile à la cause commune ;

Considérant en outre qu'il importe que les attributions en soient nettement définies, et que dans ce but il convient que la commission de la guerre soit appelée à définir ces attributions, de concert avec le délégué à la guerre,

DÉCRÈTE :

Article unique. La commission de la guerre, de concert avec le délégué à la guerre, réglementera les rapports du comité central de la garde nationale avec l'administration de la guerre.

La commission de la guerre,

Attendu que le décret qui confie au comité central l'administration de la guerre contient cette restriction :

« Sous le contrôle direct de la commission de la guerre, »

ARRÊTE :

Le comité central ne peut nommer à aucun emploi ; il propose les candidats à la commission de la guerre qui décide.

Des comptes quotidiens de la gestion de chaque service seront rendus à la commission de la guerre.

Paris, le 8 mai 1871.

Les membres de la commission de la guerre,

ARNOLD, AVRIAL, DELESCLUZE, TRIDON, VARLIN.

La commission de la guerre

ARRÊTE :

Les officiers ne recevront plus désormais que l'habillement des gardes, plus un képi et les galons de leur grade.

Le galon d'argent est uniquement attribué aux officiers de la garde nationale et de légion.

Le galon d'or est exclusivement réservé à l'état-major des généraux et du ministère de la guerre.

Les membres de la commission de la guerre,

ARNOLD, AVRIAL, DELESCLUZE, TRIDON, VARLIN.

Sur la proposition du délégué à la guerre, le comité de salut public

ARRÊTE :

Tous les chevaux de selle qui se trouvent dans Paris et dans l'intérieur des lignes de la Commune sont requis pour le service de la cavalerie.

Ils seront réunis par quartier dans des dépôts de remonte, où ils seront pansés et nourris par les soins des municipalités. Les dépenses faites par les municipalités pour cet objet seront remboursées chaque semaine par l'administration de la guerre.

Le général Dombrowski est chargé d'opérer les réquisitions à l'extérieur, sur la rive gauche.

Ils emploieront immédiatement les chevaux requis à la remonte de leur cavalerie.

Les chevaux requis dans l'intérieur seront extraits des dépôts de quartier sur l'ordre du délégué à la guerre, au fur et à mesure de la formation des escadrons.

Les chevaux seront examinés et évalués au moment de la réquisition, afin de sauvegarder les droits des propriétaires.

Paris, le 19 floréal an 79.

Le comité de salut public,

ANT. ARNAUD, CH. GÉRARDIN, LÉO MEILLET, RANVIER.

Sur la proposition du délégué à la guerre,
Le comité de salut public

ARRÊTE :

Art. 1ᵉʳ. Le citoyen Léo Meillet, membre du comité de salut public, est nommé gouverneur du fort de Bicêtre.

Art. 2. Le citoyen Thaller est nommé sous-gouverneur dudit fort.

Paris, le 18 floréal an 79.

Le comité de salut public,

ANT. ARNAUD, CH. GÉRARDIN, LÉO MEILLET, RANVIER.

Le citoyen Moreau, membre du comité central de la garde nationale, est nommé commissaire civil de la Commune auprès du délégué à la guerre.

Paris, le 19 floréal an 79.

Le comité de salut public,

CH. GÉRARDIN, ANT. ARNAUD.

Le *Journal officiel* de Paris contient ce qui suit dans sa partie non officielle :

L'inspecteur général des ambulances reçoit journellement des plaintes sur la qualité des médicaments délivrés par les pharmaciens aux ambulances des vingt arrondissements de Paris.

Il est persuadé que les pharmaciens tiendront à honneur de ne pas accepter un pareil reproche en n'assumant pas une pareille responsabilité, et que les faits constatés ne résultent que de la négligence ou de l'ignorance de quelque employé subalterne.

Il prie du reste instamment les directeurs et médecins des ambulances d'examiner avec le plus grand soin les médicaments fournis, et de signaler toute fraude ou toute falsification, qui sera poursuivie selon la rigueur des lois.

———

L'un des principaux établissements de Paris, l'hôtel des Monnaies, dont l'utilité est plus que jamais reconnue indispensable, par suite du pillage des caisses du trésor central par le gouvernement de Versailles, avait été déserté par les fonctionnaires et employés de toute classe, qui ont tenu à prouver leur attachement aux hommes de la réaction monarchique. L'intelligence, le zèle et l'activité du nouveau directeur de cette administration, le citoyen Camélinat, ont été à la hauteur des circonstances, et les divers services ont recommencé à fonctionner avec un personnel nouveau. L'imprimerie des timbres-poste suffit déjà aux exigences du commerce; la fabrication des espèces reprend son cours sous l'habile direction du citoyen Murat, et le bureau du change des matières, qui était resté fermé par la désertion des anciens fonctionnaires, est à partir d'aujourd'hui ouvert au public.

———

COMMUNE DE PARIS.

SÉANCE DU 8 MAI 1871.

Présidence du citoyen Eudes. — Assesseur : le citoyen Lefrançais.

La séance est ouverte à quatre heures un quart.

Le secrétaire lit le procès-verbal de la dernière séance.

Le citoyen Arnould fait observer qu'on n'a pas publié à l'*Officiel* les noms des membres présents à la dernière séance.

Le citoyen Lefrançais fait observer qu'il avait été entendu que les noms ne seraient pas à l'*Officiel*.

Le citoyen Vaillant. — Le compte rendu me prête des paroles incompréhensibles à propos de l'emprisonnement de Cluseret, et me fait dire des choses que je n'ai jamais prononcées.

Voici ce que j'ai dit : « Après l'arrestation du citoyen Cluseret, ordonnée par la commission exécutive, la Commune, appelée à se prononcer, avait donné son approbation. » La situation du citoyen Cluseret se trouve donc en ce moment analogue à celle où se trouvaient les citoyens Assi et Bergeret, non pas après leur arrestation, mais bien après leur comparution devant la Commune, et l'on doit nommer une commission d'enquête de trois membres, afin d'interroger le citoyen Cluseret, et devant présenter dans le plus bref délai un rapport à la Commune.

Le citoyen Andrieu. — J'appuie ces observations. J'ai deux réclamations à faire : la première tendant à ce que la Commune ne tienne que deux ou trois séances par semaine ; la seconde constate que les employés du mont-de-piété m'ont paru pleins de zèle et des plus habiles dans les différentes fonctions dont ils sont chargés.

Le citoyen Jourde. — La plupart du temps on me prête un langage absurde. (Interruptions.) Je vous prie d'écouter cette rectification.

Le citoyen Président. — Discutez le procès-verbal et non le compte rendu.

Le citoyen Jourde. — On me fait dire : « Nous ne

pouvons pas faire de générosité avec l'argent des autres, nous ne pouvons pas dire aux prêteurs : Voilà le gage, arrangez-vous avec l'emprunteur. Dans ce cas, et en attendant la réorganisation, voici ce que je propose : je pourrais, par exemple, mettre à la disposition du mont-de-piété une somme de 100,000 fr. par semaine ; ensuite, payer les intérêts aux emprunteurs. »

Je n'ai pas dit cela. J'ai dit : « Nous ne pouvons pas dire à l'emprunteur : Voilà gratuitement votre gage ; et dire à celui qui prête au mont-de-piété : Arrangez-vous avec celui qui a emprunté. »

Le citoyen RÉGÈRE. — Il y a deux procès-verbaux : celui qui reste sous nos yeux et qu'on rectifie, celui que lit le public et qu'on ne corrige pas.

Le citoyen AMOUROUX, *secrétaire*. — Si l'on veut parler du procès-verbal qui vient d'être lu, je dirai qu'il n'a pas été publié. S'il s'agit au contraire du compte rendu analytique, je ferai remarquer que, toutes les fois qu'il y a eu des rectifications au procès-verbal, elles ont toujours été insérées.

Le citoyen LEFRANÇAIS. — Que l'on nous fasse parler français au moins !

Le citoyen AMOUROUX. — Le citoyen Longuet vous a dit l'autre jour qu'il relisait presque toujours les copies. S'il y a quelques fautes de français, elles échappent aux secrétaires, à moi et à Longuet.

Le citoyen AVRIAL. — On vous dit que les secrétaires sont surchargés de travail. Je demande qu'on veuille bien adjoindre un membre au citoyen Amouroux, le citoyen Arnould, par exemple.

Le citoyen AMOUROUX. — Je l'avais demandé. Mon collègue le citoyen Arthur Arnould ne peut m'aider ; il est lui-même accablé de travail.

Le citoyen Arthur Arnould. — Je ne peux accepter. Je serais forcé de donner ma démission. Il est impossible que j'accepte un travail de nuit. Avant trois jours je serais au bout de mes forces.

Le citoyen Président. — Le citoyen Vésinier étant proposé est nommé secrétaire de la Commune.

Le procès-verbal est ensuite adopté.

Le citoyen Arthur Arnould demande la publicité des séances consacrées à la discussion relative au comité de salut public.

Le citoyen Viard rappelle qu'il a déjà proposé aux municipalités de mettre à leur disposition de la viande fraîche, des salaisons et des légumes; il rappelle sa proposition et convoque les délégués pour ce soir à neuf heures, au ministère du commerce.

Le citoyen Ledroit, revenant sur l'incident Arthur Arnould, combat la publicité.

Le citoyen Régère combat la proposition tendant à la publicité des séances relatives au comité de salut public, et il demande le vote nominal.

Le citoyen Parisel s'oppose aussi à cette publication, et il fait observer qu'il avait été décidé que la séance serait secrète en ce qui concerne la partie relative au comité de salut public.

Le citoyen Arthur Arnould. — Je crois qu'on doit pouvoir tout publier. Pour moi, la règle est la publicité.

Le citoyen Chalain demande aussi la publicité. Il voudrait que le public assistât aux séances, mais qu'on n'abandonnât pas complétement l'hôtel de ville.

Le citoyen Vermorel. — Il faut ramener la question à ses simples proportions. Il s'agit de savoir si l'on publiera les trois séances relatives aux interpellations adressées au comité de salut public.

Cette publicité me paraît indispensable pour donner à chacun la responsabilité de ses actes. Qui pourrait la redouter? Ce n'est pas le comité de salut public, puisque la discussion s'est terminée par un vote qui lui a été favorable.

Mais si toutes les discussions sérieuses étaient étouffées par le comité secret, la publicité deviendrait complétement illusoire, et nous serions obligés d'en appeler à nos électeurs, si surtout on avait l'air, comme on le fait, de nous dénoncer auprès d'eux comme suspects de défaillance.

Les électeurs sont nos juges et les vôtres. Le moyen le plus logique et le plus honnête de les mettre en état de nous juger, c'est la publicité, et, du moment que nous la demandons, il ne me semble pas que vous ayez ni droit ni intérêt à nous la refuser.

Je demande donc qu'on vote sur la publicité des trois séances relatives au comité de salut public.

Le citoyen PARISEL demande à poser la question d'une autre manière. Il demande que l'on vote l'ordre du jour.

Le citoyen BABICK appuie énergiquement la demande de publicité.

(L'ordre du jour est mis aux voix et adopté.)

En conséquence, les séances relatives au comité de salut public ne seront pas publiées.

Le citoyen PRÉSIDENT rappelle à l'assemblée que l'ordre du jour comprend :

1° Le rapport de la commission chargée de chercher un local pour les séances de la Commune;

2° La proposition Andrieu;

3° La question Cluseret.

Le citoyen ANDRIEU dépose la proposition suivante :

« Considérant que pour l'unité d'action il faut diviser le travail et utiliser toutes les forces,

« La Commune

« DÉCRÈTE :

« Art. 1er. Les clubs d'arrondissement s'occuperont uniquement, dans leurs municipalités respectives, d'assurer la défense au point de vue des subsistances et de l'organisation de la garde nationale.

« Art. 2. L'administration purement municipale des mairies sera faite par des délégués nommés par les élus d'arrondissement.

« Art. 3. Il n'y aura plus que trois séances par semaine. Des séances extraordinaires pourront avoir lieu sur l'appel d'au moins dix membres.

« Art. 4. Il ne sera présenté à la Commune de projets de décrets que ceux qui auront été préalablement étudiés par la commission. »

L'auteur de cette proposition en explique ensuite toute l'économie.

Le citoyen Parisel se rallie au projet stipulant qu'il n'y aura plus que trois séances par semaine, et que l'on imprime les projets de loi à l'ordre du jour.

Le citoyen Vésinier. — Il y un moyen bien simple à employer. Toutes les propositions déposées sur le bureau doivent être publiées si elles sont prises en considération, et renvoyées à une commission qui ferait un rapport.

Le citoyen Lefrançais fait observer qu'il y a des commissions instituées à cet effet.

Le citoyen Léo Meillet fait différentes observations au sujet de ces commissions.

Le citoyen Jules Allix propose qu'il soit nommé une

commission spéciale chargée de formuler et de présenter un projet d'organisation communale.

Il y a lieu, en effet, d'entrer enfin dans les questions fondamentales et sociales.

Il y a de plus urgence d'éclairer le public par nos discussions.

Or, pour s'entendre sur la discussion et pour en régler l'ordre, il est nécessaire d'avoir un projet sur lequel les opinions diverses peuvent se faire jour et se développer.

En conséquence,

« La Commune

« DÉCRÈTE :

« Art. 1er. Il sera nommé une commission d'organisation communale, chargée de formuler un projet, et de présenter, avec un rapport à l'appui, un projet de décret organique pour Paris, lequel éclairerait ainsi l'organisation analogue de toutes les communes de France.

« Art. 2. La commission dont il s'agit sera composée de neuf membres, et elle travaillera sans désemparer pour fournir un rapport dans les huit jours. »

Le citoyen DELESCLUZE fait observer au président qu'il y aurait nécessité de créer une commission pour donner à tous les projets de décrets présentés les formes judiciaires qui leur manquent généralement.

Le citoyen VÉSINIER fait ensuite la proposition suivante :

« 1° **Les propositions prises en considération seront publiées à l'*Officiel* ;**

2° Elles seront renvoyées à la commission compétente, qui fera un rapport;

3° La Commune pourra toujours admettre l'urgence quand elle sera demandée par écrit par cinq membres; alors le renvoi à une commission ne sera plus obligatoire;

« 4° Il est créé une commission de législation devant laquelle seront renvoyées les propositions de sa compétence. »

Après une très-longue discussion, à laquelle prennent part les citoyens Meillet, Andrieu, Urbain, Jourde, Pyat, Lefrançais, Oudet, Parisel, Vaillant, Miot, Longuet, Grousset, l'amendement présenté par le citoyen Urbain est adopté et substitué à l'article 1er.

Voici cet amendement :

« Toutes les propositions déposées sur le bureau seront lues et publiées le lendemain à l'*Officiel*. »

L'article 2 est ensuite adopté après avoir entendu plusieurs citoyens, entre autres le citoyen Serailler.

La discussion des articles 3 et 4 est renvoyée au lendemain.

Le citoyen Vaillant dépose le projet de décret suivant dont il demandera l'adoption à la prochaine séance :

« Considérant qu'une Commune n'est pas un parlement, que c'est une réunion de commissions donnant, par ses délibérations et ses votes, aux travaux de ces commissions, l'unité de direction et d'action ;

« Considérant que la seule publicité qui convienne à une telle assemblée est celle des actes et des décrets, et non celle de discours plus ou moins fidèlement reproduits ;

« Considérant qu'il faut donner au comité de salut public la faculté d'user des pouvoirs qui lui ont été conférés, tout en assurant le contrôle et la surveillance de l'assemblée,

« La Commune

« DÉCRÈTE :

« Le décret ordonnant la publicité des séances est rapporté.

« Il ne paraîtra plus à l'*Officiel* de compte rendu des séances.

« Le vote des décrets et de toutes propositions importantes aura lieu à l'appel nominal ; il pourra être motivé et sera publié.

« Il y aura trois séances de la Commune par semaine.

« Chaque séance commencera par la lecture d'un état de la situation politique et des actes du comité de salut public, présenté par un des membres de ce comité.

« Le président donnera lecture des propositions, projets de décrets, etc., déposés sur le bureau, et, sauf le cas d'urgence, il les renverra aux commissions compétentes.

« Chaque semaine et à tour de rôle, les délégations et commissions seront tenues de présenter un rapport sur leurs travaux.

« Le débat sur les conclusions de ces rapports formera l'objet de l'ordre du jour de chaque séance.

E. VAILLANT.

Le citoyen Président. — J'ai une nouvelle à donner à l'assemblée : le colonel Wetzel vient d'être tué par l'ennemi à Issy.

Le citoyen Président. — La parole est au citoyen Langevin.

Le citoyen Miot. — Je demande la parole pour un seul mot. Pourquoi n'avons-nous pas de rapports de la guerre depuis trois jours ?

Le citoyen Dereure. — Depuis huit jours nous n'en avons pas eu.

Le citoyen Président. — Voulez-vous envoyer deux membres au comité de salut public ?

Le citoyen Régère. — Le comité est comme nous, il n'en a pas reçu.

Le citoyen Andrieu annonce ensuite que le délégué aux finances a une interpellation à adresser au comité de salut public.

La séance continue.

Les secrétaires de la séance,
AMOUROUX, VESINIER.

LE 10 MAI 1871.

Le *Journal officiel* de Paris contient ce qui suit dans sa partie officielle :

Le comité de salut public

ARRÊTE :

Le citoyen Fevret (Claude-Louis-Eugène) est nommé juge de paix du 10ᵉ arrondissement de la Commune de Paris.

Paris, le 9 mai 1871.

Le comité de salut public.

Pour ampliation :

Le membre de la Commune délégué à la justice,
EUGÈNE PROTOT.

Le membre de la Commune délégué à la sûreté générale et à l'intérieur,

Considérant que, malgré la crise actuelle, l'art et les artistes ne doivent pas rester en souffrance ;

Que le citoyen Perrin, directeur de l'Opéra, non-seulement n'a rien fait pour parer aux difficultés de la situation, mais encore a mis en réalité tous les obstacles possibles à une représentation nationale organisée par les soins du comité de sûreté générale, au profit des victimes de la guerre et des artistes musiciens,

ARRÊTE :

Art. 1er. Le citoyen Émile Perrin est révoqué.

Art. 2. Le citoyen Eugène Garnier est nommé directeur du théâtre national de l'Opéra, en remplacement du citoyen Perrin, et à titre provisoire.

Art. 3. Une commission est instituée pour veiller aux intérêts de l'art musical et des artistes ; elle se compose des citoyens Cournet, A. Regnard, Lefebvre-Roncier, Raoul Pugno, Edmond Levraud et Selmer.

Le délégué à la sûreté générale et à l'intérieur,

COURNET.

DÉLÉGATION DES FINANCES.

Paris, le 9 mai 1871.

Le délégué aux finances, chargé de l'exécution du décret relatif au mont-de-piété, en date du 6 mai 1871, a pris les mesures suivantes :

Par suite de la suspension des ventes publiques depuis le mois d'août de l'année dernière, l'accumulation des objets déposés au mont-de-piété ayant pris des proportions extraordinaires et les engagements non liquidés remontant au mois de juin 1869, c'est-à-dire à vingt-trois mois, il a été constaté que les seuls articles compris dans les catégories auxquelles le décret de la Commune est applicable atteignent le chiffre d'au moins huit cent mille articles; il est donc évident que l'opération deviendrait inexécutable si elle n'était pas divisée.

Pour faciliter et accélérer la délivrance des effets engagés, et surtout pour écarter toute idée de préférence entre les citoyens appelés à profiter de cette mesure, il a été formé quarante-sept lots représentant chacun les objets engagés pendant une période de quinze jours; pour déterminer le rang des dégagements, ces lots seront tirés au sort à l'hôtel de ville, jeudi 11 mai, à deux heures, salle Saint-Jean, en séance publique présidée par le citoyen Lefrançais, de la commission des finances, membre de la Commune.

Le premier tirage comprendra quatre quinzaines, qui seront liquidées suivant l'ordre de leur sortie de l'urne.

Après la délivrance des deux premières quinzaines, de semblables tirages au sort auront lieu successivement et seront annoncés par voie d'affiches.

Les séries favorisées par le sort seront annoncées aussi par voie d'affiches.

Les opérations de dégagement auront lieu au chef-lieu du mont-de-piété, rue des Blancs-Manteaux, et aux deux succursales, rue Bonaparte et rue Servan, à partir du vendredi 12 mai courant; elles seront continuées sans interruption, même les dimanches.

Tout citoyen qui ne se serait pas présenté aux jours prescrits pour la liquidation de sa série sera ajourné et compris dans une quarante-huitième série complémentaire.

Les emprunteurs d'origine seront seuls admis au bénéfice du décret. Leur identité sera constatée de la manière suivante :

Ils devront se présenter munis d'un certificat d'identité émanant soit de la mairie, de la justice de paix, du commissariat de police ou du conseil de famille de bataillon de leur arrondissement.

Nul ne pourra présenter au dégagement plus de trois reconnaissances le même jour.

Le membre de la Commune délégué aux finances,

JOURDE.

Conformément à la décision de la Commune, il a été procédé au renouvellement du comité de salut public. Ont été nommés, les citoyens :

Ranvier, Antoine Arnaud, Gambon, Eudes, Delescluze.

Les membres de la Commune sont convoqués pour aujourd'hui mercredi, dix heures du matin.

Le directeur général de l'assistance publique,

Considérant que les noms des salles des hôpitaux et hospices ne rappellent à l'esprit que des souvenirs de fanatisme ;

Considérant qu'il est nécessaire de perpétuer la mémoire de ceux qui ont vécu ou qui sont morts pour le peuple, pour la patrie, pour la défense des idées généreuses, nobles inspirations du socialisme et de la fraternité,

ARRÊTE :

Une commission est instituée pour substituer de nouveaux noms dans toutes les salles, cours ou corridors des établissements dépendant de l'assistance publique.

Les membres de cette commission sont : le citoyen Bonnard, le citoyen Camille Treillard et le citoyen Murat.

Fait à Paris, le 8 mai 1871.

Le directeur général,

TREILLARD.

Le *Journal officiel* de Paris contient ce qui suit dans sa partie non officielle :

RAPPORTS MILITAIRES.

Neuilly, Levallois-Perret.

Soirée du 8, très-forte canonnade et fusillade.

Nuit, 215ᵉ bataillon attaqué par Versaillais aux barricades Perronet et Bineau ; murs crénelés et tranchées.

Ennemi repoussé avec grandes pertes. 215e bataillon à l'ordre du jour.

Quatre heures du matin, reconnaissance versaillaise de quarante hommes à la place Villiers; elle est repoussée.

Six heures à midi, calme.

Une heure et demie, Versaillais envoient obus sur Levallois ; une citoyenne blessée, un citoyen jambe emportée. L'ennemi bombarde toujours porte Maillot.

Asnières.

Soirée du 8, violent combat d'artillerie et mousqueterie; pas de résultat.

Nuit calme.

Matinée, l'ennemi canonne avec acharnement; fédérés font bonne contenance et réduisent l'ennemi au silence.

Sur la route d'Asnières, une citoyenne à eu une jambe fracassée par un obus. Nuit tranquille. A trois heures, quelques coups de canon sont échangés. Versaillais envoient quelques décharges de mitrailleuses, mais n'atteignent personne.

Positions les mêmes.

Midi et demi.

Le drapeau tricolore flotte sur le fort d'Issy, abandonné hier au soir par la garnison.

Une heure.

Le général Brunel, commandant au village d'Issy, est

chargé d'occuper la position du lycée, en la reliant au fort de Vanves.

Paris, le 9 mai 1871.

Le délégué à la guerre,

ROSSEL.

ORDRE.

Il est défendu d'interrompre le feu pendant un combat, quand même l'ennemi lèverait la crosse en l'air ou arborerait le drapeau parlementaire.

Il est défendu, sous peine de mort, de continuer le feu après que l'ordre de le cesser a été donné, ou de continuer à se porter en avant lorsqu'il a été prescrit de s'arrêter. Les fuyards et ceux qui resteront en arrière isolément seront sabrés par la cavalerie; s'ils sont nombreux, ils seront canonnés. Les chefs militaires ont, pendant le combat, tout pouvoir pour faire marcher et faire obéir les officiers et soldats placés sous leurs ordres.

Paris, le 9 mai 1871.

Le délégué à la guerre,

ROSSEL.

Depuis quelques jours, les directeurs des hôpitaux se trouvent assaillis toute la journée par des citoyens et des citoyennes qui viennent, les uns sans aucun mandat, les autres avec des permissions émanant soit d'un membre d'une municipalité d'arrondissement, soit d'une ambulance, ou encore d'un comité, pour faire une inspection de l'établissement, ce qui gêne le service et dérange les malades.

Des inspecteurs du ministère de l'intérieur et des

finances ont été spécialement désignés pour contrôler les services de l'assistance publique.

En conséquence, le directeur de l'assistance publique arrête que les membres de la Commune et les inspecteurs qui lui seront désignés par le comité de salut public, le ministère de l'intérieur et des finances, seront seuls admis à visiter les hôpitaux et hospices.

Paris, le 9 mai 1871.

Le directeur général de l'assistance publique,
TREILLARD.

COMMUNE DE PARIS.

SUITE DE LA SÉANCE DU 8 MAI 1871.

Présidence du citoyen EUDES. — Assesseur : le citoyen LEFRANÇAIS.

Le citoyen JOURDE. — J'ai à vous mettre sous les yeux la pièce suivante ; elle est très-importante :

« Citoyens, la commission de l'ordonnancement et des finances n'a pu s'entendre avec le délégué à la guerre absent, mais elle s'est mise en rapport avec le citoyen Tridon, membre de la commission militaire, chargé jusqu'ici de l'ordonnancement.

« Il a été convenu avec lui qu'il nous abandonnerait la partie de ses fonctions relative à l'ordonnancement. Notre commission, à partir de demain, centralisera l'ordonnancement de tous les services au lieu et place des citoyens Rossel, Tridon, Varlin, Avrial, Henry. Quant aux finances, il existe à la guerre une caisse affectée aux payements de la solde de l'artillerie. La commission vous propose, citoyen délégué, de l'autoriser à solder les mêmes dépenses, dont les demandes encombrent les bureaux de la guerre. La commission entière signe cette note afin que vous sachiez quels sont les ordonnateurs actuels.

« Salut fraternel.

« LACORD, JOSSELIN, PAPRAY, PIAT.

« *P. S.* Si les explications de cette note ne vous suffisent pas, citoyens, nous nous transporterons auprès de vous pour bien définir nos attributions. »

J'avoue franchement que j'ai été profondément étonné en voyant ainsi une autorité se fixer elle-même ses attributions. Il y a là un chaos regrettable. Varlin, Avrial, Tridon, etc., ne sont plus ordonnateurs; à leur place sont des hommes que je ne connais pas; le délégué à la guerre n'a plus que la direction des mouvements militaires. Comment se tirera-t-il de la position qui lui est faite? Pour ce qui me concerne, ce que je sais, c'est que j'ai besoin d'un contrôle pour ne dépenser que 800,000 francs par jour. En présence de cette situation, je demande si le gouvernement s'appelle le comité central ou la Commune. (C'est très-juste!)

Le citoyen GÉRARDIN. — La meilleure réponse que je puisse faire, c'est de prendre le document et de le lire à mon tour sur un autre ton; il vous paraîtra tout autre. En employant le comité central, nous avons obéi aux nécessités de la situation; Rossel n'avait personne, nous ne pouvions mieux faire que de nous adresser aux représentants de la garde nationale. Là seulement nous pouvions trouver une force, un appoint sérieux, un dévouement à la cause de la république et de la Commune. En s'adjoignant le comité central, le comité de salut public s'est assuré des auxiliaires utiles, sérieux, et dévoués.

Les services de la guerre se trouvaient entre les mains d'une commission militaire, composée de quatre ou cinq membres de la Commune, en nombre insuffisant pour faire un travail qui en eût nécessité quatre-vingts. Voilà pourquoi le comité central, chargé de l'administration de la guerre, a prévenu Jourde que les ordonnancements seraient dorénavant de son ressort.

Le citoyen Arnould. — Je ne veux pas incriminer le comité de salut public, mais il me semble qu'à la suite de la discussion élevée entre lui et le comité central, il aurait bien dû venir nous rendre compte de ce qui avait été fait. Je m'étais déjà adressé au comité central en lui disant : « Cessez vos délibérations et devenez en quelque sorte l'auxiliaire de la commission militaire. Mettez-vous en rapport avec Avrial, Varlin et moi-même, et exercez une surveillance et un contrôle efficace. » Au lieu de cela on a fait du comité central un agent chargé de l'administration, au lieu d'en faire un contrôleur.

Le décret relatif au comité central est vicieux. Il demande non pas à être rapporté, mais à être amendé.

Il faut que le comité de salut public, qui a commis la faute, consulte la commission militaire et étudie un projet de délimitation des attributions, de façon à nous donner un concours utile.

Le citoyen Jourde. — Je n'ai pas l'intention de passionner le débat, mais Gérardin a fait intervenir une question politique. Je veux lui répondre. Il y a une institution qui est plus forte que le comité central ; c'est la Commune, et la Commune doit se faire respecter. C'est pour cela qu'elle avait nommé un comité de salut public. Je dis que vous avez dépassé votre mandat ; si le comité central avait bien voulu se soumettre à l'autorité de la Commune, il n'aurait pas écrit la communication dont je vous ai donné lecture.

Eh bien, je ne permettrai jamais à personne de discuter mon droit de représentant de la Commune. Je reçois un ordre portant en tête : « Fédération républicaine de la garde nationale! » et je dois me rendre à cet ordre ! Il faut que j'oublie que je suis membre de cette assemblée !

Aucun délégué ne doit recevoir de pareils avis. Je veux bien recevoir les ordres du comité de salut public, mais non ceux d'un pouvoir que je ne connais pas.

Le citoyen AVRIAL. — Le citoyen Jourde et le citoyen Antoine Arnaud ont dit à peu près ce que je voulais dire. J'ajouterai cependant que tous ces changements à la guerre sont très-dangereux; vous en avez déjà vu les effets.

J'avais été nommé à la direction de l'artillerie par le délégué à la guerre ; je devais donc obéir à Rossel.

En arrivant, je me suis trouvé en présence d'un comité d'artillerie que je ne connaissais pas. J'ai eu toutes les peines du monde à le mettre à la porte, et aujourd'hui il va revenir.

Le comité central qui a fait la révolution du 18 mars était nommé régulièrement; aujourd'hui je nie qu'il y ait eu un vote régulier.

Le citoyen JOHANNARD. — J'ai très-peu de choses à dire. Vous avez mis le comité central à la tête de l'administration de la guerre, vous avez cru bien faire, mais je pense que vous avez eu tort. Je demande aujourd'hui qui a autorisé le comité central à se faire délivrer un costume spécial, des cachets spéciaux portant : *Fédération de la garde nationale. — Comité central. — État-major.*

Mais ses membres vont plus loin : ils portent comme nous une écharpe et mettent comme nous une rosette à leur boutonnière! Il est vrai que les franges sont en argent; mais pour le public, il n'y a aucune différence entre eux et nous; ils montent à cheval, revêtus de leurs insignes, se présentent à la tête des bataillons, on crie : Vive la Commune! »

Une voix. — Tant mieux.

Le citoyen Johannard. — Non, citoyens, ce n'est pas tant mieux! On espérait trouver en eux des membres agissants, on s'est trompé, ils délibèrent je ne sais où et sur je ne sais quoi. Aujourd'hui même, les quelques employés que j'avais sous ma direction m'ont quitté, pour un instant, disaient-ils; ils ne sont pas revenus, et j'ai su où ils étaient par un d'entre eux : ils délibèrent au comité central.

Le citoyen Président. — L'assemblée ne veut-elle pas se former en comité secret? (Oui!)

Plusieurs membres. — Non! non!

Le citoyen Président. — Je mets aux voix la question de savoir si l'assemblée veut se former en comité secret.

L'assemblée, consultée, repousse le comité secret.

Le citoyen Président. — La parole est au citoyen Varlin.

Le citoyen Varlin. — Ce n'est pas sans beaucoup d'étonnement que j'ai lu samedi matin, dans l'*Officiel,* l'arrêté du comité de salut public qui nous apprenait que le comité central était chargé de toute l'administration de la guerre.

Quelques heures après, quatre délégués du comité central sont arrivés à l'intendance pour m'annoncer qu'ils venaient se partager mes attributions, et que je n'avais plus qu'à leur remettre mes pouvoirs et à m'en aller. Je leur ai fait comprendre que j'avais été délégué à l'intendance, et que mes pouvoirs étaient plus réguliers que les leurs. Je leur ai déclaré qu'il n'y avait pas lieu de céder la place à de nouveaux délégués. Comme beaucoup de critiques ont été portées contre l'intendance, je leur ai expliqué que les marchés ont été passés d'une façon régulière, mais que la distribution n'a pu être contrôlée.

J'ai engagé les délégués du comité central à établir un contrôle très-sérieux pour la distribution des effets.

Ils sont sortis en déclarant qu'ils en référeraient au comité central.

Ils sont revenus aujourd'hui; j'ai déclaré que je resterais à mon poste. Mais en présence de la communication du citoyen Jourde, je ne puis rester. Je m'étais mis à leur disposition. A partir de ce moment, j'abandonne le poste, et je n'ai plus qu'à prévenir les fournisseurs avec lesquels j'ai passé des marchés qu'ils aient désormais à s'entendre avec le comité de salut public.

Lecture est faite de la proposition Arnold.

« La Commune de Paris, considérant... »

Le citoyen Avrial. — Je proposerai à la Commune de prendre l'arrêté suivant :

1° Le comité central ne pourra nommer aucun employé sans la signature de la commission de la guerre ;

2° Il ne pourra passer aucun marché.

Le citoyen Gérardin. — Je me rallie à la proposition Arnold, c'est une paraphrase de notre arrêté. (Protestations.)

Le citoyen ARNOLD. — Nous ne faisons que réparer l'erreur du comité de salut public.

Je ne reconnais pas au comité central le droit de nommer des employés. Il devra faire des rapports à la commission de la guerre, que le comité de salut public a eu tort d'oublier.

Le citoyen RÉGÈRE. — Le délégué à la guerre est isolé, il n'a pas d'hommes autour de lui.

La commission de la guerre s'est trompée, elle a accepté des fonctions qu'elle ne pouvait pas remplir.

Le comité central était bien à tous les titres, et par son passé, et par son énergie, l'entourage le plus capable de seconder le délégué à la guerre dans l'accomplissement de ses fonctions.

Quand je vous entends attaquer le comité central, je vous trouve illogiques; c'est la Fédération de la garde nationale que vous devez attaquer, et vous ne l'avez fait ni ne pouvez le faire. Le comité central en est le produit direct. Loin de briser le comité central, applaudissez au comité de salut public qui lui a donné l'impulsion et l'a mis à sa vraie place, le poste du danger.

Votre commission de la guerre doit conserver sa haute mission, elle est le contrôle suprême et logique du comité central. Pour conclure, je dirai que j'approuve la proposition Arnold, mais que je blâme énergiquement les accusations et les soupçons dont le comité central est ici l'objet.

Le citoyen GÉRARDIN. — Je ne veux pas recommencer le panégyrique que Régère vient de faire du comité central, et que je trouve parfaitement mérité; nous trouvons un groupe d'hommes qui peut nous être utile ; nous le prenons.

Il me semble que la question est bien simple et que

si la commission militaire, avant la promulgation du décret, avait voulu s'entendre avec le comité de salut public, on aurait évité toute espèce de malentendus.

Si le comité de salut public trouvait de votre côté, citoyens, le bon vouloir dont il est animé à votre égard, tout irait mieux et l'on éviterait ces sortes de discussions.

Nous demandons donc à toutes les délégations, en même temps que leurs critiques et leur concours actif... (Ce n'est pas la question!)

La question est celle-ci :

Y avait-il, dans la mesure prise par le comité de salut public, un abus de pouvoir?

Le citoyen Lefrançais. — Je demande la parole pour une motion d'ordre.

Il y a un fait qui domine tout : une lettre écrite au citoyen Jourde, portant sommation d'avoir à ne plus tenir compte des commissions au point de vue de l'ordonnancement des payements. Le comité de salut public maintient-il les termes de cette lettre?

Le citoyen Jourde. — Il est nécessaire de ne pas déplacer le débat. Comité de salut public ou Commune, je ne déserterai jamais mon poste si j'y suis utile. Je n'ai pas voulu attaquer le comité central, mais je me suis aperçu que ses pouvoirs s'étendaient plus qu'ils n'auraient dû le faire.

Le citoyen Gérardin. — Nous avons voulu ce que dit, mot pour mot, l'arrêté que nous avons promulgué, que la commission militaire s'entende avec le délégué à la guerre pour modérer les abus s'il y en a.

Le comité central est devenu inquiétant, il pénètre à la guerre, renvoie la commission militaire, et cependant cette commission a rendu de grands services.

Il fallait que la garde nationale sût que la Commune commandait à la guerre, que le délégué n'était qu'un agent. La commission militaire n'existant plus, la Commune n'est plus directement représentée à la guerre. Il y a, citoyens, un moyen de sortir de cette difficulté.

Ce moyen, le citoyen Arnold vous l'a indiqué. La proposition d'Arnold, c'est une protestation contre toute idée d'abdication de la part de la Commune. La Commune dira : « Nous avons accepté les services du comité central, mais nous n'avons pas abdiqué ; nous voulons bien l'employer, mais nous ne lui permettons point de se substituer à nous-mêmes. Il n'est pour nous qu'un agent. Il ne saurait y avoir d'autre direction que celle de la Commune ; elle seule est maîtresse. Pour le moment, la question est tellement grave qu'il faut dire au comité de salut public : Ralliez-vous à la proposition du citoyen Arnold. »

Le citoyen F. Pyat. — Je répondrai que le comité de salut public a fait en partie ce que demande la proposition du citoyen Arnold. C'est là ce que nous vous aurions dit, si l'interpellation avait eu lieu hier, et si le citoyen Jourde nous avait avertis qu'il ferait cette interpellation aujourd'hui.

Je dois déclarer que c'est vous, citoyens, qui avez refusé de délimiter les pouvoirs du comité central.

Ce que vous ne vouliez pas faire, nous l'avons fait nous-mêmes ; nous en avons assumé la responsabilité. En sortant de la séance, notre premier article a été de mettre en présence le citoyen Rossel et le comité central. Le comité central a exposé ses prétentions devant Rossel, qui a accepté. Le comité central a demandé à être chargé de la partie administrative de la guerre. Il a dit ceci : « Il y a deux parties : la première, purement militaire ; la deuxième, purement administrative. A la première, le délégué à la guerre ; à la deuxième, le comité central. Nous n'entendons ni diriger la guerre ni déplacer les généraux ; nous sommes des administrateurs. »

Le comité de salut public a laissé tout pouvoir de contrôle à la commission contre le comité central, mais elle ne lui accorde pas le droit d'administrer ; elle doit contrôler le ministre, sous quelque forme qu'il se présente, délégué à la guerre ou comité central, mais rien de plus.

Le citoyen Dupont. — Le comité de salut public, en adoucissant, en évitant le conflit qui menaçait de se produire, a agi dans notre intérêt, et du moment qu'il a conservé ses pleins pouvoirs à votre commission de la guerre, il n'y a pas lieu à l'accuser.

Le citoyen Félix Pyat. — Le comité de salut public n'est intervenu que pour faire respecter l'autorité de la Commune, représentée par la commission militaire. Nous n'entendions pas que la commission militaire serait chargée de l'administration.

Comme nous regardions le ministre de la guerre insuffisant pour tout diriger lui-même, nous étions heureux qu'il acceptât l'aide de la garde nationale sous la forme administrative.

Si le citoyen Rossel n'a eu ni la force ni l'intelligence de maintenir le comité central dans ses fonctions purement administratives, ce n'est pas la faute du comité de salut public, et j'ajoute que nous n'avons pas encore reçu de rapport du colonel Rossel.

Le citoyen Président. — Revenons à la question.

Le citoyen Lefrançais. — Je demande la clôture de la discussion, et ensuite le vote sur la proposition Arnold. Nous demanderons après que le comité de salut public somme le citoyen Rossel de s'exécuter.

Le citoyen Président. — Je mets aux voix la clôture de la discussion.

(La clôture est mise aux voix et adoptée.)

Le citoyen Président. — Je mets aux voix la proposition Arnold.

(Le texte de la proposition Arnold a fait l'objet d'un décret publié au *Journal officiel* d'hier.)

Le citoyen Johannard. — J'ai entendu : « Johannard dit : On peut se tromper. » Je prétends que nous ne nous sommes pas trompés et que le décret que vous venez de voter n'est que la confirmation de ce fait. (Interruptions.)

Le citoyen Lefrançais. — Je demande que le comité de salut public mette en devoir Rossel de nous fournir un rapport tous les jours.

Le citoyen Gérardin. — La demande de rapports journaliers a été faite ce matin.

La séance est levée à huit heures quarante minutes.

SÉANCE DU 9 MAI 1871.

Présidence du citoyen Billioray. — Assesseur : le citoyen Pottier.

La séance est ouverte à quatre heures un quart.

L'un des secrétaires donne lecture du procès-verbal de la séance d'hier.

Le citoyen Arthur Arnould. — Les comptes rendus analytiques publiés jusqu'à présent par l'*Officiel*, malgré les imperfections inévitables d'un pareil travail, laissaient au moins à chaque orateur la valeur de ses arguments.

Le compte rendu inséré dans l'*Officiel* d'aujourd'hui

supprime des discours entiers, tandis que d'autres sont complétement reproduits.

Je demande de deux choses l'une : ou que l'on se contente du procès-verbal tel qu'il nous est lu au commencement de chaque séance, ou que l'on fasse connaître toutes les opinions qui se produisent dans la séance, en abrégeant si l'on veut.

Le citoyen DELESCLUZE. — Vous discutez quand on vient d'afficher que le drapeau tricolore flotte sur le fort d'Issy. Citoyens, il faut aviser sans retard. J'ai vu ce matin Rossel, il a donné sa démission, il est bien décidé à ne pas la reprendre.

Tous ses actes sont entravés par le comité central; il est à bout de forces.

Je fais un appel à vous tous.

J'espérais, citoyens, que la France serait sauvée par Paris, et l'Europe par la France.

Je suis allé aujourd'hui à la guerre, j'ai vu le désespoir de Rossel.

Un arrêté, signé Meillet, nomme ce citoyen gouverneur du fort de Bicêtre. Il y avait là un homme, un soldat que l'on trouvait trop sévère. Il serait à désirer que tous eussent été aussi sévères que lui.

Il se dégage de la Commune une puissance de sentiment révolutionnaire capable de sauver la patrie.

Déposez aujourd'hui toutes vos haines.

Il faut que nous sauvions le pays. Le comité de salut public n'a pas répondu à ce que l'on attendait de lui. Il a été un obstacle au lieu d'être un stimulant. Je dis qu'il doit disparaître. Il faut prendre des mesures immédiates, décisives.

La France nous tend les bras, nous avons des subsistances, faisons encore huit jours d'efforts pour chasser ces bandits de Versailles. La France s'agite, elle nous apporte un concours moral qui se traduira par un concours actif. Il faut que nous trouvions dans les braves du 18 mars et dans le comité central, qui a rendu de si grands services, des forces pour nous sauver. Il faut constituer l'unité du commandement. J'avais proposé de maintenir l'unité de direction politique ; cela ne servira à rien. On en est arrivé au comité de salut public : que fait-il ? des nominations particulières au lieu d'actes d'ensemble.

Il vient de nommer le citoyen Moreau comme délégué civil à la guerre. Alors, qu'est-ce que font les membres de la commission de la guerre ? Nous ne sommes donc rien ? Je ne puis l'admettre. Nous avons été nommés sérieusement par la Commune, et nous ferons sérieusement notre devoir.

L'administration pure et simple de la guerre a été confiée au comité central. Qu'en a-t-il fait ? Je n'en sais rien. Mais, enfin, si le comité central, acceptant la situation qu'on lui a faite, veut aider le travail qui doit se faire maintenant pour réunir les éléments épars de la défense de Paris, que le comité central soit le bienvenu. Votre comité de salut public est annihilé, écrasé sous le poids des souvenirs dont on le charge, et il ne fait même pas ce que pourrait faire une simple commission exécutive.

Le citoyen ARTHUR ARNOULD. — Il y a une question grave qui doit nous préoccuper, c'est la question politique, la question de direction. Il est évident qu'il faut que la Commune avise. Que l'on discute donc la question posée par le citoyen Delescluze.

Plusieurs membres. — Nous demandons le comité secret.

(L'assemblée se forme en comité secret, et la séance continue.)

Dans la séance du 9 mai 1871, la Commune de Paris a décidé :

1° De réclamer la démission des membres actuels du comité de salut public et de pourvoir immédiatement à leur remplacement ;

2° De nommer un délégué civil à la guerre qui sera assisté de la commission militaire actuelle, laquelle se mettra immédiatement en permanence ;

3° De nommer une commission de trois membres, chargée de rédiger immédiatement une proclamation ;

4° De ne plus se réunir que trois fois par semaine en assemblée délibérante, sauf les réunions qui auront lieu dans le cas d'urgence, sur la proposition de cinq membres ou sur celle du comité de salut public ;

5° De se mettre en permanence dans les mairies de ses arrondissements respectifs, pour pourvoir souverainement aux besoins de la situation ;

6° De créer une cour martiale dont les membres seront nommés immédiatement par la commission militaire ;

7° De mettre le comité de salut public en permanence à l'hôtel de ville.

Paris, le 9 mai 1871.

Les secrétaires, membres de la Commune,

AMOUROUX, VÉSINIER.

Nous recevons la note suivante :

Je soussigné, chargé de la comptabilité à la Bibliothèque nationale, déclare avoir reçu de M. J. Vincent la somme de *vingt mille francs,* contre un reçu que je lui ai remis devant témoins. C'est par erreur que le *Journal officiel* du 4 mai 1871 porte l'indication d'une somme de *trente mille francs.*

P. BOIZARD.

On lit dans le journal *le Cri du peuple* :

LES CAVEAUX DE L'ÉGLISE SAINT-LAURENT.

C'est ici l'autel de la Vierge.

Une petite église dans l'église, le tabernacle du Dieu femme, au pied duquel les femmes viennent prier.

Elle est debout, la Madone, dans sa parure blanche, avec l'enfant Jésus entre ses bras.

Sur sa tête se déroule l'inscription :

NOTRE DAME DES DOULEURS, PRIEZ POUR NOUS!

Des tableaux, des statues, des fleurs, des cierges, entourent la consolatrice des affligés. A travers les vitraux rougis, le soleil de mai la caresse de sa chaude lumière.

Ah! si ce lieu tient ce qu'il promet, il doit être doux de venir s'agenouiller ici. Sans doute les âmes brisées y trouvent la force de vivre encore, et l'oubli, ou le don d'espérer.

AUTEL PRIVILÉGIÉ.

Cette inscription flamboie au-dessus des saintes et des anges. Et des plaques de marbre dans le mur la confirment en lettres scellées d'or.

Par la voix des mères reconnaissantes et des petits

enfants sauvés de la mort, elles semblent déclarer que tout, dans ce coin solitaire, est douceur, paix, sainteté.

Mais quel est ce trou béant qui s'ouvre sous l'autel, obstrué à l'entrée par des bouts de cierge, des décombres, des ossements humains? Douze, quinze marches, deux énormes piliers qui soutiennent les voûtes, et, au fond de tout cela, un souterrain.

C'est une cave demi-circulaire, placée juste sous l'autel de la Vierge, et en reproduisant les contours.

C'est la crypte, l'endroit mystérieux où, dans les vieux âges, on enfouissait les trésors de l'église ou du couvent.

Une odeur fade, indéfinissable, monte de là par bouffées; d'épaisses ténèbres, des murs étroits, qui semblent vouloir se rapprocher pour se fermer autour de vous, et faire au visiteur un manteau de pierre à la mesure de son corps.

Pourtant des jets de lumière se détachent sur les murs. Des lampes brillent, des voix d'hommes se font entendre.

Ils déblayent les cendres, sans doute. Il doit y avoir là des tombeaux de saints, des os de martyrs.

Eh bien, non...

Il y a quatorze cadavres, quatorze squelettes, méthodiquement alignés.

Quatorze squelettes de femmes!

De femmes jeunes, enfouies ici depuis dix ans, douze ans, quinze au plus.

C'est l'opinion unanime des médecins de toute nation, Français, Anglais, Américains, qui ont contemplé ce spectacle terrible.

On a retrouvé encore un peigne, une chevelure blonde, que les visiteurs peuvent voir et toucher.

On a constaté sur l'un des squelettes la présence d'un

de ces petits vers blancs qu'on ne trouve que sur les chairs en décomposition.

Tous ces squelettes ont la même attitude : les jambes écartées, les genoux serrés l'un contre l'autre comme par un mouvement convulsif, les mains rapprochées sur le ventre comme si elles avaient été liées.

Mais l'horrible, le monstrueux, ce qui défie toute description, c'est l'effort des muscles du cou, ce sont ces crânes tournés en sens contraire du corps, ces bouches ouvertes, béantes, affreusement grimaçantes dans un suprême effort pour aspirer le jour, la lumière, la vie!

Un des assistants, un ouvrier qui travaille ici depuis plusieurs jours, mène les visiteurs, la lampe à la main, à travers ces squelettes; de temps à autre on trébuche contre un crâne ou un tibia.

« Ces femmes, dit-il, ont dû être endormies, par le chloroforme peut-être, puis violées. — On leur aura lié les mains et les jambes, et on les aura apportées ici pendant leur sommeil. Les vêtements ont dû être brûlés dans quelque coin. »

La voyez-vous, cette scène horrible, ces jeunes femmes, ces jeunes filles, attirées par des promesses ou l'espoir du plaisir, qui se réveillent ici, liées, scellées, murées vives? Dans ces ténèbres, dans cette horreur, adossées à des cadavres, avant de devenir cadavres elles-mêmes, se sentant lentement mourir, et râlant, et hurlant, sans que personne entende, sans que personne vienne, pendant que là-haut, dans la rue, les voitures roulent, le soleil brille sur les vieilles murailles, pendant que les enfants chantent, et que l'homme de Dieu, les yeux baissés, le bras étendu, bénit les âmes dévotes agenouillées au pied de l'autel!

Le certain, c'est qu'il y a eu crime.

Quiconque verra cela dira :
Ces femmes ont été liées ;
Elles sont mortes ici ;
Elles ont affreusement souffert avant de mourir.

Aucune d'elles n'a été déposée dans un cercueil, car, le bois fût-il pourri, on aurait retrouvé les clous et les ferrures. D'ailleurs, il n'y a pas entre deux de ces cadavres l'espace suffisant pour contenir les parois de deux cercueils.

Quatre sont à l'extrémité droite, toutes la tête au mur, la bouche tournée vers l'escalier, par où filtrait peut-être un peu d'air. Elles ont encore à peu près toutes leurs dents. Celle qui se trouve le plus à droite était d'une grande taille. La bouche pleine de terre a dû rester ouverte dans un cri suprême d'agonie désespérée.

Au centre, deux autres couches de cadavres, dont un seul est tourné différemment; celui-là a la tête séparée du tronc, c'est là que le caveau atteint sa plus grande largeur.

La partie gauche n'est pas encore déblayée; mais sous la couche de terre qui la recouvre, passent des extrémités de bras et de jambes contre lesquelles le pied se heurte avec un bruit sec. Il faudra creuser six pouces peut-être ou guère davantage.

En attendant, on vient contempler ces restes. On regarde avec effarement ces piliers noirs, ces soupiraux bouchés, tant de drames entassés sur un espace si étroit.

Le citoyen Carjat s'apprête à photographier cette scène à l'aide de la lumière électrique. Un ouvrier, penché à terre, dépose successivement sur chaque squelette une couche légère de poudre de riz.

Il le faut, pour que la lumière bleue ait plus d'action sur ces pauvres débris !

De la poudre de riz sur ces crânes et ces vertèbres dénudés !

Pour peu qu'on séjourne ici, la tête et les yeux se troublent... L'escalier était obstrué d'une couche de chaux et de vieux ossements provenant de l'ancien monastère; qui se serait avisé d'aller soupçonner là-dessous des cadavres récents, des crimes d'hier peut-être?

Qui aurait ajouté foi au témoignage de Verger, protestant sur la guillotine qu'il avait entendu des voix plaintives sortir des profondeurs de l'église Saint-Laurent?

Mais, après le 18 mars, en soulevant le tapis qui recouvrait l'escalier, à l'entrée de la nef, on vit une dalle mal scellée, percée de deux trous.

On fouilla.

On trouva trois cadavres de femmes.

Ainsi vint l'idée de fouiller de fond en comble ce lieu maudit.

Tout le clergé de Saint-Laurent avait à l'avance disparu. Et maintenant ces vierges et ces anges, ces *ex-voto*, ces tableaux de saints, ces fleurs en carton, bons petits Jésus, petits agneaux mystiques, toute cette défroque hypocrite, tout cet appareil jésuite et félin, soulève le cœur et le remplit de dégoût.

C'est en vain qu'un rayon de soleil traverse les fenêtres de l'église, se colore à travers les vitraux, et inonde d'une chaude lumière violette les dalles et les piliers.

L'odeur du crime est ici.

Mères de famille crédules, vous qui confiez aux prêtres l'honneur et la vie de vos enfants; vous pour qui toute attaque contre le clergé est calomnie ou blasphème, venez voir ce que renferme dans ses hideux caveaux la vieille église de l'enclos Saint-Laurent. Vous vous plaignez que les actes et les paroles de vos saints soient méconnus par les révolutionnaires ou travestis par eux.

Ici, rien de pareil n'est possible.
Le prêtre a travaillé seul,
A son aise,
Dans les ténèbres...
Ici le catholicisme est à l'œuvre :
Contemplez-le !

Cette prétendue révélation donna lieu à une instruction dont les pièces ont été publiées plus tard. Le dossier de cette affaire comprenait :

1° Une ordonnance du citoyen Moiré, juge d'instruction, autorisant la constatation médico-légale sur les cadavres ;

2° Un ordre du commissaire de police Blond, enjoignant au docteur Piorry d'aller constater le genre de mort et l'état actuel des cadavres *trouvés,* dit le fonctionnaire, *par ses soins ;*

3° Une lettre du juge d'instruction Lelong au docteur Piorry : le *magistrat* demande le rapport médico-légal sans retard ;

4° Le rapport du docteur Piorry, que nous donnons dans sa teneur :

COPIE DU RAPPORT MÉDICO-LÉGAL DE L'AFFAIRE DITE DE SAINT-LAURENT, ENVOYÉ LE 13 MAI 1871.

« Je, soussigné, professeur de la faculté de médecine, médecin honoraire de l'Hôtel-Dieu, membre de l'Académie de médecine, etc., etc., déclare qu'en vertu d'une ordonnance de M. Moiré, juge d'instruction, en date du 6 mai dernier, j'ai été requis par M. Blond, commissaire de police du quartier, 10e arrondissement, à l'effet de me rendre à l'église Saint-Laurent, faubourg Saint-Martin;

« Il s'agissait de déterminer à quelle époque les squelettes qui viennent d'être découverts dans un caveau situé au-dessous du chœur de ladite église avaient été inhumés. Je me suis transporté ce matin à dix heures dans le lieu où ils avaient été déposés, et j'ai constaté les faits suivants :

« Dix-huit squelettes de femmes étaient couchés les uns près des autres sur le sol du caveau dont il s'agit ; l'un d'eux était encore en partie couvert de terre. Les ossements étaient ceux de dix-huit femmes ; la plupart fort âgées et ayant presque toutes perdu pendant leur vie plusieurs dents ; un seul squelette les avait toutes conservées ; les os étaient profondément altérés par un séjour prolongé dans la terre. Deux de ces restes de cadavres avaient appartenu à des femmes rachitiques.

« Toutes les parties molles étaient détruites, et la décomposition était si complète et avait si bien formé un terreau, qu'on ne sentait aucune odeur méphitique; du reste, un ou deux soupiraux ouverts sur la rue avaient suffi pour renouveler l'air du caveau.

« Il me parut impossible de déterminer positivement et précisément l'époque à laquelle l'enterrement de ces corps a eu lieu, mais à coup sûr il date d'un grand nombre d'années. Il ne peut s'agir ici d'un événement ou d'un crime récent, mais bien de l'ensevelissement de gens qui ont voulu être enterrés dans l'église Saint-Laurent et dans le caveau sépulcral dont il vient d'être fait mention. Il est à croire que cette sépulture a eu lieu du temps où il était d'usage d'être enseveli dans les églises et au temps aussi où les cadavres auxquels avaient appartenu d'innombrables ossements avaient été déposés dans les autres parties du monument, et ces ossements, en énormes proportions, ont été aussi retirés du sol de l'église, et forment par leur volume une masse considérable. »

Signé : PIORRY.

A ce rapport déjà si concluant, le docteur Piorry a cru devoir ajouter un extrait de l'*Histoire de Paris* par Dulaure.

Ce passage établit que l'église actuelle de Saint-Laurent fut bâtie sur l'emplacement du *cimetière* de la première église; qu'au XVIIe siècle, on découvrit sous l'église même « plusieurs tombeaux en pierre et en plâtre, contenant des cadavres vêtus d'habits noirs, semblables à ceux des moines; *tombeaux qui furent alors jugés avoir neuf cents ans d'antiquité.* »

La Commune n'a pas cru devoir publier ces documents ; mais, les possédant, c'est évidemment avec la plus insigne mauvaise foi qu'elle a laissé s'égarer l'esprit surexcité de la population.

———

On lit dans le *Journal officiel* de Versailles, partie non officielle :

Le gouvernement vient d'adresser à toutes les autorités civiles et militaires la dépêche suivante :

PRISE DU FORT D'ISSY.

Versailles, 9 mai 1871, 7 h. soir.

L'habile direction de nos travaux, secondée par la

bravoure de nos troupes, a aujourd'hui obtenu un résultat éclatant.

Le fort d'Issy, après huit jours d'attaque seulement, a été occupé ce matin par le 38ᵉ régiment de ligne. On y a trouvé beaucoup de munitions et d'artillerie. Nous donnerons demain les détails; mais nous pouvons dès aujourd'hui louer l'heureuse audace avec laquelle nos généraux ont conduit les approches sous les feux croisés du fort de Vanves, de l'enceinte et du fort d'Issy lui-même. Le génie a eu une grande part à ces résultats si prompts et si décisifs.

Le fort de Vanves est dans un état qui ne lui permettra guère de prolonger sa résistance.

Du reste, la conquête du fort d'Issy suffit seule pour assurer le succès du plan d'attaque actuellement entrepris. Cette nuit, le général Douay, après une vigoureuse canonnade de la formidable batterie de Montretout, favorisé, en outre, par une nuit sombre, a passé la Seine et est venu s'établir en avant de Boulogne, devant les bastions 67, 66, 65, formant le Point-du-Jour. Quatorze cents travailleurs, pris dans le 18ᵉ de chasseurs à pied, 26ᵉ de ligne, 5ᵉ provisoire (brigade Gandil, de la division Berthaut), dans le 26ᵉ de chasseurs à pied et le 37ᵉ de marche (brigade Daguerre, de la division Vergé), ont ouvert la tranchée vers dix heures du soir et travaillé toute la nuit jusqu'à la pointe du jour, moment où ils ont dû interrompre leur travail. Leur droite est à la Seine, leur gauche à l'extrémité de Boulogne. Grâce à leur activité et à leur courage, ils étaient, à quatre heures du matin, couverts et à l'abri des feux de l'ennemi.

Ils ne sont plus qu'à trois cents mètres de l'enceinte, c'est-à-dire à une distance où ils pourraient, s'ils le voulaient, établir déjà une batterie de brèche. Tout nous fait donc espérer que les cruelles épreuves de la population honnête de Paris tirent à leur fin, et que le règne odieux de la faction infâme qui a pris le drapeau rouge pour emblème cessera bientôt d'opprimer et de déshonorer la capitale de la France. Il faut espérer que ce qui se passe ici servira de leçon aux tristes imitateurs de la Commune de Paris, et les empêchera de s'exposer aux sévérités légales qui les attendent s'ils osaient pousser plus loin leur entreprise aussi criminelle que ridicule.

LE 11 MAI 1871.

Le *Journal officiel* de Paris contient, dans sa partie officielle, les pièces suivantes :

Le comité de salut public,
Vu l'affiche du sieur Thiers, se disant chef du pouvoir de la république française;
Considérant que cette affiche, imprimée à Versailles, a été apposée sur les murs de Paris par les ordres dudit sieur Thiers;
Que, dans ce document, il déclare que son armée ne bombarde pas Paris, tandis que chaque jour des femmes et des enfants sont victimes des projectiles fratricides de Versailles;
Qu'il y est fait un appel à la trahison pour pénétrer dans la place, sentant l'impossibilité absolue de

vaincre par les armes l'héroïque population de Paris;

ARRÊTE :

Art 1ᵉʳ. Les biens meubles des propriétés de Thiers seront saisis par les soins de l'administration des domaines.

Art. 2. La maison de Thiers, située place Georges, sera rasée.

Art. 3. Les citoyens Fontaine, délégué aux domaines, et J. Andrieu, délégué aux services publics, sont chargés, chacun en ce qui le concerne, de l'exécution immédiate du présent arrêté.

Paris, 21 floréal an 79.

Les membres du comité de salut public,
ANT. ARNAUD, EUDES, F. GAMBON, G. RANVIER.

Dans la séance de ce jour, la Commune a décidé:

1° Le renvoi devant la cour martiale du citoyen Rossel, ex-délégué à la guerre;

2° La nomination du citoyen Delescluze aux fonctions de délégué à la guerre.

La Commune de Paris.

Le *Journal officiel* de Paris contient ce qui suit dans sa partie non officielle :

RAPPORTS MILITAIRES.

Petit Vanves (Malakoff).

Position excellente comme garde.
Continuation de combats partiels.

Asnières.

Soirée du 9, cinq heures, Versaillais démasquent batteries blindées à gauche château de Bécon.

Au bout d'un certain temps, leurs feux sont complétement éteints.

87e a soutenu une lutte à Asnières; a eu l'avantage.

Midi, assez calme.

Trois heures et demie, wagons blindés ouvrent feu très-nourri. Versaillais faiblissent beaucoup.

Clichy.

Toujours canonnade.

Neuilly.

De dix heures à midi, canonnade forte.

Nuit, nouvelles batteries établies par Versaillais boulevard Eugène. Une batterie mortiers à soixante-dix mètres de nos extrêmes avancées, abritée par un mur.

Une heure après-midi, 25e bataillon est aux prises avec Versaillais.

Deux heures, fort combat d'artillerie.

ORDRE.

Tout officier venant de l'extérieur ou de l'intérieur, qui se présenterait au ministère de la guerre ou à la place sans être porteur d'ordres de son supérieur hiérarchique, s'exposera à être mis en état d'arrestation.

Le délégué civil à la guerre,

DELESCLUZE.

A LA GARDE NATIONALE.

Citoyens,

La Commune m'a délégué au ministère de la guerre; elle a pensé que son représentant dans l'administration militaire devait appartenir à l'élément civil. Si je ne consultais que mes forces, j'aurais décliné cette fonction périlleuse; mais j'ai compté sur votre patriotisme pour m'en rendre l'accomplissement plus facile.

La situation est grave, vous le savez; l'horrible guerre que vous font les féodaux conjurés avec les débris des régimes monarchiques vous a déjà coûté bien du sang généreux, et cependant, tout en déplorant ces pertes douloureuses, quand j'envisage le sublime avenir qui s'ouvrira pour nos enfants, et lors même qu'il ne nous serait pas donné de récolter ce que nous avons semé, je saluerais encore avec enthousiasme la révolution du 18 mars, qui a ouvert à la France et à l'Europe des perspectives que nul de nous n'osait espérer il y a trois mois. Donc, à vos rangs, citoyens, et tenez ferme devant l'ennemi.

Nos remparts sont solides comme vos bras, comme vos cœurs; vous n'ignorez pas d'ailleurs que vous combattez pour votre liberté et pour l'égalité sociale, cette promesse qui vous a si longtemps échappé; que si vos poitrines sont exposées aux balles et aux obus des Versaillais, le prix qui vous est assuré, c'est l'affranchissement de la France et du monde, la sécurité de votre foyer et la vie de vos femmes et de vos enfants.

Vous vaincrez donc; le monde qui vous contemple et applaudit à vos magnanimes efforts s'apprête à célébrer votre triomphe, qui sera le salut pour tous les peuples.

Vive la république universelle!
Vive la Commune!

Paris, le 10 mai 1871.

Le délégué civil à la guerre,

DELESCLUZE.

La lettre suivante a été adressée au comité d'initiative du *Congrès de la ligue patriotique des villes républicaines*, à Bordeaux :

COMMUNE DE PARIS.

RELATIONS EXTÉRIEURES. — DÉLÉGATION.

Paris, le 8 mai 1871.

Citoyens,

La coalition monarchique, dont la tête est à Versailles, conteste aux conseils municipaux des départements le droit de se concerter pour une action commune, par l'envoi de délégués à un grand congrès national : elle ose menacer des rigueurs d'une loi caduque votre patriotique entreprise.

Au nom de la Commune de Paris, j'ai l'honneur de vous informer que le palais du Luxembourg est mis à la disposition du congrès, s'il lui convient de transporter à Paris le siége de ses réunions.

Le membre de la Commune délégué aux relations extérieures,

PASCHAL GROUSSET.

On lit dans le journal *le Vengeur* :

Après avoir signalé la nécessité de secourir Issy, après avoir reçu ordre de le défendre à tout prix, après avoir répliqué qu'Issy ne serait point évacué, tout d'un coup, sans avertir ni le comité de salut public ni la Commune, le colonel Rossel fait placarder cette affiche :

« Le drapeau tricolore flotte sur le fort d'Issy, abandonné par la garnison. »

Un cri de triomphe pour un aveu de défaite !
Aurait-on annoncé autrement la prise de Versailles ? On aurait dit : le drapeau rouge, au lieu du drapeau tricolore, voilà tout.

Ces deux mots *flotte* et *abandonné* suent la trahison.

Au moment où la Commune avait décrété l'accusation et le renvoi à Mazas du citoyen Rossel et son procès devant une cour martiale, le citoyen Avrial, qui avait été chargé de la garde du colonel à l'hôtel de ville, est rentré en séance pour déclarer que le prisonnier s'était évadé en compagnie du citoyen Gérardin.

Leurs amis croient qu'ils ne sont pas allés à Versailles.

On lit dans le journal *le Mot d'ordre* :

Le citoyen Rossel nous communique la lettre suivante qu'il vient d'adresser à la Commune :

Paris, le 9 mai 1871.

« Citoyens membres de la Commune,

« Chargé par vous à titre provisoire de la délégation

de la guerre, je me sens incapable de porter plus longtemps la responsabilité d'un commandement où tout le monde délibère et où personne n'obéit.

« Lorsqu'il a fallu organiser l'artillerie, le comité central d'artillerie a délibéré et n'a rien prescrit. Après deux mois de révolution, tout le service de vos canons repose sur l'énergie de quelques volontaires dont le nombre est insuffisant.

« A mon arrivée au ministère, lorsque j'ai voulu favoriser la concentration des armes, la réquisition des chevaux, la poursuite des réfractaires, j'ai demandé à la Commune de développer les municipalités d'arrondissement.

« La Commune a délibéré et n'a rien résolu.

« Plus tard, le comité central de la fédération est venu offrir presque impérieusement son concours à l'administration de la guerre. Consulté par le comité de salut public, j'ai accepté ce concours de la manière la plus nette, et je me suis dessaisi, en faveur des membres de ce comité, de tous les renseignements que j'avais sur l'organisation. Depuis ce temps-là, le comité central délibère, et n'a pas encore su agir. Pendant ce délai, l'ennemi enveloppait le fort d'Issy d'attaques aventureuses et imprudentes dont je le punirais si j'avais la moindre force militaire disponible.

« La garnison, mal commandée, prenait peur, et les officiers délibéraient, chassaient du fort le capitaine Dumont, homme énergique qui arrivait pour les commander, et tout en délibérant évacuaient leur fort, après avoir sottement parlé de le faire sauter, chose plus impossible pour eux que de le défendre.

« Ce n'est pas assez. Hier, pendant que chacun devait être au travail ou au feu, les chefs de légion délibéraient pour substituer un nouveau système d'organisation à celui que j'avais adopté, afin de suppléer à l'imprévoyance de leur autorité toujours mobile et mal obéie. Il résulta de leur conciliabule un projet au moment où il fallait des hommes, et une déclaration de principes au moment où il fallait des actes.

« Mon indignation les ramena à d'autres pensées, et ils ne me promirent, pour aujourd'hui, comme le dernier terme de leurs efforts, qu'une force organisée de douze mille hommes, avec lesquels je m'engage à marcher à l'ennemi. Ces hommes devaient être réunis à onze heures et demie : il est une heure, et ils ne sont pas prêts; au lieu d'être douze mille, ils sont environ sept mille. Ce n'est pas du tout la même chose.

« Ainsi la nullité du comité d'artillerie empêchait l'organisation de l'artillerie; les incertitudes du comité central de la fédération arrêtent l'administration; les préoccupations mesquines des chefs de légion paralysent la mobilisation des troupes.

« Je ne suis pas homme à reculer devant la répression, et hier, pendant que les chefs de légion discutaient, le peloton d'exécution les attendait dans la cour. Mais je ne veux pas prendre seul l'initiative d'une mesure énergique, endosser seul l'odieux des exécutions qu'il faudrait faire pour tirer de ce chaos l'organisation, l'obéissance et la victoire. Encore si j'étais protégé par la publicité de mes actes et de mon impuissance, je pourrais conserver mon mandat. Mais la Commune n'a pas eu le courage d'affronter la publicité. Deux fois déjà je vous ai donné des éclaircissements nécessaires, et deux fois, malgré moi, vous avez voulu avoir le comité secret.

« Mon prédécesseur a eu le tort de se débattre au milieu de cette situation absurde.

« Éclairé par son exemple, sachant que la force d'un révolutionnaire ne consiste que dans la netteté de la situation, j'ai deux lignes à choisir : briser l'obstacle qui entrave mon action ou me retirer.

« Je ne briserai pas l'obstacle, car l'obstacle c'est vous et votre faiblesse : je ne veux pas attenter à la souveraineté publique.

Je me retire, et j'ai l'honneur de vous demander une cellule à Mazas.

Signé : ROSSEL.

On lit dans l'*Estaffette :*

Un de nos reporters qui a pu aller jusqu'à Saint-Germain — et en revenir — nous rapporte des nouvelles très-intéressantes sur le mouvement des troupes versaillaises.

Les soldats refusent d'obéir; seuls, les chefs, qui tiennent à la haute-paye du galon, soutiennent encore l'exécutif, mais ils ont peu de foi au succès promis par les proclamations du bonhomme Thiers.

Et puis, il se trouve encore des hommes honnêtes, et — quoique forcés — ils hésitent et comprennent toute l'infamie du rôle qu'on leur fait jouer.

D'autre part, les soldats, *en général*, ne veulent plus combattre. Il y a QUARANTE MILLE HOMMES au Pecq qui sont gardés à vue et désarmés.

Le désarroi est au camp.

LE 12 MAI 1871.

Le *Journal officiel* de Paris contient, dans sa partie officielle, les pièces suivantes :

AU PEUPLE DE PARIS.

Citoyens,

La Commune et la république viennent d'échapper à un péril mortel.

La trahison s'était glissée dans nos rangs. Désespérant de vaincre Paris par les armes, la réaction avait tenté de désorganiser ses forces par la corruption. Son or, jeté à pleines mains, avait trouvé jusque parmi nous des consciences à acheter.

L'abandon du fort d'Issy, annoncé dans une affiche impie par le misérable qui l'a livré, n'était que le premier acte du drame : une insurrection monarchique à l'intérieur, coïncidant avec la livraison d'une de nos portes, devait le suivre et nous plonger au fond de l'abîme.

Mais cette fois encore la victoire reste au droit.

Tous les fils de la trame ténébreuse dans laquelle la révolution devait se trouver prise sont, à l'heure présente, entre nos mains.

La plupart des coupables sont arrêtés.

Si leur crime est effroyable, leur châtiment sera exemplaire. La cour martiale siége en permanence. Justice sera faite.

Citoyens,

La révolution ne peut pas être vaincue : elle ne le sera pas.

Mais s'il faut montrer au monarchisme que la Commune est prête à tout plutôt que de voir le drapeau rouge brisé entre ses mains, il faut que le peuple sache bien aussi que de lui, de lui seul, de sa vigilance, de son énergie, de son union, dépend le succès définitif.

Ce que la réaction n'a pu faire hier, demain elle va le tenter encore.

Que tous les yeux soient ouverts sur ses agissements.

Que tous les bras soient prêts à frapper impitoyablement les traîtres. Que toutes les forces vives de la révolution se groupent pour l'effort suprême, et alors, alors seulement, le triomphe est assuré.

A l'hôtel de ville, le 12 mai 1871.

Le comité de salut public,

ANT. ARNAUD, E. EUDES, F. GAMBON, G. RANVIER.

Le membre de la Commune délégué à la sûreté générale

ARRÊTE :

Art. 1ᵉʳ. Le *Moniteur universel*, l'*Observateur*, l'*Univers*, le *Spectateur*, l'*Étoile* et l'*Anonyme* sont supprimés.

Art. 2. Notification du présent arrêté sera faite à

chacun des susdits journaux et à leurs imprimeurs, responsables de toutes publications ultérieures, par les soins du citoyen Le Moussu, commissaire aux délégations, chargé de l'exécution du présent arrêté.

Paris, le 11 mai 1871.

*Le membre de la Commune délégué
à la sûreté générale,*

F. COURNET.

Bientôt l'enseignement religieux aura disparu des écoles de Paris.

Cependant dans beaucoup d'écoles reste, sous forme de crucifix, madones et autres symboles, le souvenir de cet enseignement.

Les instituteurs et les institutrices devront faire disparaître ces objets, dont la présence offense la liberté de conscience.

Les objets de cet ordre qui seront en métal précieux seront inventoriés et envoyés à la Monnaie.

Le sieur Delisle (Léopold) est révoqué de ses fonctions à la Bibliothèque nationale.

Les pouvoirs conférés par l'ex-préfecture de police au citoyen Jules Vincent, pour la conservation des divers dépôts bibliographiques, ont été conférés au nouveau directeur, le citoyen Élie Reclus, qui est investi, en outre, par la délégation à l'enseignement, de tous les pouvoirs nécessaires pour la réorganisation radicale de la Bibliothèque nationale.

Vu les avertissements qui, à plusieurs reprises, ont paru dans le *Journal officiel*,

Sont considérés comme démissionnaires, pour cause d'absence, les fonctionnaires et employés de la Bibliothèque nationale dont les noms suivent :

Aumoitte, d'Auriac, Belliffent, Bertal, Bréhent, Chabouillet, Chéron, Claude, Cortambert père, Cortambert (Richard), Courajod, Depping, Franck, Julien (Stanislas), Klein, Lacabane, Lavoix fils, Marchal, Noël (J.), Paris (Paulin), Rousseaux, Soury, Thierry-Poux et Zottenberg.

Paris, le 11 mai 1871.

*Le membre de la Commune délégué
à l'enseignement,*

ED. VAILLANT.

Le *Journal officiel* de Paris contient ce qui suit dans sa partie non officielle :

AUX CITOYENS MEMBRES DE LA COMMUNE DE PARIS.

Citoyens,

Dès notre arrivée au ministère, nous nous sommes rendu compte des diverses positions de défense et d'attaque; nous nous sommes assurés que la garde des remparts était suffisamment établie et qu'une bonne réserve pouvait, en cas de besoin, défier toute surprise.

La position d'Issy n'a guère varié. Celle du fort de Vanves a été un peu compromise; à un certain moment même il était évacué.

A quatre heures du matin, le général Wrobleski, accompagné du chef et de quelques officiers de son état-major, s'est mis à la tête des 187ᵉ et 105ᵉ bataillons, conduits par le brave chef de la XIᵉ légion.

Ils sont entrés dans le fort à la baïonnette et en ont délogé les Versaillais, qui s'en croyaient déjà maîtres. Des renforts ont été dirigés sur ce point, et sans nul doute, nous pouvons répondre du succès.

Du côté de Neuilly, il n'y a rien eu ; et le côté d'Asnières a été relativement tranquille.

Paris, le 11 mai 1871.

Le délégué civil à la guerre,

DELESCLUZE.

On lit dans le journal *l'Estaffette :*

Nous avons donné, dans notre numéro d'hier, la copie de l'affiche du délégué à la guerre, annonçant que le drapeau tricolore flottait sur le fort d'Issy.

A ce sujet, la rectification suivante a été adressée à la presse par le secrétaire de la Commune :

Paris, le 9 mai 1871.

« Citoyens rédacteurs,

« C'est par *une erreur* regrettable qu'on a annoncé que le fort d'Issy était pris et occupé par les Versaillais. Il n'en est heureusement rien et le drapeau de la Commune flotte toujours sur le fort.

« Salut amical,

« P. VÉSINIER. »

Le citoyen qui a écrit cette lettre a le tort, à notre avis, de faire du zèle. Il n'y a point erreur dans le fait annoncé par le délégué à la guerre : LE DRAPEAU TRICOLORE A FLOTTÉ SUR LE FORT D'ISSY, quoi qu'en dise M. Vésinier.

La vérité, c'est que, le fort d'Issy étant évacué depuis la veille au soir, dans la matinée d'hier, des hommes résolus de l'armée versaillaise s'y sont introduits, ont planté le drapeau tricolore et se sont retirés. Quelques gardes nationaux héroïques, pour venger cette honte, se sont glissés à leur tour dans le fort, et ont remplacé le drapeau tricolore par le drapeau rouge.

Nous sommes en possession du fort d'Issy, mais... il n'est tenable ni pour les fédérés, ni pour les Versaillais; c'est un amas de décombres.

LE 13 MAI 1871.

Le *Journal officiel* de Paris contient, dans sa partie officielle, les pièces suivantes :

La Commune de Paris

DÉCRÈTE :

Art. 1ᵉʳ. La commission du travail et d'échange

est autorisée a reviser les marchés conclus jusqu'à ce jour par la Commune.

Art. 2. La commission du travail et d'échange demande que les marchés soient directement adjugés aux corporations, et que la préférence leur soit toujours accordée.

Art. 3. Les conditions des cahiers des charges et les prix de soumission seront fixés par l'intendance, la chambre syndicale de la corporation et une délégation de la commission du travail et d'échange, le délégué et la commission des finances entendus.

Art. 4. Les cahiers des charges, pour toutes les fournitures à faire à l'administration communale, porteront dans les soumissions desdites fournitures les prix minimum du travail à la journée ou à la façon à accorder aux ouvriers ou ouvrières chargés de ce travail.

La Commune de Paris

DÉCRÈTE :

Art. 1er. Il sera procédé par les soins du délégué à la justice à l'organisation d'une chambre du tribunal civil de la Commune de Paris. Cette chambre statuera sur les affaires urgentes.

Art. 2. La procédure dite *ordinaire* est abolie. Toutes les affaires seront instruites comme en matière sommaire. A défaut d'avoués, les huissiers occuperont pour les parties.

Art. 3. Les parties pourront se défendre elles-mêmes.

La Commune de Paris

DÉCRÈTE :

Article unique. En matière de séparation de corps, le président pourra allouer à la femme demandant la séparation une pension alimentaire, qui lui sera servie jusqu'à ce qu'il en ait été autrement décidé par le tribunal.

Le citoyen Vésinier est nommé délégué au *Journal officiel* pour les fonctions de rédacteur en chef.

Le comité de salut public.

La *Société internationale de secours aux blessés* ayant protesté auprès du gouvernement de Versailles contre les atroces violations de la convention de Genève, dont les troupes monarchiques se rendent journellement coupables, Thiers a fait cette réponse affreuse :

« La Commune n'ayant pas adhéré à la convention de Genève, le gouvernement de Versailles n'a pas à l'observer. »

La Commune a fait mieux jusqu'ici que d'adhérer à la convention de Genève.

Elle a scrupuleusement respecté toutes les lois de l'humanité, en présence des actes les plus sauvages, des plus sanglants défis à la civilisation et au droit moderne, de nos blessés achevés sur le champ de bataille, de nos hôpitaux bombardés, de nos ambulances criblées de balles, de nos médecins et de nos infirmières même égorgés dans l'exercice de leur ministère.

Mais, pour qu'il ne reste pas même l'ombre d'un prétexte aux assassins de Versailles, la Commune déclare officiellement qu'elle adhère à la convention de Genève, dont elle s'honore de n'avoir, en aucune circonstance, violé un seul article.

Le délégué aux affaires extérieures,
PASCHAL GROUSSET.

Le *Journal officiel* de Paris contient ce qui suit dans sa partie non officielle :

RAPPORTS MILITAIRES.

Vanves.

Les fédérés ont repoussé les Versaillais, qui voulaient s'y établir.

Montrouge. Bicêtre.

Positions et situations excellentes.

Clichy.

Nuit tranquille. Le matin, de cinq à huit heures, fortes détonations d'artillerie et de mousqueterie.

A onze heures, nos batteries ont mis le feu à Asnières, près le parc.

Nuit, jusqu'à trois heures, calme. Depuis trois heures, lutte incroyable du côté des fédérés. Versaillais fuient de toutes parts.

Les Ternes sont assez éprouvés.

Neuilly.

Le 128ᵉ bataillon mérite citation à l'ordre du jour.

Minuit à trois heures, combat d'artillerie. Neuf heures, ralentissement. Midi, reprise des hostilités; sérieux avantage du côté des fédérés.

Asnières.

Soirée du 11 mai, fréquentes décharges de mitrailleuses de part et d'autre. Nuit assez calme.

A quatre heures et demie, Versaillais sont éprouvés par l'artillerie de nos bastions.

Actes d'héroïsme assez fréquents dans ces contrées.

Un ordre du 2 mai, signé Avrial, dit :

« Les poudres et munitions ne doivent être délivrées que sur les signatures suivantes :

« Avrial, chef du matériel; Rossel, délégué à la guerre; général La Cécilia, colonel Henri, commandants Séguin et Larue. »

Les signatures du général Rossel et du commandant Séguin cessent, à partir du présent jour, d'être valables pour la livraison des munitions; mais les signatures des citoyens Masson, chef d'état-major, et Lefebvre-Roncier, sous-chef d'état-major, doivent être ajoutées aux signatures valables, pour la livraison des munitions, y compris, bien entendu, celle du citoyen Delescluze, actuellement chargé de la guerre.

Paris, le 11 mai 1871.

Le délégué civil à la guerre,

DELESCLUZE.

ORDRE.

Le colonel Henri fera établir immédiatement une batterie de trente mortiers du plus gros calibre à la tranchée du chemin de fer et des flancs des bastions 59, 60, 61 et 62.

Ces mortiers sont destinés à bombarder Neuilly et Boulogne, ainsi que les ponts de bateaux.

Vu les avertissements qui ont paru au *Journal officiel*,

Sont considérés comme démissionnaires, pour cause d'absence, les fonctionnaires et employés de la bibliothèque Mazarine dont les noms suivent :

De Sacy, Philarète Chasles, Jules Sandeau, Moreau, Daremberg, Cocheris, L. Larcher.

Le membre de la Commune délégué à l'enseignement,

ÉDOUARD VAILLANT.

Sont considérés comme démissionnaires de leurs fonctions et emplois à la Bibliothèque nationale :

MM. Barbier (Olivier), Barringer, Baudement, Boudin, Cohen, Crosbie, Dauban, Duplessis, Godin, Guérin, Koloff, Laberge, Lavoix père, Lefèvre, Mabille (Paul), Mabille (Émile), Michelant, Maurheuil, Pauly, Raffet, Rathery, Ravenel, Rufin, Shmit, Schwab, Spet, Spol, Wescher.

Le citoyen Anys-el-Bittar est chargé de travaux spéciaux à la section des manuscrits (langues arabe et syriaque).

Le membre de la Commune délégué à l'enseignement,

ÉD. VAILLANT.

Sous l'empire, les bibliothèques publiques avaient été mises au pillage, comme tout le reste. Les privilégiés se taillaient leur bibliothèque dans les bibliothèques nationales, en empruntant des livres qu'ils rendaient rarement, et en privant ainsi les travailleurs des ouvrages les plus nécessaires et les plus précieux.

En conséquence, le prêt des livres est absolument supprimé pour toutes les bibliothèques. Tous ceux qui ont emprunté et gardé des livres chez eux sont tenus de les rendre, sous huit jours, aux diverses bibliothèques.

L'inspecteur des bibliothèques communales,
BENJAMIN GASTINEAU.

COMMUNE DE PARIS.

SÉANCE DU 12 MAI 1871.

Présidence du citoyen FÉLIX PYAT. — Assesseur : le citoyen VAILLANT.

La séance est ouverte à trois heures et demie.

Le citoyen LÉO MEILLET donne lecture d'un rapport qu'il a adressé à la Commune de Paris, au comité de salut public et au délégué à la guerre.

« Le 10 mai, entre onze heures du soir et minuit, le nommé Thibault (Émile-Cadet), garde à la 2ᵉ compagnie de marche du 184ᵉ bataillon de la garde nationale, a été arrêté, vêtu d'habits civils, à la tranchée qui relie la redoute des Hautes-Bruyères à la barricade de Villejuif, par le citoyen Soinans (Louis), capitaine au 184ᵉ bataillon, et la citoyenne Cabet, cantinière audit bataillon.

« Conduit à la redoute, il a subi un interrogatoire devant le commandant de la redoute, le commandant du 184e, et plusieurs officiers des 176e et 184e bataillons de la garde nationale.

« A la suite de cet interrogatoire, il a été conduit au fort de Bicêtre et mis à la disposition du gouverneur.

« Dans la même nuit, le fil télégraphique a été coupé entre les Hautes-Bruyères et Bicêtre ; quelque temps après l'arrestation, une colonne d'infanterie et de cavalerie de Versailles se dirigeait où a été arrêté Thibault. Quelques obus lancés des Hautes-Bruyères ont suffi à la disperser. En même temps, une compagnie du 69e bataillon était surprise à la tranchée de Moulin-Cachan par les gendarmes versaillais.

« Frappé de la coïncidence de ces événements divers, le gouverneur de Bicêtre a provoqué immédiatement une cour martiale composée, sous sa présidence, de quatre membres tirés au sort parmi les différents officiers, sous-officiers et gardes placés sous son commandement.

« La cour martiale a été ainsi constituée :

« Léo Meillet, président ;

« Maunan, capitaine au 133e bataillon, juge ;

« Monray, capitaine au 176e bataillon, juge ;

« Gaston, lieutenant au 156e bataillon, juge ;

« Carton, sergent au 101e bataillon, juge ;

« Marette, adjudant de place, greffier.

« De l'audition des témoins et de l'interrogatoire tant préliminaire qu'à l'audience de Thibault, il résulte :

« 1° Qu'il a abandonné son poste le 10 mai, à onze heures du matin ; qu'il a échangé son costume de garde national contre des effets civils, pour se rendre à l'Hay ;

« 2° Qu'arrivé à l'Hay, il a donné au sieur Robinet, marchand de tabac, et aux différentes personnes se trouvant dans l'établissement, les renseignements les plus circonstanciés sur les forces tant en hommes qu'en armes et munitions qui défendent les Hautes-Bruyères et les avant-postes de Cachan.

« 3° Qu'il a révélé à l'ennemi les points faibles de la défense ;

« 4° Qu'il a servi de guide à la colonne versaillaise qui se portait à l'attaque des Hautes-Bruyères ;

« 5° Qu'il a entretenu avec l'ennemi des intelligences fréquentes, pour lesquelles il aurait reçu de l'argent, ce qu'il a avoué, puis dénié.

« En présence des aveux de l'accusé, la cour, ayant délibéré, l'a déclaré coupable d'abandon de son poste devant l'ennemi, crime qui entraîne la peine de mort, et d'avoir entretenu des intelligences avec l'ennemi, crime entraînant également la peine de mort.

« En conséquence, le nommé Thibault a été condamné, l'exécution a eu lieu le 12 mai 1871, à cinq heures vingt minutes du matin, à la redoute des Hautes-Bruyères, en présence des citoyens Amouroux, Dereure et Meillet, membres de la Commune de Paris, et de différents détachements délégués des 69ᵉ, 101ᵉ, 156ᵉ, 176ᵉ, 177ᵉ, 184ᵉ, 185ᵉ et 98ᵉ bataillons de la garde nationale.

« Le présent procès-verbal fait et rédigé à Paris, le 12 mai 1871, à une heure de relevée,

Le membre de la Commune, gouverneur de Bicêtre, président de la cour martiale,

LÉO MEILLET.

Le citoyen RAOUL RIGAULT, procureur de la Commune. — La Commune, hier, en mon absence, avait déclaré que le citoyen Jules Allix serait remis en liberté. Depuis, il s'est produit un fait grave que je suis forcé dé porter à la connaissance de l'assemblée comme procureur de la Commune.

Les scellés avaient été apposés à la mairie du 8ᵉ arrondissement par un commissaire attaché au comité de salut public.

Le citoyen Allix a brisé ces scellés en arrivant à la mairie hier, 11 mai, à quatre heures du soir. C'est ou une étourderie ou un crime, ou bien, comme l'a dit le citoyen Rastoul, un acte de folie.

Néanmoins le flagrant délit étant évident, on a dû procéder à l'arrestation immédiate du citoyen Allix, et je demande que cette mesure soit ratifiée par la Commune.

Le citoyen Clovis Dupont. — Il y a une fausse position ; la Commune avait laissé Allix libre, et on demande qu'il soit maintenu en état d'arrestation.

Le citoyen Raoul Rigault. — Un mot d'explication : tout citoyen est apte à arrêter Allix, surpris en flagrant délit de bris de scellés. Le plus grand ordre règne à la municipalité du 8ᵉ arrondissement. Il faut absolument que vous nous laissiez agir pendant huit jours, afin que Vaillant et moi puissions dégager notre responsabilité morale devant nos électeurs. Je ne demande pas qu'Allix soit mis à Mazas, mais en un lieu qu'un de ceux de nos collègues qui sont docteurs pourra indiquer à ma place.

Le citoyen Victor Clément. — J'appuie la proposition de Rigault ; on ne peut laisser à la tête d'une administration municipale un citoyen qui se permet des bris de scellés.

Le citoyen Vaillant. — J'ajouterai que la responsabilité de la Commune a été couverte par un ordre signé de trois membres du comité de salut public, sur la demande du comité de vigilance.

Le citoyen Antoine Arnaud, membre du comité de salut public. — Il faut que la Commune prenne des mesures au sujet d'Allix.

Le citoyen Président. — L'arrestation du citoyen Allix a été faite pour cause de bris de scellés, et elle doit suivre le cours que vous avez décidé par votre décret sur les membres de l'assemblée.

L'assemblée, consultée, décide que le citoyen Allix sera renvoyé devant la commission d'enquête.

L'un des secrétaires donne lecture du procès-verbal de la dernière séance.

Il est adopté sans observation.

AUX MEMBRES DE LA COMMUNE.

« D'après la discussion de la Commune de n'avoir que trois séances par semaine, je demande à être adjoint à la commission du travail et de l'échange à laquelle j'appartenais avant sa réorganisation.

« *Le membre de la Commune délégué au 4ᵉ arrondissement,*

« ÉMILE GÉRARDIN. »

L'assemblée décide que le citoyen E. Gérardin fera de nouveau partie de la commission du travail et de l'échange.

PROPOSITION DU CITOYEN TRINQUET.

« La Commune

DÉCRÈTE :

« Qu'une contribution de guerre frappe les gardes nationaux qui, pour refus de service, ont quitté leur établissement ;

« Que cette contribution soit de 10 francs par jour.

« Les municipalités sont chargées de l'application de ce décret, qui servira au soulagement des veuves et orphelins des citoyens tués ou blessés pour la défense de la révolution.

« TRINQUET. »

Cette proposition est mise à l'ordre du jour.

Le citoyen Président. — Voici une lettre du citoyen Delescluze, délégué à la guerre.

AUX CITOYENS MEMBRES DE LA COMMUNE.

« Citoyens,

« Je viens vous demander la mise à l'ordre du jour, par affiche, du 128° bataillon de la garde nationale qui, cette nuit, sous la conduite du général Dombrowski, a nettoyé le parc de Sablonville des Versaillais qui l'occupaient, et l'a fait avec un merveilleux entrain.

« Je me propose d'offrir des revolvers à quelques-uns des officiers qui se sont principalement distingués ; mais la déclaration de la Commune aura un bien autre effet sur les esprits.

« Salut et fraternité.

« *Le délégué civil à la guerre,*

« DELESCLUZE. »

Le citoyen Bergeret — Je demande à la Commune de déclarer que le 128° bataillon de la garde nationale a bien mérité de la patrie et de la Commune.

Quelques membres. — Une autre formule !

Après diverses observations présentées par plusieurs membres, au sujet de la formule à adopter, l'assemblée décide à l'unanimité que la lettre du citoyen Delescluze mentionnant le fait d'armes accompli par le 128ᵉ bataillon sera suivie, sur l'affiche, du décret de la Commune, en substituant aux mots : « bien mérité de la patrie et de la Commune, » ceux-ci : « bien mérité de la république et de la Commune. »

Le citoyen Président donne lecture de deux lettres relatives à une saisie d'armes.

Les lettres déposées sur le bureau sont renvoyées au comité de sûreté.

Le citoyen J.-B. Clément. — J'ai à vous signaler un fait plus grave que celui qui vient de vous être communiqué : tous les jours, aux barrières, on voit passer d'immenses voitures de déménagement, pour lesquelles il est impossible d'exercer une efficace surveillance ; j'ai pris le parti d'arrêter purement et simplement ces voitures aux portes qui se trouvent dans mon arrondissement, et je désire que cette mesure soit généralisée ; je demande donc à la sûreté générale l'interdiction des déménagements sortant de Paris.

Le citoyen Demay. — Je demande la nomination d'une commission spéciale pour examiner toutes ces petites questions, qui nous font perdre beaucoup de temps.

Ainsi, je reçois encore aujourd'hui une demande signée de 4,000 électeurs, réclamant l'élection des membres manquant à la Commune.

Le citoyen Président. — Je ferai observer au citoyen Demay que sa proposition figure déjà à l'ordre du jour.

Le citoyen Léo Franckel, délégué à la commission du travail et d'échange. — Par un arrêté en date du 4 mai, la commission de travail et échange avait été chargée d'envoyer des délégués à l'intendance pour examiner les marchés. Voici le rapport de ces délégués :

MARCHÉS POUR L'HABILLEMENT MILITAIRE.

RAPPORT DU CITOYEN DÉLÉGUÉ AUX TRAVAUX PUBLICS.

Dans notre examen des marchés passés jusqu'au 25 avril 1871, nous avons constaté que les vareuses étaient payées 6 fr. de façon par la ville, et les pantalons 3 fr. 50. Avec cette rétribution, il était possible de faire manger les ouvriers et ouvrières qui faisaient ce travail. Mais à partir de cette date, le prix de confection de ces vêtements a été offert par des exploiteurs au prix de 4 fr. et même 3 fr. 75 par vareuse, les pantalons à 2 fr. 50. Ces marchés sont en voie d'exécution. Il résulte de ceci que le prix déjà si faible de façon sera baissé de moitié et que ceux qui feront ce travail ne pourront vivre; de sorte que la révolution aura amené ceci : que le travail de la Commune pour la garde nationale sera payé beaucoup moins que sous le gouvernement du 4 septembre, et alors on pourra nous dire que la république sociale a fait ce que ceux qui nous assiégent actuellement n'ont pas voulu faire : diminuer les salaires.

Car il s'agit de savoir si la Commune veut aider le peuple à vivre par l'aumône ou par le travail : on nous dit que le gouvernement est forcé de compter et de faire les marchés au plus bas prix possible.

Nous tenons à constater et à bien établir que le cas présent n'est ni commercial ni spécial ; que, au contraire, toute la population ouvrière y est intéressée, et il est évident que, si, au lieu de gagner 2 fr. par jour, l'ouvrière ne gagne que 1 fr., il faut nécessairement qu'elle s'adresse aux cantines ou aux bureaux de secours. Ce qui revient au même comme déboursé par la Commune, et il est incontestable que la moralité en souffre.

Il nous est sensible d'être contraints à faire un rapport si peu en harmonie avec ce que devraient être les actes d'un gouvernement socialiste, et nous constatons avec peine que les exploiteurs qui offrent les plus bas prix sont encore privilégiés.

Les associations ouvrières ne peuvent se résoudre à remplir un rôle qui consiste à profiter de la misère publique pour baisser le prix du travail, et cependant, si la Commune veut avoir de bonnes fournitures et du travail bien fait, elle doit s'adresser aux mêmes qui composent la corporation des ouvriers tailleurs de Paris; car nous affirmons qu'il n'est pas possible d'établir des vêtements dans des conditions convenables avec les prix qui ont été soumissionnés par les derniers signataires des marchés.

Nous tenons à mettre la Commune en garde contre un pareil écueil, qui serait un coup porté aux plus grands principes de la révolution sociale que nous devons à tout prix conserver pure de toute tache de ce genre, et ne pas affaiblir par de petites spéculations la grandeur et le prestige du mouvement qui s'accomplit.

Il faut absolument que le citoyen délégué aux travaux publics fasse comprendre à la Commune qu'elle ne doit pas s'appesantir sur les bas prix qui lui sont offerts par les exploiteurs.

Il est reconnu que les associations ouvrières ne peuvent lutter aujourd'hui concurremment, et qu'elles ne le pourront jamais si elles ne trouvent pas un appui matériel et moral.

La baisse des prix de production ne viendra que lorsque les associations s'appartiendront.

Nous concluons en demandant que les prix des façons des vêtements de la garde nationale restent tels qu'ils ont été depuis huit mois, et que tous les marchés et entreprises concernant l'habillement soient, autant que possible, livrés à la corporation des ouvriers tailleurs.

Association, chambre syndicale, société de résistance, ces trois groupes qui en sont les mandataires, viennent de déposer entre nos mains un contrat fédératif qui met à notre disposition les vingt ou trente mille ouvriers de cette profession.

Les délégués à l'habillement militaire,

LAZARE LÉVY, EVETTE.

RAPPORT SUR LA DÉLÉGATION DE LAZARE LÉVY ET EVETTE
A L'HABILLEMENT MILITAIRE.

Aux termes de l'arrêté de la Commune en date du 4 mai 1871,

La commission du travail et de l'échange a, par une délégation, pris connaissance des marchés conclus à l'habillement militaire.

Il résulte du rapport présenté par les délégués que, depuis le 18 mars, l'administration, séduite par les offres des industriels, aurait baissé les prix des façons dans une proportion assez notable.

De prime abord, des raisons assez spécieuses viennent appuyer cette manière d'opérer. La Commune, ayant à traiter des marchés, a conclu avec les meilleurs offrants, c'est-à-dire avec ceux qui lui demandaient les prix les moins élevés.

Avec ce système, les façons baisseront encore, bien certainement, car l'entrepreneur qui fait une pareille affaire ne court aucun risque, puisqu'il ne fait, en réalité qu'*échange de salaires*. Que lui importe de soumissionner au rabais? Les ouvriers et ouvrières, pressés par le besoin de travail, ne sont-ils pas là pour supporter seuls la diminution des prix de main-d'œuvre?

La Commune peut ouvrir une enquête; elle est bien facile. Étant donnés les marchés Bernard et Monteux, à 3 fr. 75 les vareuses et 2 fr. 50 les pantalons, il est impossible que le prix des façons que les entrepreneurs payent aux ouvriers et ouvrières représente des journées suffisantes pour qu'ils puissent vivre.

Quant à eux, exploiteurs, ils font leur fortune sans avoir contre eux aucune chance de pertes; entre le marché de la Commune et la façon qu'ils accordent, il y a toujours une différence *suffisante* pour qu'ils remplissent leur bourse.

Le gouvernement du 4 septembre lui-même avait redouté l'effet d'un pareil trafic, et les marchés passés sous son administration n'ont jamais eu pour base l'enchère au rabais.

Il se présente dans le cas présent une objection : si les entrepreneurs se chargent des vareuses à 3 fr. 75, peut-on recourir à l'association en donnant à celle-ci 6 fr. de façon? Car, en admettant que l'association entreprenne pour 3 fr. 75 (ce qu'elle ne veut pas), on trouvera toujours des entrepreneurs qui soumissionneront pour 3 fr.; faudrait-il alors abandonner les associations pour recourir aux exploiteurs?

Dans cette concurrence infâme, la Commune y perd en dignité, et les ouvrières voient diminuer progressivement leurs salaires, déjà insuffisants.

La question est ainsi posée : des exploiteurs, profitant de la misère publique pour baisser les salaires, et la Commune, assez aveugle pour prêter la main à de pareilles manœuvres.

En effet, il est inutile et immoral d'avoir recours à un

intermédiaire qui n'a d'autres fonctions que de prélever un impôt sur la journée des travailleurs qu'il occupe ; c'est continuer l'asservissement des travailleurs par la centralisation du travail entre les mains de l'exploiteur ; c'est continuer les traditions esclavagistes des régimes bourgeois, ennemis acharnés, par intérêt, de toute émancipation de la classe ouvrière.

On ne saurait invoquer non plus l'état de nos finances, car, comme le fait très-bien remarquer le rapport de la délégation, « si le travail ne suffit pas pour nourrir la famille, celle-ci a recours aux bureaux de bienfaisance, qui, d'un autre côté, grèvent le budget. » C'est une vérité économique incontestable : l'ouvrier viendra demander à la charité ce que le travail n'aura pu lui procurer ; seul, l'intérêt de l'exploiteur est garanti dans cette affaire, ainsi qu'il est démontré plus haut.

En principe, nous l'avons admis dans toutes nos études sociales, lorsque, dans l'époque transitoire, l'individu soumissionnera pour un travail de l'État, il devra, par un cahier des charges, indiquer le prix de la main-d'œuvre, car si le prix de la main-d'œuvre reste comme *alea* dans les marchés, c'est lui seul qui supporte les rabais.

Cela ne peut se faire autrement, et, dans le cas présent, il n'existe aucun cahier des charges ; rien qui puisse garantir le travail contre l'exploitation à outrance !

Et le travailleur est aux remparts ; il se fait tuer pour ne plus subir cette même exploitation !

Conclusions :

La commission du travail et de l'échange demande que les marchés qui pourront être directement passés avec les corporations leur soient confiés.

Les prix seront arbitralement fixés avec l'intendance,

la chambre syndicale de la corporation et une délégation de la commission du travail et de l'échange.

Le délégué à la commission du travail et de l'échange,

LÉO FRANCKEL.

Je n'ajouterai que quelques mots. Nous ne devons pas oublier que la révolution du 18 mars a été faite exclusivement par la classe ouvrière. Si nous ne faisons rien pour cette classe, nous qui avons pour principe l'égalité sociale, je ne vois pas la raison d'être de la Commune.

Le citoyen MALON. — J'appuie l'idée développée par le citoyen Franckel. J'ajoute que différents secrétaires des associations ouvrières sont venus me trouver, me demandant s'il n'y avait pas moyen de revenir sur les marchés passés.

On paye aujourd'hui dans les proportions de 2/5 pour 100 en moins que le gouvernement du 4 septembre, qui avait fait un cahier des charges pour les prix ; aujourd'hui, ce cahier des charges n'existe pas.

Aux Batignolles, on fait des vareuses à 6 sous par jour ; il n'est pas possible de continuer un tel état de choses. L'intendance s'est trompée ; on doit reviser les contrats.

Le citoyen SERAILLER. — La commission dont je fais partie vous propose des conclusions. A l'avenir, les contrats qui seront passés le seront avec la commission du travail et de l'échange, qui appellera dans son sein des hommes compétents. Nous demandons la révision des traités passés.

Plusieurs voix. — Adopté !

Le citoyen ARTHUR ARNOULD. — Je trouve la question extrêmement grave. Elle touche à l'honneur de la Commune.

Il y a pour moi urgence à toucher à cette question, qui est de premier ordre.

Le citoyen Victor Clément. — Je demande que les marchés conclus soient résiliés. (Réclamations.)

Le citoyen Serailler. — Je demande simplement que nous ayons le droit de reviser les traités passés.

Un membre. — La résiliation pure et simple, ce serait la ruine de toutes les associations.

Le citoyen J.-B. Clément. — Il faut que l'on prenne des mesures sérieuses; si l'on n'en prenait point, il y aurait à coup sûr une manifestation imposante des ouvrières.

Le citoyen Vésinier. — Je demande à faire la proposition suivante :

« 1° La commission du travail et d'échange est autorisée à reviser les marchés conclus jusqu'à ce jour par la Commune ;

« 2° La commission du travail et d'échange demande que les marchés soient directement adjugés aux corporations, et que la préférence leur soit toujours accordée ;

« 3° Les conditions des cahiers des charges et les prix de soumission seront fixés par l'intendance, la chambre syndicale de la corporation et une délégation de la commission de travail et d'échange, le délégué et la commission des finances entendus. »

Le citoyen Jourde dépose un quatrième article, ainsi conçu :

« Les cahiers des charges pour toutes les fournitures à faire à l'administration communale porteront dans les soumissions desdites fournitures les prix minimum du travail à la journée ou à la façon à accorder aux ouvriers et ouvrières chargés de ce travail. »

Le citoyen BERGERET. — J'appuie la proposition du citoyen Franckel. J'invite mes collègues à m'envoyer des ouvrières. J'en occupe déjà 2,000.

Le citoyen JOURDE. — La révision que l'on propose apportera une entrave aux fournitures; si la mesure était adoptée, les entrepreneurs ne sauraient plus à qui s'adresser. Il ne faut pas oublier qu'il y a des fournitures urgentes, que l'on est obligé de payer dans les vingt-quatre heures. Pour ces opérations, il ne peut y avoir de révision. Pour moi, il faudrait que la commission d'échange n'eût qu'un contrôle à exercer; lui faire reviser les traités déjà passés, ce serait nous mettre dans l'impossibilité d'en faire de nouveaux.

Le citoyen SERAILLER. — Nous ne demandons pas l'annulation des marchés déjà faits; nous voulons seulement empêcher l'exploitation de la classe ouvrière, en établissant une commission de contrôle, qui veillerait à ce que les prix soient établis arbitralement entre les ouvrières et les chambres syndicales, ou les entrepreneurs.

Pour répondre au citoyen Bergeret au sujet du travail des femmes, je lui dirai que la commission du travail et d'échange s'est fait adresser par les diverses mairies les ouvrières qui manqueraient d'ouvrage; le citoyen Bergeret n'a donc qu'à nous prévenir du nombre qu'il en peut employer.

Le citoyen RÉGÈRE. — Je ferai remarquer que, si la proposition du citoyen Serailler doit, comme le citoyen Jourde vient de nous le déclarer, entraver la confection des habillements pour la garde nationale, cela serait déplorable; car dans mon arrondissement, entre autres, on se plaint justement que l'habillement ne marche que très-lentement.

Le citoyen FRANCKEL. — Je comprends fort bien la

situation du citoyen Jourde, et, comme lui, je ne voudrais pas entraver les marchés en cours d'exécution ; ce que je demande, c'est que, dans chaque cahier des charges apporté par des entrepreneurs, il soit fait mention des salaires qu'ils offriront à leurs ouvriers, afin que la commission du travail choisisse l'entrepreneur qui offrira le plus d'avantages à l'ouvrier.

Le citoyen Malon. — Nous demandons simplement que le travail soit réparti sur une base équitable et scientifique. Dans les fournitures qui seront faites, il me paraît bon que nous puissions connaître l'esprit du travail et de la matière première pour les contrôler.

Le citoyen Victor Clément. — Je dis que vous ne pouvez pas changer les termes d'un contrat. Vous ne pouvez que résilier ce contrat. Quant aux associations, je voudrais que les bénéfices, si minimes qu'ils soient, que pourrait faire l'entrepreneur fussent acquis aux ouvriers. Il est temps que les travailleurs ne soient plus exploités.

Le citoyen Clémence. — Dans le 4e arrondissement, on payait, sous le gouvernement du 4 septembre, les vareuses 4 fr. ; aujourd'hui on ne les paye plus que 2 fr. 75. Je demande que l'intendance soit mise en demeure de rétablir les prix d'une façon plus rémunératrice, et que l'on ouvre des ateliers de confections pour les femmes.

Le citoyen Jourde, délégué aux finances. — Il est évident que la préoccupation des entrepreneurs est d'établir des prix inférieurs à ceux de leurs collègues en arrachant des bénéfices aux ouvriers. Les marchés devraient toujours contenir le maximum et le minimum du salaire des ouvriers, qui, en somme, sont les véritables exécuteurs du marché. Je voudrais qu'on fît de cette proposition l'objet d'un 4ᵉ article que j'ai déposé.

Le citoyen Billioray. — Je voudrais que la Commune n'accordât de travaux qu'aux associations ouvrières. Ce serait le premier pas sérieux fait dans la voie du socialisme. (La clôture !)

Le citoyen Vésinier. — J'ai toujours été de cet avis ; nous devons abolir l'exploitation. C'est pour cela que je demande que les adjudications de travaux soient faites directement et préférablement aux ouvrières.

Le citoyen Président. — Je mets la clôture aux voix.

La clôture est mise aux voix et prononcée.

Je vais donner lecture des conclusions de la commission de travail et échange :

« La commission du travail et de l'échange demande que les marchés qui pourront être directement passés avec les corporations leur soient confiés.

« Les prix seront arbitralement fixés avec l'intendance, la chambre syndicale de la corporation et une délégation de la commission du travail et de l'échange.

Le membre de la Commune délégué à la commission du travail et de l'échange,

« LÉO FRANCKEL. »

Voici maintenant la proposition faite par le citoyen Vésinier.

(Le président lit la proposition du citoyen Vésinier.)

Le citoyen Président. — La proposition du citoyen Vésinier, celle de votre commission, plus l'article 1ᵉʳ, qui donne à la commission de travail et échange l'autorisation de reviser les marchés passés. Je dis reviser, et non résilier les marchés.

Le citoyen Theisz. — Je fais partie de la commission de

travail et échange, et je me rallie à ses propositions, malgré la clôture qui vient d'être prononcée. Je demande que le citoyen Varlin nous donne des explications sur ces marchés.

Le citoyen Serailler. — Je ne m'oppose pas à entendre les explications du citoyen Varlin, je demande à entrer en plein dans la discussion.

Le citoyen Président met en discussion l'article additionnel présenté par le citoyen Jourde, et donne lecture de la proposition Jourde.

Le citoyen Victor Clément. Je demande à faire une observation sur la rédaction de l'article additionnel. Au lieu de : *prix minimum de la journée,* dire : *prix minimum de la pièce.*

Le citoyen Jourde. — Je n'admets pas, en principe, le travail à façon ; c'est favoriser quelques-uns au détriment des autres, qui ne sont pas si habiles dans la fabrication.

Le citoyen Clovis Dupont.—Dans une question ouvrière j'ai le droit de me faire entendre, étant ouvrier.

Je voudrais qu'on mît aux voix la motion *travail à façon ou à la journée,* vous auriez la majorité pour le travail à façon.

Le citoyen Jourde. — Voici une nouvelle rédaction : *minimum de la journée.*

Le citoyen Franckel. — Je demande qu'on dise que la journée sera de huit heures.

(L'article 4 est mis aux voix et adopté à l'unanimité.)

Le citoyen Président. — Je mets l'ensemble du décret aux voix.

(Le décret est mis aux voix et adopté.)

Le citoyen Urbain. — Il avait été décidé que la séance d'avant-hier serait publiée *in extenso,* et rien n'a été encore inséré à l'*Officiel*. Je demande quelques explications à cet égard.

Le citoyen Longuet. — Le compte rendu de la séance d'avant-hier a été adressé à l'*Officiel*, mais l'on m'a dit que le citoyen Paschal Grousset était venu en empêcher l'insertion, en disant qu'on allait recevoir un ordre du comité de salut public.

Le citoyen Paschal Grousset. — J'ai révoqué un ordre du comité de salut public, parce que j'ai cru que c'était ce qu'il y avait de plus convenable, après l'évasion du citoyen Rossel.

Le citoyen Bergeret. — J'ai pour moi, je tiens à le dire, rempli le mandat qui m'a été confié; j'ai été à toutes les adresses qui m'ont été indiquées.

Le citoyen Vaillant. — Comme le compte rendu n'a pas été publié, je ne puis m'expliquer comment plusieurs journaux, le *Mot* et la *Justice*, entre autres, ont pu rendre compte de plusieurs faits importants de la séance.

Le citoyen Urbain. — Je ne reconnais qu'au comité de salut public le droit de supprimer le compte rendu. Je ne puis accepter qu'un de nous, pris d'un scrupule, aille à l'*Officiel* s'opposer à l'exécution d'une mesure prise par l'assemblée.

Les citoyens Longuet et P. Grousset. — Nous sommes d'un avis différent.

Le citoyen P. Grousset. — Pour moi, chacun de nous a le droit absolu de veiller à ce que la Commune ne commette point de fautes. (La clôture!)

Le citoyen Vésinier. — Je tiens à vous déclarer que, s'il y a eu indiscrétion sur notre dernière séance, elle ne vient pas du secrétariat.

L'ordre du jour est mis aux voix et adopté.

Le citoyen CHARDON.—Je demande à l'assemblée qu'elle veuille bien s'occuper du fait suivant. Le colonel Fleury a été arrêté il y a plusieurs jours, en même temps que le sieur Laporte. J'ai reçu à ce sujet des députations d'officiers venant protester contre cette détention de leur chef, tandis que Laporte a été relâché par ordre de Delescluze.

Le citoyen LONGUET. — Je demande que nous ne nous occupions pas de faits particuliers; c'est à la sûreté, et non à la Commune, que devrait s'adresser le citoyen Chardon.

Le citoyen J. VALLÈS. — Je dois dire cependant, au sujet des prisons, une chose qui ne peut êre indifférente à la Commune. J'ai visité la prison du Cherche-Midi, où il se passe des choses déplorables; c'est un va-et-vient continuel d'arrestations, de mises en liberté.

Le citoyen PRÉSIDENT. — Je ferai remarquer qu'il y a eu une commission des prisons spécialement chargée des réclamations.

Le citoyen OUDET. — Je demande à dire un mot sur l'affaire Laporte dont a parlé le citoyen Chardon. (Interruptions.)

Il y a deux pouvoirs à la guerre, dont les décisions sont contradictoires. De là conflit et confusion... (La clôture! — Bruit.)

Le citoyen CHARDON. — Je demande à faire une observation. (La clôture! la clôture!)

(La clôture est mise aux voix et adoptée.)

Le citoyen LEFRANÇAIS. — Je demande que ces sortes de questions soit renvoyées à une commission d'enquête spéciale.

(La motion du citoyen Lefrançais est mise aux voix et adoptée.)

Le citoyen Président. — Je donne lecture d'une lettre du citoyen Fontaine, délégué aux domaines, relative à la démolition de l'hôtel Thiers.

AUX CITOYENS MEMBRES DE LA COMMUNE.

« Le citoyen Fontaine, directeur des domaines, prévient la Commune que, conformément au décret du comité de salut public, il fait procéder aujourd'hui à la démolition de la maison du sieur Thiers, située place Georges.

« Il demande à la Commune d'envoyer une délégation pour assister à cette opération, qui aura lieu à quatre heures de l'après-midi.

« Salut et solidarité.

« *Le questeur de la Commune,*
« LÉO MEILLET. »

Le citoyen Courbet. — Le sieur Thiers a une collection de bronzes antiques; je demande ce que je dois en faire.

Le citoyen Président. — Que le citoyen Courbet nous fasse l'exposé de son sentiment sur cette question.

Le citoyen Courbet. — Les objets de la collection de Thiers sont dignes d'un musée. Voulez-vous qu'on les transporte au Louvre ou à l'hôtel de ville, ou voulez-vous les faire vendre publiquement?

Le citoyen Protot, délégué à la justice. — J'ai chargé le commissaire de police du quartier de faire conduire les objets d'art au garde-meubles et d'envoyer les papiers à la sûreté générale.

J'ai fait commencer de suite la démolition.

Les papiers sont entre nos mains. Quant aux petits bronzes, je pense qu'ils arriveront en bon état.

Le citoyen Courbet. — Je vous ferai remarquer que ces petits bronzes représentent une valeur de peut-être 1,500,000 francs.

Le citoyen Demay. — Relativement à la collection des objets d'art de Thiers, la commission exécutive, dont faisait partie le citoyen Félix Pyat, avait désigné deux hommes spéciaux, c'étaient le citoyen Courbet et moi. Je demande que vous complétiez cette délégation.

N'oubliez pas que ces petits bronzes d'art sont l'histoire de l'humanité, et nous, nous voulons conserver le passé de l'intelligence pour l'édification de l'avenir. Nous ne sommes pas des barbares.

Le citoyen Protot. — Je suis ami de l'art aussi ; mais je suis d'avis d'envoyer à la Monnaie toutes les pièces qui représentent l'image des d'Orléans ; quant aux autres objets d'art, il est évident qu'on ne les détruira pas.

Le citoyen Président. — Le citoyen Demay demande que des spécialistes soient chargés de surveiller la destination de ces objets et de sauvegarder les objets de l'art.

Le citoyen Clémence. — La collection Thiers se compose aussi de richesses bibliographiques pour la conservation desquelles je demande qu'on nomme une commission ; je désirerais en faire partie.

Le citoyen Paschal Grousset. — Il y a aussi chez Thiers des pièces appartenant aux archives, des pièces on ne peut plus curieuses ; il serait bon que dans la commission que l'on va nommer il y eût des historiens, des hommes de lettres... (La clôture !)

Le citoyen Président. — Nous allons procéder à la nomination de cinq membres qui composeront la commission mixte proposée par Protot.

L'assemblée nomme successivement les citoyens dont les noms suivent : Courbet, Demay, Paschal Grousset, Clémence, Félix Pyat.

Le citoyen Président. — Laissez-moi vous lire une lettre relative à un enterrement.

ÉTAT-MAJOR GÉNÉRAL (1re ARMÉE).

Paris, 12 mai 1871.

LE MAJOR COMMANDANT LA PLACE VENDOME AUX CITOYENS MEMBRES DE LA COMMUNE.

« L'enterrement civil des citoyens Émile et Ernest Billot aura lieu demain matin, 13 mai, à midi précis. On se réunira place Vendôme.

« Prière aux citoyens membres d'y assister.

« Salut fraternel,

« *Le major commandant la place Vendôme,*

« MAGE. »

Le citoyen Miot. — Les citoyens dont il s'agit sont morts en combattant.

Le citoyen Président. — Si j'avais su que ces citoyens étaient morts en combattant, j'aurais appelé votre intérêt, avant de vous donner lecture de la lettre, sur son contenu ; maintenant que vous savez par l'organe du citoyen Miot que ces braves citoyens sont morts pour défendre la Commune, je vous prie de nommer des délégués pour assister à l'enterrement.

Le citoyen Lefrançais. — Les municipalités envoient leurs délégués aux enterrements des gardes nationaux morts de leurs arrondissements.

Un membre. — Je demande que la Commune décide qu'on laisse les municipalités faire ce qu'elles croient convenable.

Le citoyen Président. — Nous allons passer maintenant à l'ordre du jour proposé d'urgence par le comité de salut public. Vous savez que le citoyen Delescluze a cru que les nouvelles fonctions de délégué civil à la guerre étaient incompatibles avec celles de membre du comité de salut public, nous avons donc à pourvoir à son remplacement.

Le citoyen Ferré. — Ne serait-il point convenable de prévenir le comité de salut public que l'assemblée s'occupe de ses propositions? (Oui! Non!)

(L'assemblée adopte cette proposition, et décide que l'invitation dont il vient d'être donné lecture sera envoyée aux municipalités.)

On passe immédiatement au vote de la proposition relative à la nomination d'un membre du comité de salut public.

Voici le résultat du vote :

   Nombre de votants........ 43
   Majorité absolue.......... 23
  Le citoyen Billioray a obtenu. 27 voix.
  Le citoyen Varlin............ 16 —

Le citoyen Président. — Le citoyen Billioray, ayant obtenu la majorité absolue des voix, est nommé membre du comité de salut public.

Le citoyen Chardon. — Comme il est déjà sept heures, je crois qu'il serait bon de renvoyer la discussion des autres propositions à demain.

Le citoyen Serailler. — J'appuie cette proposition d'autant plus que, le comité de salut public venant de se compléter, il peut se faire qu'il modifie ces propositions.

Le citoyen Arnold. — Il serait bon que l'on autographiât ces propositions, afin que nous puissions les étudier à loisir. Il serait même à désirer que cette mesure fût prise chaque fois qu'il se présente une question grave, afin d'éviter toute possibilité d'un vote de surprise. (Approbation.)

Le citoyen Eudes, membre du comité de salut public. — L'article 3 du décret qui a institué le comité de salut public donnant à celui-ci pleins pouvoirs pour changer les délégations et commissions, il est inutile de discuter les autres parties de l'ordre du jour proposé par le comité. (Réclamations et interruptions diverses.)

Le citoyen Président. — Le nouveau comité de salut public, comme l'ancien, a pleins pouvoirs sur les délégations et commissions. J'ajoute que c'est la logique. Il faut qu'il puisse compter sur les agents qu'il emploie.

Le citoyen Urbain. — L'article 3 a donné lieu à une discussion sérieuse; il donne au comité le droit de changer les délégations et commissions; ce dernier est responsable de tout, et si j'avais un blâme à lui infliger, ce serait de ne pas avoir usé de cet article. (Très-bien!)

Le citoyen Président. — Voici une nouvelle proposition remise par le citoyen Ferré :

« La Commune,

« Considérant que le décret instituant le comité de salut public donne à ses membres, par l'article 3, les pouvoirs les plus étendus sur les délégations et commissions;

« En conséquence, le comité de salut public n'a pas à la consulter sur les révocations et remplacements qu'il est nécessaire de faire, et passe à l'ordre du jour.

« FERRÉ. »

Plusieurs membres. — Aux voix !

Le citoyen Présidents. — Le citoyen Serailler se rallie à la proposition Ferré.

Le citoyen Eudes. — Le comité de salut public est disposé à faire usage de l'article 3. (Bruit.) La situation est grave. Il y a des arrestations à opérer. Si nous ne pouvons compter sur le délégué à la sûreté, nous nommerons un homme dont nous serons sûrs.

Le citoyen Serailler. — Devant la déclaration du citoyen Eudes, parlant au nom du comité de salut public, je retire ma proposition.

Le citoyen Chardon. — Je suis de l'avis du citoyen Serailler et je retire aussi ma motion.

Le citoyen Président. — Le citoyen Ferré retire également la sienne.

Le citoyen Lefrançais. — Je combats la théorie du citoyen Eudes. J'avais dit, il y a quelque temps, que la Commune devait avoir le droit de nommer et de révoquer les délégations. L'assemblée a montré, par un vote concernant Delescluze, qu'elle ne partageait pas ma théorie. Il s'agit de savoir si, aujourd'hui, la Commune veut revenir sur cette doctrine ou la maintenir.

Le citoyen Régère. — Je m'étonne que celui qui proteste contre l'article 3 soit celui que nous avons applaudi quand il l'a provoqué. (Interruption.) Je serais partisan plutôt d'un vote nouveau pour le sanctionner. Il faut un pouvoir absolu à celui qui a une responsabilité absolue.

Le citoyen Urbain. — Ceux qui ont combattu le comité de salut public reviennent sans cesse sur son organisation. (Interruption.)

Je crois qu'il est utile d'en finir et de décider que l'article 3 doit être purement et simplement appliqué. (La clôture !)

Le citoyen Longuet. — Je demande la parole contre la clôture. Le seul contradicteur de Lefrançais, le citoyen Régère, ne lui a pas répondu. Je crois que la Commune agirait à la légère en votant la clôture.

Le citoyen Ferré. — Je partage les idées exprimées par le citoyen Eudes. (Bruit. — La clôture!)

(La clôture est mise aux voix et adoptée.)

Le citoyen Billioray. — Je propose un ordre du jour ainsi motivé :

« La Commune,

« Considérant que l'article 3 du décret confère tous pouvoirs sur les délégations et commissions, passe à l'ordre du jour.

« BILLIORAY. »

Le citoyen Ferré. — Dans les différents arrondissements, on se plaint tous les jours que les décrets de la Commune ne soient pas exécutés.

Je propose un ordre du jour plus complet, selon moi, que celui du citoyen Billioray ; en voici le texte :

« Considérant que les membres du comité de salut public n'ont pas seulement le droit de révoquer les délégués, mais de procéder eux-mêmes à leur remplacement... »

(L'assemblée passe à l'ordre du jour.)

Le citoyen Arnold. — Si l'un des ordres du jour qui vous sont proposés est adopté, la Commune ne servira plus qu'à incriminer les membres du comité de salut public lorsqu'elle le jugera convenable, et elle pourrait fort bien ne plus tenir de séance.

Plusieurs voix. — Et les questions de travail?

Le citoyen Lonclas demande à faire une communication qui, en raison de sa nature, est renvoyée à la commission de sûreté générale.

Le citoyen BILLIORAY. — On a dit que, si la Commune adoptait l'ordre du jour que je vous propose, elle n'aurait plus qu'à se retirer; ce n'est pas mon avis.

Ne pouvant pas vous-mêmes être une commission active, vous avez délégué vos pouvoirs à un comité qui vous remplace pour l'action, et vous donne ainsi le temps de vous occuper des questions très-importantes de législation et d'économie sociale. (Aux voix ! aux voix !)

Le citoyen PRÉSIDENT donne lecture des deux propositions déjà citées.

Le citoyen VERMOREL. — Je désirerais cependant savoir si le comité de salut public peut nommer et défaire nos commissions comme bon lui semble ; s'il en était ainsi, nous perdrions du coup tous nous moyens de contrôle sur lui.

Le citoyen PRÉSIDENT. — La clôture ayant été prononcée, je ne puis permettre que l'on reprenne la discussion, et je mets aux voix l'ordre du jour motivé du citoyen Billioray.

(L'assemblée, consultée, adopte cet ordre du jour.)

Le citoyen LONGUET. — Je demande à motiver mon abstention. (Interruptions diverses.)

Le citoyen PRÉSIDENT donne lecture de deux propositions de décret du citoyen Protot qui demande l'urgence, l'une relative à l'organisation d'une chambre du tribunal civil de la Commune, l'une à une pension alimentaire allouée à la femme demandant la séparation.

Je mets aux voix l'urgence.

(L'urgence est déclarée.)

Le citoyen PRÉSIDENT. — Je mets maintenant aux voix les deux projets présentés par le citoyen Protot.

(Ces deux projets sont successivement mis aux voix et adoptés.)

La séance est levée à sept heures quarante minutes.

Le *Journal officiel* de Versailles publie la proclamation suivante :

ORDRE DU JOUR DU MARÉCHAL MAC-MAHON A L'ARMÉE.

Soldats !

Vous avez répondu à la confiance que la France avait mise en vous.

Par votre bravoure, votre énergie, vous avez vaincu les obstacles que vous opposait une insurrection disposant de tous les moyens préparés par nous contre l'étranger.

Vous lui avez enlevé successivement les positions de Meudon, Sèvres, Rueil, Courbevoie, Bécon, Asnières, les Moulineaux et le Moulin-Saquet. Vous venez enfin d'entrer dans le fort d'Issy.

Dans ces différents combats, plus de deux mille prisonniers et de cent cinquante bouches à feu sont restés entre vos mains.

Le pays applaudit à vos succès et y voit le présage de la fin d'une lutte que nous déplorons tous.

Paris nous appelle pour le délivrer du prétendu gouvernement qui l'opprime. Avant peu, nous planterons sur ses remparts le drapeau national, et nous obtiendrons le rétablissement de l'ordre réclamé par la France et l'Europe entière.

Soldats, vous avez mérité la reconnaissance de la patrie.

Au quartier général de Versailles, le 12 mai 1871.

Le maréchal de France, commandant en chef,
DE MAC-MAHON, DUC DE MAGENTA.

LE 14 MAI 1871.

Le *Journal officiel* de Paris contient, dans sa partie officielle, les pièces suivantes :

Ordre au délégué à l'*Officiel* de le faire vendre demain, 24 floréal, à cinq centimes le numéro, en conformité du décret de la Commune.

Le comité de salut public.

Le Comité de salut public

ARRÊTE:

Le citoyen Ferré est délégué à la sûreté générale, en remplacement du citoyen Cournet.

Les citoyens Martin et Émile Clément sont nommés membres du comité de sûreté générale, en remplacement des citoyens Th. Ferré et Vermorel.

Le *Journal officiel* de Paris contient ce qui suit dans sa partie non officielle :

RAPPORTS MILITAIRES.

Asnières.

Soirée du 12, combat d'artillerie très-violent, sans résultat.

Nuit, les wagons blindés tirent sur Asnières. Versaillais ripostent faiblement.

Matinée, Versaillais canonnent fortement nos positions; nos batteries répondent et les réduisent au silence.

Midi, calme.

A une heure, nos batteries ouvrent un feu violent. Versaillais ripostent très-peu.

Un obus versaillais est tombé dans une maison, a tué une citoyenne et blessé une jeune fille.

A deux heures, forte canonnade des deux côtés, sans résultat.

———

Neuilly.

Soirée, grand combat d'artillerie.
Nuit, fusillade aux avant-postes et barricades.
Matinée, échange de quelques coups de canon.
De huit heures à midi, assez de calme.
De midi à quatre heures, calme presque complet. Positions respectives gardées.

———

Saint-Ouen.

Six heures matin : en une heure nos batteries du Dock réduisent batterie volante versaillaise dans la presqu'île de Gennevilliers.

———

Hier, au petit jour, les obus commencèrent à tomber tout autour de nos canonnières, qui ripostaient avec un courage digne de tout éloge.

Le feu continua par intermittence toute la journée.

Vers les cinq heures du soir environ, le fort d'Issy, la batterie de l'île Saint-Germain, démasquée tout à coup, et une batterie de mortiers, commencèrent à diriger un feu terrible sur nos canonnières.

Après un horrible combat d'artillerie, nos canonnières furent obligées, par la précision du tir de l'ennemi, d'abandonner le poste périlleux qu'elles occupaient depuis plus d'un mois; mais elles ne le quittèrent que lorsque l'une des canonnières, l'*Estoc,* éventrée par les obus versaillais, eut sombré glorieusement aux cris de Vive la Commune!

Tout l'équipage fut accueilli à bord d'une vedette, montée par le chef d'état-major, qui, par son sang-froid, sauva d'une mort certaine tous ces héroïques défenseurs de notre cause.

Nous avons à déplorer une blessure grave et quelques contusions.

Le citoyen délégué à la marine porte à l'ordre du jour des défenseurs de Paris tous les braves marins de la flottille qui, depuis plus d'un mois, soutiennent au viaduc du Point-du-Jour le feu violent et meurtrier de l'ennemi.

On lit dans le *Journal officiel* de Versailles (partie non officielle) :

Le gouvernement a adressé à toutes les autorités civiles et militaires la circulaire suivante :

Versailles, 13 mai 1871, 4 h. 30.

Pendant que nos troupes ont entrepris, dans le bois de Boulogne, d'ouvrir la tranchée sur un long développement, et que la formidable artillerie de Montretout protége les travaux d'approche, le 2e corps (général de Cissey) a, du côté d'Issy, accompli un fait d'armes des plus brillants. Hier, à midi, les troupes du général Osmont ont occupé les maisons situées au point où la route stratégique rencontre la route de Châtillon à Montrouge.

Cette opération, qui a été exécutée par les fusiliers

marins, une compagnie du 4e bataillon de chasseurs à pied, et les partisans du 103e de ligne, a eu pour résultat de couper toute communication entre les forts de Vanves et de Montrouge.

Quelques heures plus tard, le commandant de Pontécoulant, avec un bataillon du 46e de ligne (brigade Bocher), a enlevé à la baïonnette le couvent des Oiseaux, à Issy.

Dans cette attaque, exécutée de la manière la plus brillante, nos soldats ont déployé un admirable élan. Les pertes de l'ennemi sont considérables ; nous avons pris huit canons, plusieurs drapeaux et fait des prisonniers.

A la suite de cette affaire, les insurgés, comprenant qu'ils ne pouvaient plus tenir en dehors de l'enceinte, ont successivement abandonné toutes les parties du village qu'ils occupaient encore, laissant de nouveau entre nos mains un grand nombre de prisonniers.

L'occupation du lycée de Vanves, effectuée cette nuit, amène nos troupes à quelques centaines de mètres de l'enceinte.

Ainsi, sur tous les points, nous approchons du terme final de nos opérations et de la délivrance de Paris.

LE 15 MAI 1871.

Le *Journal officiel* de Paris contient, dans sa partie officielle, les pièces suivantes :

La Commune de Paris

DÉCRÈTE :

Art. 1ᵉʳ. La commission du travail et d'échange est autorisée à reviser les marchés conclus jusqu'à ce jour par la Commune.

Art. 2. La commission du travail et d'échange demande que les marchés soient directement adjugés aux corporations et que la préférence leur soit toujours accordée.

Art. 3. Les conditions des cahiers des charges et les prix de soumission seront fixés par l'intendance, la chambre syndicale de la corporation et une délégation de la commission du travail et d'échange, le délégué et la commission des finances entendus.

Art. 4. Les cahiers des charges, pour toutes les fournitures à faire à l'administration communale, porteront, dans les soumissions desdites fournitures, les prix minimum du travail à la journée ou à la façon à accorder aux ouvriers ou ouvrières chargés de ce travail.

Paris, le 13 mai 1871.
Pour le délégué à la commission de travail et d'échange :

Le secrétaire général,

BERTIN.

Le délégué civil à la guerre, considérant qu'il importe d'établir l'unité d'action entre les forces communales destinées à agir à l'extérieur et celles se trouvant à l'intérieur,

ARRÊTE :

1° Chaque commandant des trois corps d'armée dits de l'aile droite, du centre et de l'aile gauche, aura à partir de ce jour le commandement militaire supérieur des arrondissements qui confinent à leur zone de commandement, et en conséquence il sera responsable de l'exécution des mesures intérieures relatives à la défense.

2° Chacun des commandants supérieurs des trois corps d'armée devra faire parvenir chaque matin, au ministère de la guerre, un rapport concernant les opérations de la veille et de la nuit.

3° Expédition du présent arrêté sera délivrée aux généraux Dombrowski, La Cécilia et Wrobleski, pour leur servir ce que de raison.

Le délégué civil à la guerre,
DELESCLUZE.

Le comité de salut public,

Considérant que, ne pouvant vaincre par la force la population de Paris, assiégée depuis plus de quarante jours pour avoir revendiqué ses franchises communales, le gouvernement de Versailles cherche à introduire parmi elle des agents secrets dont la mission est de faire appel à la trahison,

ARRÊTE :

Art. 1ᵉʳ. Tout citoyen devra être muni d'une carte d'identité contenant ses nom, prénoms, profession, âge et domicile, ses numéros de légion, de bataillon et de compagnie, ainsi que son signalement.

Art. 2. Tout citoyen trouvé non porteur de sa carte sera arrêté et son arrestation maintenue jusqu'à ce qu'il ait établi régulièrement son identité.

Art. 3. Cette carte sera délivrée par les soins des commissaires de police sur pièces justificatives, en présence de deux témoins qui attesteront par leur signature bien connaître le demandeur. Elle sera ensuite visée par la municipalité compétente.

Art. 4. Toute fraude reconnue sera rigoureusement réprimée.

Art. 5. L'exhibition de la carte d'identité pourra être requise par tout garde national.

Art. 6. Le délégué à la sûreté générale ainsi que les municipalités sont chargés de l'exécution du présent arrêté dans le plus bref délai.

Hôtel de ville, le 24 floréal an 79.

Le comité de salut public,

ANT. ARNAUD, BILLIORAY, E. EUDES, F. GAMBON, G. RANVIER.

Le délégué à la sûreté générale,
Sur la proposition du délégué aux finances,

ARRÊTE :

Art. 1er. Tous les services des halles et marchés qui ressortissaient au 1er bureau de la 2e division de l'ex-préfecture de police sont, à dater d'aujourd'hui, 14 mai 1871, du ressort de la délégation des finances.

Art. 2. Les inspecteurs des halles et marchés nommés par le délégué aux finances auront le droit de requérir la force publique.

Art. 3. Les commissaires de police et les commandants de la garde nationale sont tenus, chacun en ce qui le concerne, de prêter main-forte à ces inspecteurs.

Le délégué à la sûreté générale,
TH. FERRÉ.

Le *Journal officiel* de Paris contient ce qui suit dans sa partie non officielle :

RAPPORTS MILITAIRES.

Vanves.

Journée calme ; positions les mêmes.

Montrouge.

Journée, le fort reçoit très-peu de projectiles sans causer de dégâts.

Moulin-Saquet, Villejuif, Hautes-Bruyères et Bicêtre, calme.

Asnières.

Soirée du 13, violent combat d'artillerie. Les Versailenvoient une quantité innombrable de projectiles sans nous faire éprouver de grandes pertes. Les fédérés, à la tête desquels était le commandant Cottereau, qui mérite d'être cité à l'ordre du jour, ont riposté avec énergie et sang-froid, et obligé ennemi à cesser le feu.

Nuit assez calme.

Matinée, nos batteries et les wagons blindés ouvrent leur feu sur les Versaillais, qui ripostent faiblement.

Soirée, combat devient plus violent de part et d'autre.

Quatre heures, feu ralenti côté des Versaillais.

Montmartre.

A ouvert son feu sur Bécon: le tir n'est pas encore bien juste.

Tous les détenteurs de soufre, phospore et produits de cette nature sont tenus d'en faire la déclaration, sous trois jours, à la délégation scientifique, 78, rue de Varennes.

Le membre de la Commune, chef de la délégation scientifique,

PARISEL.

LE 16 MAI 1871.

Le *Journal officiel* de Paris contient, dans sa partie officielle, les pièces suivantes :

Le comité de salut public

ARRÊTE:

Art. 1er. La commission militaire sera composée de sept membres au lieu de cinq.

Art. 2. Les citoyens Bergeret, Cournet, Géresme, Lédroit, Lonclas, Sicard et Urbain sont nommés membres de la commission militaire, en remplacement des citoyens Arnold, Avrial, Johannard, Tridon et Varlin.

Hôtel de ville, le 25 floréal an 79.

ANT. ARNAUD, BILLIORAY, E. EUDES.
F. GAMBON, G. RANVIER.

Vu la demande justifiée du citoyen Fontaine, directeur des domaines,

Vu l'avis approbatif du délégué aux finances,

Le comité de salut public

ARRÊTE :

A partir de ce jour, 25 floréal, l'administration des domaines de la ville de Paris est réunie à la direction générale des domaines et relèvera uniquement de cette direction.

Le comité de salut public.

La démission du citoyen Gaillard père, chargé de la construction des barricades et commandant des barricadiers, est acceptée à ce double titre.

Le bataillon des barricadiers, placé sous ses ordres, est dissous ; les hommes qui le composent sont mis à la disposition du directeur du génie militaire, qui avisera à la continuation des travaux commencés, dans la mesure qu'il jugera convenable.

Paris, le 15 mai 1871.

Le délégué civil à la guerre,
DELESCLUZE.

Tous les ouvriers terrassiers sont invités à se faire inscrire à la mairie de leur arrondissement, pour prendre part aux travaux concernant la défense de Paris.

Ils recevront 3 francs 50 par jour.

Paris, le 14 mai 1871.

Le délégué civil à la guerre,
CH. DELESCLUZE.

Le comité de salut public fait appel à tous les travailleurs, terrassiers, charpentiers, maçons, mécaniciens, âgés de plus de quarante ans. Un bureau sera immédiatement ouvert dans les municipalités pour l'enrôlement et l'embrigadement de ces travailleurs, qui seront mis à la disposition de la guerre et du comité de salut public.

Une paye de 3 francs 75 leur sera accordée.

Paris, le 16 mai 1871.

Le comité de salut public,

ANT. ARNAUD, EUDES, BILLIORAY,
F. GAMBON, G. RANVIER.

Pour copie conforme :
Le secrétaire général,
HENRI BRISSAC.

Vu l'arrêté du comité de salut public, en date de ce jour, transférant au ministère de la guerre le service de la place de Paris, lequel arrêté confie au chef de l'état-major du ministère de la guerre les fonctions attribuées au commandant de la place de Paris pour le mouvement des bataillons de la garde nationale et des corps annexes, ainsi que du matériel;

Le délégué civil à la guerre

ARRÊTE :

Le colonel d'état-major Henri est nommé chef d'état-major au ministère de la guerre, et, en cette qualité, il exercera toutes les attributions conférées au commandant de la place de Paris.

Le délégué civil à la guerre,
DELESCLUZE.

Il est interdit aux officiers de tout grade de paraître à leurs bataillons avec des fusils.

Pour le plaisir de tirer sur les Versaillais, ces citoyens négligent d'exercer sur les hommes qu'ils commandent l'action que leur réserve leur grade.

De là vient un défaut de direction regrettable pendant le combat. Abandonnés à eux-mêmes, les gardes nationaux se battent à l'aventure.

Le délégué civil à la guerre rappelle aux généraux, colonels et chefs de bataillon de tenir la main à ce que le présent ordre soit scrupuleusement exécuté. Ils auront aussi à prendre les mesures nécessaires à l'effet de mettre à la disposition du ministère de la guerre les armes abusivement employées par les officiers, et qui, pour la plupart, sont des armes à tir rapide, dont nous avons si grand besoin pour les compagnies de marche.

Paris, le 15 mai 1871.

Le délégué civil à la guerre,

DELESCLUZE.

Dans plusieurs arrondissements les congréganistes refusent d'obéir aux ordres de la Commune, et entravent l'établissement de l'enseignement laïque.

Partout où de semblables résistances se produisent, elles doivent être immédiatement brisées et les récalcitrants arrêtés.

Les municipalités d'arrondissement et le délégué à la sûreté générale sont priés d'agir rapidement et énergiquement en ce sens et de s'entendre à cet effet avec la délégation à l'enseignement.

Paris, le 14 mai 1871.

Le membre de la Commune délégué à l'enseignement,
ÉDOUARD VAILLANT.

*Approuvé par le comité
de salut public,*

E. EUDES, GAMBON.

Les conservateurs et conservateurs adjoints du musée du Louvre nommés par l'ancienne administration et dont les noms suivent sont relevés de leur fonction :

MM. Villot, de Rougé, Ravaisson, de Reiset, Barbet de Jouy, Mariette d'Eschavannes, Daudet, Heuzey, Clément de Ris, de Tanzia, Darcel, de Mancion.

Sur la proposition de la commission fédérale des artistes,

Considérant que la place d'architecte du Luxembourg est inutile, puisqu'il n'y a point de travaux à faire exécuter,

Le citoyen Lemaire, architecte actuel, est relevé de ses fonctions.

Le citoyen Delmotte est nommé gardien conservateur provisoire du musée Carnavalet.

Le citoyen Read est relevé de ses fonctions.

Paris, le 15 mai 1871.

Le membre de la Commune délégué à l'enseignement,
ED. VAILLANT.

Sur la délibération approuvée du comité de salut public, le citoyen Jules Fontaine, directeur général des domaines,

En réponse aux larmes et aux menaces de Thiers, le bombardeur, et aux lois édictées par l'Assemblée rurale, sa complice,

ARRÊTE :

Art. 1er. Tout le linge provenant de la maison Thiers sera mis à la disposition des ambulances.

Art. 2. Les objets d'art et livres précieux seront envoyés aux bibliothèques et musées nationaux.

Art. 3. Le mobilier sera vendu aux enchères, après exposition publique au garde-meubles.

Art. 4. Le produit de cette vente restera uniquement affecté aux pensions et indemnités qui devront être fournies aux veuves et orphelins des victimes de la guerre infâme que nous fait l'ex-propriétaire de l'hôtel Georges.

Art. 5. Même destination sera donnée à l'argent que rapporteront les matériaux de démolition.

Art. 6. Sur le terrain de l'hôtel du parricide sera établi un square public.

Paris, le 25 floréal an 79.

Le directeur général des domaines,

J. FONTAINE.

La délégation scientifique, rue de Varennes, 78, forme quatre équipes de fuséens pour le maniement des fusées de guerre.

Le citoyen Lutz, chargé de cette formation, prendra le commandement de ces équipes.

Il ne sera admis dans les équipes de fuséens que d'anciens artilleurs ou artificiers ayant en pyrotechnie des connaissances suffisantes.

En dehors de la solde d'artilleur, les fuséens recevront une haute paye fixée à 1 fr. par jour.

Les inscriptions sont reçues à la délégation scientifique, 78, rue de Varennes, de huit heures du matin à cinq heures du soir (bureau militaire).

Chaque équipe sera composée de douze fuséens, cadre compris. Le registre d'inscription sera fermé dès que les équipes seront complètes..

Le membre de la Commune, chef
de la délégation scientifique.

PARISEL.

Le *Journal officiel* de Paris contient ce qui suit dans sa partie non officielle :

RAPPORTS MILITAIRES.

La batterie des docks Saint-Ouen, commandée par le commandant Jeannier, a fait taire le feu d'une batterie des Versaillais en avant du pont de Clichy, le 14 mai. Cette batterie empêche les Versaillais de s'établir en avant du pont.

Le citoyen Jeannier, commandant l'artillerie de Montmartre, fait observer que le feu des batteries des buttes a été dirigé par le commandant Gréjorok, qui a été chargé de contenir cette batterie aux buttes, et qu'il n'entre en rien dans ce qui s'est exécuté dans le tir.

Le commandant d'artillerie de Montmartre,

JEANNIER.

Petit Vanves.

Nuit et matinée assez calmes.

Nous avons gagné du terrain sur l'ennemi.

Asnières.

Soirée du 14, les Versaillais ouvrent un feu très-violent sur nos batteries, mais en pure perte.

Nuit calme..

Quelques journaux ont paru croire que l'adhésion de la Commune à la convention de Genève avait pour résultat de proscrire l'usage des nouveaux engins de guerre dont dispose la révolution.

Si les rédacteurs de ces journaux avaient pris la peine d'étudier la question qu'ils traitaient, et tout au moins de lire les dix articles de la convention de Genève, ils se seraient épargné une protestation injuste et inutile.

La convention de Genève n'a pour but et pour effet que de garantir la neutralité des édifices et du personnel des ambulances militaires. A la reconnaissance de cette neutralité se borne l'adhésion de la Commune.

Quant aux forces terribles que la science met au service de la révolution, la convention de Genève n'en réglemente pas l'usage. C'est un soin dont se sont acquittés jusqu'à ce jour les despotes couronnés, qui vivent de la guerre, et qui savent trop bien que la guerre deviendrait à jamais impossible par l'emploi des moyens modernes, pour ne pas s'interdire religieusement l'usage de ces moyens.

Paris, le 16 mai 1871.

Le délégué aux relations extérieures,

PASCHAL GROUSSET.

La démolition de la colonne Vendôme aura lieu aujourd'hui, à deux heures après midi.

On lit dans le *Cri du peuple* :

On nous avait donné, depuis quelques jours, des renseignements de la plus haute gravité, dont nous sommes aujourd'hui complétement sûrs.

On a pris toutes les mesures pour qu'il n'entre dans Paris aucun soldat ennemi.

Les forts peuvent être pris l'un après l'autre. Les remparts peuvent tomber. Aucun soldat n'entrera dans Paris.

Si M. Thiers est chimiste, il nous comprendra.

Que l'armée de Versailles sache bien que Paris est décidé à tout plutôt que de se rendre.

LE 17 MAI 1871.

Le *Journal officiel* de Paris contient, dans sa partie officielle, les pièces suivantes :

Le comité de salut public,

Considérant que, pour sauvegarder les intérêts de la révolution, il est indispensable d'associer l'élément civil à l'élément militaire ;

Que nos pères avaient parfaitement compris que cette mesure pouvait seule préserver le pays de la dictature militaire, laquelle tôt ou tard aboutit invariablement à l'établissement d'une dynastie ;

Vu son arrêté instituant un délégué civil au département de la guerre,

ARRÊTE :

Art. 1er. Des commissaires civils, représentants de la Commune, sont délégués auprès des généraux des trois armées de la Commune.

Art. 2. Sont nommés commissaires civils :

1° Auprès du général Dombrowski, le citoyen Dereure ;

2° Auprès du général La Cécilia, le citoyen Johannard ;

3° Auprès du général Wrobleski, le citoyen Léo Meillet.

Hôtel de ville, le 26 floréal an 79.

Le comité de salut public,

ANT. ARNAUD, BILLIORAY, E. EUDES, F. GAMBON, G. RANVIER.

Le comité de salut public,

Considérant que, dans la situation actuelle, il convient de centraliser entre les mains du délégué civil à la guerre tous les moyens d'action ;

Que parmi ceux-ci la télégraphie offre des ressources considérables,

ARRÊTE :

Art. 1ᵉʳ. L'administration et la direction des lignes télégraphiques passent dans les attributions du ministère de la guerre.

Art. 2. Le citoyen Morin (Jules) est nommé délégué à l'administration et à la direction des lignes télégraphiques.

Art. 3. Le délégué civil à la guerre est chargé de l'exécution du présent arrêté.

Hôtel de ville, le 26 floréal an 79.

Le comité de salut public,

ANT. ARNAUD, BILLIORAY, E. EUDES, F. GAMBON, G. RANVIER.

Le comité de salut public

ARRÊTE :

Art. 1ᵉʳ. Tous les trains, soit de voyageurs, soit de marchandises, de jour et de nuit, se dirigeant sur Paris, par une ligne quelconque, devront s'arrêter hors de l'enceinte, au point où est établi le dernier poste avancé de la garde nationale.

A cet effet, un signal spécial sera placé au point d'arrêt par les soins des administrations compétentes.

Art. 2. Aucun train ne pourra dépasser la limite précitée sans avoir été préalablement visité par l'un des commissaires de police délégués à cet effet.

Art. 3. Les travaux nécessaires seront immédiatement exécutés à la hauteur de l'enceinte, pour être en mesure de détruire instantanément tout train qui essayerait de forcer la consigne.

Art. 4. Un délégué civil faisant fonctions de commissaire de police spécial aura le commandement du poste chargé de visiter les trains au point d'arrêt.

Art. 5. Le membre de la Commune délégué aux relations extérieures, d'accord avec le délégué civil à la guerre, est chargé de l'exécution du présent arrêté.

Le délégué de la Commune près les chemins de fer prendra ses ordres à cet égard.

Fait à Paris, le 16 mai 1871.

Le comité de salut public,

Pour copie conforme :

Le secrétaire général,
HENRI BRISSAC.

Le membre de la Commune délégué à la justice
ARRÊTE :

Les notaires, huissiers, et généralement tous les officiers publics de la Commune de Paris, devront, sur l'ordre du délégué à la justice, dresser gratuitement tous les actes de leur compétence.

Paris, le 16 mai 1871.

Le membre de la Commune délégué à la justice,

EUGÈNE PROTOT.

En conséquence de l'arrêté ci-dessus, les citoyens gardes nationaux peuvent, dès aujourd'hui, demander au délégué à la justice l'autorisation de faire dresser par les juges de paix, notaires, huissiers, greffiers des tribunaux de la Commune de Paris, les actes d'une certaine urgence tels que : donations entre-vifs, testaments, reconnaissances des enfants naturels, contrats de mariage, actes respectueux, actes de consentement des ascendants, procurations, adoptions, actes de notoriété, etc., etc.

Sur la proposition de la commission de la guerre,
Le délégué civil à la guerre

ARRÊTE :

Le citoyen Ed. Moreau, membre du comité central, est chargé de la direction de l'intendance.

Paris, le 16 mai 1871.

Le délégué civil à la guerre,

CH. DELESCLUZE.

Approuvé :

La commission de la guerre,

BERGERET, COURNET, GÉRESME, LEDROIT, LONCLAS, SICARD, URBAIN.

Le membre de la Commune délégué aux services publics

ARRÊTE :

Tous les dépositaires de pétrole ou autres huiles minérales devront, dans les quarante-huit heures, en faire la déclaration dans les bureaux de l'éclairage, situés place de l'Hôtel-de-Ville, 9.

Paris, le 16 mai 1871.

*Vu et présenté par l'ingénieur chef
des services publics,*

ED. CARON.

Vu et dressé par l'ingénieur chef
du service de l'éclairage et des
concessions,

B. PEYROUTON.

*Le membre de la Commune délégué
aux services publics,*

JULES ANDRIEU.

Les secrétaires ont l'honneur de donner avis aux membres de la Commune qu'il y aura séance demain mercredi, à deux heures très-précises.

L'appel nominal sera fait et publié à l'*Officiel*.

Paris, le 16 mai 1871.

Les secrétaires, membres de la Commune,

AMOUROUX, VÉSINIER.

Le *Journal officiel* de Paris contient ce qui suit dans sa partie non officielle :

RAPPORTS MILITAIRES.

Montrouge-Bicêtre.

Canonnade et feux de mousqueterie continuels.

Encore un acte de barbarie à signaler au compte des Versaillais : de la position de Bagneux, ils ont tiré sur des femmes de gardes nationaux.

A Bicêtre, tout est calme.

Petit-Vanves.

Nuit et matinée calmes.

Sur la route de Châtillon, les Versaillais ont encore tenté une attaque, mais les fédérés leur ont fait perdre du terrain sur la gauche.

Vanves-Issy.

Les positions sont les mêmes.

Asnières.

Soirée du 15, on annonce comme certain l'incendie du château de Bécon.

Dans la matinée du 16, combats d'artillerie.

Vers deux heures, les wagons blindés fouillent les positions de Bécon et de la Tourelle. Les Versaillais ripostent faiblement.

Sur la proposition de la commission fédérale des artistes,

Le citoyen Oudinot (Achille), architecte et peintre, est délégué comme administrateur provisoire des musées du Louvre;

Et les citoyens Héreau (Jules), peintre, et Dalou, statuaire, lui sont adjoints pour l'assister dans ces fonctions provisoires.

Le public est averti que les musées du Louvre seront fermés pendant quelques jours pour causes majeures.

La commission fédérale des artistes procède en ce moment à leur réorganisation.

Les citoyens Tournemine, conservateur, et Chennevières, directeur du musée du Luxembourg, nommés par l'ex-administration impériale, sont relevés de leurs fonctions.

Sur la proposition de la commission fédérale des artistes,

Le citoyen André Gill, dessinateur, est délégué comme administrateur provisoire du musée du Luxembourg.

Les citoyens Chapuy (Jean), sculpteur, et Gluck, peintre, lui sont adjoints pour l'assister dans ces fonctions provisoires.

La délégation scientifique, 78, rue de Varennes, forme des équipes d'électriciens chargés du service des feux électriques. La préférence sera donnée à ceux qui connaîtront déjà le maniement des feux électriques ou ayant servi chez des physiciens.

Chaque équipe sera composée de dix hommes, cadre compris.

Le citoyen Lagrange, chargé de cette formation, prendra le commandement des équipes.

Paris, le 16 mai 1871.

Le membre de la Commune, chef de la délégation scientifique,

PARISEL.

RENVERSEMENT DE LA COLONNE VENDOME.

Le décret de la Commune de Paris qui ordonnait la démolition de la colonne Vendôme a été exécuté hier, aux acclamations d'une foule compacte, assistant sérieuse et réfléchie à la chute d'un monument odieux, élevé à la fausse gloire d'un monstre d'ambition.

La date du 26 floréal sera glorieuse dans l'histoire, car elle consacre notre rupture avec le militarisme, cette sanglante négation de tous les droits de l'homme.

Le premier Bonaparte a immolé des millions d'enfants du peuple à sa soif insatiable de domination; il a égorgé la république après avoir juré de la défendre; fils de la révolution, il s'est entouré des priviléges et des pompes grotesques de la royauté; il a poursuivi de sa vengeance tous ceux qui voulaient penser encore ou qui aspiraient à être libres; il a voulu river un collier de servitude au cou des peuples, afin de trôner seul dans sa vanité, au milieu de la bassesse universelle : voilà son œuvre pendant quinze ans.

Elle a débuté, le 18 brumaire, par le parjure, s'est soutenue par le carnage, et a été couronnée par deux invasions; il n'en est resté que des ruines, un long abaissement moral, l'amoindrissement de la France, le legs du second empire commençant au Deux-Décembre, pour aboutir à la honte de Sedan.

La Commune de Paris avait pour devoir d'abattre ce symbole du despotisme : elle l'a rempli. Elle prouve ainsi qu'elle place le droit au-dessus de la force, et qu'elle préfère la justice au meurtre, même quand il est triomphant.

Que le monde en soit bien convaincu : les colonnes qu'elle pourra ériger ne célébreront jamais quelque brigand de l'histoire, mais elles perpétueront le souvenir de quelque conquête glorieuse dans le champ de la science, du travail et de la liberté.

On lit dans le *Réveil du peuple* :

LE COMITÉ DE SALUT PUBLIC.

Vingt et un membres de la Commune, s'inspirant du mandat qu'ils ont reçu de leurs électeurs, ont cru devoir protester de la façon suivante contre l'abdication de cette assemblée entre les mains du comité de salut public.

Paris, 15 mai 1871.

Les membres appartenant à la minorité de la Commune avaient résolu de lire à la séance qui devait avoir lieu régulièrement, le lundi 15 mai, une déclaration qui aurait, sans doute, fait disparaître les malentendus politiques existant dans l'assemblée.

L'absence de presque tous les membres de la majorité n'a pas permis l'ouverture de la séance.

Il est donc de notre devoir d'éclairer l'opinion publique sur notre attitude, et de lui faire connaître les points qui nous séparent de la majorité.

Les membres présents,

ARTHUR ARNOULD, OSTYN, CH. LONGUET, ARNOLD, LEFRANÇAIS, SERAILLER, JULES VALLÈS, COURBET, VICTOR CLEMENT, JOURDE, VARLIN, VERMOREL.

DÉCLARATION.

Par un vote spécial et précis, la Commune de Paris a abdiqué son pouvoir entre les mains d'une dictature, à laquelle elle a donné le nom de comité de salut public.

La majorité de la Commune s'est déclarée irresponsable par son vote, et a abandonné à ce comité toutes les responsabilités de notre situation.

La minorité à laquelle nous appartenons affirme, au

contraire, cette idée : que la Commune doit au mouvement révolutionnaire politique et social d'accepter toutes les responsabilités et de n'en décliner aucune, quelque dignes que soient les mains à qui on voudrait les abandonner.

Quant à nous, nous voulons, comme la majorité, l'accomplissement de la rénovation politique et sociale; mais, contrairement à sa pensée, nous revendiquons, au nom des suffrages que nous représentons, le droit de répondre seuls de nos actes devant nos électeurs, sans nous abriter derrière une suprême dictature que notre mandat ne nous permet pas de reconnaître.

Nous ne nous présenterons donc plus à l'assemblée que le jour où elle se constituerait en cour de justice pour juger un de ses membres.

Dévoués à notre grande cause communale, pour laquelle tant de citoyens meurent tous les jours, nous nous retirons dans nos arrondissements, trop négligés peut-être.

Convaincus, d'ailleurs, que la question de la guerre prime en ce moment toutes les autres, le temps que nos fonctions municipales nous laisseront, nous irons le passer au milieu de nos frères de la garde nationale, et nous prendrons notre part de cette lutte décisive, soutenue au nom des droits du peuple.

Là encore, nous servirons utilement nos convictions, et nous éviterons de créer dans la Commune des déchirements que nous réprouvons tous; car nous sommes persuadés que, majorité ou minorité, malgré nos divergences politiques, nous poursuivons tous le même but :

La liberté politique;

L'émancipation des travailleurs.

Vive la république sociale!

Vive la Commune!

Signé : CH. BESLAY, JOURDE, THEISZ, LEFRANÇAIS, EUGÈNE GÉRARDIN, VERMOREL, CLÉMENCE, ANDRIEUX, SERAILLER, CH. LONGUET, ARTHUR ARNOULD, VICTOR CLÉMENT, AVRIAL, OSTYN, FRANCKEL, PINDY, ARNOLD, JULES VALLÈS, TRIDON, VARLIN, GUSTAVE COURBET.

En motivant mon vote pour le comité de salut public, je me réservais le droit de juger ce comité. Je veux avant tout le salut de la Commune.

J'adhère aux conclusions de ce programme.

LÉO FRANCKEL.

LE 18 MAI 1871.

Le *Journal officiel* de Paris contient, dans sa partie officielle, les pièces suivantes :

Le gouvernement de Versailles vient de se souiller d'un nouveau crime, le plus épouvantable et le plus lâche de tous.

Ses agents ont mis le feu à la cartoucherie de l'avenue Rapp et provoqué une explosion effroyable.

On évalue à plus de cent le nombre des victimes. Des femmes, un enfant à la mamelle ont été mis en lambeaux.

Quatre des coupables sont entre les mains de la sûreté générale.

Paris, le 27 floréal an 79.

Le comité de salut public,

ANT. ARNAUD, BILLIORAY, E. EUDES,
F. GAMBON, G. RANVIER.

AUX GARDES NATIONAUX DE PARIS.

Vos ennemis, ne pouvant vous vaincre, voudraient vous déshonorer. Ils vous jettent les épithètes de brigands et de pillards, en ajoutant ainsi la calomnie à la série de leurs crimes. Répondre par la force à leurs attentats contre la république, voilà le brigandage ; lutter pour le triomphe des franchises communales, voilà le pillage.

Bonapartistes, orléanistes et chouans sont ligués contre vous et n'ont de lien commun que leur haine pour la révolution. Ils rêvent de rétablir un trône qui servirait de rempart à leurs priviléges, et ils voudraient écraser la république, garantie de tous les progrès, sous l'ignorance des campagnes qu'ils égarent ou corrompent.

Vous déjouerez leurs projets liberticides par votre discipline et votre héroïsme. Leurs trahisons nous ont empêchés de sauver l'intégrité de notre patrie, mais elles n'auront pas la puissance de nous rejeter sous le joug, même passager, d'une restauration monarchique.

Il faut que ces insurgés contre les droits du peuple

en prennent leur parti : nous réaliserons le sublime programme tracé par nos pères en 92. L'ordre dans la république, la liberté, l'égalité, la fraternité, ne demeureront pas lettre morte. La lutte soutenue en France depuis quatre-vingts ans contre le vieux monde va toucher à son dénoûment.

Si vous remplissez vos devoirs, il n'est pas douteux : c'est Paris triomphant, ce sont les villes qui brûlent de suivre votre exemple, ce sont les campagnes élevées à la notion de leurs droits, c'est la république devenue inébranlable et affranchissant le peuple de l'ignorance et de la misère, c'est une ère nouvelle ouverte à tous les progrès.

Si, au contraire, vous hésitiez ou vous reculiez, ce serait Paris livré aux vengeances féroces des sicaires de Versailles et noyé dans des flots de sang, ce serait la dévastation et le carnage dans toutes les rues, l'égorgement et la déportation des républicains dans toute la France, le deuil de la république ajouté au deuil national, l'esclavage du citoyen greffé sur la patrie démembrée, une rétrogradation effroyable dans toutes les orgies du royalisme.

Gardes nationaux! votre choix est fait : vous combattez pour la république, pour votre salut, pour la plus noble des causes, et vous vaincrez !

Vive la république !

Vive la Commune !

Paris, le 27 floréal an 79.

Le comité de salut public.

Des officiers d'état-major de la garde nationale qui manquaient à leur service pour banqueter avec des filles de mauvaise vie chez le restaurateur Peters ont été arrêtés hier par ordre du comité de salut public. Ils ont été dirigés sur Bicêtre avec des pelles et des pioches pour le service des tranchées. Les femmes ont été envoyées à Saint-Lazare pour confectionner des sacs à terre.

(*Comité de salut public.*)

Le citoyen Janssoulé (Ferdinand) est autorisé à former un corps franc qui s'appellera le corps des *Lascars*.

Le délégué civil à la guerre,

DELESCLUZE.

Le membre de la Commune délégué aux finances

DÉCRÈTE :

Il est institué à l'administration centrale une direction spéciale, chargée du contrôle des finances pour la solde de la garde nationale.

Paris, le 16 mai 1871.

Le membre de la Commune délégué aux finances,

JOURDE.

Le citoyen Armand (Hubert) est nommé directeur général du service des contrôleurs de finances pour la solde de la garde nationale.

Paris, le 16 mai 1871.

Le membre de la Commune délégué aux finances,

JOURDE.

ORDRE FORMEL.

8ᵉ LÉGION.

Tous les citoyens de dix-neuf à quarante ans, faisant partie des 3ᵉ et 4ᵉ bataillons, qui n'auront pas rejoint *immédiatement* leur casernement à la caserne de la Pépinière, seront arrêtés et déférés à la cour martiale. (*La peine encourue est celle de mort.*)

Trois bataillons étrangers à l'arrondissement sont mis à la disposition de la légion pour faire exécuter cet ordre.

Paris, le 17 mai 1871.

Le lieutenant-colonel sous-chef de légion, chef d'état-major,

AUGUSTE PETIT.

Vu et approuvé :
Les membres du bureau militaire,
BAUCHE, BRESSLER, DENNEVILLE, LÉGALITÉ.

Le citoyen Sicard a donné sa démission de délégué à la guerre.

(*Commune de Paris.*)

Le citoyen Delahaye (Victor) est nommé employé comptable de la Bibliothèque nationale, en remplacement de M. Boizard, démissionnaire.

Le membre de la Commune délégué à l'enseignement,

ED. VAILLANT.

MUSÉUM D'HISTOIRE NATURELLE.

Les galeries d'anatomie et d'anthropologie sont ouvertes au public, les jeudis et dimanches, de neuf heures du matin à cinq heures du soir, durant la saison d'été.

Elles sont ouvertes, pendant les mêmes heures, les mardis, mercredis, vendredis et samedis :

1° Aux étudiants, artistes et savants, munis d'autorisations spéciales permanentes délivrées par la direction ou par la délégation de la Commune au Muséum ;

2° Aux personnes munies de cartes d'entrée (valables pour un jour) émanant des mêmes sources;

3° Aux étrangers porteurs de passe-ports.

Paris, 17 mai 1871.

Le délégué administratif de la Commune de Paris au Muséum d'histoire naturelle,

ERNEST MOULLÉ.

Le *Journal officiel* de Paris contient ce qui suit dans sa partie non officielle :

RAPPORTS MILITAIRES.

Petit-Vanves, fort de Vanves.

Le fort n'est pas occupé par les Versaillais, il n'est que cerné, et principalement fortifié sur la gauche.

Vanves.

Fédérés sont continuellement aux prises avec l'ennemi.

Montrouge.

Rien de nouveau à la barricade Châtillon.

Versaillais tirent de Bagneux, entre les deux barricades, pour empêcher les communications.

Il y a du côté droit de la route, à 150 à 200 mètres de la barricade, plusieurs petites carrières dont les matériaux pourraient être utilisés à construire d'autres retranchements.

On suppose qu'il y a eu un incendie à Arcueil.

Saint-Ouen.

Nos batteries ont fait assez de dégâts dans les rangs des Versaillais.

Les batteries des Docks et le bastion 39 continuent leurs feux sur l'église de Gennevilliers. D'après nos renseignements, près de 600 Versaillais s'y seraient retranchés.

COMMUNE DE PARIS.

SÉANCE DU 17 MAI 1871.

Présidence du citoyen Léo Meillet. — Assesseur : le citoyen Pillot.

La séance est ouverte à deux heures et demie.

Conformément à l'avis inséré dans le *Journal officiel* de ce matin, il est procédé à l'appel nominal des membres présents par le citoyen Amouroux, l'un des membres secrétaires de la Commune.

Sont présents les citoyens :

Amouroux. — J. Andrieu. — Ant. Arnaud. — Arnold. — Arthur Arnould. — Assi. — Avrial. — Babick. — Bergeret. — Billioray. — Chalain. — Champy. — Chardon. — Clémence. — Victor Clément. — J.-B. Clément. —

Cournet. — Courbet. — Delescluze. — Demay. — A. Dupont. — Durand. — Dereure. — Descamps. — Clovis Dupont. — Eudes. — Ferré. — Fortuné. — Franckel. — Gambon. — Géresme. — Paschal Grousset. — Johannard. — Jourde. — Langevin. — Ledroit. — Lonclas. — Martelet. — Léo Meillet. — J. Miot. — Mortier. — E. Oudet. — Pindy. — Pottier. — Philippe. — Protot. — Puget. — Pyat. — Ranvier. — Rastoul. — Régère. — Rigault. — Ostyn. — Parisel. — Pillot. — Serailler. — Sicard. — Trinquet. — Theisz. — Urbain, — Vaillant. — Vallès. — Vésinier. — Viard. — Verdure. — Vermorel.

Total, 66 membres présents.

Le citoyen Président. — Il va être donné lecture du procès-verbal de la séance du 12 mai.

Le procès-verbal est lu et adopté sans observations.

Le citoyen président donne lecture d'une lettre du citoyen Sicard donnant sa démission de membre de la commission de la guerre.

Ensuite l'assemblée se forme en comité secret pour entendre une communication du citoyen Ferré, délégué à la sûreté générale.

La séance publique est reprise à trois heures un quart.

Le citoyen Urbain communique à l'assemblée un rapport du lieutenant Butin, dénonçant le viol et le massacre d'une ambulancière pendant qu'elle soignait les blessés.

Le citoyen Urbain. — Ce rapport est certifié par le lieutenant Butin, de la 3e compagnie du 105e bataillon.

Je demande soit à la Commune, soit au comité de salut public, de décider que dix des otages que nous tenons en main soient fusillés dans les vingt-quatre heures, en représaille du meurtre de la cantinière assassinée et de notre parlementaire accueilli par la fusillade, au mépris du droit des gens. Je demande que cinq de ces otages soient fusillés solennellement à l'intérieur de Paris, devant une délégation de tous les bataillons, et que les cinq autres soient fusillés aux avant-postes devant les gardes témoins de l'assassinat. J'espère que ma proposition sera acceptée.

Le citoyen J.-B. Clément. — J'appuie la proposition du citoyen Urbain; j'ai des renseignements par un parent qui revient de Versailles, où il était prisonnier. Les nôtres, qui sont détenus à Versailles, sont exessivement maltraités; on leur donne très-peu de pain et d'eau; on débite des infamies sur leur compte, et on les frappe à coups de crosse de fusil; il faut en finir. J'adresserai à ce sujet une question au citoyen Parisel, chef de la délégation scientifique.

Le citoyen Parisel. — Je demande la parole.

Plusieurs membres. — Le comité secret !

L'assemblée se forme en comité secret.

La séance publique est reprise.

Le citoyen Raoul Rigault, procureur de la Commune. — Je présente le projet que voici :

« La Commune de Paris, vu l'urgence,

« DÉCRÈTE :

« Art. 1ᵉʳ. Le jury d'accusation pourra provisoirement, pour les accusés de crimes ou délits politiques, prononcer des peines aussitôt après avoir prononcé sur la culpabilité de l'accusé.

« Art. 2. Les peines seront prononcées à la majorité des voix.

« Art. 3. Ces peines seront exécutoires dans les vingt-quatre heures.

« RAOUL RIGAULT, URBAIN, L. CHALAIN. »

Je suis d'avis de répondre aux assassinats des Versaillais de la manière la plus énergique, en frappant les coupables et non les premiers venus. Et cependant, je dois le dire, j'aimerais mieux laisser échapper des coupables que de frapper un seul innocent.

Parmi les gens que nous détenons, il y a de véritables criminels qui méritent d'être considérés comme plus que des otages. Eh bien, le sort peut désigner les moins coupables, et ceux qui le sont le plus peuvent être épargnés.

En attendant que la justice soit instituée complétement, j'ai cru utile d'établir un tribunal chargé de l'examen des crimes dont il s'agit. Je déclare, en outre, que je demanderai qu'il ne soit pas tenu compte de la prescription pour les crimes de cette espèce. Et je place sur la même ligne les hommes qui sont d'accord avec Versailles et les complices de Bonaparte.

Le citoyen Président. — Il y a une proposition formulée par le citoyen Urbain.

Le citoyen Urbain. — Si l'assemblée décide que les représailles auront lieu dans un très-court délai...

Le citoyen Raoul Rigault, procureur de la Commune. — Le jury d'accusation est assigné pour après-demain.

Le citoyen Urbain. — Si l'on nous donne les moyens d'exercer légalement, d'une façon convenable et promptement les représailles, je serai satisfait.

Le citoyen Président. — Voici la proposition Urbain :

« Vu l'urgence,

« La Commune

« DÉCRÈTE :

« Dix individus désignés par le jury d'accusation seront fusillés en punition des assassinats commis par les Versaillais, et notamment de l'assassinat d'une infirmière, fusillée par eux au mépris de toutes lois humaines.

« Cinq de ces otages seront fusillés dans l'intérieur de Paris, en présence de la garde nationale.

« Les cinq autres seront fusillés aux avant-postes, et aussi près que possible du lieu où a été commis le crime.

« URBAIN. »

Le citoyen Protot. — Je déclare, au sujet du projet présenté par le citoyen Rigault, que le jury d'accusation ne peut se prononcer que sur les questions de fait, qu'il n'y a pas de peines contre les délits dont parle le citoyen Rigault. Il faut donc déterminer la peine dont ils sont susceptibles.

Le citoyen Amouroux. — Je suis d'avis qu'on doit user de représailles. Il y a un mois, nous avons annoncé la mise à exécution d'un projet qui a mis fin pendant quelque temps aux crimes que commettaient les Versaillais; mais comme, en définitive, l'on n'a rien fait, les Versaillais ont de nouveau recommencé à assassiner les nôtres. En présence de ce qui se passe, je demande quel usage on fait de la loi sur les otages. Devons-nous condamner les gens retenus à ce titre? Mais est-ce que les Versaillais jugent nos gardes nationaux? Ils les prennent et ils les tuent sur les grands chemins. Agissons donc! et pour chacun de nos frères assassinés, répondons par une triple exécution; nous avons des otages, parmi eux des prêtres, frappons ceux-là de préférence, car ils y tiennent plus qu'aux soldats.

Le citoyen Vaillant. — Je suis, je l'avoue, dans un grand embarras quand je vois, moi incompétent dans la grave question qui nous occupe, les deux seuls personnages compétents de cette assemblée sur la matière en complet désaccord. Ne serait-il pas bon que les citoyens Protot et Rigault s'entendissent pour nous apporter une résolution quelconque?

Le citoyen Protot, délégué à la justice. — Il n'y a pas de résolution à prendre. Le procureur de la Commune peut traduire devant les deux premières sections du jury d'accusation les personnes qu'il a fait juger.

Le citoyen Raoul Rigault, procureur de la Commune. — En présence des événements, ces moyens ne me suffisent point.

Le citoyen Pillot, président. — Ne perdons point de vue ce qui est en discussion, c'est-à-dire la proposition Urbain. La grande question en ce moment est d'anéantir nos ennemis. Nous sommes en révolution, et il faut agir en révolutionnaires; il faut instituer un tribunal qui juge et qui fasse exécuter ses arrêts.

Le citoyen Urbain. — Le jury d'accusation dont on vient de parler va-t-il fonctionner? S'il doit fonctionner, ma proposition peut subsister; dans le cas contraire, il vaudrait mieux voter sur la proposition Rigault.

Le citoyen Philippe, délégué au 12e arrondissement.— Nous sommes en butte à une réaction terrible. Il faut prendre des mesures énergiques; que l'on sache que nous sommes bien décidés à briser tous les obstacles que l'on oppose à la marche triomphante de la révolution.

Le citoyen Urbain.— Si l'on vote sur le projet Rigault, je retire ma proposition.

Le citoyen Vaillant. - Si votre jury d'accusation fonctionne régulièrement, il n'y a pas besoin de proposition spéciale. Vous n'avez qu'à appliquer le décret de la Commune relatif aux représailles, en déclarant que les citoyens Rigault et Protot sont chargés de l'exécution.

Le citoyen Protot, délégué à la justice. — Si j'avais pu m'entretenir avec le procureur de la Commune, je lui aurais démontré qu'il y en a au moins pour quinze jours à traduire en justice tous les accusés de complicité avec Versailles. Les contumax devraient déjà être condamnés.

Le citoyen Raoul Rigault, procureur de la Commune. — D'après le Code, les jurés ne sont pas compétents pour juger les contumax. Il faut que vos jurés soient un véritable tribunal révolutionnaire.

Le citoyen Président donne de nouveau lecture de la proposition du citoyen Raoul Rigault : je vais mettre cette proposition aux voix.

Le citoyen Protot, délégué à la justice. — Je demande le renvoi du vote à demain.

Le citoyen Régère. — Oui, à demain !

Le citoyen Léo Franckel. — Je demande la parole.

Le citoyen Président. — On propose de renvoyer les différents projets à une commission composée des citoyens Protot et Rigault.

Le citoyen Régère. — Avec un tiers ; je propose le citoyen Paschal Grousset. (Mouvements divers.)

Le citoyen Protot. — Un décret de la Commune dit qu'une chambre composée de douze jurés statuera sur le sort des accusés de complicité avec les Versaillais. Je demande que ce décret soit exécuté.

Le citoyen Urbain. — Je demande que ma proposition soit mise aux voix.

Le citoyen Protot, délégué à la justice. — Les assignations sont données pour faire comparaître les détenus devant le jury d'accusation.

Le citoyen Urbain. — Alors, je me rallie à l'ordre du

jour; mais je déclare que, si le décret n'est pas exécuté, je reprendrai ma proposition dans les quarante-huit heures

Le citoyen AMOUROUX, l'un des secrétaires, donne lecture du décret suivant :

« La Commune de Paris,

« Considérant que le gouvernement de Versailles foule ouvertement aux pieds les droits de l'humanité comme ceux de la guerre; qu'il s'est rendu coupable d'horreurs dont ne se sont pas souillés les envahisseurs du sol français;

« Considérant que les représentants de la Commune de Paris ont le devoir impérieux de défendre l'honneur et la vie de deux millions d'habitants qui ont remis entre leurs mains le soin de leurs destinées; qu'il importe de prendre sur l'heure toutes les mesures nécessitées par la situation;

« Considérant que des hommes politiques, des magistrats de la cité doivent concilier le salut commun avec le respect des libertés publiques,

« DÉCRÈTE :

« Art. 1er. Toute personne prévenue de complicité avec le gouvernement de Versailles sera immédiatement décrétée d'accusation et incarcérée.

« Art. 2. Un jury d'accusation sera institué dans les vingt-quatre heures pour connaître des crimes qui lui seront déférés.

« Art. 3. Le jury statuera dans les quarante-huit heures.

« Art. 4. Tous accusés retenus par le verdict du jury d'accusation seront les otages du peuple de Paris.

« Art. 5. Toute exécution d'un prisonnier de guerre

ou d'un partisan du gouvernement de la Commune de Paris sera, sur-le-champ, suivie de l'exécution d'un nombre triple des otages retenus en vertu de l'article 4, et qui seront désignés par le sort.

« Art. 6. Tout prisonnier de guerre sera traduit devant le jury d'accusation, qui décidera s'il sera immédiatement remis en liberté ou retenu comme otage. »

Le citoyen Président. — Voici l'ordre du jour motivé que je mets aux voix :

« La Commune, s'en référant à son décret du 7 avril 1871, en demande la mise à exécution immédiate, et passe à l'ordre du jour. »

Cet ordre du jour est adopté.

Le citoyen Paschal Grousset fait la motion d'ordre suivante :

Citoyens, en prenant séance, nous avons constaté avec plaisir, mais non sans étonnement, que plusieurs membres de cette assemblée, dont les noms se trouvent au bas d'un manifeste publié hier par certains journaux, sont à leur banc. Leur manifeste annonçait qu'ils n'assisteraient plus aux séances. Je désirerais savoir d'abord si leur présence parmi nous est un retour sur l'acte fâcheux dont ils se sont rendus coupables : car je n'admets pas que certains membres de la Commune puissent remplir les journaux d'un manifeste dans lequel ils annoncent une scission, dans lequel ils déclarent, nouveaux Girondins, qu'ils se retirent non pas dans les départements, ils ne le peuvent pas, mais dans les arrondissements... et qu'ils viennent ensuite, sans explication, sans justification, s'asseoir à leur place ordinaire...

Voix. — Ce n'est pas là une motion d'ordre! (Bruit. — Interruptions en sens divers.)

Le citoyen P. Grousset. — C'est une motion d'ordre, une motion d'ordre supérieur...

Après avoir demandé à la minorité la raison de cette conduite, et nous en avons le droit, je demande à présenter quelques observations au sujet de son manifeste.

La minorité accuse la Commune d'avoir abdiqué son pouvoir entre les mains du comité de salut public; elle nous accuse de nous soustraire aux responsabilités qui pèsent sur nous.

Elle sait fort bien pourtant qu'en concentrant les pouvoirs entre les mains de cinq hommes qui ont sa confiance, pour aviser aux nécessités terribles de la situation, la Commune n'a nullement entendu abdiquer; pour nous, du moins, nous déclarons que nous voulons la responsabilité tout entière; que nous sommes solidaires du comité que nous avons nommé, comptables de ses actes, prêts à le soutenir jusqu'au bout tant qu'il marchera dans la voie révolutionnaire, prêts à le frapper et à le briser s'il en déviait...

Il est donc faux que nous ayons abdiqué.

Il est plus faux encore que le manifeste de la minorité ait été provoqué par cette prétendue abdication. La preuve, c'est que cette même minorité a pris part au vote sur la nomination du second comité de salut public; c'est que l'article 3, conférant pleins pouvoirs au comité de salut public, existait déjà au moment de ce vote; c'est que la définition même de ces pleins pouvoirs avait à ce moment été adoptée sur la proposition de l'un des membres de la minorité.

Nous avons donc le droit de dire que l'article 3 n'est pas la véritable raison du manifeste; nous avons donc le droit de dire que le vrai motif est l'échec subi par la minorité dans le choix des membres du comité et la révocation de la commission militaire sortie de ses rangs. Si les motifs qu'elle allègue étaient sincères, c'est avant le renouvellement du comité de salut public que la minorité devait formuler sa protestation, et non pas après avoir pris part au vote, ce qui était reconnaître le principe.

Enfin la minorité déclare qu'elle veut passer du rôle parlementaire à l'action, en se consacrant tout entière à l'administration des arrondissements. Certes on ne nous reprochera pas ici de ne pas être partisans de ce système.

Qui donc s'est opposé aux tendances parlementaires qui se faisaient jour dans cette assemblée? qui donc a toujours réclamé des séances courtes, rares, non publiques, sans discours, des séances d'action? Et qui donc, sinon cette minorité qui annonce bruyamment sa retraite, sous prétexte qu'elle ne peut agir, qui nous a constamment, autant qu'elle l'a pu, empêchés d'agir?

Citoyens, je conclus. Si les membres de la Commune qui ont annoncé leur retraite ont réellement l'intention de se consacrer tout entiers aux arrondissements qui les ont nommés, je dirai tant mieux! Cela vaudrait mieux que de venir ici empêcher les hommes de courage et de résolution de prendre les mesures que la situation exige, et dont ils acceptent, eux, toute la responsabilité.

Que si ces membres, au lieu de tenir loyalement leur promesse, essayaient des manœuvres de nature à compromettre le salut de cette Commune qu'ils désertent, nous saurions les atteindre et les frapper.

Quant à nous, nous ferons notre devoir; nous resterons, jusqu'à la victoire ou jusqu'à la mort, au poste de combat que le peuple nous a confié.

Le citoyen J. VALLÈS. — Hier, nous nous étions présentés ici pour déclarer à l'assemblée que nous étions prêts à entrer en discussion sur le différend politique qui a semblé nous diviser ; car nous sommes d'un sentiment contraire à celui que le citoyen Grousset paraît supposer chez nous : je déclare, et pour mes amis aussi, que ce que nous voulons dans la Commune, c'est la plus parfaite harmonie.

Le citoyen P. Grousset, en nous rappelant que nous avions voté l'institution du comité de salut public, nous oblige à dire que nous avions fait le sacrifice de nos sentiments en face de Paris bombardé.

Dans l'article 3 du décret sur le comité, nous avions vu un danger. Nous demandons à rechercher ensemble aujourd'hui si, au lieu de créer une arme, vous n'avez pas créé un péril ; nous demandons à discuter avec calme ; nous voulons, en un mot, que toutes les forces se réunissent pour assurer le salut.

Quant à moi, j'ai déclaré qu'il fallait s'entendre avec le comité central et avec la majorité ; mais il faut aussi respecter la minorité, qui est aussi une force. Nous vous déclarons en toute sincérité que nous voulons l'harmonie dans la Commune et que notre retraite dans les arrondissements n'est pas une menace.

Nous vous demandons de mettre à l'ordre du jour de demain la discussion dans laquelle nous pourrons entrer dans l'examen des faits et assurer la réunion de toutes nos forces pour marcher contre l'ennemi.

La discussion de l'incident continue. Sa publication est renvoyée à l'*Officiel* de demain.

Les secrétaires de la séance,
AMOUROUX, VÉSINIER.

LE 19 MAI 1871.

Le *Journal officiel* de Paris contient, dans sa partie officielle, les pièces suivantes :

Le Comité de salut public

Arrête :

Art. 1er. Les journaux la *Commune*, l'*Écho de Paris*, l'*Indépendance française*, l'*Avenir national*, la *Patrie*, le *Pirate*, le *Républicain*, la *Revue des deux Mondes*, l'*Echo de Ultramar* et la *Justice* sont et demeurent supprimés.

Art. 2. Aucun nouveau journal ou écrit périodique politique ne pourra paraître avant la fin de la guerre.

Art. 3. Tous les articles devront être signés par leurs auteurs.

Art. 4. Les attaques contre la république et la Commune seront déférées à la cour martiale.

Art. 5. Les imprimeurs contrevenants seront poursuivis comme complices, et leurs presses mises sous scellés.

Art. 6. Le présent arrêté sera immédiatement signifié aux journaux supprimés par les soins du citoyen Le Moussu, commissaire civil délégué à cet effet.

Art. 7. La sûreté générale est chargée de veiller à l'exécution du présent arrêté.

Hôtel de ville, le 28 floréal an 79.

Le comité de salut public,

ANT. ARNAUD, EUDES, BILLIORAY, F. GAMBON, G. RANVIER.

Sur la proposition de la délégation à l'enseignement,

La Commune décide :

Dans les quarante-huit heures, un état sera dressé de tous les établissements d'enseignement tenus encore, malgré les ordres de la Commune, par des congréganistes.

Les noms des membres de la Commune délégués à la municipalité de l'arrondissement où les ordres de la Commune relatifs à l'établissement de l'enseignement exclusivement laïque n'auront pas été exécutés seront publiés chaque jour dans l'*Officiel*.

Paris, le 18 mai 1871.

La Commune de Paris.

MINISTÈRE DES FINANCES.

La solde de la garde nationale a donné lieu à de scandaleux abus.

Le délégué aux finances a constitué un service spécial de contrôle pour arrêter les détournements qui se commettent tous les jours.

Quant aux misérables qui ont osé profiter des difficultés de la situation actuelle pour tromper indignement la Commune, le service de contrôle est appelé à faire une enquête sévère sur ces délits qui, à l'heure présente, sont des crimes. Leur culpabilité établie, ils seront déférés à la cour martiale et jugés avec toute la rigueur des lois militaires.

La direction du contrôle, siégeant à la délégation

des finances, recevra avec reconnaissance tous les documents de nature à l'éclairer.

Considérant que des plaintes nombreuses sont formulées contre le citoyen Combatz, colonel de la 6ᵉ légion, ainsi que contre son état-major, au nom de tous les bataillons existant dans le 6ᵉ arrondissement ;

Que notamment, et grâce à leur inertie, il n'a pas été procédé au désarmement complet des bataillons dont la dissolution avait été prononcée pour incivisme et refus de service ;

Le délégué civil à la guerre

ARRÊTE :

La municipalité du 6ᵉ arrondissement fera procéder, dans le plus bref délai, à l'élection régulière du colonel et de l'état-major de la 6ᵉ légion, en remplacement du citoyen Combatz et de son état-major, qui sont relevés de leurs fonctions.

Notification du présent arrêté sera faite à qui de droit par la commission communale du 6ᵉ arrondissement.

Paris, le 28 floréal an 79.

CH. DELESCLUZE.

DÉLÉGATION SCIENTIFIQUE.

Les possesseurs de phosphore et produits chimiques qui n'ont pas répondu à l'appel du *Journal officiel* s'exposent à une saisie immédiate de ces produits.

Paris, le 18 mai 1871.

Le membre de la Commune, chef de la délégation scientifique,

PARISEL.

Dans l'*Officiel* de ce matin paraît une note signée : « Le délégué administratif de la Commune au Muséum. »

Le Muséum étant sous la direction de la délégation à l'enseignement, personne n'a le droit, n'ayant pas la responsabilité, de réglementer ou arrêter en dehors de la délégation.

Les agents de la délégation n'ont que le droit de proposition pour toute mesure d'ordre général.

Il ne serait d'ailleurs pas fait d'observation si la mesure prise était bonne, mais elle semble établir une situation normale, et limite, comme en plein régime monarchique, « pour la saison d'été, » le droit de visite au porteur de cartes et autorisations ; elle fait, en un mot, de la visite des collections servant à l'enseignement un privilége. Sous le régime communal, toute galerie, bibliothèque, collection, etc., doit être ouverte largement au public. Le désir de lire et d'étudier doit suffire pour en ouvrir les portes.

En attendant que la Commune ait pu prendre des mesures en conséquence, il faut se contenter de ce qu'on peut réaliser avec les éléments actuels.

La mesure prise par le délégué administratif au Muséum n'est donc approuvée que conditionnellement, comme mesure provisoire et de nécessité immédiate. La délégation à l'enseignement tâchera de l'élargir au plus tôt dans le sens communaliste, c'est-à-dire pour l'intérêt du public studieux.

Paris, le 18 mai 1871.

Le membre de la Commune délégué à l'enseignement,

ÉDOUARD VAILLANT.

Le *Journal officiel* de Paris contient ce qui suit dans sa partie non officielle :

RAPPORTS MILITAIRES.

Montrouge.

Le calme continue. Les barricades se tiennent sur la défensive.

Trois arrestations d'individus suspects du côté d'Arcueil. Les pompiers de cet endroit ont promptement éteint le feu du château, qui se communiquait aux étages supérieurs.

Montmartre.

Il est avéré que le tir de cette batterie est très-juste, et que les obus qu'elle lance arrivent en plein sur le château de Bécon et sur les autres positions versaillaises de cette région.

Le bruit répandu que nos projectiles tombaient sur nos avancées est heureusement faux.

Véritable bombardement, toute la soirée, d'Auteuil,

Passy et Point-du-Jour par les batteries de Montretout ; nous ripostons vigoureusement.

Définitivement, succès remporté par nos braves fédérés, dans le bois de Boulogne.

Le chef d'état-major de la 7e légion porte à la connaissance de la commission militaire les faits suivants :

« Le lieutenant Butin a été aujourd'hui par nous envoyé comme parlementaire au fort de Vanves et aux alentours, pour, accompagné du docteur Leblond et de l'infirmier Labrune, chercher à ramener les morts et les blessés que notre légion a laissés en évacuant ce fort.

« Arrivés à la limite de nos grand'gardes, ils ont rencontré un commandant à la tête de ses hommes, qui leur a serré la main et leur a dit *adieu,* leur affirmant qu'il ne croyait pas dire vrai en leur disant *au revoir*.

« Et à l'appui de ce dire, le commandant a ajouté :

« Ce matin, dans la plaine, j'ai vu, à l'aide de ma longue-vue, un blessé abandonné ; immédiatement, j'ai envoyé une femme attachée à l'ambulance, qui, portant un brassard et munie de papiers en règle, a courageusement été soigner ce blessé.

« A peine arrivée sur l'emplacement où se trouvait ce garde, elle a été saisie par cinq Versaillais qui, sans que nous puissions lui porter secours, l'ont *outragée,* et, séance tenante, l'ont *fusillée sur place.* »

« Malgré ces dires, le lieutenant Butin, accompagné du major et de l'infirmier sus nommés, a poussé en avant, précédé d'un trompette et d'un drapeau blanc, ainsi que du drapeau de la Société de Genève.

« A vingt mètres de la barricade, une fusillade bien

nourrie les a accueillis. Le lieutenant, croyant à une méprise, a continué de marcher en avant : un second feu de peloton leur a prouvé la triste réalité de cette violation des usages parlementaires et du droit des gens chez les peuples civilisés. Une troisième fusillade a seule pu les faire rétrograder.

« Il a dû revenir, ramenant ceux dont il était suivi, et laissant au pouvoir des Versaillais dix-neuf morts et soixante-dix blessés.

« Dès son arrivée, il est venu nous faire son rapport, et je me hâte de le communiquer à la commission militaire pour qu'elle fasse appeler le lieutenant Butin et qu'elle entende ses explications.

« Paris, le 16 mai 1871.

« Vu :
« *Le chef de légion,*
« GARANTIE.

« Approuvé :
« BUTIN. »

COMMUNE DE PARIS.

SUITE DE LA SÉANCE DU 17 MAI 1871.

Présidence du citoyen Léo Meillet. — Assesseur : le citoyen Dr Pillot.

Le citoyen Langevin. — Je m'associe complétement aux paroles du citoyen J. Vallès ; mais je proteste contre celles du citoyen Paschal Grousset.

J'ai voté contre le comité de salut public, mais la majorité l'ayant institué, je l'ai accepté. Cependant je crois avoir le droit de dire qu'il y a dans l'article 3 du décret, qui met entre ses mains la nomination et la destitution des délégués, un danger sérieux. (Bruit.)

Le citoyen MIOT. — La minorité a fait hier un acte évidemment hostile à la majorité.

Pourquoi, avant de prendre une détermination, n'est-elle pas venue nous donner, nous demander quelques explications? Une accusation grave a été lancée contre nous : l'on ose dire que nous avons renoncé à exercer le mandat qui nous a été confié! Cela n'est pas; est-ce qu'un contrôle absolu n'est point réservé à la Commune dans le décret qui institue le comité de salut public? J'ai tout fait, moi l'auteur du projet, pour que l'autorité de la Commune ne soit pas absorbée. Ne pourrez-vous point révoquer ce comité quand bon vous semblera, quand vous penserez que son autorité peut être dangereuse? La minorité a fait hier, je le répète, un acte regrettable que la population juge très-sévèrement et dont elle aura à rendre compte à ses électeurs.

Le citoyen ARNOLD. — Je demande à faire une rectification au procès-verbal de la dernière séance publié dans l'*Officiel*; elle a trait à la question qui nous agite.

L'*Officiel* me fait dire: « Si l'un des ordres du jour qui vous sont proposés est adopté, la Commune ne servira plus qu'à incriminer les membres du comité de salut public lorsqu'elle le jugera convenable, et elle pourra fort bien ne plus tenir de séance. »

C'est aussi loin de ma pensée que de mes expressions. J'ai dit et veux dire :

« Je ne combattrai pas les deux amendements Billioray et Ferré. Je voterai pour, parce qu'ils sont la déduction inévitable de l'article 3, instituant le comité de salut public, et je demanderais que la Commune, comprenant la logique de ses actes, cessât ses réunions périodiques. »

A mon avis, la Commune ne doit plus se réunir que pour interpeller le comité de salut public sur ses actes ou pour juger l'un des membres de la Commune.

Voilà ce que j'ai dit. C'était une affirmation formelle, et non une incrimination des conséquences de l'article 3.

Je désire que cette rectification fondamentale soit faite à l*Officiel*.

Le citoyen Président. — Rectification sera faite à l'*Officiel*.

Le citoyen Arnold. — Je faisais une affirmation formelle et non une incrimination de l'article 3. La Commune doit aider le comité de salut public, au besoin le révoquer s'il n'accomplit pas son mandat, mais elle doit cesser de discuter; nous devons nous réunir dans nos arrondissements, suivre nos bataillons lorsqu'ils marchent à l'ennemi, et éviter les discussions stériles.

Je ne vois là dedans ni séparation ni hostilité.

Le citoyen Paschal Grousset. — Il fallait dire cela au lieu de nous accuser publiquement.

Le citoyen Arnold. — Nous sommes venus lundi dernier pour nous expliquer, et il n'y a pas eu de séance. (Interruptions.)

Le citoyen Régère. — La publication de la séparation signée de la minorité est un fait regrettable; mais enfin, si cette déclaration a dépassé la pensée de nos collègues, qu'ils la retirent.

Leur but est le même que le nôtre; nous ne différons que sur les moyens, et dès l'instant qu'ils nous reviennent, nous devons les recevoir fraternellement, pour concourir tous ensemble au but que nous poursuivons. D'ailleurs, c'est la minorité qui a appuyé le plus le citoyen Lefrançais quand il a demandé que les pouvoirs les plus étendus sur les délégations fussent donnés au comité de salut public. (Bruit.) C'est elle qui a voulu que ce dernier pût frapper les délégations. (Interruptions. — Bruit.)

Un grand nombre de voix. — C'est une erreur!

Le citoyen Régère. — Enfin, citoyens, vous nous êtes revenus, vous resterez parmi nous.

Le citoyen Courbet. — Mais nous sommes tous ici pour le salut public.

Le citoyen Jules Andrieu. — On a dit que la minorité s'était séparée de la majorité parce qu'elle ne voulait pas accepter une défaite dans l'élection du comité de salut public. Si cela était exact, la minorité aurait eu tort. Mais ce reproche n'est pas fondé. La minorité a pris la résolution qu'elle vous a fait connaître parce qu'un ordre du jour a été déposé sur le bureau par le comité de salut public, alors que tout le monde était d'accord sur ce point que le comité de salut public n'avait pas à nous consulter, mais à agir.

Il nous a semblé que nous n'avions plus qu'une chose à faire, c'était de nous retirer dans nos arrondissements et nos délégations tant que nous ne serions pas relevés, et je n'ai jamais donné un concours plus actif que depuis ces événements.

J'ai compris l'économie du projet présenté par le citoyen Miot. On a dit que vous abdiquiez votre autorité tant que le comité de salut public siégerait... (Interruptions et bruits prolongés.)

Le citoyen Félix Pyat. — Je demande la lecture du manifeste de la minorité.

Le citoyen Jules Andrieu. — Veuillez me laisser finir. Nous n'étions pas venus pour engager la discussion. Nous étions venus vous dire que le jour où vous voudrez une discussion, nous donnerons, non pas à des juges, mais à la Commune, toutes explications, sans passion, sans scission.

Plusieurs membres. — L'ordre du jour!

Le citoyen Raoul Rigault. — J'ai demandé la parole pour une motion d'ordre. Les signataires du manifeste ont déclaré qu'ils ne se présenteraient dans cette assemblée que quand la Commune se constituerait en cour de justice. Je ne comprends donc ni la présence de quelques-uns d'entre eux, ni la discussion qui a lieu en ce moment. (Approbation.)

Le citoyen Vaillant. — Je crois que, sur la question qui nous occupe, je me trouve dans des conditions d'impartialité telles que beaucoup d'entre nous ne pourraient pas faire les observations que j'ai à présenter. Je ne suis ni de la majorité ni de la minorité, parce que je n'ai pu trouver un groupe d'hommes avec lequel je puisse marcher.

En présence de ce qui s'est passé, je demande à l'assemblée d'agir comme une assemblée chargée du salut de Paris. Il ne faut plus de querelles intérieures. Ce manifeste a porté un coup grave à la Commune en portant devant le public des questions qui ne devaient être agitées qu'en comité secret.

Mais quand ces membres, désavouant leur manifeste, reviennent ici, il ne faut pas le leur remettre devant les yeux, en les engageant à persévérer dans leur faute.

J'ai parlé de la minorité; mais, remarquez-le bien, citoyens, il y avait un fait qui pouvait donner, sinon l'excuse, du moins l'explication de cette faute commise par plusieurs membres de cette assemblée : c'est le changement de la commission militaire. Il n'y a donc qu'une chose à faire maintenant : que la minorité déchire son programme, et que la majorité lui dise :

Réunissons nos efforts pour le salut commun; soyez avec nous; car, si vous êtes contre nous, nous vous briserons.

Le citoyen BILLIORAY. — Je répondrai au citoyen Vaillant que nous avons changé la commission militaire, parce que cette commission chargée d'arrêter Rossel l'a laissé échapper. Nous ne pouvions maintenir des hommes qui n'obéissent pas aux ordres de la Commune.

Maintenant, si les membres qui ont signé le manifeste retirent leurs signatures et déchirent leur déclaration, je crois que la discussion sur cette question doit être close.

Je donne lecture d'un rapport militaire.

(Voyez ci-dessus.)

Le citoyen J.-B. CLÉMENT. — Le rapport n'est pas exact, il importe qu'on envoie des hommes du métier.

Le citoyen AMOUROUX. — Je rappellerai que le citoyen Delescluze a été nommé à une immense majorité par toute la Commune; par conséquent, si on lui avait retiré sa délégation, on aurait porté une atteinte très-grave à la Commune.

En ce qui touche le manifeste, je dirai que les membres qui l'ont signé ont porté une grave atteinte à la majorité en cherchant à les faire passer pour des parlementaires. (Bruit.)

Je déclare que c'est la majorité qui a été la première à demander qu'il n'y eût que deux séances par semaine. La preuve, c'est que les citoyens Delescluze, Vésinier et Amouroux avaient fait cette proposition :

« Considérant que tous les efforts doivent se porter sur la guerre et l'organisation de la défense,

« La Commune arrête :

« Art. 1ᵉʳ. Tous les membres de la Commune seront à la tête de leurs arrondissements et de leurs légions.

« Art. 2. La commission de la guerre centralisera tous les rapports et en donnera connaissance aux séances de la Commune.

« Art. 3. Les séances de la Commune auront lieu les dimanches et lundis, à une heure précise.

« Art. 4. La Commune pourra être convoquée d'urgence sur la demande de cinq membres. »

Cette proposition est datée du 5 mai.

Vous ne pouvez pas vous attribuer le monopole de tout faire dans vos arrondissements, dans vos légions, puisque nous, révolutionnaires, l'avions demandé. Vous avez tout fait, tout essayé pour être la majorité. Quand vous avez vu qu'elle vous échappait, vous avez abdiqué par un manifeste dans vos journaux.

Nous aussi nous demandons à être dans nos arrondissements et aux remparts, et c'est à cause de cela que nous avons nommé un comité de salut public pour éviter vos discussions puériles. Mais loin d'abdiquer, nous demandions deux séances par semaine pour examiner la conduite du comité et le casser à la première faute.

Le citoyen Franckel. — Je crois être dans la même situation que mon ami Vaillant. Je n'appartiens à aucune faction de la chambre; pourtant j'ai signé les conclusions du manifeste, je le défendrai devant vous et devant mes électeurs.

Le comité de salut public a brisé la commission de la guerre parce qu'elle renfermait des hommes qui avaient voté contre lui.

Il s'entoure d'hommes plus ou moins capables, pourvu qu'ils soient avec lui.

Si le manifeste a été publié, c'est votre faute, nous sommes venus ici et vous n'y étiez pas. (Réclamations.)

Tant que vous ne m'aurez pas relevé, je resterai dans ma délégation et je continuerai à m'occuper de l'intérêt des travailleurs, ce que j'ai fait jusqu'ici; j'enverrai les décisions prises d'accord avec la commission du travail au comité de salut public; mais je vous le déclare, je ne viendrai plus ici que dans les cas indiqués dans le manifeste.

Le citoyen URBAIN, président. — La minorité devait accepter l'action du comité de salut public et non lui créer des entraves. En agissant ainsi, elle a failli à son devoir. Que va faire la minorité dans ses arrondissements?

Vous n'avez qu'un devoir à remplir, c'est de retirer votre manifeste et de rester ici pour veiller au salut de la révolution.

Le citoyen VIARD. — Pour résumer la question et pour la terminer, je demande que la minorité non-seulement désavoue son manifeste, mais encore qu'elle ne mette plus en question le comité de salut public. C'est sans doute parce qu'elle a peur qu'elle agit de la sorte; mais pour moi, je déclare que le comité de salut public ne peut m'atteindre et qu'il ne le voudra pas.

D'ailleurs, n'avons-nous pas sur lui le droit de contrôle, et ne pouvons-nous pas au besoin le destituer?

Ce qu'il nous faut avant toute autre chose, c'est non-seulement notre dévouement, notre abnégation à la chose publique, mais encore notre unité politique.

Le citoyen PRÉSIDENT. — Je donne lecture d'un premier ordre du jour motivé, signé Vaillant :

« La déclaration dite de la minorité n'ayant pas été directement produite à la Commune, la présence de plusieurs membres de cette minorité à la séance d'aujourd'hui annulant par le fait la déclaration d'une partie de l'assemblée, la Commune passe à l'ordre du jour. »

Cet ordre du jour n'est pas pris en considération.

Voici un deuxième ordre du jour, signé Miot :

« Considérant que le comité de salut public est responsable de ses actes, qu'il est à toute heure aux ordres et à la disposition de la Commune, dont la souveraineté n'a jamais été ni n'a pu être contestée,

« La majorité de la Commune déclare :

« 1° Qu'elle est prête à oublier la conduite des membres de la minorité qui déclareront retirer leur signature du manifeste ;

« 2° Qu'elle blâme ce dernier, et passe à l'ordre du jour. »

Le citoyen COURBET. — Je demande à faire une motion d'ordre.

Il m'est impossible de rester à la tête de la mairie de mon arrondissement. Je ne puis obtenir de renseignements de la délégation de la guerre, si bien que mon conseil municipal a donné sa démission.

Plusieurs voix. — Ce n'est pas là une motion d'ordre.

Le citoyen COURBET. — Étant responsable de mon administration, je ne puis rester davantage dans cette situation.

Plusieurs voix. — Ce n'est pas la question!

Le citoyen SERAILLER. — J'ai signé le manifeste en me réservant de venir à la séance.

Il n'y a qu'une chose qu'on pourrait nous reprocher, c'est la publicité qui lui a été donnée.

Nous sommes venus dimanche et lundi pour assister à la séance, il n'y en a pas eu. (Réclamations diverses.)

Nous avons alors rédigé le manifeste et je ne le renierai pas. Si je le faisais, ce serait un acte coupable. (L'ordre du jour! la clôture!)

Le citoyen LANGEVIN. — Je demande la parole contre la clôture. J'ai à parler d'un fait personnel.

Les citoyens VICTOR CLÉMENT et J.-B. CLÉMENT demandent la parole contre la clôture.

Plusieurs membres. — Aux voix !

Le citoyen PRÉSIDENT. — Je mets la clôture aux voix.

La clôture est mise aux voix et prononcée.

Le citoyen PRÉSIDENT. — Le citoyen Langevin a la parole pour un fait personnel.

Le citoyen LANGEVIN. — Le citoyen Urbain a dit que la minorité avait appuyé la proposition de Lefrançais qui conférait au comité de salut public pleins pouvoirs sur les commissions et délégations : je m'honore d'avoir voté avec la minorité dans beaucoup de circonstances, mais je repousse l'assertion du citoyen Urbain. J'ai voté contre l'ordre du jour du comité de salut public, qui lui donnait pleins pouvoirs.

Le citoyen URBAIN, président. — Je maintiens mon assertion.

Le citoyen J.-B. CLÉMENT. — Je n'accepte aucun despotisme et je proteste contre le vote de la clôture. On a parlé de complots ; je voulais me défendre. (Interruptions.)

On nous dit de courir à nos municipalités négligées : beaucoup entre ceux de la minorité ne sont jamais allés à leur mairie...

Le citoyen DEREURE. — C'est vrai !

Le citoyen PRÉSIDENT. — La clôture a été prononcée, je dois la maintenir.

Le citoyen OSTYN. — Vous ne l'avez pas maintenue en laissant parler.

Le citoyen J.-B. Clément. — Je demande à répondre aussi.

Le citoyen Régère. — Je demande que l'on vote sur l'ordre du jour motivé déposé par le citoyen Vaillant. Cet ordre du jour, dont je n'admets pas tous les termes parce que je crois que le citoyen Vaillant a dépassé sa pensée, donne cependant satisfaction à la majorité et aux grands intérêts de la Commune, parce qu'il constate que la minorité, en revenant siéger ici, désavoue tacitement son manifeste regrettable.

Le citoyen Président. — J'ai donné lecture des deux ordres du jour motivés déposés par les citoyens Miot et Vaillant. Je vais les mettre aux voix.

Le citoyen Victor Clément. — Je ne voterai pas, attendu que, si je ne reconnais pas à une majorité le droit d'engager une minorité, je ne reconnais pas à nous le droit d'engager nos collègues.

Le citoyen Félix Pyat. —. Vous avez déclaré que la Commune avait abdiqué.

Le citoyen Victor Clément. — Le citoyen Pyat veut-il me permettre de ne parler que sur l'ordre du jour? Je crois que, s'il y a quelqu'un qui n'ait jamais passionné un débat, c'est moi.

Le citoyen J. Miot prononce quelques paroles qui ne nous parviennent pas.

Le citoyen Victor Clément. — Je répondrai au citoyen Miot que, s'il veut descendre sur le terrain des intentions, nous n'en finirons pas.

Pour moi, je ne ferai jamais l'injure à un membre de la Commune de croire qu'en dehors de ses actes il ait des intentions mauvaises.

Blâmez notre manifeste, c'est votre droit; mais, ce que je réclame, c'est un acte de justice. Nous ne pouvons voter l'ordre du jour, ce serait engager des collègues absents.

Le citoyen ARNOLD. — Pour répondre à une interruption, je dirai que, si je n'ai pas été à ma mairie, c'est que j'avais une délégation importante qui remplissait tout mon temps.

Le citoyen DEREURE. — Vous n'aviez pas besoin de dire que les administrations municipales étaient négligées.

Le citoyen PRÉSIDENT. — Je mets aux voix deux ordres du jour proposés.

L'ordre du jour proposé par le citoyen Vaillant est mis aux voix et repoussé.

L'ordre du jour proposé par le citoyen Miot est ensuite mis aux voix et adopté.

Le citoyen BILLIORAY (rentrant). — La cartoucherie de l'avenue Rapp vient de sauter, elle brûle encore. C'est de la trahison, et vous discutez ! On a arrêté le traître qui a mis le feu. (Mouvement.)

Le citoyen PRÉSIDENT. — Je ne donnerai plus la parole sur la question du manifeste.

Le citoyen VAILLANT. — Je prie les membres de l'assemblée qui s'occupent des municipalités de vouloir bien m'écouter. La Commune m'a donné une délégation dans laquelle je me trouve souvent en conflit avec certaines municipalités, tandis qu'avec d'autres tout va pour le mieux.

L'enseignement ne fonctionne pas comme il devrait fonctionner. Pour aujourd'hui, je vous parlerai des jésuites. Ils interviennent partout et sous toutes les formes.

Des municipalités très-ardentes en ont fini en deux jours ; dans d'autres, l'on n'a pas pu les chasser : il serait urgent que, deux mois après la révolution du 18 mars, on ne vît plus de ces gens-là.

Il serait bon que les municipalités missent un peu plus de zèle.

Le citoyen Régère. — Précisez !

Le citoyen Vaillant. — ... et les fissent disparaître en quarante-huit heures d'une façon absolue. Voici donc ce que je propose :

« Sur la proposition de la délégation à l'enseignement,

« La Commune décide :

« Vu les nombreux avertissements donnés aux municipalités d'arrondissement de substituer partout à l'enseignement religieux l'enseignement laïque,

« Il sera dressé dans les quarante-huit heures un état des écoles tenues encore par les congréganistes ; cet état sera publié chaque jour dans l'*Officiel* avec le nom des membres de la Commune délégués à la municipalité de l'arrondissement où les ordres de la Commune au sujet de l'établissement de l'enseignement exclusivement laïque n'auront pas été exécutés. »

(La proposition du citoyen Vaillant, mise aux voix, est adoptée.)

Le citoyen Ostyn. — Je demande qu'on me laisse déposer sur le bureau la liste des communautés qui existent dans l'intérieur de Paris.

Le citoyen Mortier. — J'ai une interpellation très-importante à adresser.

Un commissaire de police est venu dans notre arrondissement faire évacuer et fermer l'église ; cette opération a été faite d'une telle façon qu'elle a causé une espèce d'émeute dans le quartier ; pourquoi ne pas nous prévenir ?

Le citoyen Cournet. — La sûreté générale, en présence de faits très-graves qui se passent sur plusieurs points, a dû prendre des mesures exceptionnelles et les faire exécuter sans le moindre retard. Elle croit avoir rempli son devoir. (Oui!)

Le citoyen Gambon. — A l'heure qu'il est, nous devons nous occuper exclusivement de la guerre et de toutes les questions qui s'y rattachent. (Assentiment.)

Le citoyen Urbain, président. — Le citoyen Vésinier propose les décrets suivants :

« 1° Les titres de noblesse, armoiries, livrées, priviléges nobiliaires et toutes les distinctions honorifiques sont abolis.

« Les pensions, rentes, apanages y afférents sont supprimés ;

« 2° Les majorats de tout genre sont abolis, les rentes, pensions et priviléges en dépendant sont supprimés.

« 3° La Légion d'honneur et tous les ordres honorifiques sont abolis.

« Un décret ultérieur déterminera les pensions des légionnaires qui doivent être conservées, les autres seront supprimées. »

Autre proposition :

« La loi du 8 mai 1816 est rapportée ; le décret du 21 mars 1803, promulgué le 31 du même mois, est remis en vigueur.

« Tous les enfants reconnus sont légitimes et jouiront de tous les droits des enfants légitimes.

« Tous les enfants dits naturels non reconnus sont reconnus par la Commune et légitimés.

« Tous les citoyens âgés de dix-huit ans et toutes les citoyennes âgées de seize ans qui déclareront devant le magistrat municipal qu'ils veulent s'unir par les liens du mariage seront unis, à la condition qu'ils déclareront en outre qu'ils ne sont pas mariés, ni parents jusqu'au degré qui, aux yeux de la loi, est un empêchement au mariage.

« Ils sont dispensés de toute autre formalité légale.

« Leurs enfants, s'ils en ont, sur leur simple déclaration seront reconnus légitimes. »

Voici une autre proposition du citoyen Jacques Durand :

« Je propose à la Commune de décréter qu'à l'avenir, nul déménagement n'aura lieu qu'après avoir été surveillé à l'emballage par un douanier ou tout autre agent de la Commune. »

La proposition du citoyen J.-B. Clément est mise aux voix et adoptée d'urgence.

Le citoyen Président. — Voici une proposition qui m'est remise par le citoyen Miot :

« Je demande à la commission de justice si elle est prête à faire son rapport sur ma proposition relative à la réforme du régime des prisons. »

Sur la demande du citoyen Ledroit, lecture est donnée de la proposition suivante, faite par le conseil de la 5ᵉ légion :

« Considérant que tout citoyen honnête a le droit de combattre pour la liberté de son pays dans quelque camp que le hasard l'a placé,

« Décrète :

« Art. 1ᵉʳ. Tout citoyen qui aura pris part à la défense des libertés communales et de la république aura droit à une pension de trois cents francs, dont le premier trimestre sera payé trois mois après le jour où une victoire complète aura été remportée par l'armée des défenseurs de la république sur celle des royalistes versaillais.

« Art. 2. Tout soldat de l'armée versaillaise, à quelque corps qu'il appartienne, venant se ranger sous la bannière de la Commune et de la république, aura droit à la même retraite.

« Art. 3. Tout citoyen de la province qui prendra les armes pour défendre la république et les institutions communales aura également droit à la même retraite.

« Art. 4. Tout officier et sous-officier de l'armée de Versailles, venant défendre le drapeau de la liberté, aura le droit à la retraite, proportionnellement à son grade. »

Le citoyen BILLIORAY. — Je demande à vous donner lecture d'une dépêche que je reçois à l'instant au sujet de l'explosion qui vient d'avoir lieu avenue Rapp. (Mouvement de vif intérêt.)

Il est donné lecture de cette dépêche.

Le citoyen PRÉSIDENT. — En présence de tout ce qui se passe, on devrait mettre moins d'hésitation à voter les mesures de répression qui nous sont proposées. (Oui.)

Un membre. — Je demande qu'une contribution de guerre soit votée contre les boutiquiers qui ont quitté Paris pour échapper au service de la garde nationale. (Appuyé.)

Le citoyen PRÉSIDENT. — Cette proposition sera mise en discussion ultérieurement. Citoyens, je vous préviens que notre prochaine séance aura lieu après-demain.

Le citoyen LÉO FRANCKEL. — En présence des événements qui se produisent actuellement, je déclare que j'assisterai aux séances.

Le citoyen PRÉSIDENT. — Le procès-verbal constatera

que le citoyen Léo Franckel a retiré sa signature du manifeste.

La séance est levée à sept heures.

Les secrétaires de la séance,
AMOUROUX, VÉSINIER.

On lit dans le *Journal officiel* de Versailles :

Le maréchal Mac-Mahon vient d'adresser à l'armée l'ordre du jour suivant :

Soldats,

La colonne Vendôme vient de tomber.

L'étranger l'avait respectée. La Commune de Paris l'a renversée. Des hommes qui se disent Français ont osé détruire, sous les yeux des Allemands qui nous observent, ce témoin des victoires de vos pères contre l'Europe coalisée.

Espéraient-ils, les auteurs indignes de cet attentat à la gloire nationale, effacer la mémoire des vertus militaires dont ce monument était le glorieux symbole ?

Soldats ! si les souvenirs que la colonne nous rappelait ne sont plus gravés sur l'airain, ils resteront du moins vivants dans nos cœurs, et, nous inspirant d'eux, nous saurons donner à la France un nouveau gage de bravoure, de dévouement et de patriotisme.

Maréchal DE MAC-MAHON, duc DE MAGENTA.

LE 20 MAI 1871.

Le *Journal officiel* de Paris contient, dans sa partie officielle, les pièces suivantes :

La Commune de Paris

DÉCRÈTE :

Art. 1ᵉʳ. Une commission supérieure de comptabilité est instituée.

Art. 2. Elle se composera de quatre comptables, nommés par la Commune.

Art. 3. Elle sera chargée de la vérification générale des comptes des différentes administrations communales.

Art. 4. Elle devra fournir à la Commune un rapport mensuel de ses travaux.

La Commune de Paris.

Considérant que, dans les jours de révolution, le peuple, inspiré par son instinct de justice et de moralité, a toujours proclamé cette maxime : « Mort aux voleurs ! »

La Commune

DÉCRÈTE :

Art. 1ᵉʳ. Jusqu'à la fin de la guerre, tous les fonctionnaires ou fournisseurs accusés de concussion, déprédation, vol, seront traduits devant la cour martiale ; la seule peine appliquée à ceux qui seront reconnus coupables sera la peine de mort.

Art. 2. Aussitôt que les bandes versaillaises auront été vaincues, une enquête sera faite sur tous ceux qui, de près ou de loin, auront eu le maniement des fonds publics.

La Commune de Paris

DÉCRÈTE :

Il sera fait application aux parents des victimes de la cartoucherie de l'avenue Rapp du décret du 10 avril 1871, concernant les veuves et les orphelins.

Considérant que, sous le régime communal, à chaque fonction doit être allouée une indemnité suffisante pour assurer l'existence et la dignité de celui qui la remplit,

La Commune

DÉCRÈTE :

Tout cumul de traitement est interdit.

Tout fonctionnaire de la Commune, appelé en dehors de ses occupations normales à rendre un service d'ordre différent, n'a droit à aucune indemnité nouvelle.

RAPPORT DU DÉLÉGUÉ CIVIL A LA GUERRE
AU COMITÉ DE SALUT PUBLIC.

Hier, vous appreniez l'épouvantable forfait commis dans nos murs par nos infâmes ennemis, et vos cœurs patriotiques ont frémi d'indignation contre les coupables et de douleur pour tant d'innocentes victimes.

La cour martiale est saisie.

Justice sera faite sans retard.

Aujourd'hui, nous ne pouvons encore vous donner le nombre exact des victimes, lequel, heureusement, est bien au-dessous de ce qu'on avait à craindre.

Les constatations se poursuivent, et le résultat vous en sera communiqué.

Il reste à faire connaître les noms des citoyens dont les courageux efforts sont au-dessus de tout éloge.

Les pompiers de la Commune ont, dans cette douloureuse circonstance, montré le dévouement qui leur est habituel.

Les premiers qui ont pénétré dans la fournaise, alors que les explosions n'avaient pas cessé, sont les citoyens :

Alicaud, caporal pompier (6ᵉ compagnie) ;

Demer, sapeur ;

Bufflot, caporal.

Puis sont accourus presque en même temps les citoyens Dubois, capitaine de la flottille ; Jagot, marin ; Boisseau, chef du personnel à la délégation de la marine ; Février, commandant de la batterie flottante.

Grâce à leur héroïsme, des fourgons chargés de cartouches, dont les roues commençaient à s'enflammer, ainsi que des tonneaux de poudre ont été retirés du foyer de l'incendie.

Nous ne parlons pas du sauvetage des blessés et des habitants ensevelis prisonniers dans leurs maisons réduites en débris. Pompiers et citoyens ont, à cet égard, rivalisé de courage et de dévouement.

Les citoyens Avrial et Sicard, membres de la Commune, étaient aussi des premiers sur le lieu du danger.

Douze chirurgiens de la garde nationale se sont rendus à l'avenue Rapp, et ont organisé le service médical avec un empressement que je ne saurais trop louer.

En somme, une cinquantaine de blessés, la plupart des blessures sont légères, voilà tout ce qu'auront gagné les hommes de Versailles.

La perte en matériel est sans importance, eu égard aux immenses approvisionnements dont nous disposons ; il ne restera à nos ennemis que la honte d'un crime aussi inutile qu'odieux, lequel ajouté à tant d'autres, à défaut de nos invincibles moyens de défense, suffirait à tout jamais pour leur fermer les portes de Paris.

Tout le monde a fait plus que son devoir; nous avons peu de morts à déplorer.

Paris, le 28 floréal an 79.

Le délégué civil à la guerre,
CH. DELESCLUZE.

Considérant qu'il est de toute utilité que les actes de la Commune, décrets, arrêtés, circulaires, soient réunis dans un recueil spécial,

La Commune de Paris a pris l'arrêté suivant :

Art. 1er. Tous les actes officiels de la Commune

de Paris seront insérés dans un journal ayant pour titre : *Bulletin des Lois*, qui paraîtra hebdomadairement.

Art. 2. Le délégué à la justice est chargé de l'exécution du présent arrêté.

Sur la proposition de la commission fédérale des artistes :

Le citoyen Buon, inspecteur des beaux-arts au palais de l'Industrie, ayant abandonné son poste, est relevé de ses fonctions ;

Les citoyens Deblézer et Meyer, délégués, sont chargés de faire transporter au Louvre et au Luxembourg les sculptures et peintures appartenant à l'État, et qui ne paraissent pas en sûreté au palais de l'Industrie.

Le membre de la Commune délégué à l'enseignement,

ÉDOUARD VAILLANT.

Par ordre du comité de salut public, le citoyen Pillot, membre de la Commune, est chargé de faire un rapport sur tous les officiers qui sont au Cherche-Midi.

Il s'entendra avec le citoyen Gois.

Paris, le 29 floréal an 79.

Le comité de salut public,

ANT. ARNAUD, BILLIORAY, F. GAMBON, G. RANVIER.

Le *Journal officiel* de Paris contient ce qui suit dans sa partie non officielle :

RAPPORTS MILITAIRES.

LA GUERRE A SALUT PUBLIC.

8 heures du soir.

Reçois de porte Maillot la dépêche suivante :

Ce matin, trois heures, vive fusillade, bois de Boulogne, attaque très-vive. J'ai donné l'ordre de tirer pour protéger l'action; l'ennemi a battu en retraite à quatre heures. Le feu du mont Valérien couvrait la porte Maillot et n'a eu aucun résultat, sauf deux hommes blessés à l'avancée. J'ai ordonné un tir à toute volée quand l'ennemi a été en pleine déroute. Tous nos efforts couronnés de succès. L'ennemi attaque de nouveau; nous ripostons avec vigueur. Artillerie fait merveille.

---

8 heures du soir.

Recevons de Mathieu la dépêche suivante :

Le combat de ce matin a été livré par nous pour enlever les positions de Versailles. Nous avons trois hommes tués et Versailles au moins cent soixante. Trouée au bois de Boulogne; grand succès. Le combat d'artillerie continue.

Le colonel,

MATHIEU.

---

8 h. 40 du soir.

Capitaine d'état-major arrive au grand galop de la Muette.- Versaillais chassés des tranchées à moitié détruites.

FÉDÉRATION RÉPUBLICAINE DE LA GARDE NATIONALE.

COMITÉ CENTRAL.

Au peuple de Paris,

A la garde nationale.

Des bruits de dissidence entre la majorité de la Commune et le comité central ont été répandus par nos ennemis communs avec une persistance qu'il faut, une fois pour toutes, réduire à néant par une sorte de pacte public.

Le comité central, préposé par le comité de salut public à l'administration de la guerre, entre en fonctions à partir de ce jour.

Lui, qui a porté le drapeau de la révolution communale, n'a ni changé, ni dégénéré. Il est à cette heure ce qu'il était hier : le défenseur-né de la Commune, la force qui se met en ses mains, l'ennemi armé de la guerre civile, la sentinelle mise par le peuple auprès des droits qu'il s'est conquis.

Au nom donc de la Commune et du comité central, qui signent ce pacte de la bonne foi, que les soupçons et les calomnies inconscientes disparaissent, que les cœurs battent, que les bras s'arment et que la grande cause sociale pour laquelle nous combattons tous triomphe dans l'union et la fraternité.

Vive la république ! Vive la Commune ! Vive la fédération communale !

Paris, 19 mai 1871.

La commission de la Commune,

BERGERET, CHAMPY, GÉRESME, LEDROIT, LONCLAS, URBAIN.

Le comité central,

MOREAU, PYAT, B. LACORRE, GEOFFROY, GOUHIER, PRUDHOMME, GAUDIER, FABRE, TIERSONNIER,

BONNEFOY, LACORD, TOURNOIS, BAROUD, ROUSSEAU, LA-
ROQUE, MARÉCHAL, BISSON, OUZELOT, BRIN, MARCEAU,
LÉVÊQUE, CHOUTEAU, AVOINE fils, NAVARRE, HUSSON,
LAGARDE, AUDOYNAUD, HANSER, SOUDRY, LAVALETTE,
CHÂTEAU, VALATS, PATRIS, FOUGERET, MILLET, BOULENGER,
BOUIT, DUCAMP, GRELIER, DREVET.

COMMUNE DE PARIS.

SÉANCE DU 19 MAI 1871.

Présidence du citoyen RÉGÈRE. — Assesseur : le citoyen POTTIER.

La séance est ouverte à quatre heures.

Le citoyen PRÉSIDENT. — Demande-t-on la parole pour faire des communications avant la lecture du procès-verbal ?

Le citoyen MIOT. — Je demande si la commission de justice est prête à faire son rapport sur la réforme du régime des prisons.

Le citoyen LANGEVIN. — Je suis membre de la commission de justice, mais je serai obligé de donner ma démission.

Le citoyen Gambon n'en fait plus partie par suite de sa nomination au comité de salut public. Nous restons quatre membres seulement, et sur les quatre, deux n'ont pas siégé.

Je demande donc que l'on complète le nombre de membres nécessaire pour que cette commission puisse fonctionner utilement.

Le citoyen CLÉMENCE. — J'appuie les observations du citoyen Langevin ; je suis disposé à donner tous mes soins à la commission de justice ; mais je ne veux pas que ce soit une sinécure ; autrement, si les choses continuaient à marcher de cette façon, je serais, moi aussi, obligé de donner ma démission.

Le citoyen Durand. — Nous sommes occupés dans nos arrondissements jusqu'à une heure de l'après-midi. D'autres occupations et les séances de la Commune nous réclament ensuite, si bien que nous ne pouvons trouver que difficilement un instant pour nous occuper de la commission de justice. J'avoue que mes habitudes me porteraient plutôt à donner mon temps à la commission du travail et de l'échange, et si le citoyen Longuet, qui fait partie de cette commission, pour laquelle il ne se sent peut-être pas le goût nécessaire, voulait permuter, je crois que les choses n'en iraient que mieux.

Le citoyen Président. — Que l'assemblée adjoigne à la commission de justice des hommes de bonne volonté.

Le citoyen Miot. — Les membres de cette commission viennent de me donner raison. On n'a rien fait ; je les engage à faire quelque chose. Je visite les prisons tous les jours, et je suis sûr qu'il y a des douleurs imméritées auxquelles il importe de mettre un terme. Sur ces questions de justice et d'humanité, je ne resterai jamais indifférent. (Très-bien.)

Le citoyen Président. — Je demande à la commission de justice une action en rapport avec les besoins de la situation ; je propose de lui adjoindre le citoyen Vésinier.

La nomination du citoyen Vésinier à la commission de justice est mise aux voix et adoptée.

Le citoyen Langevin, membre de la commission de justice. — Il y a encore deux membres à nommer.

Le citoyen Président. —Attendez que nos collègues de la minorité reviennent dans cette assemblée, nous trouverons parmi eux d'autres membres à vous adjoindre.

Le citoyen Jacques Durand, membre de la commission de justice. — Je propose le citoyen Longuet.

Le citoyen Urbain. — Citoyens, je regarde comme un devoir rigoureux de la part de la majorité d'adresser une interpellation à la minorité; je crois qu'on ne peut déléguer un membre de la minorité avant que cette interpellation n'ait eu lieu. Je ne sais pas si tous les membres de la majorité ont la même intention au sujet de cette interpellation; mais je sais que je l'adresserai moi-même, si d'autres ne le font pas.

Le citoyen Président. — Alors, devant cette observation, la commission reste composée de trois membres. Elle est priée de se réunir demain, à neuf heures.

Le citoyen Johannard. — Je demande la parole pour une communication. Je me suis rendu hier au poste qu'on m'a fait l'honneur de me confier. On s'est battu toute la nuit. La présence d'un membre de la Commune a produit la meilleure influence parmi les combattants. Je ne serais peut-être pas venu, sans un fait très-important dont je crois de mon devoir de vous rendre compte.

On avait mis la main sur un garçon qui passait pour un espion. Toutes les preuves étaient contre lui, et il a fini par avouer lui-même qu'il avait reçu de l'argent et qu'il avait fait passer des lettres aux Versaillais. J'ai déclaré qu'il fallait le fusiller sur-le-champ. Le général La Cécilia et les officiers d'état-major étant du même avis, il a été fusillé à midi.

Cet acte m'ayant paru grave, j'ai cru de mon devoir d'en donner communication à la Commune, et je dirai qu'en pareil cas j'agirai toujours de même.

Le citoyen DEREURE. — Je demanderai au citoyen Johannard si le procès-verbal de l'exécution a été dressé.

Le citoyen JOHANNARD. — Le procès-verbal a été fait et envoyé à la guerre. Je demande à l'assemblée de constater ma présence, car je serai forcé de repartir de suite.

Le citoyen SICARD. — Lorsque j'ai donné ma démission de membre de la commission de la guerre, je l'ai motivée par une lettre que j'ai été très-étonné de ne pas voir figurer à l'*Officiel*.

Le citoyen URBAIN. — Dans le compte rendu de l'*Officiel*, publié en deux fois, le rapport de la 7e légion dont j'ai donné lecture dans la dernière séance a été transposé de façon qu'on peut croire que c'est le citoyen Billioray qui a fait cette communication. C'est là une erreur.

De plus, l'*Officiel*, à la suite de cette lecture, prête au citoyen J.-B. Clément des paroles qui ne peuvent avoir aucun rapport avec ce que je venais de dire.

Je suis chargé par la 7e légion de demander que ce rapport soit publié tout spécialement à l'*Officiel*, et qu'une affiche particulière soit apposée dans l'arrondissement pour constater cette rectification.

Le citoyen VÉSINIER, membre-secrétaire de la Commune. — Je n'avais pas attendu la réclamation du citoyen Urbain pour m'occuper de la rectification qu'il demande.

J'avais, à quatre heures du matin, envoyé plusieurs dépêches au secrétariat pour avoir copie du rapport en question. Je ne l'ai pas eu à temps ; c'est pourquoi je n'ai pu le publier à l'*Officiel* d'avant-hier. La publication qui en a été faite dans le numéro du lendemain n'a donc pas pu être mise à sa place. J'avais aussi donné des ordres nécessaires pour qu'une affiche fût faite à l'imprimerie nationale, afin de donner une grande publicité aux faits relatés dans ce rapport.

Mais, malheureusement, mes ordres n'ont pu encore être exécutés. Quant à la phrase du citoyen J.-B. Clément, c'est une erreur de pagination, que je prie l'assemblée de vouloir bien excuser. (Très-bien ! très-bien!)

Plusieurs membres.—L'ordre du jour! l'ordre du jour!

Le citoyen Président. — Voici une rectification du citoyen Mortier.

Le citoyen Mortier. — Je viens protester contre une erreur des sténographes, qui ont écrit Mortier pour Pottier. Je demande à ce que rectification du fait soit insérée à l'*Officiel*. Si la sûreté générale faisait évacuer ou fermer toutes les églises de Paris, elle ne ferait que prévenir mes désirs. Ce que je pourrais lui contester, ce serait la fermeture complète de ces maisons, car je désire les voir ouvertes pour y traiter de l'athéisme et anéantir par la science les vieux préjugés et les germes que la séquelle jésuitique a su infiltrer dans la cervelle des pauvres d'esprit.

Le citoyen Clémence. — Le compte rendu analytique prête au citoyen Langevin des paroles que j'ai prononcées. J'ai dit que les membres de la minorité s'étaient rangés à l'avis de Vallès. J'ai voté contre le comité de salut public ; mais la majorité l'ayant institué, j'ai ajouté que je protestais contre les paroles du citoyen Paschal Grousset. (Interruption.)

Le citoyen Miot. — On n'a pas reproduit une partie de mon allocution dans la discussion sur le manifeste de la minorité. J'ai terminé cette dernière par ces quelques mots :

Les membres de la minorité ont commis un acte

grave et des plus répréhensibles, suivant mon appréciation, en publiant le manifeste par lequel ils font scission avec la majorité.

Sans notre prudence et notre modération ils pouvaient ainsi amener la guerre civile, que mes collègues de la majorité et moi voulons éviter. Je demande que ma rectification soit insérée au *Journal officiel.*

Le citoyen Langevin. — Je demande qu'elle n'y soit pas. (Bruit.)

Le citoyen Miot. — Je demande alors que l'assemblée vote sur l'insertion de ma rectification à l'*Officiel.*

Le citoyen Président. — Je vais mettre aux voix la demande d'insertion à l'*Officiel* des paroles du citoyen Miot.

L'assemblée, consultée, décide que les paroles du citoyen Miot seront insérées à l'*Officiel.*

LE 21 MAI 1871.

Le *Journal officiel* de Paris contient, dans sa partie officielle, les pièces suivantes :

Le Comité de salut public, en présence des tentatives de corruption qui lui sont signalées de toutes parts, rappelle que tout individu prévenu d'avoir offert ou accepté de l'argent pour faits d'embauchage, se rend coupable du crime de haute trahison et sera déféré à la cour martiale.

Paris, le 1er prairial an 79.

Le comité de salut public,
ANT. ARNAUD, BILLIORAY, E. EUDES, F. GAMBON, G. RANVIER.

Sur la proposition du citoyen directeur général de l'intendance,

Le délégué civil à la guerre

ARRÊTE :

L'uniforme et les galons tendant à établir une assimilation aux grades militaires sont supprimés dans le corps de l'intendance.

Le directeur de l'intendance soumettra à la délégation à la guerre un système aussi simple que possible de marques distinctives, suffisant à constater les qualités des employés dudit corps.

Paris, le 29 floréal an 79.

Le délégué civil à la guerre,

DELESCLUZE.

La Commune de Paris,

Conformément aux principes établis par la première république, et déterminés par la loi du 11 germinal an II,

DÉCRÈTE :

Les théâtres relèvent de la délégation à l'enseignement.

Toute subvention et monopole des théâtres sont supprimés.

La délégation est chargée de faire cesser, pour les théâtres, le régime de l'exploitation par un directeur ou une société, et d'y substituer, dans le plus bref délai, le régime de l'association.

Les habitants de Paris sont invités de se rendre à leur domicile *sous quarante-huit heures* passé ; ce délai, leurs titres de rente sur le grand-livre seront brûlés.

Pour le comité central,
GRÊLIER.

Aujourd'hui dimanche, à deux heures, séance de la Commune et appel nominal.

Le citoyen Cluseret, détenu préventivement, sera entendu.

Le *Journal officiel* de Paris contient ce qui suit dans sa partie non officielle :

RAPPORTS MILITAIRES.

Montrouge.

Nos positions ont été attaquées plusieurs fois; toutes les attaques ont été repoussées victorieusement.

Le général La Cécilia a fait fusiller un espion pris en flagrant délit.

Attaque très-violente de l'ennemi contre les Hautes-Bruyères, barricades de Villeneuve et Moulin-Saquet.

D'après renseignements sûrs, l'ennemi y a laissé une centaine de cadavres; de notre côté, pertes insignifiantes.

Bicêtre et Hautes-Bruyères ont appuyé de leurs feux la poursuite de l'ennemi.

Neuilly.

Tout va bien. Les batteries de nos barricades font éprouver des pertes sérieuses aux Versaillais.

Minuit. Reprise des hostilités jusqu'à six heures du matin ; avantage aux fédérés.

Après-midi. Nos bastions tirent de temps à autre et font cesser le feu ennemi.

Montmartre, Saint-Ouen.

Tirent de temps en temps sur la redoute de Gennevilliers, ainsi que les bastions. La *Joséphine* tire sur Bécon, qui ne répond pas.

Aucune insertion n'aura lieu à l'*Officiel* pour les matières relevant de la délégation à la guerre, sans l'autorisation du délégué civil à ce département ou du comité de salut public.

Il est interdit aux bureaux de la guerre de faire apposer des affiches blanches sans les mêmes autorisations que celles qui ont été indiquées au paragraphe précédent.

Paris, le 20 mai 1871.

Le délégué civil à la guerre,

DELESCLUZE.

RAPPORT.

Nous, membres de la commission d'enquête chargée d'examiner les faits relatifs à l'arrestation du citoyen Émile Clément, membre de la Commune,

Après avoir pris connaissance des pièces contenues dans le dossier du citoyen Clément (Émile-Léopold), et des déclarations faites par ce citoyen lui-même, après son arrestation ;

Attendu que, de l'examen des pièces contenues dans ledit dossier, il résulte que le citoyen Clément (Émile) a été arrêté le 2 mars 1862 (et non le 12 janvier, comme il l'a déclaré), en vertu d'un mandat lancé par le préfet de police sous l'inculpation de société secrète (affaire Miot, Vassel, etc.);

Attendu que, de l'aveu même du citoyen Clément, il résulte que des offres de service lui furent faites par Boitelle, préfet de police, devant lequel il avait été amené à la suite de son arrestation;

Attendu que dans une lettre datée de Mazas, le 7 mars 1862, et adressée au préfet de police, le citoyen Clément se rappelle à la mémoire du préfet;

Que, dans cette même lettre, il manifeste le vif désir d'être admis auprès de l'empereur pour « l'instruire de bien grandes choses qui pourraient asseoir sa dynastie sur des bases inébranlables »;

Que, dans cette même lettre, le citoyen Clément parle de « l'intérêt qu'il porte à l'empereur »;

Attendu que, dans cette lettre, il implore l'appui du préfet de police « pour atténuer », comme il le dit lui-même dans sa déclaration écrite, « la sévérité d'une condamnation qu'il redoutait »;

Qu'en outre, le citoyen Clément se défend d'avoir jamais assisté à aucune réunion et d'avoir fait partie de sociétés secrètes;

Attendu que, dans une seconde lettre non datée (lettre dont le citoyen Clément nie formellement être l'auteur et qui se trouve jointe au dossier), le citoyen Clément adresse au préfet de police une lettre très-pressante dans laquelle il déclare ceci :

« ..... Je suis, dans l'intérêt que je peux porter à l'empereur et par conséquent à mon pays, tout à vous corps et âme, jour et nuit... Hâtez-vous, je vous en conjure et je vous en prie au nom de l'humanité. Confiez-vous, sans aucune arrière-pensée, dans le cœur pur qui vient, sans aucun intérêt, vous offrir tout son dévouement... »

Que plus loin, il ajoute :

« ... Je vous rendrai toujours fidèlement compte de mes opérations, et vous saurez juger si je suis digne de la confiance que vous m'accordez... »

Attendu que cette lettre se termine par une demande d'audience dans laquelle le citoyen Clément se proposait de soumettre *son projet;*

Attendu que les opinions et sentiments exprimés dans cette seconde lettre sont conformes aux sentiments exprimés dans la première, et que les dénégations du citoyen Clément n'établissent pas suffisamment qu'il n'en est pas l'auteur ;

Attendu que de l'examen attentif de ces pièces, il résulte que, le citoyen Clément *a pu* rendre des services au gouvernement impérial, bien que les notes de son dossier établissent que dans ces dernières années il travaillait activement au salut de la république ; bien qu'une note écrite au sieur Lagrange déclare que la femme Clément n'a rien reçu de la munificence de l'impératrice ;

Attendu que certains faits contradictoires demandent à être éclaircis ;

Nous déclarons que le citoyen Clément doit être maintenu en état d'arrestation jusqu'à ce qu'une enquête définitive ait détruit ou maintenu sa culpabilité.

Paris, le 19 mai 1871.

A. DUPONT, CHALAIN.

Pour copie conforme :

Le secrétaire général à l'ex-préfecture,

A. REGNARD.

AUX CITOYENS GUSTAVE MAY, EX-INTENDANT GÉNÉRAL,
ET ÉLIE MAY, EX-INTENDANT DIVISIONNAIRE.

Citoyens,

J'ai été délégué par le comité de salut public pour vous remplacer à l'intendance, le jour où il a cru devoir vous mettre en état d'arrestation.

De nombreuses plaintes contre l'intendance, venues de divers côtés, avaient motivé cette double mesure.

Mon premier soin, après avoir assuré les services, a été de rechercher ce qu'il pouvait y avoir de vrai ou de faux dans les griefs formulés contre vous, et j'ai pu reconnaître bien vite que les plaintes, les accusations même dont votre administration avait été l'objet étaient en partie sans fondement, et que, en tout cas, pour la plupart, elles ne vous étaient pas applicables. Aussi ai-je demandé de suite votre mise en liberté immédiate.

Maintenant que depuis quinze jours je suis à la tête de l'administration que vous aviez dû rétablir à nouveau après que le gouvernement de Versailles avait si bien réussi à la désorganiser, je suis heureux de pouvoir affirmer que je n'ai rien trouvé dans les actes de votre administration qui soit de nature à compromettre en rien votre honorabilité.

D'ailleurs j'espère, quand il me sera donné de rendre compte de ma mission, pouvoir rendre justice aux efforts que vous avez eu à faire pour assurer à peu près le service toujours si difficile d'une intendance militaire.

Salut et fraternité.

Paris, le 16 mai 1871.

Le délégué à l'intendance, membre de la Commune,

E. VARLIN.

COMMUNE DE PARIS.

SUITE DE LA SÉANCE DU 19 MAI 1871.

Présidence du citoyen RÉGÈRE. — Assesseur : le citoyen POTTIER.

Le citoyen VIARD. — Si nous avons des reproches à nous adresser, ce n'est pas en récriminant que nous arriverons à un bon résultat. Il me semble que nous devrions nommer une commission de trois membres qui s'entendrait avec la minorité.

Le citoyen PRÉSIDENT. — Citoyen Viard, vous n'avez plus la parole : ce n'est pas là une motion d'ordre. La parole est à l'un des secrétaires pour la lecture du procès-verbal de la dernière séance.

Il est donné lecture du procès-verbal, qui, mis aux voix, est adopté.

Le citoyen PRÉSIDENT. — Je trouve sur le bureau une lettre du citoyen Cluseret, se plaignant du délai trop long qu'on assigne à sa réclusion.

Je vais en donner lecture :

« Paris, 19 mai 1871.

« Chers collègues, voilà vingt jours que, détenu préventivement, j'appelle en vain celui de la justice.

« Et pourtant, nous avons tous combattu contre la détention préventive.

« Comme membre de la Commune, j'ai droit à mon siége.

« Comme enfant de Paris, j'ai droit à défendre ma ville natale.

« Comme homme, j'ai droit à la justice; ne me la refusez pas.

« A quoi suis-je utile ici ?

« Et surtout pénétrez-vous bien de cette pensée, que je

suis de ceux qui croient qu'il y a autant de gloire à obéir qu'à commander, quand le peuple gouverne.

« Salut et fraternité,
« E. CLUSERET. »

Le citoyen Président. — Je propose que l'affaire Cluseret soit la première mise à l'ordre du jour de dimanche, avec injonction à la commission d'enquête de se présenter.

Le citoyen Amouroux. — On sera convoqué à domicile.

Le citoyen Président. — J'ai rencontré en venant à la séance une troupe de musiciens faisant une quête pour des blessés ; sur ma demande, ils m'ont exhibé une commission signée : Cournet. Certainement cette commission n'a été donnée qu'avec de bonnes intentions. Mais ce que je trouve blâmable, c'est que cette troupe se composait de trente musiciens et de quinze ou vingt quêteurs, qui prélèvent d'abord chacun 4 fr. pour leur journée.

C'est là un fait immoral et qu'il me paraît urgent de faire cesser au plus vite.

Le citoyen Cournet. — Cette question a été déjà traitée ici. L'autorisation émanant de la sûreté générale a été accordée sur la demande d'une municipalité. Mais il y a environ quinze jours que ces quêtes ont été interdites par un avis publié au *Journal officiel,* et elles auraient dû cesser.

Le citoyen E. Gérardin. — Il ne faut pas de mendicité. L'empire n'a su faire que des mendiants : la république doit faire des hommes.

Le citoyen J.-B. Clément. — Il est important que cette question soit liquidée. Dans le 18e arrondissement, nous avons interdit les quêtes aussitôt l'avis paru à l'*Officiel.*

Elles devraient être interdites également dans tous les autres arrondissements.

Le citoyen Ledroit. — Je crois que l'assemblée est bien éclairée sur cette question ; si on laisse aux municipalités le droit d'autoriser des quêtes, nous verrons encore ces mascarades dans les rues. Il faut arrêter cela définitivement ; s'il y a des musiciens assez zélés pour mettre leur talent au service des blessés, qu'ils organisent des concerts, et que ce soit gratuit de leur part.

Le citoyen Président. — Je crois que l'on doit renvoyer la question au comité de salut public. (Oui ! oui !)

Le citoyen Miot. — Je demande la parole pour une communication relative aux quêtes.

Le citoyen Président. — La question est renvoyée au comité de salut public. Le citoyen Pottier fait la proposition de remplacer les galons par une marque distinctive. Je crois que, pour cette question, la guerre seule est compétente. (Oui ! appuyé !)

Le citoyen J.-B. Clément. — Prenez-y garde, citoyens : il y a des gens qui meurent avec leurs galons, et si vous les leur enlevez, vous ferez peut-être une chose très-mauvaise.

Le citoyen Président. — Voici une proposition du citoyen Cournet, à laquelle je m'associe complétement :

« Considérant que, dans les jours de révolution, le peuple, inspiré par son instinct de justice et de moralité, a toujours proclamé cette maxime : Mort aux voleurs !

« La Commune

« Décrète :

« Art. 1er. Jusqu'à la fin de la guerre, tous les fonctionnaires accusés de concussion, de déprédation, vol, seront traduits devant la cour martiale ; la seule peine appliquée à ceux qui seront reconnus coupables sera la peine de mort.

« Art. 2. Aussitôt que les bandes versaillaises auront été vaincues, une enquête sera faite sur tous ceux qui, de près ou de loin, auront eu le maniement des fonds publics. »

Le citoyen FRANCKEL. — J'ai lu précisément dans le *Journal officiel* un article du délégué aux finances :

« La solde de la garde nationale a donné lieu à de scandaleux abus.

« Le délégué aux finances a constitué un service spécial de contrôle pour arrêter les détournements qui se commettent tous les jours.

« Quant aux misérables qui ont osé profiter des difficultés de la situation actuelle pour tromper indignement la Commune, le service de contrôle est appelé à faire une enquête sévère sur ces délits qui, à l'heure présente, sont des crimes. Leur culpabilité établie, ils seront déférés à la cour martiale et jugés avec toute la rigueur des lois militaires.

« La direction du contrôle, siégeant à la délégation des finances, recevra avec reconnaissance tous les documents de nature à l'éclairer. »

Le citoyen COURNET. — Vous perdez de vue le but que j'avais en présentant ce projet ; le directeur du service de l'intendance est venu me déclarer qu'il se chargeait de faire une économie de deux à trois mille francs par jour, si on lui donnait le moyen d'arrêter le vol **organisé**.

Un citoyen demande que l'on mette « tous les fonctionnaires ou *fournisseurs* ».

La proposition du citoyen Cournet avec l'amendement « et fournisseurs » est adoptée.

Le citoyen Président. — Voici une proposition du citoyen Mortier, demandant qu'on réunisse dans un même volume tous les décrets de la Commune.

« Considérant qu'il est de toute utilité que les actes de la Commune, décrets, arrêtés, circulaires, soient réunis dans un recueil spécial,

« La Commune de Paris,

« ARRÊTE :

« Art. 1er. Tous les actes officiels de la Commune de Paris seront insérés dans un journal ayant pour titre : *Bulletin des Lois,* qui paraîtra hebdomadairement.

« Art. 2. Le délégué à la justice est chargé de l'exécution du présent arrêté.

« H. MORTIER. »

La proposition Mortier est mise aux voix et adoptée.

Le citoyen Président. — Voici un projet de décret du citoyen Vaillant :

« Considérant que, sous le régime communal, à chaque fonction doit être allouée une indemnité suffisante pour assurer l'existence et la dignité de celui qui la remplit,

« La Commune

« Décrète :

« Tout cumul de traitement est interdit.

« Tout fonctionnaire de la Commune appelé en dehors de ses occupations normales à rendre un service d'ordre différent n'a droit à aucune indemnité nouvelle.

« VAILLANT. »

Le citoyen Président. — Je vais mettre aux voix la proposition du citoyen Vaillant relative au cumul.

Le citoyen LEDROIT. — C'est inutile. Ce serait nous répéter, puisqu'il y a déjà un décret qui fixe à 6,000 francs le maximum des traitements et interdit le cumul.

Le citoyen VAILLANT. — Ma proposition complète le décret que vous avez pris précédemment.

La proposition du citoyen Vaillant est mise aux voix et adoptée.

Le citoyen PRÉSIDENT. — On dépose sur le bureau la proposition suivante :

« La Commune

« Décrète :

« Art. 1er. Une commission supérieure de comptabilité est autorisée ;

« Art. 2. Elle se composera de quatre comptables nommés par la Commune ;

« Art. 3. Elle sera chargée de la vérification générale des comptes des différentes administrations communales ;

« Art. 4. Elle devra fournir à la Commune un rapport mensuel de ses travaux.

« Paris, le 19 mai 1871.

« J. MIOT, RÉGÈRE, E. POTTIER. »

C'est une cour des comptes que l'on vous propose, et je crois qu'elle serait d'une grande utilité.

Le citoyen LEDROIT. — Je suis d'avis qu'il soit spécifié, dans le premier article, que le comptable pourra être choisi en dehors de la Commune.

Le citoyen MIOT. — C'est la Commune qui choisit le comptable ; elle le prendra où elle voudra.

(La proposition, mise aux voix, est adoptée.)

Il est ensuite décidé qu'il y aura séance dimanche à deux heures précises et appel nominal.

La Commune déclare, en outre, qu'elle entendra le citoyen Cluseret, détenu préventivement.

La séance est levée à sept heures et demie.

Les secrétaires de la séance,
AMOUROUX, VÉSINIER.

Le dimanche 21 mai, à quatre heures de l'après-midi, l'armée entrait dans Paris par le Point-du-Jour. Dans la soirée, Delescluze démentait le fait par l'affiche suivante :

8 heures du soir.

« L'observatoire de l'arc de triomphe nie l'entrée des Versaillais ; du moins, il ne voit rien qui y ressemble. Le commandant Renard, de la section, vient de quitter mon cabinet, et affirme qu'il n'y a eu qu'une panique, et que la porte d'Auteuil n'a pas été forcée ; que si quelques Versaillais se sont présentés, ils ont été repoussés. J'ai envoyé chercher onze bataillons de renfort, par autant d'officiers d'état-major, qui ne doivent les quitter qu'après les avoir conduits au poste qu'ils doivent occuper.

« DELESCLUZE. »

On lit dans le *Journal officiel* de Versailles :

Le chef du pouvoir exécutif vient d'adresser à tous les préfets la circulaire suivante : .

Versailles, le 20 mai, 3 h. 10 soir.

Quelques préfets ayant demandé des nouvelles, il leur a été fait la réponse suivante :

« Ceux qui s'inquiètent ont grand tort. Nos troupes travaillent aux approches. Nous battons en brèche, au moment où j'écris. Jamais nous n'avons été plus près du but. Les membres de la Commune sont occupés à se sauver. M. Henri Rochefort a été arrêté à Meaux. »

« A. THIERS. »

LE 22 MAI 1871.

Le *Journal officiel* contient, dans sa partie officielle, les pièces suivantes :

AU PEUPLE DE PARIS, A LA GARDE NATIONALE.

Citoyens,

Assez de militarisme, plus d'états-majors galonnés et dorés sur toutes les coutures !

Place au peuple, aux combattants aux bras nus ! L'heure de la guerre révolutionnaire a sonné.

Le peuple ne connaît rien aux manœuvres savantes, mais quand il a un fusil à la main, du pavé sous les pieds, il ne craint pas tous les stratégistes de l'école monarchiste.

Aux armes ! citoyens, aux armes ! Il s'agit, vous le savez, de vaincre ou de tomber dans les mains impitoyables des réactionnaires et des cléricaux de Versailles, de ces misérables qui ont, de parti pris, livré la France aux Prussiens et qui nous font payer la rançon de leurs trahisons !

Si vous voulez que le sang généreux qui a coulé comme de l'eau depuis six semaines ne soit pas infécond, si vous voulez vivre libres dans la France libre et égalitaire, si vous voulez épargner à vos enfants et vos douleurs et vos misères, vous vous lèverez comme un seul homme, et devant votre formidable résistance, l'ennemi, qui se flatte de vous remettre au joug, en sera pour la honte des crimes inutiles dont il s'est souillé depuis deux mois.

Citoyens, vos mandataires combattront et mourront avec vous, s'il le faut. Mais au nom de cette glorieuse France, mère de toutes les révolutions populaires, foyer permanent des idées de justice et de solidarité qui doivent être et seront les lois du monde, marchez à l'ennemi, et que votre énergie révolutionnaire lui montre qu'on peut vendre Paris, mais qu'on ne peut ni le livrer ni le vaincre !

La Commune compte sur vous, comptez sur la Commune !

Le délégué civil à la guerre,

CH. DELESCLUZE.

Le comité de salut public,

ANT. ARNAUD, BILLIORAY, E. EUDES,
F. GAMBON, G. RANVIER.

Le délégué de la Commune à l'enseignement

ARRÊTE :

Une commission est instituée pour organiser et surveiller l'enseignement dans les écoles de filles.

Elle est composée des citoyennes André Léo, Jaclard, Périer, Reclus, Sapia.

*Le membre de la Commune délégué
à l'enseignement,*

E. VAILLANT.

Le *Journal officiel* de Paris contient ce qui suit dans sa partie non officielle :

Sur sa demande, le directeur de l'intendance militaire est autorisé à publier au *Journal officiel* le tableau quotidien des marchés passés par l'intendance, avec noms, adresses et conditions.

Paris, le 2 prairial an 79.

Le délégué civil à la guerre,

DELESCLUZE.

INTENDANCE GÉNÉRALE.

Acheté des citoyens Gautrot et Cie, 80, rue Turenne, 100 clairons garnis, au prix net de 13 francs, livrables jeudi 25 courant.

Paris, le 21 mai 1871.

*Le membre du comité central, directeur
de l'intendance générale,*

ED. MOREAU.

COMMUNE DE PARIS.

SÉANCE DU 1er PRAIRIAL AN 79.

Présidence du citoyen JULES VALLÈS. — Assesseur : le citoyen G. COURBET.

La séance est ouverte à trois heures et demie.

Il est donné lecture du procès-verbal de la dernière séance.

Le citoyen Président. — Le citoyen Ostyn a la parole sur le procès-verbal.

Le citoyen Ostyn. — En comparant le compte rendu de l'*Officiel* avec le procès-verbal que nous venons d'entendre, je suis péniblement surpris de voir combien le compte rendu est tronqué. Je n'accuse personne, je constate, et je prie que l'on veuille bien remédier à cet état de choses.

Le citoyen Babick. — Dans la dernière séance, la Commune avait décidé qu'il n'y aurait pas de traitement au-dessus de 6,000 francs, et cependant tout le monde peut lire dans l'*Officiel* que certaines fonctions étaient rétribuées à raison de 33 francs par jour. (Interruptions.)

Le citoyen Amouroux, membre secrétaire de la Commune. — Vous ne parlez pas sur le procès-verbal.

Le citoyen Babick. — Alors je demanderai la parole après l'adoption du procès-verbal.

Le citoyen Régère. — J'appuie l'observation du citoyen Ostyn. Il est fâcheux de voir retrancher de l'*Officiel* une portion importante de nos séances. Ainsi, à propos de la proposition Vaillant sur les théâtres, j'aurais aimé voir reproduits les développements qui ont été donnés à cette question ; cela aurait prouvé à nos ennemis que nous ne sommes pas tellement effrayés de leurs menaces que nous n'ayons pas le temps de nous occuper de questions de ce genre, et de conserver notre indépendance de langage.

Il y a eu notamment des considérations très-élevées du citoyen Félix Pyat qui n'ont pas été publiées ; je demande la reproduction de ces retranchements à l'*Officiel*.

Le citoyen Clémence. — On avait tronqué mes paroles dans le dernier procès-verbal, et une partie de la rectification que j'ai faite n'a pas été insérée dans celui d'aujourd'hui ; je le regrette.

Le citoyen RASTOUL. — Je proteste contre la dictature que se sont arrogée les secrétaires. Pour mon compte, si cela continue, je serais obligé d'avoir recours aux réunions publiques pour mettre mes électeurs au courant de ce que j'ai pu dire dans nos séances.

Le citoyen DESCAMPS. — Je ne vois pas reproduite au compte rendu l'interpellation que j'ai faite dans la dernière séance sur les groupes des boulevards ; le procès-verbal seul a mentionné mes paroles.

Le citoyen JACQUES DURAND. — Dans l'*Officiel* de ce matin, le compte rendu me prête à l'égard du citoyen Longuet une insinuation contre laquelle je proteste : « Que le citoyen Longuet n'avait peut-être pas le goût nécessaire pour faire partie de la commission de travail et d'échange. » C'est là une insinuation dont je suis incapable.

Je lui ai en effet proposé de permuter avec moi en passant de la commission du travail à la commission de justice dont je suis membre ; mais je n'ai certainement jamais voulu dire rien de blessant.

Le citoyen LONGUET. — Je remercie le citoyen Durand de son observation ; mais je puis lui affirmer que je n'avais pas considéré ce qu'il a dit comme une insinuation blessante. La plupart d'entre nous savent que depuis longtemps je m'occupe de l'étude des questions sociales ; dans ces dernières années je ne travaillais pas seulement à renverser l'empire, je faisais partie de diverses délégations qui avaient pour objet l'étude des problèmes sociaux. Je ne crois donc pas que le citoyen Durand ait eu un seul instant l'intention de faire une insinuation blessante à mon égard.

Le citoyen Amouroux, membre secrétaire de la Commune. — Il est tenu compte de toutes les paroles qui se prononcent ici; elles sont consignées sur un registre *ad hoc*; mais quand le citoyen Vésinier m'a été adjoint, vous avez décidé de lui laisser le soin de retrancher ou de ne pas retrancher. Je me suis depuis complétement déchargé du soin de faire insérer le compte rendu au *Journal officiel* sur le citoyen Vésinier. Quant à la question des théâtres, le citoyen Vésinier n'est pas en cause; c'est le comité de salut public qui a demandé que cette discussion ne fût pas insérée dans l'*Officiel*. J'ignore si c'est d'accord avec le citoyen Vaillant que l'insertion n'a pas eu lieu.

Le citoyen Vaillant. — Le citoyen Vésinier m'a demandé si je tenais à voir mes arguments dans cette question figurer à l'*Officiel*, je lui ai répondu que je n'y tenais nullement.

Le citoyen Sicard. — On distribue dans les rues un opuscule où on exagère le nombre des victimes de l'explosion de la cartoucherie Rapp; on a exagéré les chiffres. Il y avait quatorze femmes et seize hommes employés à la cartoucherie, il n'a donc pu y avoir cent victimes. Demain je vous donnerai des renseignements exacts à ce sujet. Avant de donner des autorisations de faire des brochures, l'ex-préfecture de police devrait au moins consulter les personnes compétentes.

Plusieurs membres. — Parlez sur le procès-verbal.

Le citoyen Régère. — Je demande l'insertion à l'*Officiel* de la discussion très-élevée qui a eu lieu à propos des théâtres.

Le citoyen Président. — Je vais d'abord mettre aux voix le procès-verbal.

(Le procès-verbal, mis aux voix, est adopté.)

Le citoyen LANGEVIN. — Citoyens, pour la question que je veux soumettre à l'assemblée, je crois qu'il serait bon qu'un membre du comité de salut public fût présent, mais néanmoins j'en saisis immédiatement l'assemblée.

J'ai été très-étonné ce matin quand j'ai lu dans l'*Officiel* un décret signé d'un membre du comité central, qui se permet de légiférer. Je voudrais bien savoir si le comité de salut public a donné le droit au comité central de venir se substituer à la Commune. Non-seulement le comité central a outre-passé ses pouvoirs, mais le décret auquel je fais allusion est insensé, et nous ne pouvons nous attirer ainsi l'odieux d'une mesure sans même en avoir le bénéfice; je crois qu'il faut y mettre un terme.

Je demanderai également au citoyen qui est délégué à l'*Officiel* s'il a eu connaissance de l'insertion de ce décret insensé.

Le citoyen PRÉSIDENT. — Je crois aussi que nous devons rejeter loin de nous toutes les conséquences ridicules d'un pareil décret et qu'il faut vider immédiatement cet incident.

Le citoyen JOURDE. — Je demande la parole pour une observation importante.

Plusieurs voix. — Parlez! parlez!

Le citoyen JOURDE. — Je demande que l'assemblée prenne une décision qui touche vos finances. Hier, il y a eu une dépense de 1,800,000 fr., depuis dix jours il y a une augmentation de 4,500,000 fr., et je lis ce matin dans l'*Officiel* quatre lignes du citoyen Grêlier déclarant que des titres de rente et le grand-livre seront brûlés dans quarante-huit heures. C'est là une note des plus dangereuses et dont l'opinion publique s'émeut. Je vous demande, avant de passer à l'ordre du jour, de faire le nécessaire pour donner un démenti à cette note dans l'*Officiel,* en disant que son insertion n'a eu lieu que par erreur ou par surprise.

Le citoyen Lefrançais. — Je demande l'arrestation de l'auteur de cette note.

Le citoyen Régère. — Dès huit heures du matin, avant que les membres du comité de salut public eussent pu voir cette note dans l'*Officiel,* ceux de nous qui l'avaient lue ont télégraphié au comité pour l'engager à prendre des mesures urgentes, et, à l'heure qu'il est, elles doivent être prises.

Le citoyen Langevin. — Quelles sont ces mesures?

Le citoyen Jourde. — Il ne s'agit pas de dire que des mesures sont prises, il faut les indiquer. Je prie l'assemblée de vouloir bien décider de suite que le citoyen Grêlier mérite plus qu'un blâme. Je lui demande en outre d'exprimer le regret que ces quatre lignes aient paru dans l'*Officiel,* et de déclarer que la population de Paris n'a pas à s'en préoccuper. (Approbation générale.)

Le citoyen Longuet. — J'ai vu des membres du comité de salut public à qui j'ai donné communication de la note de l'*Officiel.* Ils ont été aussi émus que moi, et ils sont d'avis que l'auteur ne mérite pas seulement un blâme. Je prierai les membres du comité de salut public de constater l'opinion de l'assemblée pour agir énergiquement et promptement contre l'auteur de la note.

Le citoyen Cournet. — Je sais que les membres du comité de salut public ont été aussi émus que nous à la lecture des quelques lignes dont il s'agit. Il faut qu'il soit pris immédiatement des mesures extrêmement graves; je demande qu'un membre du comité de salut public soit entendu.

Le citoyen Paschal Grousset. — Il y a, si vous voulez lire l'*Officiel,* une note qui enlève toute valeur aux quelques lignes dont on se plaint; je veux parler d'une note du citoyen Delescluze portant que toute disposition, émanant du ministère de la guerre, qui ne portera point sa signature, devra être considérée comme non avenue. Je ne crois pas que la note dont nous nous occupons puisse être prise au sérieux dans le public. (Réclamations.) Tout en blâmant l'insertion de cette note, je demande qu'on prenne des mesures pour l'anéantissement de tous les titres appartenant aux Versaillais, le jour où ils entreraient à Paris. (Bruit.)

Le citoyen Rastoul. — L'article du citoyen Delescluze n'a aucun rapport avec la note que l'on vient de signaler à la Commune. Il s'agit, en réalité, d'une usurpation de pouvoir; agir comme on vient de le faire, c'est nous mettre sous les pieds; il est urgent, très-urgent de prendre des mesures. (Bruit.)

Le citoyen Lefrançais. — En ce qui concerne l'article signé Grêlier, je proposerai simplement l'ordre du jour dont je vais vous donner lecture :

« La Commune, s'en rapportant au comité de salut public pour prendre toutes mesures de répression contre le citoyen Grêlier et ses complices,

« Passe à l'ordre du jour.

« Lefrançais. »

Un membre. — Et les complices? (Oui! il doit en avoir.)

Le citoyen Billioray, membre du comité de salut public. — La note a été aussi inexplicable pour nous que pour vous; je regrette qu'on l'ait insérée dans l'*Officiel.* Le citoyen Grêlier nous a dit qu'il ne comprend point qu'elle y figure, que c'est le résultat d'une convention.

Quoi qu'il en soit, le fait de l'insertion est extrêmement regrettable, extrêmement blâmable.

Un membre. — Criminelle!

Une voix. — Le citoyen Vésinier n'aura pas vu la mise en pages. (Bruit.)

Le citoyen Régère. — Il ne faut demander à un homme que ce que ses forces lui permettent de donner. Vous savez l'importance et l'abondance du travail dont notre collègue est chargé; il peut se faire que des épreuves échappent à son examen. Le mot *complices* que porte l'ordre du jour me paraît bien dur, j'en demande la suppression. (Oui! — Non!)

Le citoyen Ostyn. — Comme je connais le citoyen Grêlier, il n'est pas admissible pour moi qu'il n'ait point de complices.

Le citoyen Longuet. — Je sais que c'est une besogne très-dure que celle du délégué à l'*Officiel*; je l'ai faite longtemps, et je reconnais qu'une note semblable à celle qui nous occupe aurait très bien pu passer sans que je m'en aperçusse; mais si cela m'était arrivé, j'aurais immédiatement donné ma démission et demandé une enquête. Je n'accuse pas le citoyen Vésinier d'être complice, je viens de vous en dire la raison, mais je le trouve responsable.

Le citoyen Lefrançais. — Je ne sais pourquoi on met le citoyen Vésinier en cause dans cette affaire. La complicité implique une participation volontaire dont je ne l'accuse nullement, mon ordre du jour ne tenant aucun compte des personnes.

Le citoyen Billioray, membre du comité de salut public. — Je crois qu'il y a ici une véritable conspiration dans le but de nuire à nos intérêts financiers. C'est ainsi que, il y a quelques jours, on a essayé de fermer la Bourse sans ordre ni de la Commune, ni du comité de salut public. Il faut que nous sachions d'où partent ces coups à la sourdine ; si le citoyen Vésinier n'est pas complice, ce dont je suis persuadé, il n'en est pas moins vrai qu'il est coupable de négligence, pour avoir laissé insérer d'autres actes que les actes officiels, c'est-à-dire émanés du comité de salut public ou d'une délégation quelconque de la Commune.

Le citoyen Président. — Je mets l'ordre du jour du citoyen Lefrançais aux voix. (L'épreuve est commencée.)

Le citoyen Oudet. — Il y a un mot qui me paraît malheureux dans l'ordre du jour que l'on nous propose, c'est celui de complices.

Il me semble qu'il y a imprudence à attaquer les citoyens qui sont en cause, et je voudrais que ce mot disparût.

Le citoyen Jules Vallès, président. — Je m'associe complétement à l'observation du citoyen Oudet.

Le citoyen Billioray. — Selon nous, il y a danger à se prononcer en ce sens. Je serais d'avis que l'on renvoyât à la prochaine séance la discussion sur cet ordre du jour. (Non ! aux voix ! aux voix !)

Le citoyen Président. — Sur la demande de l'assemblée, je mets de nouveau aux voix l'ordre du jour du citoyen Lefrançais.

(L'ordre du jour est mis aux voix et adopté.)

Le citoyen Varlin. — On nous a convoqués pour l'affaire Cluseret, et je suis venu à la séance pour cette affaire. Je demande qu'on s'en occupe de suite. (Interruptions diverses.)

Le citoyen Léo Meillet. — Il ne faudrait pas que ceux de nos collègues qui avaient déclaré ne plus vouloir siéger vinssent ainsi imposer leur volonté.

Si la Commune juge à propos de discuter d'autres propositions que celle relative au citoyen Cluseret, elle en a parfaitement le droit. Il ne faut pas que la majorité soit à la merci de la minorité.

Le citoyen VARLIN. — Nous ne voulons pas non plus que la minorité soit à la merci de la majorité. (Bruit.)

Le citoyen PRÉSIDENT. — Je consulte l'assemblée pour savoir si elle entend passer de suite à l'examen de l'affaire Cluseret.

L'assemblée, consultée, décide qu'elle va discuter de suite cette affaire.

(Il nous paraît inutile de reproduire les débats de cette affaire qui roulent presque exclusivement sur des faits militaires du mois d'avril. A la fin du procès-verbal de la séance, on lit la note suivante :)

Le citoyen Vésinier, délégué à l'*Officiel*, et que d'autres occupations avaient empêché d'assister au commencement de la séance, a déclaré à la fin de cette dernière que c'était par suite de la plus regrettable des erreurs que la proposition *tout individuelle*, signée Grêlier, qui avait été apportée en son absence, et qui n'était pas destinée à la publicité, s'est trouvée mêlée aux pièces à publier et a été insérée à la partie officielle.

Séance aujourd'hui à deux heures.

On lit dans le journal *le Salut public* :

Nous pouvions étouffer l'aigle dans l'œuf, tuer avec un millier de coups de fusil les mauvaises pensées dans les fronts tarés.

Non. On a fait du sentiment ; les menaces sont restées

en l'air; le couteau demeure dans la gaîne. Et pendant ce temps, les faubourgs se déciment, nos soldats tombent par milliers; la révolution n'avance pas.

Est-ce que, comme le prétendent nos ennemis, ce mouvement ne serait qu'une farce, une parodie bouffonne?

La Commune a voulu donner le commandement de ses armées à des hommes que, comme Cluseret, nous avions toujours jusqu'au 18 mars eu à combattre, qui, comme Rossel, ne se sont senti de vertus que pour monter au pouvoir.

Ils ont trahi. Eh bien, l'on a laissé fuir l'un, et l'autre n'est point jugé.

La Commune avait arrêté Darboy comme otage.

Blanqui n'est pas revenu et Darboy vit toujours.

Le vieux, lui, est peut-être mort.

Elle a nommé un comité de salut public, et maintenant elle déserte, au lieu de se serrer autour de lui; elle a institué une cour martiale, et, quand il y a tant de traîtres à punir, elle ne lui envoie que des coupables insignifiants.

Que le comité de salut public rende de suite des décrets implacables et les fasse de suite exécuter! Si on empêchait nos amis de châtier les traîtres, faites-vous justice, fusillez-les vous-mêmes, comme Clément Thomas et Lecomte.

DERNIÈRE HEURE.
MATINÉE DU DIMANCHE 21 MAI.

NOUVELLE VICTOIRE DE DOMBROWSKI SUR LES VERSAILLAIS.

Après la journée si terrible de samedi, un peu de repos était nécessaire, aussi la soirée et le commencement de la nuit ont été du plus grand calme ; à peine entendons-nous un coup de canon de loin en loin.

Mais à une heure du matin les Versaillais font une fausse attaque vers Auteuil. La fusillade et la canonnade les accueillent et nos bataillons font bonne contenance. A deux heures, la véritable attaque avait lieu sur la Muette et la porte Maillot. La lutte a été acharnée ; car les Versaillais étaient plus nombreux que jamais. Mais le vieux Mac-Mahon a dû céder le terrain au jeune Dombrowski, dont la bravoure et la sagesse sont égales à son bonheur. Pendant cette attaque, les batteries de Montretout, du mont Valérien, de Courbevoie, de Puteaux, de Neuilly, et une batterie volante dans l'île de la Grande-Jatte soutenaient les Versaillais. Les fédérés n'avaient que l'artillerie de nos bastions depuis Clichy jusqu'à Auteuil, avec les batteries de la Muette, qui ont pris une large part au combat, auxquelles il faut ajouter douze mortiers et pièces à longue portée placées à l'arc de triomphe de l'Étoile.

On s'imagine l'immense fracas produit par ces décharges incessantes d'artillerie ; mais la fusillade et les mitrailleuses ont été encore plus meurtrières que les obus.

Dans une de leurs attaques, les Versaillais se précipitent vers les remparts, et se croient sur le point de pénétrer dans Paris. A l'instant, dix-sept mitrailleuses partent à la fois, et plus de trois mille Versaillais roulent dans la poussière, morts ou blessés. Nous l'avons déjà dit plusieurs fois, avec des mitrailleuses en nombre, nos fédérés seront invincibles.

A quatre heures et demie, le feu des Versaillais se ralentit ; le canon cesse, et nos mitrailleuses seules les accompagnent dans leur retraite. La canonnade reprend alors son cours habituel.

A six heures, nous voyons le général Dombrowski arriver place Vendôme, paraissant fort satisfait de cette journée, si bien commencée.

On lit dans le *Vengeur* :

Citoyens,

L'ennemi est dans nos murs, dans ces murs qu'il menace depuis deux mois et qu'il n'a pu prendre de vive force ; il a été introduit, la nuit, honteusement, par la trahison. Avec lui, c'est la monarchie qui tente de rentrer dans la glorieuse cité républicaine qui l'a tant de fois déjà si ignominieusement chassée ; c'est l'infâme monarchie avec son hideux cortége d'iniquités, et, la plus infâme de toutes, la monarchie cléricale et militaire ramenée par les généraux bonapartistes qui ont trahi la France.

Après avoir livré le pays à la conquête, ils veulent le livrer à la tyrannie ; ils veulent assassiner la république comme ils ont assassiné la patrie ; ils espèrent, par une seconde trahison, échapper au châtiment de la première et étouffer la honte de leur double crime dans le silence de notre servitude.

Ils veulent écraser la révolution, parce que la révolution est la justice et que les coupables craignent la justice ; ils veulent éteindre cette grande lumière pour ensevelir dans l'ombre du despotisme le secret de leurs infamies, la preuve de leurs trahisons.

Ils veulent vous opprimer après vous avoir vendus.

Ils n'échapperont pas à la colère de ce grand peuple qu'ils veulent asservir pour la seconde fois.

Déjà la généreuse population de Paris se lève indignée

à leur approche; déjà la ville se hérisse de barricades; déjà des soldats de la ligne, poussés de force contre nous, ont quitté les rangs des royalistes, leurs oppresseurs, pour passer dans les rangs des républicains, leurs libérateurs et leurs frères; déjà les implacables ennemis du peuple reculent et se troublent devant la sublime fureur de l'héroïque cité, qui retrouve dans l'excès de ses maux le secret de ses victoires.

Ceux qui ont trois fois conquis la république sauront la conserver.

Ceux qui ont fait la révolution du 18 mars sauront la défendre !

Vive la république ! Vive la Commune !

F. PYAT, A. ROGEARD, F. DECAUDIN,
C. CLODONG, F. BIAS.

On lit dans le *Journal officiel* de Versailles (partie non officielle)

Versailles, 21 mai 1871.

Le gouvernement a adressé aux autorités civiles et militaires la circulaire suivante, qui sera affichée dans toutes les communes :

Versailles, 21 mai, 6 h. 30 soir.

La porte de Saint-Cloud vient de s'abattre sous le feu de nos canons. Le général Douay s'y est précipité, et il entre en ce moment dans Paris avec ses troupes. Les corps des généraux Ladmirault et Clinchamp s'ébranlent pour le suivre.

Nos troupes, cheminant sur la rive droite, ont passé la Seine, sans doute par le pont de Grenelle, pour aller donner la main au fort d'Issy.

Il est probable que ce mouvement préviendra l'assaut

que le général Cissey comptait donner cette nuit, et qui ainsi deviendra inutile.

Les divisions Berthaut et Vergé occupaient le Point-du-Jour vers dix heures du soir.

Le général Dubarail s'était emparé de Choisy depuis trois heures. Une dépêche du général de Cissey, qui occupe la Californie, village situé entre Vanves et Paris, à peu de distance de l'enceinte, annonçait que le drapeau blanc était arboré sur la partie du rempart qui faisait face à nos troupes. Le rempart était partout désert.

Les fédérés qui occupaient Montrouge se dirigent, en fuyant dans le plus grand désordre, vers la porte d'Orléans et rentrent précipitamment dans Paris.

LE 23 MAI 1871.

(Le *Journal officiel* de Paris, imprimé sur une seule page, contient la suite de la séance de la Commune du 1er prairial an 79. Présidence du citoyen Jules Vallès. — Assesseur, le citoyen G. Courbet. Cette fin de séance est consacrée exclusivement au procès de Cluseret. Le journal contient, en outre, une déclaration du congrès de Lyon au chef du pouvoir exécutif et à la Commune de Paris, demandant la dissolution de l'Assemblée et de la Commune. Il reproduit le décret de l'Assemblée nationale demandant des prières publiques; il publie une lettre de Bergeret ainsi conçue :)

Copie de la lettre adressée au citoyen Moreau, directeur de l'intendance :

Mon cher Moreau,

Je vois aujourd'hui dans l'*Officiel* un article concernant les citoyens May, signé Varlin. J'ai de la peine à croire que le citoyen Varlin ait eu le temps de vérifier les comptes de MM. May, et je vous engage à n'en croire que par vos yeux.

Salut et fraternité.

Pour la commission de la guerre,
JULES BERGERET.

(Viennent ensuite une note sur l'affaire du curé Raymond inculpé de vol, et les faits divers, dont le premier est une dénonciation contre le docteur Maisonneuve de l'Hôtel-Dieu. Le reste est sans intérêt.)

On lit dans le *Journal officiel* de Versailles (partie non officielle) :

JOURNÉE DU 22 MAI.

La Muette a été enlevée vers quatre heures et demie du matin. On y a fait cinq à six cents prisonniers. A partir de ce moment, nous avons été maîtres de tous les bastions qui vont du Point-du-Jour à Levallois-Perret.

Dès six heures et demie du matin, trois divisions du général de Cissey (vingt mille hommes environ) étaient entrées dans Paris.

Il s'est établi, le quartier général à l'École militaire, la gauche aux Invalides, la droite à la gare Montparnasse, où il a eu quelque mal à cause de canons placés en enfilade dans la rue de Rennes.

Le général Clinchant était au nouvel Opéra vers une heure de l'après-midi.

On se bat encore à la place de la Concorde ; il y a de fortes batteries sur la terrasse des Tuileries, enfilant les Champs-Élysées, qui ne sont pas tenables.

Une explosion a eu lieu au manége de l'état-major près de l'esplanade des Invalides ; il y avait là un grand dépôt de cartouches durant le siége. C'est cette explosion qui a allumé l'incendie dont on apercevait la fumée de toutes les hauteurs qui couronnent Paris.

Vers quatre heures du soir, les batteries des insurgés à Clichy et à Saint-Ouen tiraient encore. Montmartre ne tirait presque pas.

Les insurgés poursuivis se retiraient de Levallois-Perret vers Saint-Ouen ; on leur a pris de ces côtés trente-cinq canons.

Il n'y avait pas d'insurgés dans la presqu'île de Gennevilliers.

L'Assemblée nationale déclare que les armées de terre et de mer, que le chef du pouvoir exécutif de la république française, ont bien mérité de la patrie.

Délibéré en séance publique, à Versailles, le 22 mai 1871.

LE 24 MAI 1871.

Le *Journal officiel* de Paris contient, dans sa partie officielle, les pièces suivantes :

LE PEUPLE DE PARIS AUX SOLDATS DE VERSAILLES.

Frères,

L'heure du grand combat des peuples contre leurs oppresseurs est arrivée !

N'abandonnez pas la cause des travailleurs !

Faites comme vos frères du 18 mars !

Unissez-vous au peuple, dont vous faites partie !

Laissez les aristocrates, les privilégiés, les bourreaux de l'humanité se défendre eux-mêmes et le règne de la justice sera facile à établir.

Quittez vos rangs !

Entrez dans nos demeures.

Venez à nous, au milieu de nos familles. Vous serez accueillis fraternellement et avec joie.

Le peuple de Paris a confiance en votre patriotisme.

Vive la république ! vive la Commune !

3 prairial an 79.
La Commune de Paris.

Que tous les bons citoyens se lèvent !

Aux barricades ! l'ennemi est dans nos murs !

Pas d'hésitation !

En avant pour la république, pour la Commune et pour la liberté !

AUX ARMES !

Paris, le 3 prairial an 79.
Le comité de salut public,

ANT. ARNAUD, BILLIORAY, E. EUDES,
F. GAMBON, G. RANVIER.

Le comité de salut public autorise les chefs de barricades à requérir les ouvertures des portes des maisons, là où ils le jugeront nécessaire ;

A réquisitionner pour leurs hommes tous les vivres et objets utiles à la défense, dont ils feront récépissé et dont la Commune fera état à qui de droit.

Paris, le 3 prairial an 79.

Le membre du comité de salut public,

G. RANVIER.

Le comité de salut public

ARRÊTE :

Art. 1ᵉʳ. Les persiennes ou volets de toutes les fenêtres demeureront ouverts.

Art. 2. Toute maison de laquelle partira un seul coup de fusil ou une agression quelconque contre la garde nationale sera immédiatement brûlée.

Art. 3. La garde nationale est chargée de veiller à l'exécution stricte du présent arrêté.

Hôtel de ville, le 3 prairial an 79.

Le comité de salut public,

ANT. ARNAUD, E. EUDES, F. GAMBON, G. RANVIER.

Soldats de l'armée de Versailles,

Le peuple de Paris ne croira jamais que vous puissiez diriger contre lui vos armes quand sa poitrine touchera les vôtres ; vos mains reculeraient devant un acte qui serait un véritable fratricide.

Comme nous, vous êtes prolétaires ; comme nous, vous avez intérêt à ne plus laisser aux monarchistes conjurés le droit de boire votre sang comme ils boivent vos sueurs.

Ce que vous avez fait au 18 mars, vous le ferez

encore, et le peuple n'aura pas la douleur de combattre des hommes qu'il regarde comme des frères et qu'il voudrait voir s'asseoir avec lui au banquet civique de la liberté et de l'égalité.

Venez à nous, frères, venez à nous ; nos bras vous sont ouverts !

3 prairial an 79.

Le comité de salut public,
ANT. ARNAUD, BILLIORAY, E. EUDES,
F. GAMBON, G. RANVIER.

Soldats de l'armée de Versailles,

Nous sommes des pères de famille.

Nous combattons pour empêcher nos enfants d'être un jour courbés comme vous sous le despotisme militaire.

Vous serez un jour pères de famille.

Si vous tirez sur le peuple aujourd'hui, vos fils vous maudiront, comme nous maudissons les soldats qui ont déchiré les entrailles du peuple en juin 1848 et en décembre 1851.

Il y a deux mois, au 18 mars, vos frères de l'armée de Paris, le cœur ulcéré contre les lâches qui ont vendu la France, ont fraternisé avec le peuple : imitez-les.

Soldats, nos enfants et nos frères, écoutez bien ceci, et que votre conscience décide :

Lorsque la consigne est infâme, la désobéissance est un devoir.

4 prairial an 79.

Le comité central.

Citoyens,

La porte de Saint-Cloud, assiégée de quatre côtés à la fois par les feux du mont Valérien, de la butte Mortemartre, des Moulineaux et du fort d'Issy, que la trahison a livré, la porte de Saint-Cloud a été forcée par les Versaillais, qui se sont répandus sur une partie du territoire parisien.

Ce revers, loin de nous abattre, doit être un stimulant énergique. Le peuple qui détrône les rois, qui détruit les Bastilles ; le peuple de 89 et de 93, le peuple de la révolution, ne peut perdre en un jour le fruit de l'émancipation du 18 mars.

Parisiens, la lutte engagée ne saurait être désertée par personne ; car c'est la lutte de l'avenir contre le passé, de la liberté contre le despotisme, de l'égalité contre le monopole, de la fraternité contre la servitude, de la solidarité des peuples contre l'égoïsme des oppresseurs.

AUX ARMES !

Donc, AUX ARMES ! Que Paris se hérisse de barricades, et que, derrière ces remparts improvisés, il jette encore à ses ennemis son cri de guerre, cri d'orgueil, cri de défi, mais aussi cri de victoire : car Paris, avec ses barricades, est inexpugnable.

Que les rues soient toutes dépavées : d'abord, parce que les projectiles ennemis, tombant sur la terre, sont moins dangereux ; ensuite, parce que ces pavés, nouveaux moyens de défense, devront être accumulés, de distance en distance, sur les balcons des étages supérieurs des maisons.

Que le Paris révolutionnaire, le Paris des grands jours, fasse son devoir ; la Commune et le comité de salut public feront le leur.

.Hôtel de ville, 2 prairial an 79.

Le comité de salut public,

ANT. ARNAUD, E. EUDES, F. GAMBON, G. RANVIER.

Le *Journal officiel* de Paris contient ce qui suit dans sa partie non officielle :

BULLETIN COMMUNAL.

L'ennemi s'est introduit dans nos murs plutôt par la trahison que par la force ; le courage et l'énergie des Parisiens le repousseront.

A l'heure où toutes les grandes communes de la France entière se réveillent pour la revendication de leurs libertés, pour se fédérer entre elles et avec Paris, Paris, la ville sainte, le foyer de la révolution et de la civilisation, n'a rien à redouter.

La lutte est rude, soit, mais n'oublions pas que c'est la dernière, que c'est le suprême effort de nos ennemis.

A ces hommes que rien n'a pu instruire, à ces hommes qui ne tiennent compte ni de la grande révolution, ni de 1830 ; — à ces hommes qui ont oublié les luttes de 1848, les hontes de décembre 1851 et de Sedan ; — qui ne savent pas même se souvenir du 4 septembre, des journées du siége et du 18 mars, nous allons donner le grande leçon de prairial de l'an 79 !

Ouvrons nos rangs à ceux que les Versaillais ont enrôlés de force et qui veulent s'unir à nous pour défendre la Commune, la république, la France.

Mais, pas de pitié pour les traîtres, pour les complices de Bonaparte, de Favre et de Thiers.

Tout le monde aux barricades. Tous doivent travailler, de gré ou de force même, à les construire ; tous ceux qui peuvent manier un fusil, pointer un canon ou une mitrailleuse, doivent les défendre.

Que les femmes elles-mêmes s'unissent à leurs frères, à leurs pères et à leurs époux.

Celles qui n'auront pas d'armes soigneront les blessés et monteront des pavés dans leurs chambres pour écraser l'envahisseur.

Que le tocsin sonne ; mettez en branle toutes les cloches et faites tonner tous les canons, tant qu'il restera un seul ennemi dans nos murs.

C'est la guerre terrible, car l'ennemi est sans pitié : Thiers veut écraser Paris, fusiller ou transporter tous nos gardes nationaux ; aucun d'eux ne trouvera grâce devant ce proscripteur souillé par toute une vie de crimes et d'attentats à la souveraineté du peuple. Tous les moyens seront bons pour lui et pour ses complices.

La victoire complète est la seule chance de salut que nous laisse cet ennemi implacable. Par notre accord et notre dévouement, assurons la victoire.

Aujourd'hui, que Paris fasse son devoir, demain la France entière l'imitera.

FÉDÉRATION RÉPUBLICAINE DE LA GARDE NATIONALE.

COMITÉ CENTRAL.

Au moment où les deux camps se recueillent, s'observent et prennent leurs positions stratégiques ;

A cet instant suprême où toute une population, arrivée au paroxysme de l'exaspération, est décidée à vaincre ou à mourir pour le maintien de ses droits,

Le comité central veut faire entendre sa voix.

Nous n'avons lutté que contre un ennemi : *la guerre civile*. Conséquents avec nous-mêmes, soit lorsque nous étions une administration provisoire, soit depuis que nous sommes entièrement éloignés des affaires, nous avons pensé, parlé, agi en ce sens.

Aujourd'hui et pour une dernière fois, en présence des malheurs qui pourraient fondre sur tous,

Nous proposons à l'héroïque peuple armé qui nous a nommés, nous proposons aux hommes égarés qui nous attaquent, la seule solution capable d'arrêter l'effusion du sang, tout en sauvegardant les droits légitimes que Paris a conquis :

1° L'Assemblée nationale, dont le rôle est terminé, doit se dissoudre ;

2° La Commune se dissoudra également ;

3° L'armée dite *régulière* quittera Paris, et devra s'en éloigner d'au moins vingt-cinq kilomètres ;

4° Il sera nommé un pouvoir intérimaire, composé des délégués des villes de 50,000 habitants. Ce pouvoir choisira parmi ses membres un gouvernement provisoire, qui aura la mission de faire procéder aux élections d'une Constituante et de la Commune de Paris ;

5° Il ne sera exercé de représailles, ni contre les membres de l'Assemblée, ni contre les membres de la Commune, pour tous les faits postérieurs au 26 mars.

Voilà les seules conditions acceptables.

Que tout le sang versé dans une lutte fratricide retombe sur la tête de ceux qui les repousseraient !

Quant à nous, comme par le passé, nous remplirons notre devoir jusqu'au bout.

4 prairial an 79.

Le comité central.

AUX FRANCS-MAÇONS DE TOUS LES RITES ET DE TOUT GRADE.

Frères,

La Commune, défenseur de nos principes sacrés, vous appelle à elle.

Vous l'avez entendue, et nos bannières vénérées sont déchirées par les balles et brisées par les obus de ses ennemis.

Vous avez répondu héroïquement ; continuez avec l'aide de nos frères de tous les compagnonnages.

L'instruction que nous avons reçue dans nos respectables ateliers dictera à chacun de nous, à tous, le devoir sacré que nous avons à remplir.

Heureux ceux qui triompheront, glorieux ceux qui succomberont dans cette lutte sainte !

CITOYENS,

Les Versaillais doivent comprendre, à l'heure qu'il est, que Paris est aussi fort aujourd'hui que hier.

Malgré les obus qu'ils font pleuvoir jusqu'à la porte Saint-Denis sur une population inoffensive, Paris est debout, couvert de barricades et de combattants !

Loin de répandre la terreur, leurs obus ne font qu'exciter davantage la colère et le courage des Parisiens !

Paris se bat avec l'énergie des grands jours !

Malgré tous les efforts désespérés de l'ennemi, depuis hier il n'a pu gagner un pouce de terrain.

Partout il est tenu en échec; partout où il ose se montrer, nos canons et nos mitrailleuses sèment la mort dans ses rangs.

Le peuple, surpris un instant par la trahison, s'est retrouvé; les défenseurs du droit se sont comptés, et c'est en jurant de vaincre ou de mourir pour la république qu'ils sont descendus en masse aux barricades!

Versailles a juré d'égorger la république : Paris a juré de la sauver.

Non, un nouveau 2 décembre n'est plus possible, car, fort de l'expérience du passé, le peuple préfère la mort à la servitude.

Que les hommes de septembre sachent bien ceci : le peuple se souvient. Il a assez des traîtres et des lâches qui, par leurs défections honteuses, ont livré la France à l'étranger.

Déjà les soldats, nos frères, reculent devant le crime qu'on veut leur faire commettre.

Un grand nombre d'entre eux ont passé dans nos rangs.

Leurs camarades vont suivre en foule leur exemple.

L'armée de Thiers se trouvera réduite à ses gendarmes. — Nous savons ce que veulent ces hommes et pourquoi ils combattent.

Entre eux et nous, il y a un abîme!

AUX ARMES!

Du courage, citoyens, un suprême effort, et la victoire est à nous!

Tout pour la république!
Tout pour la Commune!

La rédaction de PARIS LIBRE.

COMMUNE DE PARIS.

SUITE DE LA SÉANCE DU 1ᵉʳ PRAIRIAL AN 79.

Présidence du citoyen Jules Vallès. — Assesseur : le citoyen G. Courbet.

(Cette séance contient la fin du procès du général Cluseret, dont la mise en liberté immédiate est prononcée par 28 membres contre 7.)

RAPPORT MILITAIRE.

JOURNÉE DU 22.

6 heures soir.

Les projectiles continuent à pleuvoir.

Ils arrivent jusqu'à la place du nouvel Opéra, où plusieurs passants ont été blessés.

Au haut de la rue d'Amsterdam, la fusillade est très-vive.

La rue de Rome, la place Moncey sont au pouvoir des troupes régulières.

Vers Batignolles, les engagements durent depuis ce matin, mais les Versaillais semblent perdre du terrain.

Il n'en est pas de même aux abords du quartier Saint-Honoré.

De ce côté, la lutte devient plus ardente à chaque instant.

Rue du Helder, les balles arrivent et viennent briser l'angle des maisons.

Aux Champs-Élysées, on se bat avec acharnement.

Le centre de Paris se hérisse de barricades.

Toutes les voies sont barrées, et la circulation est interdite.

Les halles sont devenues une véritable place d'armes.
Il en est de même de la place du Château-d'Eau.
Une forte barricade ferme l'entrée de la rue Béranger.
On bâtit sous les portes Saint-Martin et Saint-Denis.
La place de la Bourse est gardée militairement.
Un obus versaillais a mis le feu à l'hôtel de la marine.
On travaille activement à l'éteindre.
Un obus est tombé à l'hôtel des postes.
Raoul Rigault n'est pas mort, comme le bruit en avait couru ce matin.
Il est à la tête de son bataillon.
On m'affirme que dans Montmartre même on a tiré sur les fédérés.
Les maisons d'où étaient partis les coups de feu ont été fouillées, et les individus pris en flagrant délit ont été arrêtés.

———

Les rues Feydeau et Vivienne ont été visitées par les obus versaillais.
Un obus est venu éclater à l'angle de la rue du Croissant.
Plusieurs personnes ont été blessées, fort légèrement, heureusement.

———

Passage des Panoramas, trois obus sont tombés successivement à six heures. Un bec de gaz a été brisé. Un garçon de marchand de vin a été blessé.

———

Une notable partie des troupes versaillaises est entrée dans Paris par les bateaux-mouches.
Elles ont débarqué au-dessous du pont de Grenelle avec l'aide des bataillons qui avaient fait cause commune avec eux.
De là, les soldats de M. Thiers ont gagné le Trocadéro.

Un des bataillons qui gardent Montmartre serait, nous assure-t-on, payé directement par un groupe de bonapartistes du 2ᵉ arrondissement.

Que les républicains veillent, le moment est solennel.

LA NUIT ET LA MATINÉE DU 23 MAI.
MONTMARTRE ET BATIGNOLLES.

La butte Montmartre n'est pas restée inactive cette nuit.

Elle a canonné sans relâche toutes les positions des Versaillais, tirant à la fois sur le collége Chaptal, l'église de l'Assomption, la caserne de la Pépinière, et répondant au feu des batteries du Trocadéro.

De ce côté, les limites extrêmes des avant-postes versaillais sont au nouveau collége Chaptal.

A l'angle de la rue de Rome et du boulevard, les soldats de M. Thiers ont élevé une barricade qui ne tiendra probablement pas longtemps.

Des maisons voisines, qui ont été crénelées et fortifiées, les fédérés tirent incessamment sur les défenseurs de cet obstacle et leur font subir de sérieuses pertes.

Les deux quartiers des Batignolles et de Montmartre sont formidablement défendus.

J'ai pu arriver jusqu'à la mairie, qui est très-fortement occupée.

Vermorel et Lefrançais sont au milieu des bataillons fédérés.

Un peu plus loin, je rencontre La Cécilia, puis Cluseret.

Le dernier prend dix hommes et on pousse une reconnaissance jusqu'à quelques mètres du collége Chaptal.

Je ne puis détailler ici chaque barricade.

Il y en a à tous les coins de rue, mais il y en a une qui mérite une mention particulière.

Elle s'élève sur la place Blanche.

Elle est parfaitement construite et défendue par un bataillon de femmes, cent vingt environ.

Au moment où j'arrive, une forme noire se détache de l'enfoncement d'une porte cochère.

C'est une jeune fille, avec un bonnet phrygien sur l'oreille, le chassepot à la main, la cartouchière aux reins.

« Halte-là, citoyen ! on ne passe pas. »

Je m'arrête, étonné, j'exhibe mon laissez-passer, et la citoyenne me permet d'arriver jusqu'au pied de la redoute.

Le général Cluseret est là. Il félicite les citoyennes. Le père Duchêne est à côté du général.

Toute la nuit des engagements d'avant-postes ont eu lieu sur les hauteurs.

Ils n'ont présenté rien de sérieux, et on n'a pas eu de pertes à déplorer.

Mais ce matin les Versaillais ont tenté un mouvement tournant.

De la gare de l'Ouest (Batignolles), ils sont descendus par le chemin de fer de ceinture jusqu'à la gare du Nord (La Chapelle).

Le mouvement était prévu : toutes les dispositions avaient été prises et Cluseret s'est trouvé là pour les recevoir.

Ils ont été obligés de se replier.

De ce côté, du reste, la défense est formidable.

Place Ornano, il y a une barricade avec fossés, contre-escarpes, qui est une véritable redoute.

Huit pièces de 12 composent son armement.

Elle défend le faubourg Poissonnière, le boulevard Magenta et les deux branches du boulevard extérieur.

Au moment où je la quitte, elle ouvre un feu très-nourri sur les maisons occupées par l'armée régulière.

DERNIÈRE HEURE.

L'incendie du ministère des finances est éteint. Le ministère de la marine fume encore.

On nous assure à la dernière heure que la gare Montparnasse est en feu.

Les Versaillais auraient gagné du terrain dans le haut de Montmartre.

Ils se seraient avancés jusqu'à la rue Maubeuge et la place Saint-Georges.

La lutte est très-vive de ce côté. Les fédérés, abrités derrière les barricades, se défendent avec vigueur.

Rue de Vaugirard, des coups de fusil ont été tirés des fenêtres sur les gardes nationaux.

Les maisons ont été fouillées.

Dans la rue Neuve-des-Petits-Champs, on a lancé des plaques de marbre des fenêtres.

Les fédérés sont exaspérés. Ils parlent de brûler la maison.

La lutte continue à peu près sur tous les points.

La résistance s'organise et semble gagner en force.

L'attaque, de son côté, devient plus sérieuse.

(Avant-Garde.)

Au moment de mettre sous presse, nous apprenons que des batteries établies aux buttes Chaumont répondent activement aux obus versaillais du Trocadéro, et portent la mort dans les rangs des incendiaires. Ils ont eu quelques explosions redoutables dans leurs positions, qu'ils viennent d'occuper au milieu de la grande cité respectée par les Prussiens.

(A 9 heures du soir, la commission de la guerre faisait tirer, à l'Imprimerie nationale, un placard qui, affiché sur les murs encore libres, fut le dernier de tous les actes de la Commune qu'elle ait eu le temps de livrer à la publicité) :

RÉPUBLIQUE FRANÇAISE.

N° 398.   N° 398.

LIBERTÉ, ÉGALITÉ, FRATERNITÉ.

COMMUNE DE PARIS.

ORDRE.

Faire détruire immédiatement toute maison des fenêtres de laquelle on aura tiré sur la garde nationale, et passer par les armes tous les habitants s'ils ne livrent et exécutent eux-mêmes les auteurs de ce crime.

4 prairial an 79 (24 mai, 9 h. soir).

La commission de la guerre.

Imprimerie nationale. — Mai 1871.

On lit dans la partie non officielle du *Journal officiel* du gouvernement français :

Le chef du pouvoir exécutif a adressé aux préfets, aux sous-préfets et aux autorités civiles et judiciaires les dépêches suivantes :

Versailles, 23 mai, 1 h. 30 m., soir.

Les événements suivent la marche que nous avions le droit de prévoir : il y a quatre-vingt-dix mille hommes dans Paris. Le général de Cissey est établi de la gare de Montparnasse à l'École militaire et achève de border la rive gauche de la Seine jusqu'aux Tuileries. Les généraux Douay et Vinoy enveloppent les Tuileries, le Louvre, la place Vendôme, pour se diriger ensuite sur l'hôtel de ville.

Le général Clinchant, maître de l'Opéra, de la gare Saint-Lazare et des Batignolles, vient d'enlever la barricade de Clichy; il est aussi au pied de Montmartre, que le général Ladmirault vient de tourner avec ses deux divisions. Le général Montaudon, suivant par le dehors le mouvement du général Ladmirault, a pris Neuilly, Levallois-Perret, Clichy et attaqué Saint-Ouen. Il a pris cent cinq bouches à feu et fait une foule de prisonniers.

La résistance des insurgés cède peu à peu, et tout fait espérer que, si la lutte ne finit pas aujourd'hui, elle sera terminée demain au plus tard et pour longtemps.

Le nombre des prisonniers est déjà de cinq à six mille et sera doublé demain. Quant au nombre des morts et des blessés, il est impossible de le fixer, mais il est considérable.

L'armée, au contraire, n'a fait que des pertes très-peu considérables.

Versailles, 9 h. 30 m. soir.

Le drapeau tricolore flotte sur la butte Montmartre et sur la gare du Nord; ces positions décisives ont été enlevées par les corps des généraux Clinchant et Ladmirault; on a fait environ deux à trois mille prisonniers.

Le général Douay a pris l'église de la Trinité et marche sur la mairie de la rue Drouot; les généraux de Cissey et Vinoy se portent sur l'hôtel de ville et les Tuileries.

DÉPÊCHE TÉLÉGRAPHIQUE.

INTÉRIEUR A MAIRES, SÈVRES, MEUDON, SAINT-GERMAIN, RUEIL.

24 mai 1871, 8 h. du matin.

Insurrection vaincue à Paris se venge par l'incendie.

Réunissez d'urgence les pompiers de votre commune et faites-les venir à Paris.

Rendez-vous au Trocadéro avec pompes et costume de feu.

Mettez-vous à la disposition du maréchal Mac-Mahon.

Prévenez-moi télégraphiquement.

FIN DU TOME SECOND.

TABLE DES MATIÈRES

                                                                               Pages.

LE 20 AVRIL 1871.

Le *Journal officiel* de Paris.	1
Le *Journal officiel* de Versailles.	17

LE 21 AVRIL.

Le *Journal officiel* de Paris.	17
Séance de la Commune du 19 avril.	22
Séance de la Commune du 20 avril.	28

LE 22 AVRIL.

Le *Journal officiel* de Paris.	32
Séance de la Commune du 20 avril.	36
Le journal *l'Affranchi*.	43
Le *Journal officiel* de Versailles.	43

LE 23 AVRIL.

Le *Journal officiel* de Paris.	43
Séance de la Commune du 21 avril.	48
Séance de la Commune du 22 avril.	72
Le *Journal officiel* de Versailles.	87

LE 24 AVRIL.

Le *Journal officiel* de Paris.	89
Séance de la Commune du 23 avril.	94

LE 25 AVRIL.

Pages.

Le *Journal officiel* de Paris. 103
Séance de la Commune du 24 avril. 111
Le *Journal officiel* de Versailles. 126
Le journal *la Commune.* 127

LE 26 AVRIL.

Le *Journal officiel* de Paris. 131
Séance de la Commune du 25 avril. 136

LE 27 AVRIL.

Le *Journal officiel* de Paris. 154
Séance de la Commune du 26 avril. 164
Le *Journal officiel* de Versailles. 166

LE 28 AVRIL.

Le *Journal officiel* de Paris. 168
Séance de la Commune du 27 avril. 181
Le *Journal officiel* de Versailles. 190

LE 29 AVRIL.

Le *Journal officiel* de Paris. 192
Séance de la Commune du 28 avril. 199
Le *Journal officiel* de Versailles. 221

LE 30 AVRIL.

Le *Journal officiel* de Paris. 222
Le journal *la Sociale.* 232

LE 1ᵉʳ MAI.

Le *Journal officiel* de Paris. 234
Séance de la Commune du 30 avril. 258
Le *Journal officiel* de Versailles. 264

LE 2 MAI.

Le *Journal officiel* de Paris. 268
Le journal *le Cri du peuple.* 274

TABLE DES MATIÈRES.

Pages

LE 3 MAI.

Le *Journal officiel* de Paris.	275
Séance de la Commune du 28 avril.	280
Séance de la Commune du 30 avril.	291
Le *Journal officiel* de Versailles.	297

LE 4 MAI.

Le *Journal officiel* de Paris.	299
Séance de la Commune du 1er mai.	303
Séance de la Commune du 2 mai.	313
Le *Journal officiel* de Versailles.	339

LE 5 MAI.

Le *Journal officiel* de Paris.	340
Séance de la Commune du 3 mai.	344
Complément de la séance du 2 mai.	368
Le *Journal officiel* de Versailles.	370

LE 6 MAI.

Le *Journal officiel* de Paris.	371
Séance de la Commune du 5 mai.	381
Le *Journal officiel* de Versailles.	384

LE 7 MAI.

Le *Journal officiel* de Paris.	385
Séance de la Commune du 6 mai.	389
Le *Journal officiel* de Versailles.	415

LE 8 MAI.

Le *Journal officiel* de Paris.	417

LE 9 MAI.

Le *Journal officiel* de Paris.	420
Séance de la Commune du 8 mai.	425

LE 10 MAI.

Le *Journal officiel* de Paris.	434
Séance de la Commune du 8 mai (suite).	441

Séance de la Commune du 9 mai.................. 451
Le journal *le Cri du peuple*.................... 455
Le *Journal officiel* de Versailles................. 462

LE 11 MAI.

Le *Journal officiel* de Paris.................... 464
Le journal *le Vengeur*........................ 469
Le journal *le Mot d'ordre*..................... 469
Le journal *l'Estafette*........................ 472

LE 12 MAI.

Le *Journal officiel* de Paris.................... 473
Le journal *l'Estafette*........................ 477

LE 13 MAI.

Le *Journal officiel* de Paris.................... 478
Séance de la Commune du 12 mai................. 484
Le *Journal officiel* de Versailles................. 512

LE 14 MAI.

Le *Journal officiel* de Paris.................... 513
Le *Journal officiel* de Versailles................. 515

LE 15 MAI.

Le *Journal officiel* de Paris.................... 516

LE 16 MAI.

Le *Journal officiel* de Paris.................... 521
Le journal *le Cri du peuple*.................... 529

LE 17 MAI.

Le *Journal officiel* de Paris.................... 529
Le journal *le Réveil du peuple*.................. 538

LE 18 MAI.

Le *Journal officiel* de Paris.................... 540
Séance de la Commune du 17 mai................. 546

TABLE DES MATIÈRES.

Pages.

LE 19 MAI.

Le *Journal officiel* de Paris.	558
Séance de la Commune du 17 mai (suite).	564
Le *Journal officiel* de Versailles.	580

LE 20 MAI.

Le *Journal officiel* de Paris.	581
Séance de la Commune du 19 mai.	588

LE 21 MAI.

Le *Journal officiel* de Paris.	593
Séance de la Commune du 19 mai (suite).	600
Affiche du délégué à la guerre.	606
Le *Journal officiel* de Versailles.	606

LE 22 MAI.

Le *Journal officiel* de Paris.	607
Séance du 1er prairial an 79.	609
Le journal *le Salut public*.	618
Le journal *le Vengeur*.	621
Le *Journal officiel* de Versailles.	622

LE 23 MAI.

Le *Journal officiel* de Paris.	623
Le *Journal officiel* de Versailles.	624
Déclaration de l'Assemblée nationale.	625

LE 24 MAI.

Le *Journal officiel* de Paris.	625
Affiche de la commission de la guerre.	640
Le *Journal officiel* de Versailles.	641
Dépêche du gouvernement.	642

FIN DE LA TABLE DU TOME SECOND.

A LA MÊME LIBRAIRIE

CHEFS-D'ŒUVRE DE LA LITTÉRATURE FRANÇAISE

Format grand in-18 jésus à 3 fr. le vol.

ŒUVRES DE CORNEILLE... 1 vol.
THÉATRE COMPLET DE RACINE. 1 fort vol. de plus de 700 pages.
ŒUVRES DE BOILEAU.... 1 vol.
ŒUVRES COMPLÈTES DE MOLIÈRE. Nouvelle édition..... 3 forts vol.
LETTRES CHOISIES DE MADAME DE SEVIGNÉ, avec une notice par M. Sainte-Beuve............ 1 vol.
ROMANS DE VOLTAIRE, suivis de ses Contes en vers........ 1 vol.
ŒUVRES CHOISIES DE DESCARTES, Nouvelle édition...... 1 vol.
LETTRES ÉCRITES A UN PROVINCIAL, par Blaise Pascal... 1 vol.
PENSÉES DE PASCAL.... 1 vol.
DISCOURS SUR L'HISTOIRE UNIVERSELLE, par Bossuet..... 1 vol.
AVENTURES DE TÉLÉMAQUE, par Fénelon, suivies des *Aventures d'Aristonoüs*, 8 gravures...... 1 vol.
DE L'EXISTENCE DE DIEU. *Lettres sur la Religion*, *Lettres sur l'Eglise*, etc., par Fénelon......... 1 vol.
DIALOGUES DE FÉNELON, etc. 1 vol.
PETIT CARÊME DE MASSILLON. 1 vol.
LES CARACTÈRES DE LA BRUYÈRE, avec notice de M. Sainte-Beuve. 1 vol.
ŒUVRES DE P. L. COURIER. 1 vol.
ŒUVRES COMPLÈTES DU COMTE XAVIER DE MAISTRE, nouv. édit. avec une préface par M. Sainte-Beuve. 1 vol.
THÉATRE DE BEAUMARCHAIS. 1 vol.
CORINNE OU L'ITALIE, par Mme de Staël, avec notice de M. Sainte-Beuve. 1 fort vol.
DE L'ALLEMAGNE, par Mme de Staël. Nouvelle édition.... 1 fort vol.

LAMENNAIS. Essai sur l'Indifférence en matière de religion.... 4 vol.
— Paroles d'un Croyant. 1 vol.
— Affaires de Rome... 1 vol.
— Évangiles. 4 grav... 1 vol.
— De l'Art et du Beau. 1 vol.
MES PRISONS, suivies des Devoirs des hommes, par Silvio Pellico, avec notice sur l'auteur. 6 grav... 1 vol.
FABLES DE LA FONTAINE, ornées de 8 gravures par Staal..... 1 vol.
CONTES ET NOUVELLES DE LA FONTAINE, nouvelle édition... 1 vol.
FABLES DE FLORIAN...... 1 vol.
JÉRUSALEM DÉLIVRÉE, traduction en prose par M. V. Philipon de la Madeleine.............. 1 vol.
ŒUVRES DE RABELAIS, nouv. édit. 1 fort vol. de 650 pages.
CONTES DE BOCCACE, traduits par Sabatier de Castres....... 1 vol.
DE L'ÉDUCATION DES FEMMES, par madame de Rémusat... 1 vol.
L'HEPTAMÉRON. Contes de la reine de Navarre. Nouvelle édition... 1 vol.
LES CENT NOUVELLES NOUVELLES, texte revu avec soin..... 1 vol.
ÉMILE, ou de l'Éducation, par J.-J. Rousseau. 1 vol.
CONFESSIONS DE ROUSSEAU. 1 vol.
JULIE OU LA NOUVELLE HÉLOÏSE, par J. J. Rousseau....... 1 vol.
HISTOIRE DE GIL BLAS DE SANTILLANE par Le Sage...... 1 vol.
ŒUVRES DE MILLEVOYE, précédées d'une Notice de M. Sainte-Beuve. 1 vol.
ŒUVRES DE GRESSET.... 1 vol.
LANGAGE DES FLEURS. Gravures coloriées........... 1 vol.
PLUTARQUE. Vies des hommes illustres............. 4 vol.

PARIS. — J. CLAYE, IMPRIMEUR, 7, RUE SAINT-BENOIT. — [738]

www.ingramcontent.com/pod-product-compliance
Lightning Source LLC
Chambersburg PA
BHW050128240426
673CB00043B/1593